W0324737

limes

RIVISTA ITALIANA DI GEOPOLITICA

LA CORTINA DI ACCIAIO

La nuova frontiera fra America e Russia
spacca l'Europa dal Baltico al Mediterraneo
Euroquad, un progetto per l'Italia

LIMES È IN EBOOK E IN PDF • WWW.LIMESONLINE.COM

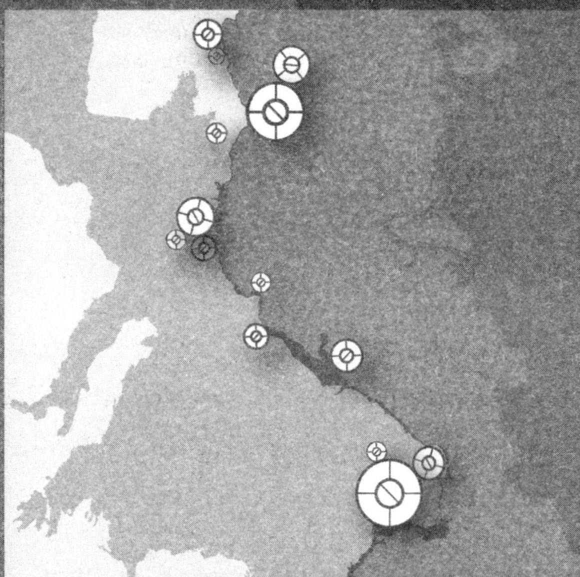

5/2022 • MENSILE

CONSIGLIO SCIENTIFICO

Rosario AITALA - Geminello ALVI - Marco ANSALDO - Alessandro ARESU - Giorgio ARFARAS Angelo BOLAFFI - Aldo BONOMI - Edoardo BORIA - Mauro BUSSANI - Mario CALIGIURI - Vincenzo CAMPORINI - Luciano CANFORA - Antonella CARUSO - Claudio CERRETI - Gabriele CIAMPI - Furio COLOMBO - Giuseppe CUCCHI - Marta DASSÙ - Ilvo DIAMANTI - Germano DOTTORI - Dario FABBRI Luigi Vittorio FERRARIS - Marco FILONI - Federico FUBINI - Ernesto GALLI della LOGGIA - Laris GAISER - Carlo JEAN - Enrico LETTA - Ricardo Franco LEVI - Mario G. LOSANO - Didier LUCAS Francesco MARGIOTTA BROGLIO - Fabrizio MARONTA - Maurizio MARTELLINI - Fabio MINI Luca MUSCARÀ - Massimo NICOLAZZI - Vincenzo PAGLIA - Maria Paola PAGNINI - Angelo PANEBIANCO - Margherita PAOLINI - Giandomenico PICCO - Lapo PISTELLI - Romano PRODI Federico RAMPINI - Andrea RICCARDI - Adriano ROCCUCCI - Sergio ROMANO - Gian Enrico RUSCONI - Giuseppe SACCO - Franco SALVATORI - Stefano SILVESTRI - Francesco SISCI Marcello SPAGNULO - Mattia TOALDO - Roberto TOSCANO - Giulio TREMONTI - Marco VIGEVANI Maurizio VIROLI - Antonio ZANARDI LANDI - Luigi ZANDA

CONSIGLIO REDAZIONALE

Flavio ALIVERNINI - Luciano ANTONETTI - Marco ANTONSICH - Federigo ARGENTIERI - Andrée BACHOUD Guido BARENDSON - Pierluigi BATTISTA - Andrea BIANCHI - Stefano BIANCHINI - Nicolò CARNIMEO Roberto CARPANO - Giorgio CUSCITO - Andrea DAMASCELLI - Federico D'AGOSTINO - Emanuela C. DEL RE Alberto DE SANCTIS - Alfonso DESIDERIO - Lorenzo DI MURO - Federico EICHBERG - Ezio FERRANTE - Włodek GOLDKORN - Franz GUSTINCICH - Virgilio ILARI - Arjan KONOMI - Niccolò LOCATELLI - Marco MAGNANI Francesco MAIELLO - Luca MAINOLDI - Roberto MENOTTI - Paolo MORAWSKI - Roberto NOCELLA - Giovanni ORFEI Federico PETRONI - David POLANSKY - Alessandro POLITI - Sandra PUCCINI - Benedetta RIZZO - Angelantonio ROSATO - Enzo TRAVERSO - Fabio TURATO - Charles URJEWICZ - Pietro VERONESE - Livio ZACCAGNINI

REDAZIONE, CLUB, COORDINATORE RUSSIE

Mauro DE BONIS

DIRETTORE RESPONSABILE

Lucio CARACCIOLO

HEARTLAND, RESPONSABILE RELAZIONI INTERNAZIONALI

Fabrizio MARONTA

COORDINATORE LIMESONLINE

Niccolò LOCATELLI

COORDINATRICE SCIENTIFICA

Margherita PAOLINI

CARTOGRAFIA E COPERTINA

Laura CANALI

COORDINATORE TURCHIA E MONDO TURCO

Daniele SANTORO

CORRISPONDENTI

Keith BOTSFORD (corrispondente speciale)

Afghanistan: *Henri STERN* - Albania: *Ilir KULLA* - *Algeria: Abdennour BENANTAR* - Argentina: *Fernando DEVOTO* - Australia e Pacifico: *David CAMROUX* - Austria: *Alfred MISSONG, Anton PELINKA, Anton STAUDINGER* - Belgio: *Olivier ALSTEENS, Jan de VOLDER* - Brasile: *Giancarlo SUMMA* - Bulgaria: *Antony TODOROV* - Camerun: *Georges R. TADONKI* - Canada: *Rodolphe de KONINCK* - Cechia: *Jan KŘEN* - Cina: *Francesco SISCI* - Congo-Brazzaville: *Martine Renée GALLOY* - Corea: *CHOI YEON-GOO* - Estonia: *Jan KAPLINSKIJ* - Francia: *Maurice AYMARD, Michel CULLIN, Bernard FALGA, Thierry GARCIN - Guy HERMET, Marc LAZAR, Philippe LEVILLAIN, Denis MARAVAL, Edgar MORIN, Yves MÉNY, Pierre MILZA* - Gabon: *Guy ROSSATANGA-RIGNAULT* - Georgia: *Ghia ZHORZHOLIANI* - Germania: *Detlef BRANDES, Iring FETSCHER, Rudolf HILF, Josef JOFFE, Claus LEGGEWIE, Ludwig WATZAL, Johannes WILLMS* - Giappone: *Kuzuhiro JATABE* Gran Bretagna: *Keith BOTSFORD* - Grecia: *Françoise ARVANITIS* - Iran: *Bijan ZARMANDILI* - Israele: *Arnold PLANSKI* - Lituania: *Alfredas BLUMBLAUSKAS* - Panamá: *José ARDILA* - Polonia: *Wojciech GIEŁŻYŃSKI* Portogallo: *José FREIRE NOGUEIRA* - Romania: *Emilia COSMA, Cristian IVANES* - Ruanda: *José KAGABO* Russia: *Igor PELLICCIARI, Aleksej SALMIN, Andrej ZUBOV* - Senegal: *Momar COUMBA DIOP* - Serbia e Montenegro: *Tijana M. DJERKOVIĆ, Miodrag LEKIĆ* - Siria e Libano: *Lorenzo TROMBETTA* - Slovacchia: *Lubomir LIPTAK* - Spagna: *Manuel ESPADAS BURGOS, Victor MORALES LECANO* - Stati Uniti: *Joseph FITCHETT, Igor LUKES, Gianni RIOTTA, Ewa THOMPSON* - Svizzera: *Fausto CASTIGLIONE* - Togo: *Comi M. TOULABOR* - Turchia: *Yasemin TAŞKIN* - Città del Vaticano: *Piero SCHIAVAZZI* - Venezuela: *Edgardo RICCIUTI* Ucraina: *Leonid FINBERG, Mirosław POPOVIĆ* - Ungheria: *Gyula L. ORTUTAY*

Rivista mensile n. 5/2022 (maggio)
ISSN 2465-1494

Direttore responsabile *Lucio Caracciolo*

GEDI Periodici e Servizi S.p.A. *via Ernesto Lugaro 15, 10126 Torino*
C.F., P.IVA e iscrizione Registro Imprese di Torino
n. 12546800017
N.REATO - 1298215

Consiglio di amministrazione
Presidente *Gabriele Acquistapace*
Amministratore delegato *Michela Marani*
Consiglieri *Corrado Corradi, Roberto Moro, Carlo Ottino*
Luigi Vanetti

Società soggetta all'attività di direzione
e coordinamento di
GEDI Gruppo Editoriale S.p.A.
Presidente *John Elkann*
Amministratore delegato *Maurizio Scanavino*
Direttore editoriale *Maurizio Molinari*

Titolare trattamento dati (Reg. UE 2016/679): *GEDI Periodici e Servizi S.p.A. – privacy@gedi.it*
Soggetto autorizzato al trattamento dati (Reg. UE 2016/679): *Lucio Caracciolo*

Prezzo *15,00*

Distribuzione nelle librerie: *Messaggerie Libri S.p.A., via Giuseppe Verdi 8, Assago (MI), tel. 02 45774.1 r.a. fax 02 45701032*
Pubblicità *Ludovica Carrara, lcarrara@manzoni.it*
Per abbonamenti e arretrati: *tel. 0864.256266; fax 02.26681986*
abbonamenti@gedidistribuzione.it; arretrati@gedidistribuzione.it
La corrispondenza va indirizzata a *Limes - Rivista Italiana di Geopolitica, via Cristoforo Colombo 90 00147 Roma, tel. 06 49827110*

www.limesonline.com - limes@limesonline.com

GEDI Periodici e Servizi S.p.A., Divisione Stampa nazionale, Banche dati di uso redazionale. In conformità alle disposizioni contenute nell'articolo 2 comma 2 del Codice deontologico relativo al trattamento dei dati personali nell'esercizio dell'attività giornalistica ai sensi dell'Allegato A del Codice in materia di protezione dei dati personali ex d.lgs. 30 giugno 2003 n. 196, GEDI Periodici e Servizi S.p.A. rende noto che presso la sede di via Cristoforo Colombo 90, 00147 Roma esistono banche dati di uso redazionale. Per completezza, si precisa che l'interessato, ai fini dell'esercizio dei diritti riconosciuti dall'articolo 7 e seguenti del d.lgs. 196/03 – tra cui, a mero titolo esemplificativo, il diritto di ottenere la conferma dell'esistenza di dati, l'indicazione delle modalità di trattamento, la rettifica o l'integrazione dei dati, la cancellazione e il diritto di opporsi in tutto o in parte al relativo uso – potrà accedere alle suddette banche dati rivolgendosi al responsabile del trattamento dei dati contenuti nell'archivio sopraindicato presso la redazione di Limes, via Cristoforo Colombo 90, 00147 Roma.

I manoscritti inviati non saranno resi e la redazione non assume responsabilità per la loro perdita. *Limes* rimane a disposizione dei titolari dei copyright che non fosse riuscito a raggiungere.

Registrazione al Tribunale di Roma n. 178 del 27/4/1993

Stampa e legatura Puntoweb s.r.l., stabilimento di Ariccia (Roma), maggio 2022

SOMMARIO n. 5/2022

EDITORIALE

PARTE I — DAL FERRO ALL'ACCIAIO

PARTE II — GUERRA SENZA LIMITI

EDITORIALE

Il manicomio di Babilonia

1. QUANDO QUESTA GUERRA SARÀ FINITA SCOPRIREMO CHE NON È FINITA. Né fuori né dentro di noi. Non fuori, perché sospendere il massacro non significa stabilire pace. Non dentro, perché questa guerra ci lascerà senza parole, avendone spese troppe senza comunicare nulla. Non ne abbiamo abbastanza per spiegarci questo conflitto fra noi, figuriamoci tra nemici.

Le cause della guerra sono molto più profonde delle dispute su spicchi di terra, acqua o cielo, trattabili via ragione strategica. Investono il senso del nostro (non) stare insieme, su entrambi i frastagliati fronti di quella che fu cortina di ferro e che scopriamo ormai d'acciaio. Lega più dura e resistente del metallo da guerra fredda. Allora ci si poteva odiare, parlando però ci si capiva. I gerghi ideologici convergevano in lingue simmetriche. Omologhe. La parola, bene comune, promuoveva ieri il silenzio delle armi. Il silenzio parlato – vulgo: chiacchiera – foriero d'incubi, spazio di deliri, di automatismi e strappi preterintenzionali, invita oggi a sparare. O ad armare chi presumiamo lo faccia per noi.

La cortina d'acciaio è stata occasionalmente prodotta dalla scelta di Putin di invadere l'Ucraina. Senza calcolarne le conseguenze? No, calcolandone di perfettamente fasulle, in dialogo con sé stesso e pochissimi consiglieri (consigliati). Né i suoi interlocutori occidentali che lo intrattenevano per diuturni monologhi doppi più terapeutici che ermeneutici erano in grado di scambiarvi messaggi comprensibili e operativi. Festi-

val dell'afasia da eccesso di parole carenti di senso. Sentenze in bianco e nero, gonfie di retorica irricevibile per chi è investito dalla propaganda altrui, forse incomprensibile anche per chi le mitraglia in raffiche di meccaniche locuzioni.

Parlare senza dire, ascoltare senza capire, implica perdere il senso della realtà. Peggio: demonizza il reale. Il racconto della guerra scade a collazione di cronache dell'orrore, fuori tempo e fuori spazio, inspiegabili perché inspiegate. Inutile pretendere di decifrare la logica del Cremlino – la neozarista corrente, non quella comunista, ergo occidentale, dei segretari generali. Forse meno difficile per i russi intendere la strategia nostra, se ci fosse.

L'importante è non capirsi. Per non disturbare i nostri soliloqui. E manipolare il parlato, pseudo-estetica senza etica. Prendiamo il lemma capitale, «guerra». Impronunciabile sul fronte russo. Putin convoca al suo posto la supplente, cui manca il dono della sintesi. Si chiama «operazione militare speciale». Un minuto dopo invade. Guerra è fatta. Paradosso: la maskirovka *verbale di Putin è definizione perfetta per la guerra di Biden, o chi per lui. Cos'altro sarebbe la sua rappresaglia assai poco indiretta contro Mosca se non operazione militare speciale?*

E noi italiani, siamo o non siamo in guerra? Certo che sì, alla nostrana. Ipocrisia dilaga. Normale, si penserà, fa parte della guerra, ma mentre lo pensiamo ricordiamo che non possiamo dire guerra. Peccato che guerra avevamo appena finito di dichiarare al virus. Consegnare la dichiarazione di guerra in buona e dovuta forma all'ambasciatore di Covid-19, asserragliarsi nel bunker di casa e di lì spedire armi agli ucraini: chiamiamolo, se vogliamo, new normal.

La questione s'aggrava dacché siamo precipitati nell'èra della ipermediatizzazione in tempo reale. Garanzia di irrealtà. Una cosa è scolpire balle in rotondo italiano otto-novecentesco su mirabolanti bollettini di guerra. Altra lanciarle come bombe a grappolo nell'infosfera. Viva la vita onlife, *dove lungo percorsi obbligati scorre l'esistenza di noi analogici convertiti, costretti a dar senso al digitale.*

*Nel 1922 Robert Musil schizzava nell'*Europa inerme *il ritratto di quel primo dopoguerra, dal quale non ci siamo mai davvero emancipati, senza saperlo ammettere – in questo Putin è avvantaggiato perché lui è restato lì, generale bianco in feroce lotta contro le tarme rosse e ucraine che corrodono l'impero. Vale la pena riprenderne in mano qualche passo.*

«La vita che ci circonda è priva di concetti ordinatori. I fatti del passato, i fatti delle singole scienze, i fatti della vita ci sovrastano disordina-

tamente. La filosofia comune e le discussioni giornaliere o si accontentano di frasette liberali di una fede infondata nella ragione e nel progresso oppure si inventano il famoso feticismo dell'epoca, della nazione, della razza, del cattolicesimo, dell'uomo d'intuito, il cui comune elemento negativo è una critica emotiva contro l'intelletto e l'elemento comune positivo è il bisogno di un supporto, di gigantesche ossature fantomatiche, a cui si possano appendere le impressioni, l'unica cosa di cui siamo costituiti. (...) È un manicomio di Babilonia; da mille finestre si urlano contemporaneamente al passante mille voci, pensieri, musiche diverse, ed è chiaro che l'individuo in tutto ciò diventa il crogiolo di motivi anarchici e la morale si dissolve insieme allo spirito»[1].

2. Russia perde. Nessuno vince. Al quarto mese di guerra, il bilancio è questo. Il tempo gioca contro Mosca. Partita per breve marcia, il suo serbatoio di risorse umane, materiali e spirituali si sta svuotando a ritmo inquietante. Conscio che la sconfitta finale provocherebbe la disintegrazione della Federazione Russa, Putin potrebbe dover affrontare l'alternativa del diavolo: arrendersi o spingere il bottone atomico. Nel primo caso il cuore d'Eurasia finirebbe fuori controllo. S'aprirebbe la stagione di caccia a seimila testate nucleari in cerca di padrone. Nel secondo l'America e altre potenze atomiche dovrebbero rischiare la scalata verso l'apocalisse nucleare. Tutto per il Donbas?

Più lo scontro in Ucraina si prolunga meno sarà governabile secondo ragione. Ogni minuto perso nell'illusione che il conflitto si spegnerà da solo potrebbe svelarsi fatale. Spetta agli Stati Uniti, anche in quanto procuratori di Kiev, e alla Russia, che ha invaso l'irrecuperabile provincia ribelle, negoziare in urgenza la tregua necessaria a prevenire la catastrofe. La pausa non terminerà il conflitto sul campo, destinato a prolungarsi per anni mutando di forma e intensità, fra armistizi e riprese. Delimitare l'incendio e provare a domarlo focolaio dopo focolaio sarebbe potenziale punto di svolta. Segno che nessuno vuole trovarsi davanti a scelte senza sbocco.

Gli storici del prossimo millennio stabiliranno perché Putin si sia cacciato in questo vicolo cieco. Non partecipiamo alla stucchevole diatriba sulla follia del capo o sulla sua diversa razionalità. «Gli americani mi hanno giocato», ripete. Mai ammetterà di essersi giocato da solo, vit-

1. R. Musil, *L'Europa inerme*, a cura di V. Vitiello e F. Valagussa, Bergamo 2015, Moretti&Vitali, pp. 37, 41.

tima dell'enfatica rappresentazione di sé e della patria con cui si identifica, così mettendo in gioco il destino del paese che rappresenta e pretende di salvare. Peggio che un crimine, un errore, avrebbe stabilito lo pseudo-Talleyrand[2]. *Errore riassumibile in una parola certamente frequentata da Putin, scacchista germanofono:* Zugzwang. *Obbligo di muovere sapendo di perdere. Tipico di certi finali di partita, quando un giocatore constata che qualunque sua mossa lo pone sotto scacco matto. Possibile anche a partita indecisa, quando chi è in difficoltà inclina alla difesa passiva di troppi punti deboli.*

Putin difende l'avventura del 24 febbraio perché senza alternative. Caso di masochismo tattico da cogenza strategica. Messo spalle al muro dalla marcia della Nato nello spazio ex sovietico, il capo di tutte le Russie ha dovuto *credere che l'attacco insensato all'Ucraina, decisa a combattere la sua guerra d'indipendenza e allo scopo brillantemente attrezzata dagli angloamericani, avrebbe rovesciato il tavolo. Autoinganno. Valutazione irrealistica della correlazione delle forze, che pure Putin e associati studiarono negli anni di formazione sui classici del marxismo-leninismo.*

*Proviamo ad argomentare l'affermazione iniziale – Russia perde – fondandola su dati strutturali. Fra i quali spicca l'eccezionale accentramento del potere nella figura dell'imperatore, con devastanti conseguenze per il funzionamento dello Stato in indicibile guerra. Ne è consapevole Zelens'kyj quando s'afferma disposto a incontrare Putin per fermare i combattimenti, dato che il potere russo è stratificato tutto intorno a lui (*carta 1*).*

3. Russia perde per cinque motivi.

*Primo. La ragione strategica della guerra russa è il rovesciamento dell'ordine europeo e mondiale ereditato dalla morente Unione Sovietica. Persa la guerra fredda per getto della spugna, Mosca rischiava il crollo dello Stato. Nel suo ventennio al Cremlino Putin ha bloccato l'emorragia, conseguito rilevanti successi tattici, senza però arrestare la progressione della Nato verso est, vissuta quale annuncio di rivoluzione colorata sulla Piazza Rossa (*carta a colori 1*). La perdita di Kiev, nel 2014, pareva prologo del colpo finale a Mosca. Non più tempo né spazio da perdere.*

2. «*C'est pire qu'un crime, c'est une faute*». Sentenza assassina spesso attribuita a Talleyrand o a Fouché, da assegnarsi invece ad Antoine-Jacques-Claude-Joseph Boulay de la Meurthe (1761-1840), appresa l'esecuzione del duca d'Enghien, il 21 marzo 1804.

Sfondata a mano armata la porta dell'Ucraina Putin vuole spaventare e dividere gli atlantici. Per costringerli a patti. Obiettivo, ridefinire per trattato gli equilibri paneuropei. La Russia ci prova una volta al secolo. Nell'Ottocento, con Alessandro I, fu Vienna (1815). Nel Novecento, via Stalin, ecco Jalta o quel che viene abusivamente spacciato per accordo mai stipulato nel convegno crimeano fra triumviri vincenti (1945). L'autocrate in carica vorrebbe riprendere il filo da dove Gorbačëv il traditore lo lasciò cadere. Quasi potesse riportare la storia indietro di trent'anni.

Nei mesi precedenti l'aggressione Mosca ha presentato agli Stati Uniti e alla Nato bozze di trattati che formalizzavano la rinuncia dell'Alleanza a espandersi, la promessa di non schierare nei paesi prossimi alla Russia armamenti strategici e di riposizionare gli assetti militari atlantici dov'erano nel 1997, alla firma del vacuo accordo di «cooperazione e sicurezza» fra i due nemici quando giocavano ai quasi amici. Poi, senza perdere tempo, l'ordine d'attacco. Risultato, devastante reazione a catena. Il catalogo è questo:

a) L'Ucraina non è entrata nella Nato ma la Nato è entrata in Ucraina. Negli ultimi otto anni americani e inglesi, dal 24 febbraio anche molti alleati europei, hanno dotato Kiev di armi efficienti. Guerra per procura, potenzialmente fino all'ultimo ucraino;

*b) Finlandia e Svezia stanno per essere festosamente accolte nel braccio militare dell'Impero europeo dell'America (Iea). Il Mar Baltico trascolora in Lago Atlantico (*carta a colori 2*), l'exclave di Kaliningrad è accerchiata per mare e per terra, San Pietroburgo è sotto virtuale blocco navale permanente. Speciale dolore per Putin, leningradese di nascita, per cui l'assedio della Wehrmacht è vivente tragedia di famiglia. E la Scandinavia unita si staglia vigilante presso gli snodi europei della rotta artica su cui la Russia scommette il suo avvenire;*

c) la Germania annuncia grandioso riarmo unilaterale per rientrare nella storia da potenza completa;

d) gli euroatlantici partecipano fra dubbi e renitenze alla tattica delle sanzioni con cui Washington intende debilitare la Russia e tagliare una volta per tutte l'interdipendenza energetica euro-russa;

e) la Cina prende nota dell'inaffidabilità e della debolezza russe. Non si immolerà per lo strano socio, pur sforzandosi di evitarne il collasso.

Lista parziale. Più che sconfitta, catastrofe strategica in gestazione. Mitigabile ma non recuperabile con successi tattici sul terreno del Donbas.

1 - LA PIRAMIDE PUTINIANA

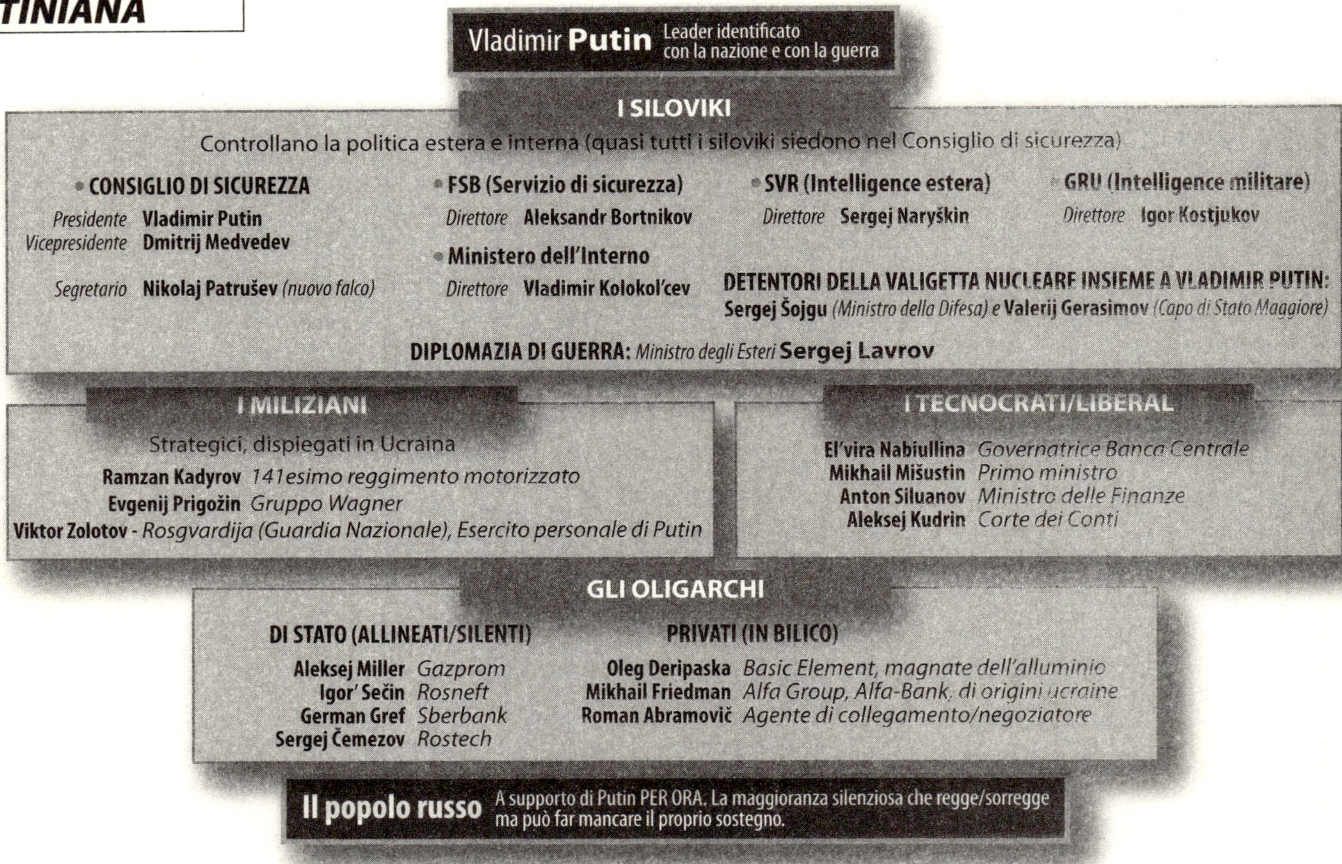

Secondo. La Russia non è né può diventare superpotenza ma non può ammetterlo. Non a sé stessa, meno ancora al mondo. Il suo impero è semplicemente troppo vasto, troppo disabitato, troppo povero per garantirsi il corale consenso dei suoi soggetti e attrarre altri popoli. Perciò è regime autoritario governato dal centro e armato fino ai denti. Vige il postulato del principe Aleksandr Barjatinskij (1815-79), viceré del Caucaso: «L'Inghilterra esibisce con l'oro il suo potere. La Russia, povera in oro, deve competere con la forza delle armi»[3]*. Ma se le armi si svelano assai meno efficaci di quanto parrebbe vedendole sfilare ogni 9 maggio sulla Piazza Rossa nella Parata della Vittoria, allora è tutta la potenza russa, non solo quella militare, a screditarsi. In Russia lo* hard power *è (era?) l'unico* soft power. *La religione delle armi, assorbita dai ragazzi russi fin nei primi cicli scolastici, è fondamento del patriottismo imperiale. Principio su cui Mosca impernia la sua idea di deterrenza, coronata dall'eccesso di atomiche.*

Dentro tanta corazza, l'imperatore è nudo. Costretto a professare sé stesso e il suo paese molto più di quel che è. Nessun altro impero ha mai convissuto con un divario tanto ampio tra potenza e ambizione, apparenza e realtà. E nessuno è mai stato capace di sacrificare con cadenza periodica milioni di uomini per la propria maggior gloria. Esercizio non ripetibile all'infinito.

In questa «operazione militare speciale» la Russia ha svelato quanto poco motivate, mal armate e peggio dirette siano le sue Forze armate. Specchio del regime. Peggio: il ricorso alla guerra preventiva per salvare i filorussi d'Ucraina dal presunto sterminio per mano ucraino-occidentale – voluto rovesciamento dell'aggressione atlantica alla Jugoslavia giustificata con l'altrettanto presunto olocausto dei kosovari albanesi – priva le truppe russe dello stigma di esercito che combatte per difendere la patria, non per occupare l'altrui. Vero o falso, per i russi è dogma. Violarlo dissacra.

Infine, contro la vulgata distribuita in patria, i russi di guerre ne hanno perse parecchie. Tutte più o meno grandi: Crimea (1853-56); Giappone, alias guerra mondiale zero (1904-5), sconfitta senza precedenti di una potenza «bianca» per mano «gialla»; prima guerra mondiale, con relativo crollo di regime e cambio di forma e confini di Stato (1914-22); guerra fredda, patta postbellica convissuta con l'America,

3. Cit. in D. Lieven, *Empire. The Russian Empire and its Rivals*, New Haven-London 2002, Yale University Press, p. 267.

culminata nel suicidio sovietico – Zugzwang *al grado massimo (1945-91); rovinosa campagna d'Afghanistan (1979-89). Ma perdere con gli ucraini, questo è insopportabile. Per chi si è abbeverato alla narrazione grande-russa, che da secoli dipinge gli abitanti di quella Piccola Russia incolti, abbrutiti cugini di campagna, l'onta è irredimibile.*

Molti scambiavano l'Armata russa per Armata rossa ammodernata. Falso. Come la Federazione Russa non è l'Unione Sovietica per spazio, demografia e irradiamento – decisivo il rattrappimento dall'universalismo comunista all'autistica Idea Russa consacrata dall'aspersorio di Kirill – così allo strumento militare russo mancano massa, profondità strategica e fede, trittico vincente nella Grande guerra patriottica.

Data la vulnerabilità economica incompatibile con lo status di superpotenza, è facile per americani e associati spingere Mosca sull'orlo della bancarotta grazie a stringenti sanzioni energetiche e finanziarie. Di qui la questione geopolitica del giorno: posto che la Russia non è quella grande potenza che a tutti – americani compresi – conveniva credere fosse, quanto resta da vivere a quell'impero se non può più spacciarsi grande?

Terzo. Questa guerra Mosca sa di non poterla vincere, tanto sbagliate ne sono le premesse e deludente la condotta. Ma sa che dovrà raccontare a sé stessa di averla vinta. Dilemma dilaniante. Putin non lo ammetterà mai, pure dev'esserne consapevole. Tanto da guardarsi dal definire la vittoria. «Denazificare», «smilitarizzare» o più radicalmente «deucrainizzare» l'Ucraina sono nell'ordine assurdità, impossibilità, promessa d'olocausto questa sì di stampo nazista. Certo, se il colpo di mano della prima ora a Kiev fosse riuscito e Putin avesse installato una testa di russo al posto di Zelens'kyj, il Cremlino avrebbe potuto autocelebrarsi vincente. Salvo dover gestire una nazione reinventata dagli angloamericani, che avrebbe reso la vita impossibile agli occupanti. Meglio lasciarsi dissanguare controguerrigliando all'infinito in terra infedele o lasciar perdere, ripiegando mestamente le bandiere con cui i carri di Mosca avevano disceso il corso del Dnepr? Alternativa del diavolo meno drastica della versione nucleare, tuttavia sufficientemente devastante da mettere in causa il regime, quindi lo Stato russo. Perché nell'impero così grandiosamente fragile alla sconfitta di regola conseguono crollo di regime e di istituzioni. Ottobre e Ottantanove insegnano.

Quarto. Ammettiamo che la Russia occupi il Donbas in versione integrale, così incardinato con Crimea e Sebastopoli nella metropoli, e Kiev accetti provvisoriamente di ingoiare il disgustoso boccone in cambio di *super-garanzie e finanziamenti occidentali (*carta a colori 3*). Non augureremmo a nessuno di doversi intestare la ricostruzione della devastata* rust belt *ucraina. Forse tale assetto territoriale non sarebbe nemmeno il minimo sindacale necessario a Putin per potersi truccare vittorioso. Eppoi, come pensare che misura del successo siano i chilometri quadri di rovine da intestarsi?*

Ma postuliamo l'obiettivo massimo. Ovvero che nei prossimi mesi i russi occupino tutta l'Ucraina a oriente del Dnepr per chiudere a Kiev il Mar Nero. Vittoria tattica, sì. Pur sempre sconfitta strategica. Perché a quel punto l'Ucraina dimidiata non si arrenderebbe. Assurgerebbe anzi ad avamposto e piattaforma militare permanente dell'impero americano a ridosso della più esposta frontiera russa. Pakistan nel cuore d'Europa, ideale per americani, britannici, polacchi, baltici e quanti altri decidessero di rendere ai russi la vita impossibile nell'Afghanistan fra mare e fiume. Dove Putin dovrebbe stanziare decine di migliaia di uomini, sbilanciando il suo sistema difensivo. Consideriamo poi sanzioni occidentali ancora più drastiche, fino al taglio completo dei flussi di euro in cambio di gas e petrolio russi. Quanto potrebbe resistere la Russia sotto simile pressione?

Quinto. Se prima dell'invasione Putin aveva paura di perdere pezzi di Russia – specie nelle regioni più instabili, dal Caucaso al Grande Nord siberiano, terre di separatismi striscianti – con lo Zugzwang *potrebbe finire per cederne di decisivi. In carenza di successi tattici visibili, la spedizione ucraina sta accelerando il latente processo di disgregazione della Federazione Russa, denunciato già nel 1998 dall'allora premier Evgenij Primakov, non acritico mentore di Putin*[4]*. Ad ammetterlo è il decano degli strateghi russi, Sergej Karaganov, nell'intervista pubblicata in questo volume (pp. 143-148): «Sappiamo che è una possibilità e ne stiamo discutendo apertamente. (...) Stiamo parlando dell'assoluta necessità di vincere proprio per evitare quel genere di scenario. E sappiamo anche che per la prima volta dalla guerra fredda alcune potenze occidentali mirano apertamente a disgregare la Russia. (...) Per questo sono preoccupato che ci sia un'escalation».*

In tempo di guerra, regionalismi ed autonomismi tendono a virare in secessionismi. Deriva accentuata dal tono plurietnico delle Forze armate russe, dove le etnie minoritarie sono spesso trattate come carne da cannone. Raro trovare moscoviti o pietroburghesi in prima linea. In al-

4. Cfr. E. PRIMAKOV, intervista alla *Rossiiskaja Gazeta*, 15/9/1998.

cune località di periferia, dalla siberiana Omsk all'uralica Jaroslavl', si segnalano incendi dolosi degli uffici di registrazione e reclutamento. Mosca ha disperato bisogno di combattenti, ma se proclamasse la mobilitazione generale rischierebbe di scatenare proteste di massa. E dovrebbe ammettere di essere in guerra.

A soffiare sul fuoco provvede la Polonia. L'8 maggio si è tenuto a Varsavia il Forum delle libere nazioni di Russia. Delegati da varie Russie non russe: Tatarstan, Buriazia, Cecenia, ma anche indigeni del Grande Nord. Presente qualche russo etnico che il Cremlino marchierebbe dirazzato, insieme ad esperti ucraini, polacchi, baltici e americani. Ospite d'onore Christopher Miller, già capo ad interim *del Pentagono durante l'assalto al Campidoglio. Ordine del giorno dettato dal giornalista polacco Krzysztof Skowroński: lottare fino alla «completa liberazione di tutti i popoli ancora oppressi dall'impero del Cremlino»*[5]*. Sullo slancio, a fine maggio è nata la Lega delle nazioni libere, sigla adottata dai rappresentanti dei popoli indigeni che puntano a emanciparsi da Mosca.*

4. Nessuno vince. Né al grado strategico, che vede Russia e Stati Uniti duellare per procura contro e per l'Ucraina, né su scala continentale, dove si tratta solo di stabilire quanto più instabili, impoveriti e insicuri diventeremo noi tutti, vetero- o neoeuropei. Sarà interessante constatare allora quanto dell'impegno morale che abbiamo assunto verso il paese aggredito resterà dopo il silenzio delle armi.

Quanto allo scontro strategico Usa-Russia, premessa d'obbligo. Come definitivamente dimostrato quasi settant'anni fa dal presidente Dwight «Ike» Eisenhower nel Solarium Exercise che i nostri lettori conoscono a menadito, peggio della sconfitta nella guerra contro Mosca c'è solo la vittoria. Perché gli americani rifiuterebbero di accollarsi il colosso atterrato. Cos'altro significherebbe assumersi la responsabilità della Russia se non gravame geopolitico, economico, identitario, che volgerebbe gli Stati Uniti in caserma del mondo? «Ike» verbatim*: «Che cosa ne faremmo della Russia, se vincessimo in una guerra globale?»*[6]*. Svolgimento: la «vittoria» totale produrrebbe «una grande area devastata e distrutta dall'Elba a Vladivostok e giù attraverso l'Asia del Sud-Est, senza governo, senza comunicazioni,*

5. Cit. in Free Nations of Russia Forum, 8/5/2022, Warsaw, Poland.

6. «Memorandum by the Special Assistant to the President for National Security Affairs (Cutler), Top Secret, (Washington), 16/7/1953, Eisenhower Library, Eisenhower Papers, Whitman File, Document 29. Cit. in «C'era una volta il fronte occidentale», editoriale di *Limes*, «Se crolla la Russia», n. 6/2001, pp. 18-19.

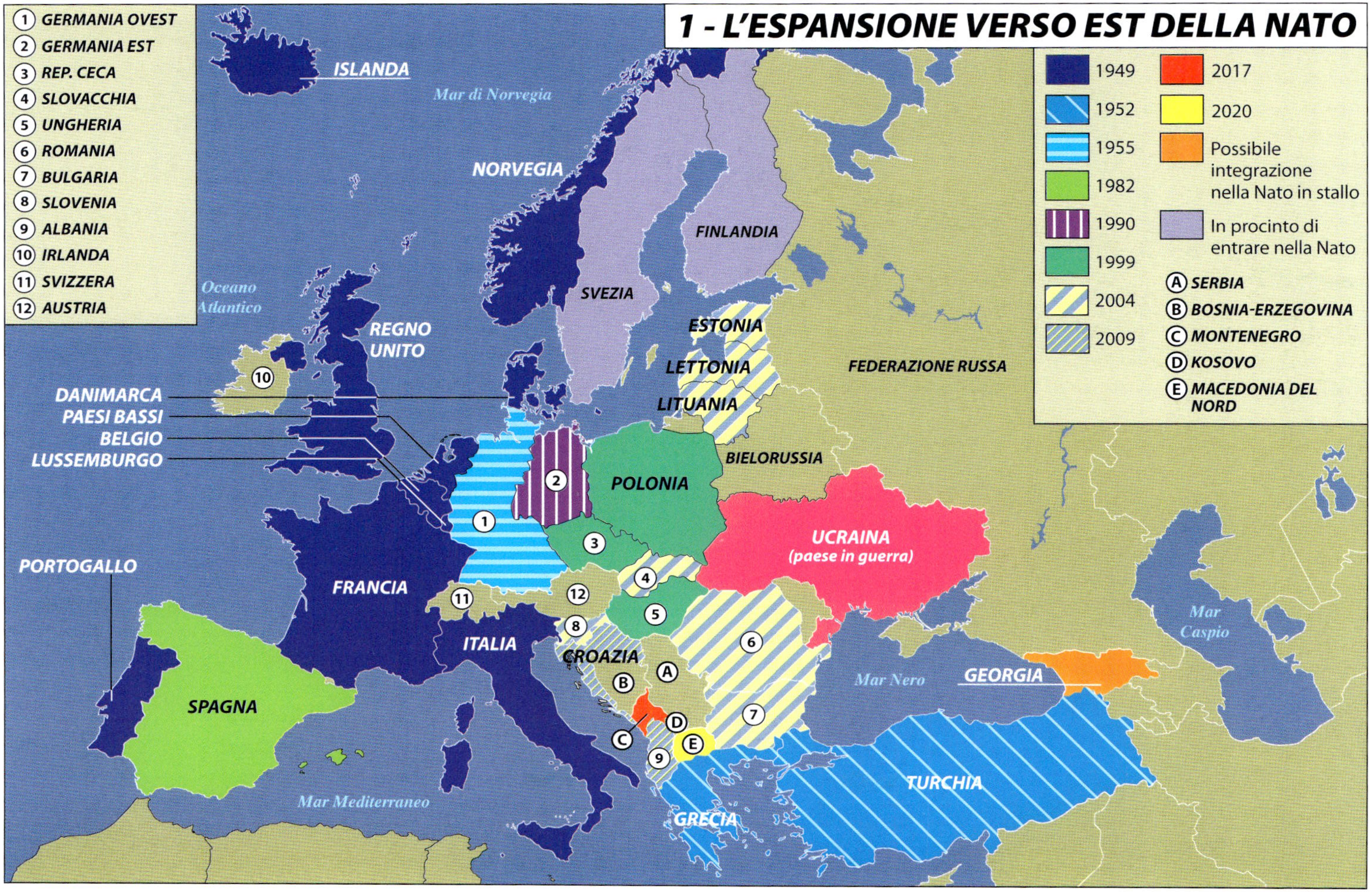
1 - L'ESPANSIONE VERSO EST DELLA NATO
1 GERMANIA OVEST
2 GERMANIA EST
3 REP. CECA
4 SLOVACCHIA
5 UNGHERIA
6 ROMANIA
7 BULGARIA
8 SLOVENIA
9 ALBANIA
10 IRLANDA
11 SVIZZERA
12 AUSTRIA
1949
1952
1955
1982
1990
1999
2004
2009
2017
2020
Possibile integrazione nella Nato in stallo
In procinto di entrare nella Nato
A SERBIA
B BOSNIA-ERZEGOVINA
C MONTENEGRO
D KOSOVO
E MACEDONIA DEL NORD
ISLANDA
Mar di Norvegia
NORVEGIA
SVEZIA
FINLANDIA
Oceano Atlantico
REGNO UNITO
ESTONIA
LETTONIA
LITUANIA
FEDERAZIONE RUSSA
DANIMARCA
PAESI BASSI
BELGIO
LUSSEMBURGO
BIELORUSSIA
POLONIA
UCRAINA
(paese in guerra)
PORTOGALLO
FRANCIA
ITALIA
CROAZIA
SPAGNA
Mar Mediterraneo
GRECIA
TURCHIA
Mar Nero
GEORGIA
Mar Caspio

2 - BALTICO, LAGO ATLANTICO

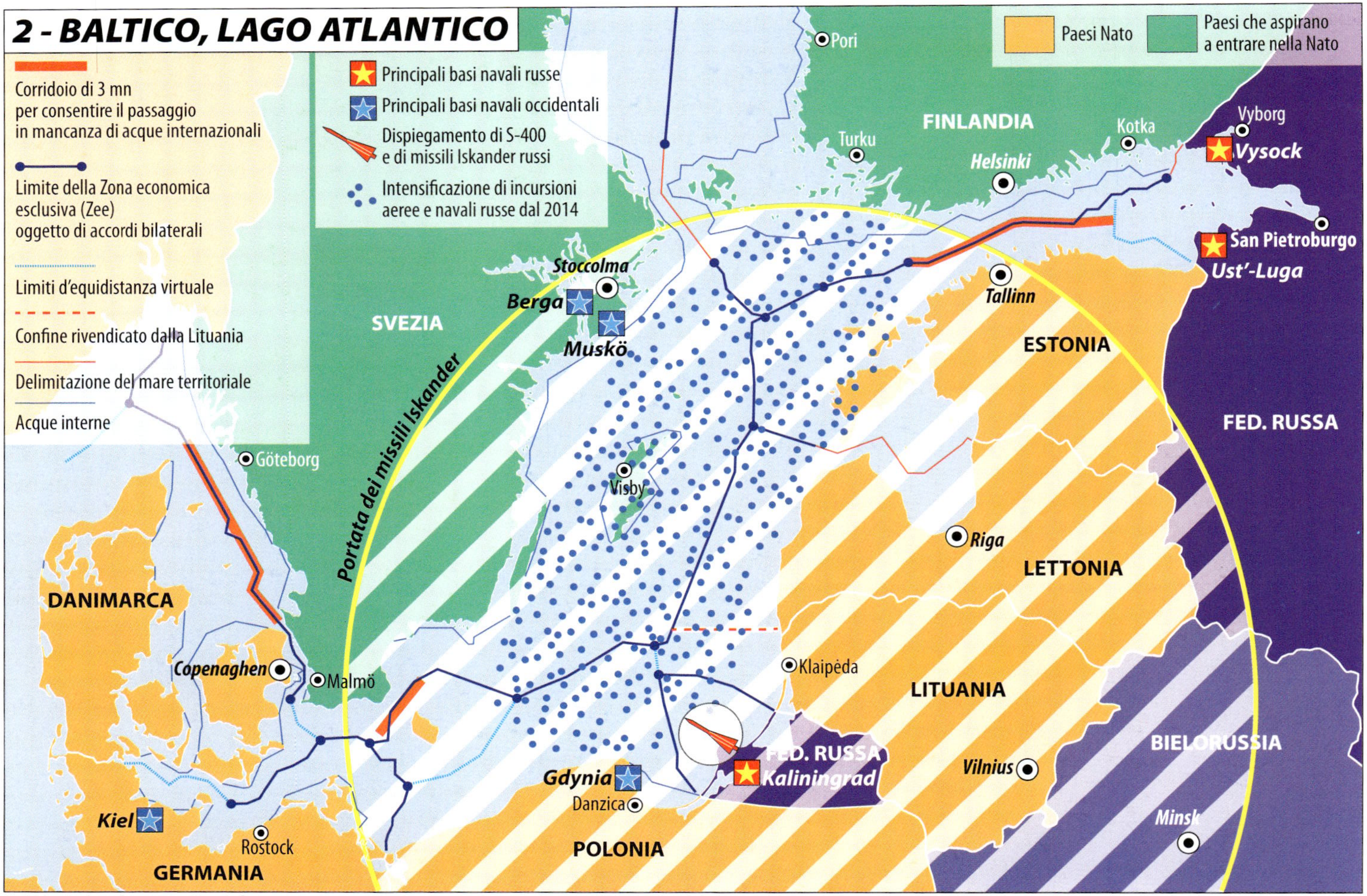

Fonti: Atlas géopolotique des espaces maritimes; Conflits

3 - L'INVASIONE RUSSA

Fonti: Liveuamap e autori di Limes aggiornata al 23 maggio 2022 ore 19

4 - L'IMPERO TEDESCO 1871-1918

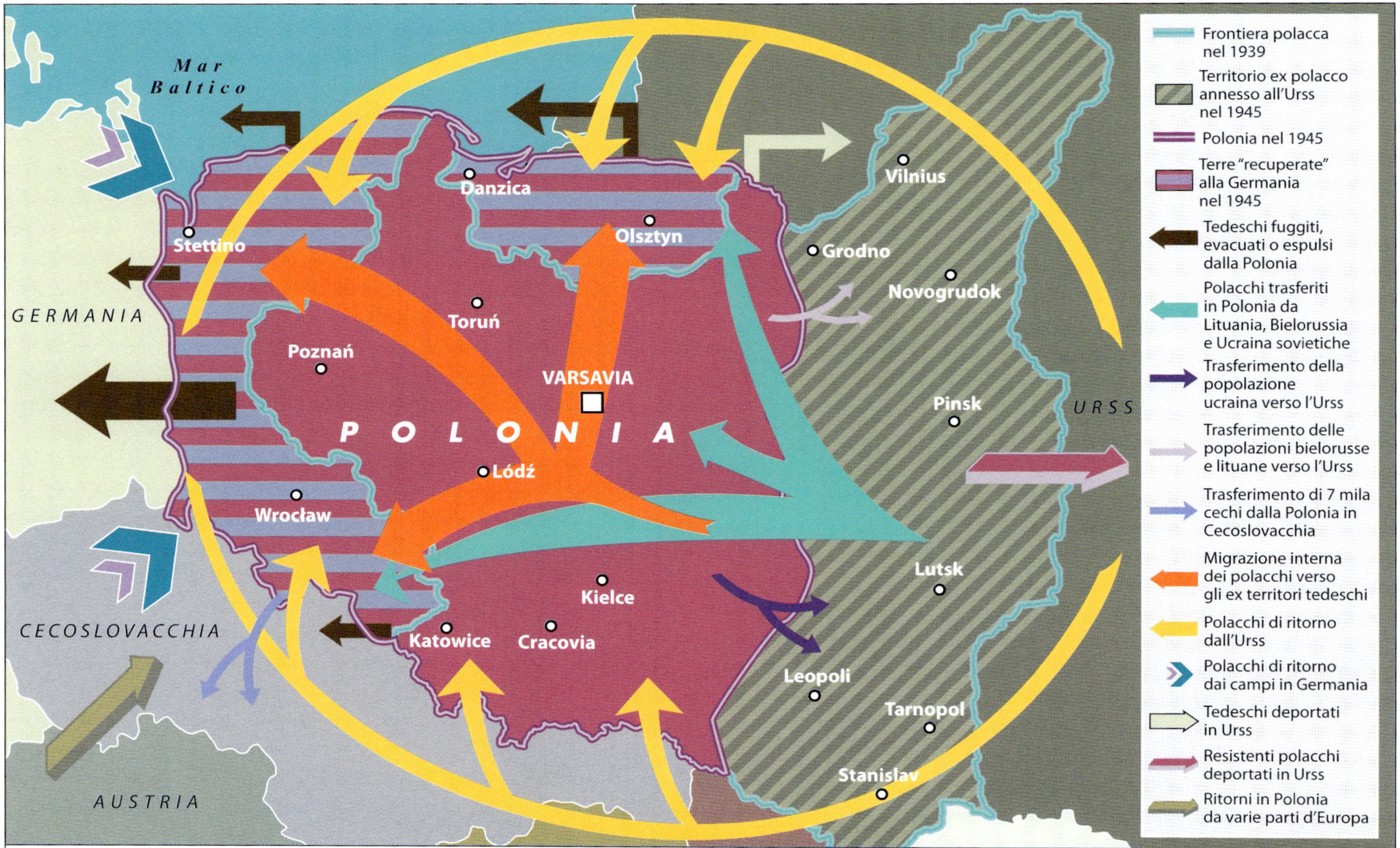

5 - LO SPOSTAMENTO DELLA POLONIA VERSO OVEST NEL 1945

6 - LA SPARTIZIONE DELLA GERMANIA

7 - ANTIEUROPA, L'IMPERO EUROPEO DELL'AMERICA

8 - FAGLIE EUROPEE NELLA GUERRA D'UCRAINA

solo uno spazio di fame e disastro. Io vi chiedo, che ne farebbe il mondo civile?»[7]*. Domanda oggi meno astratta di ieri.*

Di qui le voci che nell'establishment a stelle e strisce avvertono dei rischi derivanti dalla tentazione di farla finita con la Russia. Nella sintesi di Richard Haass, presidente del Council on Foreign Relations: «Gli Stati Uniti e i loro partner devono definire e anzi limitare i loro obiettivi in Ucraina. Ciò significa smettere la chiacchiera sul cambio di regime a Mosca. Dobbiamo occuparci della Russia che abbiamo, non di quella che preferiremmo»[8]*. Nella volgarizzazione del neotrumpiano J. D. Vance, autore della memorabile* Hillbilly Elegy, *oggi candidato al Senato: «Penso sia ridicolo fissarsi sul confine dell'Ucraina. Devo essere onesto con voi: non me ne importa proprio nulla di quel succede in Ucraina, in un senso o nell'altro»*[9]*.*

Per il Numero Uno impegnato in vitale competizione con la Cina, il conflitto ucraino viene dopo. La recente tournée *asiatica di Biden, con quel «sì» lasciato cadere alla domanda se Taiwan sia sotto protezione militare americana, ha accelerato la dinamica della collisione. Sicché gli strateghi americani vedono nel prolungamento della guerra in Ucraina più problemi che vantaggi. Li preoccupa la prospettiva di doversi impegnare nuovamente nella stabilizzazione dell'Europa che dopo la vittoria nella guerra fredda presumevano* «fixed»*, compattamente inquadrata nel sistema americano. Nei laboratori d'intelligence si cominciano a temere le conseguenze impreviste quanto prevedibili degli allargamenti a gogò, nella nobile gara fra braccio militare (Nato) e geoeconomico (Ue) dello Iea a chi pianta prima la sua bandiera nelle terre adiacenti al Cremlino. Più ampio il fronte, più impegnativo proteggerlo, più facile l'infiltrazione nemica, sia russa o cinese. E meno credibile il favoloso ombrello cantato nell'interpretazione demotica dell'articolo 5 del Trattato di Washington, che non garantisce un bel nulla. Nel prossimo vertice Nato di Madrid Biden vorrà assegnare a britannici, polacchi e baltici la vigilanza avanzata sul fronte russo, senza impegnare troppi*

7. D.D. Eisenhower, «Statement to Senior Military Officers», 19/6/1954, Dwight D. Eisenhower Library, Abilene, Kansas. Cit. in M. Connelly, M. Fay, G. Ferrini, M. Kaufman, W. Leonard, H. Monsky, R. Musto, T. Paine, N. Standish, L. Walker, «"General, I Have Fought Just As Many Nuclear Wars as You Have": Forecasts, Future Scenarios, and the Politics of Armageddon», *The American Historical Review*, December 2012, No. 5, pp. 1431-1460. Cit. in «C'era una volta il fronte occidentale», editoriale di *Limes*, «Se crolla la Russia», n. 6/2021, pp. 18-19.
8. R.N. Haass, «Is diplomacy between Russia and the West still possible?» Australian Strategic Policy Institute, 11/5/2022.
9. Cit. in C.A. Kupchan, «Ukraine's Way Out», *The Atlantic*, 18/5/2022.

mezzi e truppe a ridosso della cortina d'acciaio – versione aggiornata della classica linea rossa Stettino-Trieste, solo molto più a est e a nord. Così Washington si espone al rischio che la provetta sezione antirussa del suo impero europeo la costringa allo scontro diretto con Mosca.

I confini fra Ucraina e Federazione Russa non valgono per gli Stati Uniti la terza guerra mondiale. E la scomparsa della Russia metterebbe in questione il senso della Nato, inventata per contenerne la minaccia. Allo stesso tempo, lasciar troppo spazio ai russi e tradire gli ucraini sarebbe macchia incancellabile sul marchio America. Ognuno ha le sue alternative del diavolo.

*Quanto al teatro bellico. Il risorgimento ucraino scrive le sue pagine di gloria. Zelens'kyj superstar in Occidente. Storia riconoscerà ai suoi combattenti di aver violato il dogma d'invincibilità del soldato russo. Di aver esposto al mondo la facciata di cartapesta della presunta superpotenza, maschera di abissali fragilità, come nei leggendari villaggi Potëmkin. Ma la liberazione del Donbas, se mai possibile, è lontanissima. Forti concentramenti di truppe ucraine sono accerchiati dai russi. In Ucraina orientale e meridionale lo scontro è aperto. Spetterà poi a Zelens'kyj e a Putin vestirlo di gloria in simmetria indifferente ai fatti. Comunque finisca (*carta 2*).*

Non deve perciò stupire che della vittoria a Kiev si dipingano versioni cangianti, aggiornate in base a speranze o disillusioni prodotte dalle battaglie in corso e dal variabile supporto esterno. Si insiste sulla questione territoriale: rivogliamo i confini del 1991, quelli tracciati come amministrativi in età sovietica, volti in internazionali grazie al crollo dell'Urss. Ipotesi possibile solo in caso di collasso della Federazione Russa. Altrimenti occorrerà tracciare una linea provvisoria che corra da qualche parte nell'Ucraina sud-orientale, baluardo dei filorussi. Essenziale per Kiev è l'integrazione di fatto nell'impero americano. Travestita da neutralità protetta, attraverso nuove inventive strutture capaci di rispondere nelle ventiquattr'ore a eventuali incursioni russe. Dalla Nato Zelens'kyj è deluso. Ne lamenta dilazioni burocratiche e baruffe intestine, sintomo di incompatibilità culturali e geopolitiche. Tutte le armi dei sostenitori atlantici sono arrivate a Kiev via intese bilaterali, particolarmente battagliate con i soci più importanti, tedeschi in testa. Non fosse per americani e britannici, i russi avrebbero conquistato almeno mezza Ucraina. Per questo qualcuno a Mosca imputa a Putin non di aver attaccato, ma di averlo fatto troppo tardi.

Con il lungo armistizio, condizione per l'avvio della ricostruzione di un territorio devastato, l'Ucraina dovrà affrontare le questioni irrisolte

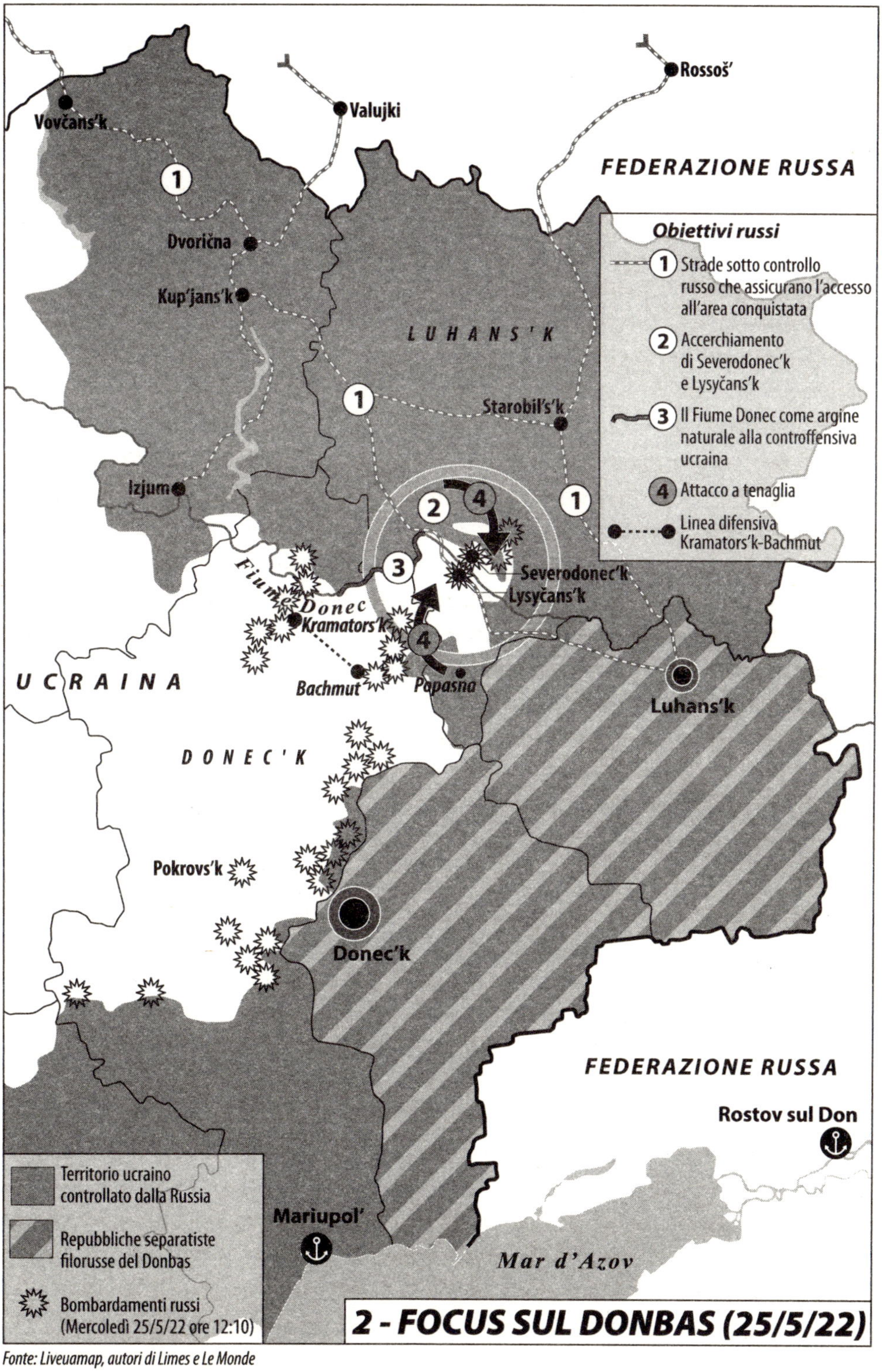

2 - FOCUS SUL DONBAS (25/5/22)

Fonte: Liveuamap, autori di Limes e Le Monde

che si trascina dall'indipendenza: dalla corruzione allo strapotere degli oligarchi, che hanno succhiato il sangue della patria per trent'anni ma non rinunceranno a rientrare in partita, fors'anche a chiudere i conti in sospeso con Zelens'kyj (il suo non troppo ex rivale Petro Porošenko lo promette pubblicamente).

La maggiore preoccupazione strategica per Kiev riguarda però la faglia che nella Nato separa la Nuova dalla Vecchia Europa. Gli amici sicuri da quelli apparenti. Sulla cui intelligenza col nemico Zelens'kyj ha pochi dubbi. Il suo incubo per il dopoguerra è l'inaffidabilità del massimo attore europeo, la Germania. Potenza continentale con cui l'Ucraina avrà a che fare per il resto dei suoi giorni.

5. «Keep Germans down». *Il terzo dogma – dopo* «Americans in» *e* «Russians out» *– del classico credo atlantico è geopoliticamente scorretto, giacché svela scopo dell'Alleanza «tenere sotto» lo Stato che da un secolo e mezzo si offre perno o crocevia d'Europa. Motto da leggersi in connessione con il secondo: «Russia fuori» e «Germania sotto» sono i due volti del Giano bifronte che custodisce l'Impero europeo dell'America. Senza escludere dal continente la potenza russa a est e limitare quella tedesca al centro è impossibile vincolare l'Europa al Nuovo Mondo via Atlantico. Doppio obiettivo più valido che mai. Washington non vuole che la sconfitta russa consegni il suo impero europeo alla Germania. Né che Berlino si frapponga alla sua decisione di infliggere il colpo definitivo alle grandiose aspirazioni della Russia.*

*Scopo non troppo segreto dell'operazione militare speciale americana in Ucraina è di spezzare una volta per tutte il rapporto che vincola i due massimi attori del palcoscenico continentale. Quel «filo con San Pietroburgo» che Bismarck (*foto*) raccomandava di preservare in quanto fondamento della potenza germanica. Sopravvissuta a due guerre mondiali e a una guerra fredda, a quella relazione storica Kohl si aggrappa nel 1990 per riunificare la Germania, decisivo complice Gorbačëv. L'aggressione russa all'Ucraina pare all'America occasione perfetta per stroncare quel vincolo tanto più insidioso in quanto non scritto. Prolungato alla Cina per via economica dalla Germania, strategica dalla Russia. Oggi l'impero americano aggiorna il logo Nato con il quarto paradigma:* China out and down. *La partita del Donbas assurge così agli occhi del Numero Uno al grado globale. Tirando la corda ucraina fino a tranciare il cordone bismarckiano Washington intende sparigliare la strana coppia sino-russa e ridimensionare in un sol colpo i tre rivali at-*

Otto von Bismarck (1815-1898)

tuali (Russia e Cina) o potenziali (Germania e quel che di Europa sapesse aggregare). Il nuovo capitolo della storia mondiale aperto il 24 febbraio riparte dal Vecchio Continente, con buona pace di chi lo classifica reperto archeologico nell'avveniente secolo dell'Asia.

Il rito europeistico celebra la coppia franco-tedesca, brillante finzione di un'intesa che non c'è né è mai esistita (salva la parentesi di Vichy), mentre si trascura il «filo» russo-germanico, colpito, logorato ma non ancora spezzato dalla guerra d'Ucraina. Strano magnetismo. Come quei vagoni delle montagne russe che sferragliano via forza di gravità, così il convoglio Mosca-Berlino, fra precipizi e risalite, continua per spinta propria a battere discretamente il tempo della geopolitica europea. Nell'ombra, o quasi. Evitando di esporsi o peggio formalizzarsi in trattati. Per i laboratori strategici angloamericani è la «stealth couple», l'invisibile intesa strutturata da cinquant'anni di interdipendenza energetica battezzata in piena guerra fredda. Oggi simboleggiata dal tubo sottomarino Nord Stream che continua a pompare gas siberiano verso la costa baltica tedesca. Il suo raddoppio resta provvisoriamente inattivo. Il giorno che fosse smantellato verrebbe festeggiato con allegro tintinnar di calici nelle anticamere del potere americano.

Non così presto. Nei cenacoli del pensiero geopolitico tedesco improvvisamente riabilitato prevale il postulato per cui Russia è Europa per storia, cultura e geografia. A guerra finita deve ritrovarvi il suo posto. A Berlino sanno bene come al Cremlino, fra uno scappellamento alla Cina e l'altro all'India, un'escursione in Siria e una in Cirenaica o nel Mali la pulsione verso l'Europa – e la Germania su tutto – resti incomprimibile.

Mentre i carri di Putin s'impantanano in Ucraina, nelle librerie tedesche esce un ponderoso volume di Stefan Creuzberger dal titolo programmatico: Il secolo germano-russo. Storia di una relazione speciale. Lo sto-

rico svevo apre il campo a un'originale interpretazione del Novecento. Non proprio mainstream*: «Il XX secolo può dare al primo sguardo l'impressione (...) d'esser stato un secolo di marca americana. A un'osservazione più precisa appare evidente l'immensa forza d'attrazione che Germania e Russia, per qualche tempo vicini diretti, sprigionano già dall'Ottocento sull'ordine internazionale. (...) Indipendentemente da tutti i processi di globalizzazione la Germania unita e la Russia odierna sono attori politici capaci di influenzare insieme la scena internazionale. (...) Nella prospettiva degli ultimi cent'anni non ci sono altri Stati al mondo le cui relazioni bilaterali siano state segnate in modo così durevole da rivoluzione e rottura, terrore e violenza, smarcamento e intesa». Insomma, «possiamo ragionevolmente parlare di un secolo russo-tedesco»* [10]*. Creuzberger conclude nella speranza che anche in questa fase, nonostante tutto, «le tradizioni positive nelle relazioni germano-russe possano essere ravvivate».* [11]

La profondità di una relazione fra popoli e Stati si misura nel tempo e nello spazio. Il vincolo fra russi e tedeschi è figlio dell'occidentalismo di Pietro il Grande. Grazie alla vittoria contro la Svezia nella guerra del Nord il primo imperatore della Russia annette nel 1710 Livonia ed Estonia integrandone l'aristocrazia germanica ai vertici della società e dello Stato. La fondazione della nuova capitale, San Pietroburgo, alla foce della Neva, sul Baltico, inaugura la direttrice tedesca e francese della proiezione russa. Il sangue germano-baltico irrora l'organismo imperiale russo e ne stimola la vocazione europea. Sigillata per impulso di Alessandro I nella Santa Alleanza fra i tre «membri della medesima nazione cristiana», Austria, Prussia, Russia (1815). Lega della reazione imperial-autocratica contro i nazionalismi liberaleggianti. Da allora e per tutto l'Ottocento l'influenza germanica nelle élite russe e nei gangli del potere zarista è pervasiva: «Tedeschi sul trono, tedeschi vicino al trono, tedeschi i comandanti militari, tedeschi i ministri degli Esteri (...) dovunque tedeschi fino alla nausea. Donne tedesche occupano quasi in esclusiva il rango di zarina» [12]*. Così nel 1859 Aleksandr Herzen, protorivoluzionario russo di madre tedesca. E per restare all'attualità, al germano-baltico Alexander von Benckendorff lo zar Nicola I, sposato con Carlotta di Prussia, affida la fondazione del famigerato* Tretij Otdel, *il Terzo Direttorato origine della polizia segreta zarista e culla della cultura d'intelligence russa che qualche traccia di sé tuttora esibisce.*

10. S. Creuzberger, *Das deutsch-russische Jahrhundert. Geschichte einer besonderen Beziehung*, Hamburg 2022, Rowohlt, pp. 18-19.
11. *Ivi*, p. 562.
12. *Ivi*, p. 21.

*L'intimità con la Russia cambia tono per la Germania dopo il 1871. Nascita della Prussia allargata battezzata Impero Tedesco che s'impone potenza centrale in Europa (*carta a colori 4*). In arduo bilanciamento fra Balena – egemone marittimo inglese, poi americano – e Orso russo. La potenza germanica, come a suo modo la russa, è per genesi, complessione territoriale e carenza di confini naturali intrinsecamente instabile. In entrambi gli imperi vige la regola per cui la sicurezza si rafforza per espansione dal centro. In Eurasia, non via colonie e basi ultramarine. «La mia Africa è questa!», stabilisce Bismarck indicando la carta d'Europa.*

La Germania vive da sempre l'alternativa tra espansione verso l'Est, muro antirusso o ponte tra le potenze rivali lungo i meridiani orientali e occidentali del Vecchio Continente. Eversore, antemurale o connettore. Sempre inassimilabile alla Balena o all'Orso. Nella guerra civile europea (1914-45) il Reich guglielmino, virato in repubblica poi in impero razzista, vive tutte e tre le stagioni. Percorso infernale segnato dalla doppia collisione russo-tedesca, con brevi pause di cooperazione fra i due titani sconfitti ed emarginati – trattato di Rapallo (1922), patto Molotov-Ribbentrop (1939) – culminanti nel catastrofico finale wagneriano. Se la Russia in ogni sua veste – zarista, sovietica, putiniana – si rappresenta polo autonomo disposto a compromettersi con l'Occidente senza però aderirvi, nemmeno la più americanizzata delle Germanie, la Bundesrepublik originale, s'emancipa risolutamente dal destino mediano.

*L'attuale Repubblica di Berlino è integrata nell'Alleanza Atlantica, certo. Ma non sfugge alla meccanica dell'oscillazione geopolitica (*Schaukelpolitik*) fra Est e Ovest, riflesso pavloviano che le impedisce di rompere con Mosca. Per dissolversi nell'impero americano. Storia, profondità e spessore della* Kultur *germanica sono refrattarie a qualsiasi subordinazione. La collocazione centrale in Europa (*Mittellage*) è per definizione né orientale né occidentale. Tedesca (*carta 3*). Per stare in Occidente, come vuole la ragion di Stato della Bundesrepublik, vi si deve* legare *(*Westbindung*). Scelta, non dato. Alternativa all'equilibrio mitteleuropeo di Bismarck in età imperiale o di Stresemann al tempo di Weimar. Opposta all'espansionismo sangue e suolo di scuola nazista. Allo stesso tempo, la Germania è troppo autocentrata e inculturata nel suo peculiare mercantilismo per poter aspirare all'egemonia. Il fallimento di ogni sua forma d'impero lo testimonia.*

6. Il 24 febbraio marca il nadir nelle relazioni russo-tedesche dopo la guerra fredda. Eppure, né Berlino né Mosca intendono tagliare i resi-

dui ponti, vacillanti sotto l'impatto di sanzioni senza precedenti. L'America con la sua Nuova Europa nord-orientale preme per la madre di tutte le sanzioni, quella che asciugando i tubi degli idrocarburi siberiani spezzerebbe sì l'interdipendenza energetica, ma ben difficilmente consuetudini e traiettorie geopolitiche che avvicinano tedeschi e russi. Certamente non quelle fra cittadini dell'ex Germania comunista e loro ex vigilante moscovita.

*Trentadue anni dopo l'annessione dei Länder (Stati federati) orientali alla Bundesrepublik – dovuta al fallimento della geopolitica sovietica, non a una strategia americana, tanto meno della Repubblica di Bonn – le Germanie restano almeno due. La faglia dell'Elba continua a distinguere la Germania occidentale da quella ribattezzata orientale. Geopoliticamente corretto per definire la Germania centrale dopo che dal 1945 le sue ramificazioni a est dell'Oder-Neiße sono state assorbite dall'Urss (poi Federazione Russa) e dalla Polonia traslata verso ponente per allargare il cuscinetto fra Mosca e America in Europa (*carta a colori 5*). Quasi tutti gli indicatori, siano culturali, economici, politici o demografici, marcano l'alterità permanente fra spazi germanici ben distinti già prima della spartizione post-bellica in zone di occupazione anglo-franco-americane e sovietica (*carta a colori 6*). Nei territori d'origine di Prussia e Sassonia resiste la russofilia, facilitata nelle fasce anziane dalla russofonia ereditata dalla DDR. Mezzo milione di russi stanziati per quasi mezzo secolo nella vetrina occidentale dell'impero sovietico fanno la differenza. Fra questi, Vladimir Putin, agente del Kgb a Dresda, che nel 2009 vi rientra per ricevere dallo Stato di Sassonia l'Ordine di San Giorgio. Gratitudine per la spia.*

L'inclinazione verso Mosca trascende lo schieramento politico. Il nocciolo duro filorusso corre dagli ex comunisti della Sinistra (Linke) ai neonazionalisti dell'Alternativa per la Germania (AfD), mentre coinvolge corposi settori socialdemocratici e cristiano-democratici, assai meno verdi e liberali. Ai vertici degli Stati dell'Est troviamo personalità che sembrano considerare l'aggressione russa all'Ucraina parentesi trascurabile. Spicca il premier sassone Michael Kretschmer (CDU), avversario di qualsiasi sanzione energetica antirussa perché colpirebbe a morte economia e pace sociale del suo Land. Con tocco di realismo: «La Russia è un fatto»[13]. Per lui il vincolo con Mosca è «assicurazione sulla vita»[14].

13. Cfr. I. Stanley-Becker, V. Guinan-Bank, «Russia finds sympathy in Germany's East, old Putin's stomping ground», *The Washington Post*, 15/4/2022.
14. Cfr. K. Hanschke, «Empathie mit dem Gegner», *Frankfurter Allgemeine Zeitung*, 7/5/2022.

3 - LE EUROPE VISTE DALLA GERMANIA

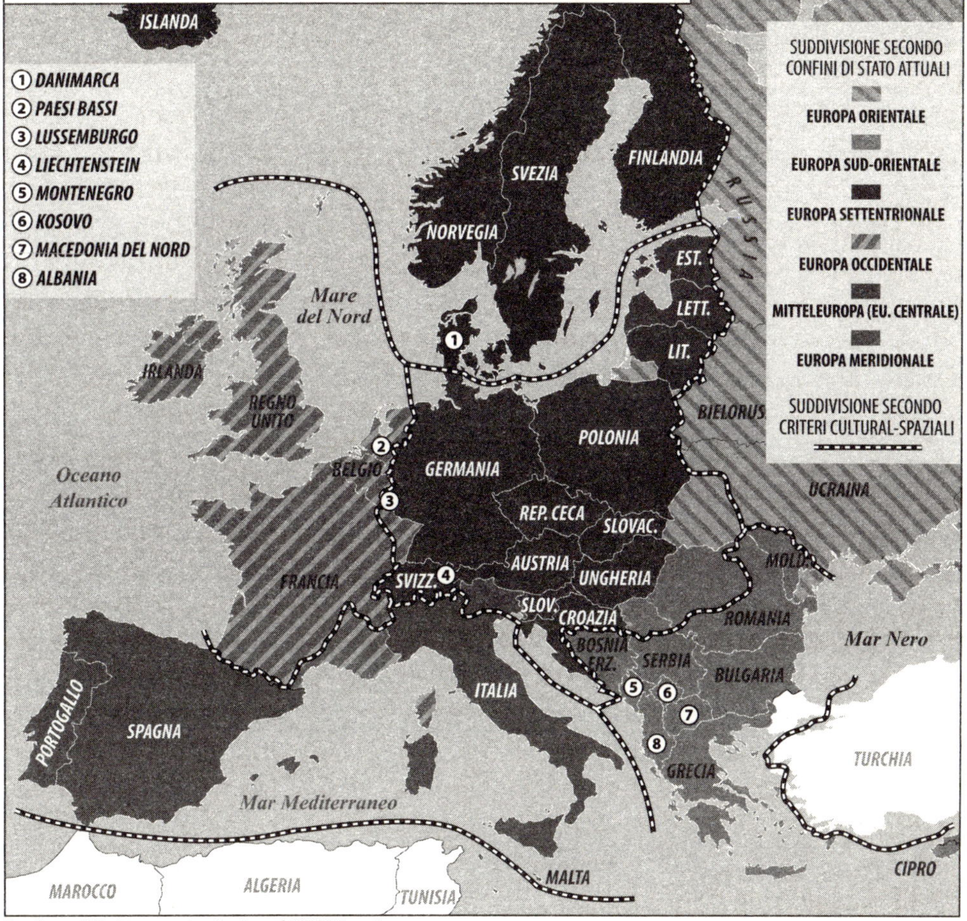

Fonte: Proposta del Comitato permanente per i nomi geografici (STAGN), Germania.

*Tanto da convocare il 20 maggio i ministri-presidenti dei nuovi Länder per porre al governo federale condizioni preventive riguardo alle sanzioni sul petrolio russo, di cui il sistema energetico tedesco-orientale è specialmente assetato. Giacché l'isolamento petrolifero dell'ex DDR è rimasto quello dell'epoca del Muro (*carta 4*).*

Ad avvicinare molti tedesco-orientali ai russi è un sentimento più profondo di qualsiasi contingenza: quello di aver perso insieme la guerra fredda. Gran parte degli ex cittadini della DDR ha vissuto l'unificazione quale colonizzazione da parte di tedeschi dell'Ovest più o meno americanizzati. Analoga all'umiliazione contemporaneamente subita dagli ex sovietici. Riassume la storica weimariana Silke Satjukow: «Al tempo della

4 - LA GERMANIA PETROLIFERA

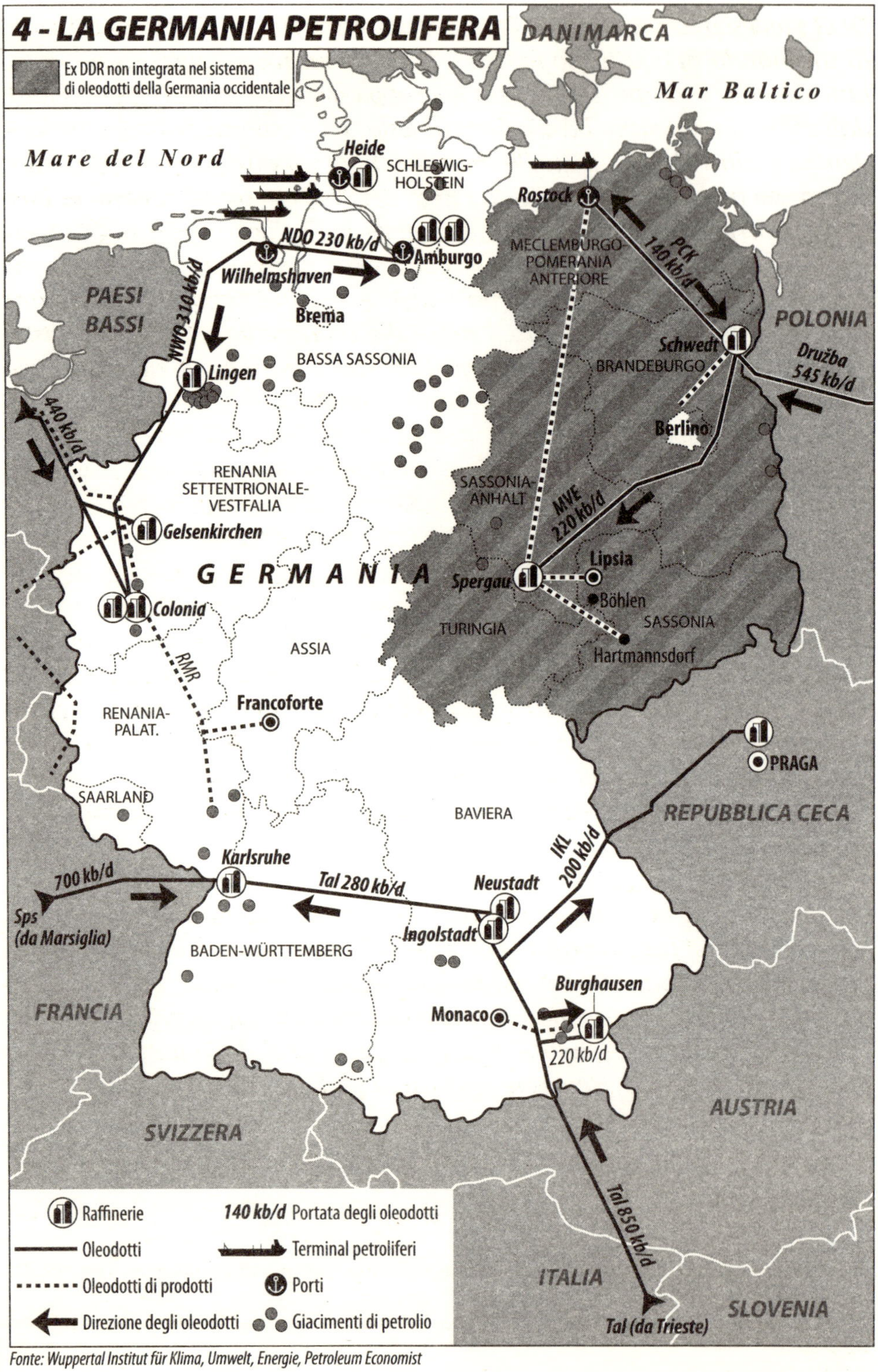

Fonte: *Wuppertal Institut für Klima, Umwelt, Energie, Petroleum Economist*

DDR i tedeschi orientali hanno inalato cultura russa». E con essa il senso di un mondo in equilibrio fra Est e Ovest. Scardinato quell'ordine, «il bilanciamento è saltato, sicché ci si aggrappa a vecchi modelli sperimentati dall'infanzia. Ognuno ha un filtro in testa. La memoria dei tedeschi occidentali è altra rispetto a quella dei tedeschi orientali»[15]*. Sondaggi confermano. All'inizio della guerra due terzi dei* Wessis *consideravano la Russia «un pericolo per la Germania» contro meno della metà degli* Ossis*. Aggiungiamo i due milioni di russi che vivono in Germania e che insieme ad alcuni tedeschi animano iniziative e manifestazioni filoputiniane ovunque possibile, e cogliamo il senso dell'allarme lanciato dal ministro federale dell'Interno, Nancy Faeser: «Dobbiamo stare molto attenti ad evitare che la guerra tracimi nella nostra società»*[16]*.*

*Applicato al precetto «Germania sotto», il clima atlantico non è promettente. L'altra faccia del filorussismo tedesco è l'antiamericanismo. Non tanto ideologico quanto geopolitico. La «svolta epocale» (*Zeitenwende*) proclamata dal cancelliere Olaf Scholz il 27 febbraio, con annesso riarmo unilaterale, colossale nelle dimensioni promesse ma difficilmente visibile prima di un decennio, se presa sul serio implica il ritorno della Germania all'indipendenza perduta nel 1945. Recupero della sovranità effettiva. Nella Nato, ma non al servizio dell'America. Potenza guida nel nucleo duro dell'Unione Europea in via di ridefinizione. Il vestito europeo, divisa d'obbligo da Adenauer a Scholz via Merkel per coprire legittimi interessi nazionali, è sempre più corto. Ma l'uso nazionalistico dell'europeismo è la cifra nel tappeto della Germania post-nazista, non importa chi ne sia il cancellier servente.*

L'Europa a trazione berlinese significherebbe rapporto geoeconomico speciale con la Cina, sconti alla Russia in modalità aggressiva per recuperarla nel futuro ordine continentale, tensioni con la Nuova Europa polacco-baltica, visceralmente antirussa. Non basta, la Germania «europea» si vuole attore globale nel mondo basato sull'equilibrio fra diversi poli di potenza. Tradotto in linguaggio moral-diplomatico dall'ambasciatore Christoph Heusgen: «Alleanza globale fra paesi che si impegnano al rispetto del diritto internazionale. Ciò significa che l'America deve cambiare mentalità»[17]*. Ritradotto in geopolitica: Stati Uniti, suici-*

15. Cfr. V. Schmitt-Roschmann, C. Kissmann, «Warum Ostdeutsche anders auf Russland blicken», *Aachener Zeitung*, 25/2/2022.
16. M. Ziener, «Putin sympathizers in Germany: Living in a parallel universe», *Los Angeles Times*, 17/4/2022.
17. C. Heusgen, «The War in Ukraine Will Be a Historic Turning Point», *Foreign Affairs*, 12/5/2022.

datevi! L'impero che si considera sovraordinato a tutti e a tutto epperciò postula la prevalenza del diritto interno su quello «internazionale» (al meglio, consiglio per gli acquisti) è refrattario a qualsiasi moralismo, figuriamoci se tedesco.

La guerra di Putin riaccende la tensione permanente fra Washington e Berlino. Germans down *e* Zeitenwende *sono due termini che* non *stanno bene insieme, canterebbero i Beatles.*

7. Devono essere tempi davvero eccezionali se persino l'Italia produce la sua piccola Zeitenwende. *Non riarmiamo, certo. Ma per la prima volta da tempo immemorabile Roma propone una sua autonoma iniziativa di pace in una crisi di taglia globale.*

Progetto filtrato sui media subito dopo la visita di Draghi a Biden, l'11 maggio[18]*. Quando il capo del nostro governo mette l'accento sull'urgenza di fermare la guerra prima che finisca fuori controllo. Anche perché di questo passo in autunno la crisi economica moltiplicata dal conflitto e dalle sanzioni minaccerebbe la stabilità sociale e perfino istituzionale della Repubblica.*

Il piano elaborato dalla Farnesina è scandito in quattro tempi, sotto l'ombrello di un Gruppo internazionale di facilitazione che oltre all'Italia potrebbe comprendere Francia, Germania, Regno Unito, Turchia, Polonia, Israele e altri ancora. Ma non la Cina. Su questo gli americani sono secchi: Pechino non deve profittare della guerra per allargare la sua influenza in Europa. No way.

Primo obiettivo, cessate-il-fuoco. Possibile solo quando sia Putin sia Zelens'kyj stabiliranno di non aver altro da guadagnare dalla continuazione delle ostilità. La tregua potrebbe stabilirsi a tempo indeterminato, congelando il conflitto in stile coreano, anche se nei meandri dell'Ucraina meridionale manca un parallelo lungo il quale stabilire la fascia smilitarizzata. Armistizio contestuale al graduale ritiro delle truppe russe nelle frontiere d'anteguerra e parallela, sequenziata riduzione delle sanzioni.

Secondo, neutralità dell'Ucraina con garanzia internazionale e avvio immediato di negoziati per la sua ammissione a pieno titolo nell'Unione Europea. L'Italia non condivide la proposta di Macron, che vorrebbe accomodare Kiev in una serie B europea. Girone per staterelli bal-

18. Cfr. T. Ciriaco, «La pace in quattro tappe. Sul tavolo dell'Onu arriva il piano del governo italiano», *la Repubblica*, 19/5/2022.

canici, semifalliti, troppo poveri e problematici per i soci fondatori, già avversi (meno la Germania) agli allargamenti post-Ottantanove, spinti da americani e britannici.

Terzo, e molto più arduo: soluzione delle dispute territoriali fra Ucraina e Russia. Le partite del Donbas e della Crimea potrebbero essere risolte nel doppio quadro del riconoscimento dei confini ucraini stabiliti nel 1991 e dell'autogoverno per le aree filorusse. Compromesso spacciabile dagli ucraini quale riconquista dei territori occupati e dai russi come indipendenza di fatto – ovvero dipendenza da Mosca – delle repubbliche di Donec'k e Luhans'k. Quanto a Crimea e Sebastopoli, nessun governo russo vorrà mai ridiscuterne. Qui lo stallo può durare decenni, forse secoli.

Quarto, accordo paneuropeo, Russia inclusa, su criteri ed equilibri della nuova pace. Helsinki bis. Questo è l'orizzonte strategico dell'Italia, avversa alla tentazione di farla finita con Mosca che agita i «taliban baltici» – polacchi e loro sodali del Nord-Est continentale – collegati a settori dell'amministrazione e del Congresso americano. I nostri apparati inclinano a credere che il messianismo esibito dai russi in questa guerra sia destinato ad appassire. Il fidanzamento con Pechino, asseritamente «senza limiti», parrebbe scricchiolare. La Russia non si vuole vassalla della Cina. Anche se rischia di diventarlo. Al momento però la separazione sarebbe per entrambe follia. Di fronte alla controffensiva americana, non si lasciano spiragli a infiltrazioni nemiche. Qui Putin e Xi si giocano il posto e la vita.

Con tale progetto, che la nostra diplomazia battezza «concetto aperto», l'Italia definisce il suo posto negli equilibri euroatlantici in fibrillazione. Roma è convinta che in questo conflitto si ridaranno le carte della futura pace europea inscritta nei rapporti di forza ricalibrati su scala globale. Il nuovo assetto sarà stabilito dall'esito dello scontro sempre meno indiretto fra Russia e Stati Uniti, prologo della suprema sfida sino-americana.

L'Italia mira a un nucleo euroccidentale formato con Francia, Germania e Spagna. Euroquad fondato su tre princìpi: ancoraggio atlantico adattato alla proiezione anticinese degli Stati Uniti, che impone agli europei responsabilità continentali già direttamente gestite da Washington; impegno per ricomporre un equilibrio con la Russia, ridimensionata dall'avventura ucraina ma non emarginata, tantomeno implosa nel fuoco d'artificio di mini-Russie che eccita i sogni dei «taliban baltici»; riequilibrio verso Mediterraneo, Africa e Medio Oriente delle priorità europee, come nel dna dei tre «latini», cui i tedeschi si adatterebbero.

Coerentemente a tale approccio, la diplomazia italiana ha presentato a fine aprile una prima versione del «concetto» a francesi, tedeschi e americani. In ordine di entusiasmo. Nel frattempo Madrid ha segnalato a Roma di ambire a un accordo bilaterale sul modello del trattato del Quirinale firmato il 26 novembre scorso da Draghi e Macron. Lo stesso ha proposto alla Germania, che tratta con l'Italia un accordo analogo. Dopo tanta retorica multilateralista che ha prodotto alternativamente un decorato nulla o fughe in solitario – vedi il riarmo tedesco, che non piace a nessuno su entrambe le sponde dell'Atlantico – la Vecchia Europa riscopre il classico metodo bilaterale. Il più sicuro per annodare uno alla volta i fili della rete euroccidentale, cui potrebbero associarsi anche Portogallo, Belgio, Lussemburgo, forse Olanda, oltre ad altri mediterranei, Grecia in testa.

*La guerra con la Russia vale dunque da cartina di tornasole degli schieramenti euroatlantici in movimento. Emergono nuove faglie e inediti raggruppamenti nella Nato. Il canone classico è superato (*carte a colori 7 e 8*). L'avanguardia antirussa a regia americana con britannici e polacchi primattori erode la rilevanza del resto d'Europa agli occhi statunitensi. Il Trimarium diventa Bimarium con il Baltico gestito in prima linea da Polonia, Svezia e Finlandia, ancelle americane, e Londra vicaria di Washington. La Norvegia, perno della proiezione artica Nato insieme ad Usa, Canada e Regno Unito, poggia sulla piattaforma scandinava deneutralizzata. Il Mar Nero è curato via Romania, con Bulgaria e quel molto d'Ucraina che resterà legato all'America dopo la guerra. Occasione per noi di riprendere l'iniziativa nell'Adriatico, frontiera trascurata con l'instabilità balcanica prossima a nuove eruzioni. Quanto alla Turchia, orgoglioso elettrone libero in spregiudicato equilibrismo fra Russia e Stati Uniti, muove grandiosamente in proprio. Necessario per noi sviluppare un rapporto utile con Ankara, anche aiutando i francesi a superare gli accessi di turcofobia che finiscono per colpirne la declinante proiezione africana e levantina.*

Davanti all'Italia sta il compito di volgere l'urgente sedazione del conflitto in leva per il recupero di un rango euroatlantico coerente con i nostri interessi. Se fallissimo nella partita ucraina, minacceremmo di affogare in un gorgo di crisi intrecciate. La «svolta epocale» è per noi esistenziale. In fondo, Cavour fece l'Italia sbarcando in Crimea.

APPENDICE

La Germania bicefala

a cura di *Giacomo Mariotto*

La guerra in Ucraina ha confermato l'esistenza di due Germanie profondamente distinte. La ragione è di carattere strutturale. A più di trent'anni dall'«unificazione» (1990), tra Bundesländer dell'Est e dell'Ovest persiste un netto sfasamento demografico, sociale, culturale ed economico. Agli inizi degli anni Novanta i cinque Länder orientali (Brandeburgo, Meclemburgo-Pomerania Anteriore, Sassonia, Sassonia-Anhalt e Turingia) possedevano una popolazione più giovane della media nazionale. Oggi il quadro è perfettamente rovesciato (*grafico 1*). Le massicce migrazioni interne verso le regioni occidentali hanno progressivamente spopolato l'Est. I risultati sono chiari se si osservano gli sviluppi demografici nel periodo 1990-2020 in Sassonia (-15%), Meclemburgo-Pomerania Anteriore (-16%), Turingia (-19%) e Sassonia-Anhalt (-24%). Viceversa, la popolazione nei Länder occidentali è aumentata nello stesso periodo, talvolta bruscamente, con la sola eccezione del Saarland.

La crepa è altrettanto evidente riguardo al reddito medio disponibile e al pil pro capite, significativamente più bassi per i cittadini orientali (*grafico 2*). Quest'anno l'Istituto di scienze economiche e sociali (WSI) ha stimato che l'unico circondario dell'ex DDR a superare la media nazionale è Potsdam-Mittelmark, nel Brandeburgo, con 24.127 euro. Peraltro, dal 2015 in avanti la convergenza economica verso i livelli occidentali è addirittura rallentata. Se in futuro il ritmo rimanesse il medesimo, si dovrebbero attendere altri 40 anni affinché il reddito dell'Est raggiunga gli standard complessivi.

A questi fattori si somma la percezione identitaria. Secondo un sondaggio di ottobre, tre *Ossis* su quattro rivendicano un senso di appartenenza alla Germania orientale, cifra che raggiunge l'84% per la generazione nata dopo il crollo del Muro di Berlino. Inoltre, uno studio di aprile dell'Istituto Allensbach indica che il 45% dei cittadini dell'Est ritiene di vivere in una «democrazia fasulla». Dati che segnalano un diffuso sentimento di subalternità, ma anche il rifiuto di adeguarsi alla visione universalista e post-nazionale del canone renano-anseatico.

Prevedibilmente, dopo il 24 febbraio la spaccatura tra Est e Ovest ha influito sulla postura assunta dalla Repubblica Federale, fomentando la discordia domestica e assottigliando il già esiguo margine di manovra del cancelliere Olaf Scholz. Infatti il benessere economico, il retaggio storico e la distanza geografica spingono i *Wessis* ad accettare misure drastiche contro la Federazione Russa. Secondo un rilevamento del 12 maggio, il 66% degli occidentali è favorevole all'embargo sul petrolio, mentre nei Länder orientali – dove si registra un alto grado di dipendenza dai combustibili russi – questa opinione è condivisa soltanto dal 40% della popolazione. Contrapposizione che si ripropone anche in merito alla consegna di armamenti pesanti all'Ucraina. A questo proposito, il Forsa Institute a maggio ha constatato una notevole differenza nelle percentuali di contrarietà tra cittadini orientali (57%) e occidentali (41%).

Grafico 1 - DEMOGRAFIA DEI LÄNDER TEDESCHI

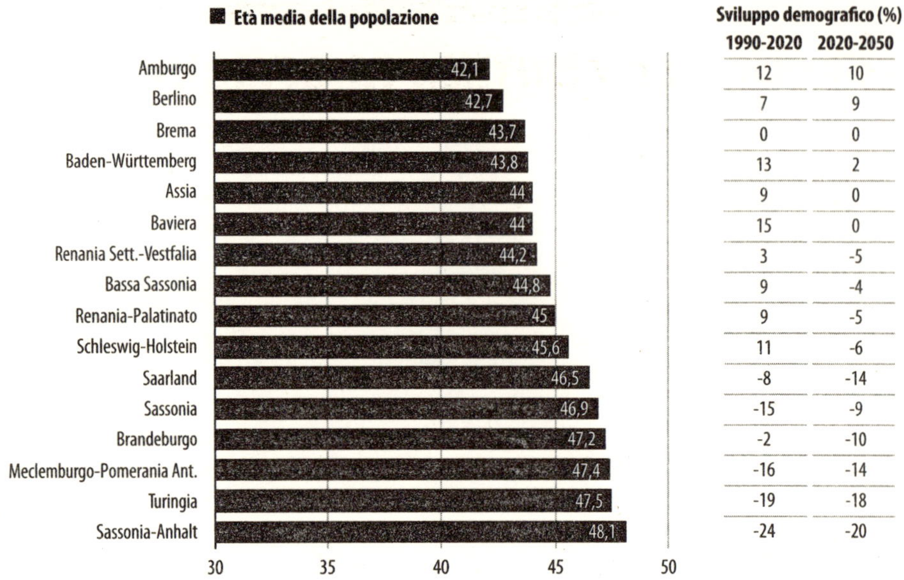

Fonte: Bund-Länder Demografie Portal; Statista

Grafico 2 - REDDITO E PIL IN GERMANIA *(euro)*

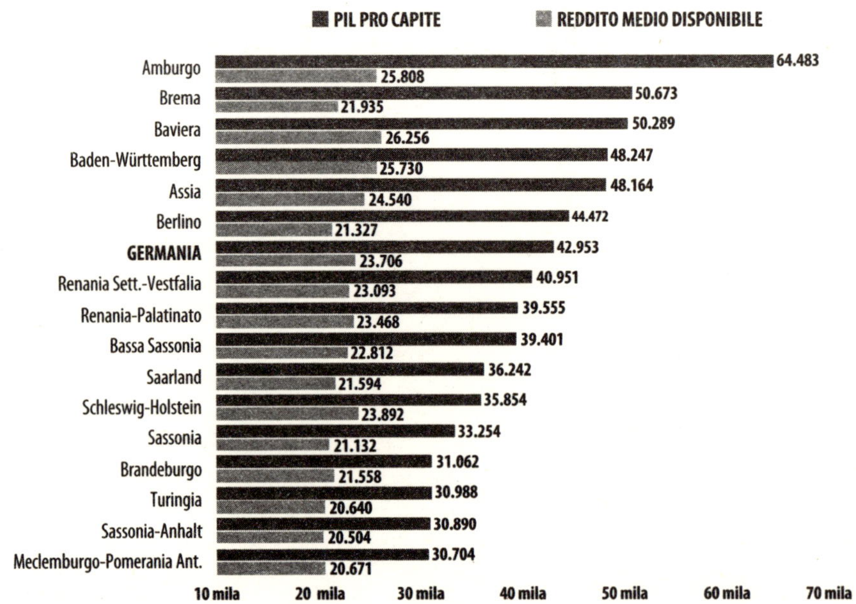

Fonte: Kiel Institut für Weltwirtschaft; Statista

limes
RIVISTA ITALIANA DI GEOPOLITICA
LA CORTINA DI ACCIAIO

Parte I

dal FERRO *all'*ACCIAIO

SCONFIGGERE LA RUSSIA SÌ MA FIN DOVE?

di *Federico* PETRONI

Gli Usa vogliono che l'Ucraina sia un disastro per la Russia, indebolendo notevolmente la sua potenza militare per renderla un problema secondario. Ma andare fino in fondo comporta seri rischi. Le differenze con la Vecchia e la Nuova Europa.

1. GLI STATI UNITI HANNO SENSIBILMENTE cambiato gli obiettivi in Ucraina dall'inizio della guerra. Prima si preparavano a convivere con i russi in tre quarti d'Ucraina, Kiev compresa; volevano portare Zelens'kyj a Leopoli dove avevano già trasferito i propri diplomatici; da lì, intendevano armare un'insurrezione contro l'invasore. Ora dicono che gli ucraini possono vincere e che Mosca deve perdere male; Putin non può restare al potere e deve pagare per i suoi crimini; le sue armate devono subire una sconfitta così pesante da non poter più costituire una minaccia per i vicini.

È chiaro che non puntano più solo a far sopravvivere l'Ucraina, ma a diminuire in modo decisivo la potenza della Russia. Vista la sua pessima prestazione bellica, hanno l'opportunità di assestare un colpo quasi fatale all'avversario che li distrae dalla sfida con la Cina.

Vasto programma, forse troppo. Portato all'estremo, significa espellere la Russia dall'Ucraina, permettere a Kiev di riconquistare Crimea e Donbas. Washington può farlo, vuole farlo? Fin dove spingere la controffensiva? Andare fino in fondo, ricacciando l'invasore entro i confini antecedenti al 24 febbraio o addirittura al 2014?

Sin qui, gli Stati Uniti non si sono legati le mani. Hanno sfruttato una finestra favorevole per arrestare l'avanzata russa, riguadagnare agli ucraini più territorio possibile, provare a convincere Putin di non poter vincere. Ma non hanno promesso mari e monti a Kiev. Hanno coltivato una necessaria e strumentale ambiguità per incitare gli ucraini, per non svelare al nemico i loro limiti, per tenere a bordo tutti gli alleati, dagli oltranzisti baltici ai cauti europei occidentali. Hanno approfittato del fianco scoperto del rivale per dissanguarlo, ridurre la sua influenza in Europa ed estendere il contenimento alle sue porte.

Tuttavia, hanno mantenuto una porta aperta. Non per fare un favore a Putin e lasciargli un'onorevole «via d'uscita». Ma perché andare fino in fondo dipende da fattori del tutto o in parte fuori dal loro controllo. Comporta anche rischi notevolissimi, come innescare un'escalation nucleare. E lo stallo può riaprire la via ai negoziati. Momento altamente instabile, che rimette l'America davanti alle sue debolezze del pre-guerra, temporaneamente coperte dall'azzardo di Putin. Si ripropone l'eterno, insolubile dilemma: che fare della Russia?

2. Il 19 aprile, con l'inizio della battaglia del Donbas, non comincia soltanto la fase 2 dell'offensiva russa. Anche gli Stati Uniti entrano nella loro fase 2. Nel giro di nove giorni, stravolgono il loro atteggiamento. Soprattutto nella sua pubblicità.

Allo scoppio delle ostilità, il supporto allo sforzo bellico di Kiev ha carattere surrettizio, è affare di intelligence, forze speciali, contractor (veterani). Gli occasionali addestramenti dei soldati ucraini vanno occultati. A Zelens'kyj si nega l'artiglieria pesante. Non si vuol dare ai russi l'impressione di scendere in guerra né una scusa per allargare il conflitto.

Già da marzo, però, l'amministrazione Biden prepara la svolta. A motivarla non sono i massacri di Buča o Irpin', scoperti i primi di aprile. La fallita marcia su Kiev convince il governo a sfruttare le vulnerabilità di un nemico meno che formidabile.

Dopo la Pasqua, l'annuncio. Gli Stati Uniti cominciano a inviare carri armati, cannoni, fiumi di munizioni, blindati, elicotteri. Insegnano agli ucraini come usarli, perché sono tecnologie avanzate, impiegate dalla Nato, non più avanzi sovietici. Riaprono l'ambasciata a Kiev e riportano gli addestratori della Guardia nazionale della Florida, evacuati prima della guerra. Convocano quaranta paesi alleati nella base di Ramstein in Germania, il cuore della Nato, per istituzionalizzare l'addestramento e la fornitura di armamenti a Kiev. Prima passavano intelligence all'esercito ucraino soltanto per respingere gli assalti, mentre ora condividono informazioni sulle posizioni dei russi nelle retrovie, persino in Crimea e nel Donbas [1]. Negli stessi giorni, il governo di Londra spiega di non aver problemi se Kiev usa armi britanniche contro «bersagli legittimi» in Russia [2]. Di fatto, sono autorizzazioni a colpire il nemico in profondità.

Il suggello lo mette il 28 aprile il presidente Biden, che per finanziare tanto sforzo stanzia l'esorbitante cifra di 33 miliardi di dollari per cinque mesi. Il Congresso non solo approva, ma rilancia: i miliardi salgono a 40. Per fare un confronto, l'investimento extra richiesto dal Pentagono per tutto l'Indo-Pacifico e per sette anni è di 27 miliardi.

Centrale in questo cambio di passo è un atteggiamento mediatico più disinvolto. Fin troppo. Qualcuno dagli apparati chiama la stampa e rivela che il *Moskva* è stato affondato e alcuni generali russi uccisi grazie a informazioni fornite dall'intelligence americana [3]. Confessioni di funzionari dissidenti o messaggi filtrati ad arte

1. J.E. Barnes, «The U.S. has expanded intelligence sharing with Ukraine about Russian troops in the Donbas region», *The New York Times*, 13/4/2022.
2. J. Elgot, «Minister backs Ukraine carrying out Russia strikes with British weapons», *The Guardian*, 26/4/2022.
3. H. Cooper, E. Schmitt, J.E. Barnes, «U.S. Intelligence Helped Ukraine Strike Russian Flagship, Officials Say», *The New York Times*, 5/5/2022 e «U.S. Intelligence Is Helping Ukraine Kill Russian Generals, Officials Say», *The New York Times*, 4/5/2022.

per intimorire Mosca? In entrambi i casi, le indiscrezioni scaturiscono dalla maggiore sfrontatezza di Washington.

L'intento è comunicare all'avversario di potere e di volere fargli male. Secondo la Cia, Putin crede ancora di essere in grado di vincere, nonostante i rovesci, perché la Russia può sopportare più sacrifici dell'Occidente. Si tratta dunque di cambiare la sua percezione, di alterare l'equilibrio tra ambizioni e costi. «Il primo passo per vincere è credere di poter vincere», dice degli ucraini il segretario alla Difesa Lloyd Austin [4]. Non dice, ma certo pensa, lo stesso dei russi. Soltanto con *perdere* al posto di *vincere*.

3. Perché l'amministrazione Biden cambia atteggiamento? Non è solo la diversa natura della battaglia del Donbas, morfologicamente più favorevole all'invasore. Le lacune mostrate dai russi nella prima fase delle ostilità generano un senso di opportunità tra gli americani. Per capirlo, bisogna calarsi nel punto di vista statunitense su Putin e considerare l'importanza della macchina militare nella rappresentazione della Russia.

La forza bellica è da sempre il primo strumento con cui il Cremlino dimostra a sé stesso, al popolo e al mondo di essere grande. Gli zar dicevano che la Russia ha due alleati: il suo esercito e la sua flotta. In *Guerra e pace*, Kutuzov non difende Mosca pur di salvare l'esercito. Da quando le rappresentano come una minaccia (cioè dal 1945), gli americani sistematicamente sovrastimano le capacità delle armate russe/rosse. Durante e dopo la guerra fredda, per motivi e con accenti diversi, ne enfatizzano la modernizzazione e la pericolosità, anche per scopi burocratico-propagandistici. Non dimentichiamoci che la Cia dava i russi a Kiev in 72 ore.

A occhi statunitensi, Putin da 15 anni compie una scorribanda dietro l'altra, in un crescendo, dal ciberattacco all'Estonia nel 2007 alla guerra fuori tutto del 2022. In certi casi, come l'intervento in Siria o l'interferenza nelle elezioni, umilia gli Stati Uniti. Anzi, umilia proprio l'attuale classe dirigente: entrambi i colpi di mano si sono svolti con Biden e soci al potere. Certo, tutte queste operazioni sovraestendono la Russia e muovono da un'innegabile posizione di debolezza (nel 2014 Putin si prende la Crimea perché ha perso Kiev). Ma, visto da Oltreoceano, l'uomo del Cremlino non ha mai pagato alcun prezzo. E non lo ha mai pagato perché certo (non a torto) che gli statunitensi, popolo ed élite, non vogliono fare la guerra in Europa. L'americana paura della Bomba russa gli permette di essere audace. Parafrasando il messale, la deterrenza è finita, andate in guerra.

L'azzardo ucraino è la prima occasione per punire Putin. Con un'operazione troppo ambiziosa, ha dilapidato il potenziale di minaccia costituito dal suo esercito. Spaventa meno e ha scoperto il fianco. Dissanguandolo, gli americani vogliono cominciare a invertire la tendenza. Non solo della guerra, ma della Russia. Il con-

4. «Secretary Antony J. Blinken and Secretary Lloyd Austin Remarks to Traveling Press», U.S. Department of State, 25/4/2022.

flitto deve essere un fallimento per il Cremlino, dicono, deve terminare con una sconfitta strategica. Mosca deve uscirne isolata e declassata a problema di rango inferiore. Senza denti. Nella formula del segretario Austin: «Indebolire la Russia finché non potrà più fare cose come invadere l'Ucraina»[5].

4. Impedire a Mosca di fare cose come in Ucraina implica mosse al di fuori dell'Ucraina. Allarghiamo quindi il campo all'Europa.

L'embargo su gas e petrolio serve all'America non tanto per togliere a Putin i soldi con cui fa la guerra al vicino ma per toglierli quelli con cui finanzia la macchina militare. Per questo per Washington non è un dramma se l'Unione Europea non riesce a far approvare lo stop agli idrocarburi nell'immediato. Può arrivare anche fra anni, il punto è togliere al Cremlino una leva con cui alimenta non solo le Forze armate, ma anche una certa neutralità nei paesi meno spaventati dalla sua aggressività, in particolare Italia e Germania. Fa il paio con la sostituzione dei russi con aziende americane nelle centrali nucleari dell'Europa dell'Est.

Sul fronte militare, gli Stati Uniti preparano il campo per sigillare definitivamente le porte alla Russia. In quest'ottica rientrano l'allargamento della Nato a nord e l'approfondimento della loro presenza a est.

I militari americani sul nostro continente sono passati da 80 a 100 mila, record da due decenni. A eccezione di qualche unità in Germania, l'aumento è tutto sul fronte orientale. Battaglioni Nato sono ora attivi in tutti i paesi a est, dall'Estonia alla Bulgaria, comprese Slovacchia e Ungheria, inizialmente recalcitranti. I 40 miliardi per l'Ucraina non sono tutti per l'Ucraina: ci sono fondi ingenti per le nuove basi e i nuovi soldati a est e per sostituire le armi sovietiche cedute dai paesi centro-orientali a Kiev con tecnologie a stelle e strisce, che aumentano l'omogeneità operativa con la Nato (esiste una discreta competizione con i tedeschi in queste forniture).

Il perno è la Polonia, che già prima del conflitto offriva accesso a 18 delle sue basi e ospitava 4.600 militari, ora saliti a 12.600: Varsavia contende all'Italia il secondo posto dietro la Germania per guarnigione statunitense in Europa. Il grosso del dispositivo (con l'arsenale nucleare) resta nella Repubblica Federale per sorvegliare il suo riarmo. Tuttavia, il prolungarsi della guerra d'Ucraina sposta a est il baricentro operativo della Nato. Con qualche limite. Intanto, i vertici delle Forze armate statunitensi parlano di basi permanenti e truppe a rotazione[6]. Tradotto: servono installazioni fisse, per schierarsi rapidamente, ma non contingenti fissi, che costano di più. Poi, il Pentagono giura di non superare il tetto di 100 mila militari.

Evidente l'intento di non distrarre troppe risorse dalla sfida con la Cina, benché la natura aeronavale della partita dell'Indo-Pacifico permetta una certa divisione del lavoro col contenimento terrestre della Russia. Arriva anche un chiaro No

5. *Ivi.*
6. «Full Committee Hearing: "Fiscal Year 2023 Defense Budget Request"», U.S. House Armed Service Committee, 5/4/2022.

alle richieste più pressanti di polacchi e baltici, che al vertice Nato di Madrid vorrebbero intere divisioni dagli americani, dunque decine di migliaia di soldati [7]. Inoltre, Washington vuole maggiori contributi dai suoi satelliti: soldati, oltre ai soldi. Non basta portare la spesa per la difesa al 2% del pil, serve anche chi domani può combattere.

La spinta verso la Cina e la diminuita efficacia militare della Russia inducono la superpotenza a cercare a chi appaltare ampie quote del presidio della nuova cortina di ferro. Il comando resterà in mano sua, ma nei ranghi l'aliquota europea deve aumentare. Anche e soprattutto da chi ha più interesse a difendersi dai russi. Per questo sulla stampa d'Oltreoceano circolano maliziosi sondaggi: i tre baltici sono molto spaventati, ma la loro popolazione sarebbe poco propensa ad arruolarsi nel caso Mosca attacchi [8]. Il sottotesto: dovete mostrare maggiore propensione all'autodifesa.

Quanto all'allargamento della Nato a Svezia e Finlandia, se completato fornirà numerosi vantaggi dal punto di vista americano. È la risposta al tentativo russo di avanzare la prima linea difensiva sull'istmo d'Europa, cioè di arrivare in Transnistria per costruire una barriera anti-aerea fra Baltico e Mar Nero con cui impedire alle truppe nemiche di andare a est. Putin vorrebbe arrivare a Tiraspol per installare missili gemelli di quelli a Kaliningrad e in Bielorussia? E noi lo scavalchiamo a nord con la Finlandia.

L'espansione aggiunge una potenziale pressione su Mosca in quattro direzioni: il teatro artico-nordatlantico, dove s'incrociano la rotta Asia-Europa per sviluppare la Russia e quella America-Europa per difendere la sfera d'influenza statunitense; la penisola di Kola, bastione nucleare e sottomarino; la Repubblica di Carelia, stretto corridoio fra il suddetto bastione e il cuore della Russia, già oggetto di attacchi nazisti durante la seconda guerra mondiale; il collegamento San Pietroburgo-Kaliningrad, schiacciato dal Baltico, insenatura atlantica.

Inoltre, il territorio finnico e svedese dà profondità strategica alla difesa dei tre baltici perché cancella la vulnerabilità di Suwałki, lo stretto corridoio fra Kaliningrad e Bielorussia con cui i russi potrebbero chiudere l'accesso alla Lituania. Già qualche analista europeo suggerisce di nascondere importanti stock di mezzi militari nelle dense foreste lapponi, lontano dal Baltico, approfittando della palese difficoltà dei russi in Ucraina a individuare, dunque a colpire, gli armamenti nelle retrovie.

Con il teatro artico-baltico più omogeneo, il Trimarium diventa finalmente tale. In senso strategico, il terzo mare dell'Europa in mezzo fra Mosca e Berlino, presidiato dagli statunitensi per contenere la Russia, non era l'iniziale Adriatico, bensì l'Artico.

Poi, le forze svedesi e finniche sono già ben integrate fra loro e nella Nato (con le flotte aeree danese e norvegese, schierano oltre 250 velivoli da guerra, ciò che più manca agli americani in Europa); sono ben armate (la Finlandia ha la miglior

7. M. Birnbaum, M. Ryan, «Splits open at NATO about how to boost presence in Eastern Europe», *The Washington Post*, 17/5/2022.
8. R. Clem, E. Herron, «The Baltic states are also worried about Russia», *The Washington Post*, 17/5/2022.

artiglieria del continente e più carri della Germania); maneggiano da decenni tecnologie americane; sono tornate a spendere per la difesa; attingono a popolazioni magari non così bellicose ma che partono da una base più preparata all'autodifesa. Non possono sostituirsi agli Stati Uniti, ma sono l'emblema del contributo che gli Stati Uniti chiedono.

Washington è favorevole all'ingresso di Helsinki e Stoccolma anche perché aumenterebbe la quota antirussa all'interno della Nato, metterebbe ulteriormente in minoranza le reticenze italo-franco-tedesche e creerebbe un'avanguardia nordico-baltica nell'Alleanza Atlantica, con il patrocinio dei britannici. Inoltre, la loro adesione porterebbe più Nato nell'Unione Europea, non il contrario. Può sembrare controintuitivo, se non si capisce che quei due paesi sono tra gli oppositori più fieri dell'autonomia strategica *à la* Macron, espressamente contrari a un esercito europeo senza gli americani, cioè comandato da Parigi e finanziato da Berlino. Paradossalmente, questo aumenta la possibilità di militarizzare l'Ue, cioè di usarla per scopi finanziari e industriali in linea con le priorità della Nato. Il referendum in Danimarca sulla partecipazione ai programmi securitari di Bruxelles entra in questa logica.

L'allargamento a Svezia e Finlandia è certamente uno schiaffo alla Russia. Gli Stati Uniti non sembrano temere particolari rappresaglie. L'unica linea rossa l'ha messa Putin: niente basi Nato [9]. Richiesta accettabile, per gli americani, che molto probabilmente lo considerano un segno di debolezza. Creare nuove infrastrutture non è necessario per via della ben oliata interoperabilità e della ricca dotazione delle forze locali.

Tuttavia, Washington non ha offerto a Helsinki e Stoccolma garanzie esplicite come altri paesi (Polonia, Regno Unito eccetera). Eppure, quelle garanzie (l'articolo 5) sono l'unica cosa della Nato che mancava a svedesi e finlandesi, il vero motivo per cui fanno domanda. Non è solo la paura di un attacco dei russi, è la paura di non essere difesi dagli americani. Nel calcolo statunitense, il rischio che Putin testi questa ambiguità non è nullo ma ridotto: impantanato in Ucraina, non vorrà (potrà?) aprire un secondo fronte, men che meno per due paesi che già considera «Nato di fatto»; può ricorrere ad attacchi ibridi o schierare missili nucleari al confine, ma nessuno pare farne un dramma. Se anche l'uomo del Cremlino escogitasse qualcosa di inaspettato, si attirerebbe più Nato al confine nord-occidentale, che ha detto di non volere.

5. Sul lungo periodo, il governo statunitense sembra avere le idee chiare. Russia isolata dall'Occidente, militarmente handicappata, contenuta da uno schieramento Nato più ampio e ad aumentata partecipazione europea. Ulcera insanabile nell'immediato ma non tale da mettere a rischio la vita del paziente. Prima o poi Putin sarà pensionato e allora le detteremo le nostre condizioni di scarceramento.

9. «Putin vows response to NATO expansion in Finland and Sweden», *Tass*, 16/5/2022.

Tutto bene, ma dov'è l'Ucraina? Il piano «indebolire la Russia» non dice nulla su come finirà la guerra. Il segretario di Stato Antony Blinken conferma: «Non sappiamo come procederà il resto della guerra, ma (...) il nostro supporto affinché l'Ucraina vada avanti continuerà. Continuerà finché non vedremo la vittoria finale»[10]. E che cos'è la vittoria? La numero uno del Pentagono per l'Europa, Celeste Wallander, ne dà una definizione molto impegnativa: l'Ucraina deve «dettare i termini della relazione con la Russia per anni»[11]. Tradotto: metterla nelle condizioni (belliche, poi negoziali) di riprendersi tutto ciò che è suo, con calma, ma tutto. Collima con le promesse degli Stati Uniti al G7 di non riconoscere mai alcun territorio strappato a Kiev.

Quanto lascia pensare che gli Stati Uniti non mettano davvero in conto di sconfiggere sul campo la Russia, di lanciare gli ucraini a un assalto decisivo contro Donbas e Crimea. Le promesse relative a quei territori non sono per forza militari: possono essere mantenute in un negoziato. Prova ne sia che ancora non forniscono a Kiev tutti gli armamenti richiesti. Mirano semmai a un lento logoramento, tale da indurre prima o poi un cedimento del fronte avverso, che deponga le armi o costringa Putin a richiamare a casa i ragazzi. Di qui le dichiarazioni su una guerra «protratta». Gli analisti militari più ottimisti guardano già a questo settembre come possibile momento in cui la Russia potrebbe rinculare.

Al Pentagono, tuttavia, si prepara un'eventuale fase 3. Quella in cui, fermate nel Donbas, le armate russe potrebbero puntare a Odessa e alla Transnistria. Per questo, con gli alleati, la Difesa studia come fornire agli ucraini quattro componenti aggiuntive per respingere anche quell'assalto: forze navali e aeree, sistemi di difesa costiera e contraerea[12]. Obiettivo: dare a Kiev uno strumento militare completo e credibile. Più Nato di molti paesi Nato. Tanta bellicosità retorica ha certamente come obiettivo spaventare i russi, disilluderli di farsi riconoscere le conquiste dopo il 24 febbraio.

Ma fino a dove spingersi? Finché la guerra è di movimento, si può, anzi si deve, evitare di rispondere. Finora l'America si è adattata al ritmo del campo di battaglia, lusso del distante. Però, se si va verso lo stallo si riapre il dibattito. Immaginiamo un confronto all'interno dell'amministrazione Biden tra due posizioni estreme, idealtipiche.

La prima è per andare fino in fondo con la Russia. Niente tregua, sarebbe come riconoscerle le conquiste dopo il 24 febbraio. Putin non chiede altro che trasformare l'Ucraina in un conflitto congelato, per russificare i territori occupati, riorganizzarsi e attaccare ancora, fra mesi o anni. Non può ottenere altro che un fallimento strategico. Altrimenti lo farà di nuovo. Dobbiamo ristabilire la deterrenza, non possiamo mostrargli di nuovo di avere paura di lui. Manderemo un monito potentissimo alla Cina, che ci penserà due volte prima di fare cose simili a Taiwan.

10. Cfr. nota 4.
11. Dichiarazioni rese alla Lennart Meri Conference, 14/5/2022.
12. Dichiarazioni di Celeste Wallander, cfr. nota 11.

Rendiamole inservibile e impresentabile la sponda putiniana. Occuparsi prima di Mosca non ci distrae dal contenimento di Pechino, ne è anzi una componente: indebolire la macchina militare russa serve a togliere ai cinesi una fonte di tecnologie belliche e una copertura da minacce da nord.

In Europa, mettiamo a tacere una volta per tutte le chiacchiere su una nuova architettura di sicurezza. Ce n'è solo una possibile, la Nato, ed è contro, non con, la Russia. Non ci piace granché ma è meglio che permettere a Putin di sedersi al tavolo mentre sta provando a ribaltarlo. Se molliamo, poi, verrà meno il collante con gli alleati che ci sta servendo per disciplinarli e slacciarli del tutto dalle intrinsechezze coi russi. Se nel frattempo Putin cade tanto meglio, sarà la volta buona che la Russia smette di essere imperiale, si rimpicciolisce e si democratizza (in quest'ordine). Allora sì che potremo sciogliere la Nato.

La seconda posizione è per non liquidare la Russia. La guerra è già in stallo, più avanti di così non si va, gli ucraini se ne faranno una ragione. Putin è indebolito e il suo esercito non si riprenderà per anni. Ma resta estremamente pericoloso. Altro che chiuso in casa: per non perdere (la faccia) potrebbe prendere misure drastiche, come provocazioni nucleari, fino a considerare se lanciare un'atomica tattica. Se continuiamo con la massima pressione, regaleremo Mosca a Pechino. Anche se diminuito, il Cremlino resterà un problema, distraendoci dall'Indo-Pacifico a cui dobbiamo dedicare più risorse.

Iniziare un negoziato non vuol dire scaricare gli ucraini e riconoscere a Putin che ha vinto, ma tenere aperta una porta alla Russia per rientrare nel sistema europeo, comunque da riformare alla luce della sfida cinese e dell'evidente indisponibilità degli europei occidentali a recidere del tutto i rapporti con Mosca. Se già ora all'apice del dramma non rinunciano agli idrocarburi russi, anzi accettano pure di pagarli in rubli, non lo faranno mai. Infine, la sconfitta totale in Ucraina può velocemente tradursi in instabilità interna alla Russia. La sua disgregazione sarebbe il caos.

La prima posizione è dominante al Congresso. Abbondano i deputati e i senatori che favoleggiano risoluzioni per iscrivere la Russia alla lista degli Stati sponsor del terrorismo, che discettano di delegittimare Putin finché è debole e di rimuoverlo affinché l'Europa possa andare avanti (cioè senza scroccare sicurezza) [13]. È l'istituzione deresponsabilizzata per eccellenza in politica estera, può permettersi tanta propaganda. Negli apparati di governo, il Pentagono con le sue dichiarazioni bellicose sembra avvicinarsi a questo idealtipo.

La seconda posizione pare avere qualche sostenitore nell'intelligence, che da mesi invita alla cautela. Il direttore della Cia William Burns ripete di «non poter escludere» che un Putin disperato ricorra all'atomica [14]. La direttrice nazionale

13. A. Bolton, «McConnell urges Biden to name Russia a state sponsor of terrorism», *The Hill*, 15/5/2022; A. Kaplan, «Graham and Blumenthal Push Biden Administration to List Russia as State Sponsor of Terror», *Forbes*, 10/5/2022; A. Desiderio, «Ukraine aid splinters the GOP», *Politico*, 17/5/2022.
14. D.E. Sanger, J.E. Barnes, «C.I.A. Director Airs Concern That Putin Might Turn to Nuclear Weapons», *The New York Times*, 14/4/2022.

dell'intelligence Avril Haines allerta il Senato che in Ucraina c'è già una guerra di logoramento e ciò apre a una «traiettoria più imprevedibile, potenzialmente escalatoria» [15]. Non bisogna enfatizzare le differenze tra intelligence e Pentagono perché possono riguardare i loro compiti basilari: per la prima discernere le intenzioni dei leader rivali, per il secondo affrontare le capacità militari nemiche.

In ogni caso, questo dibattito esiste ed emerge in pubblico. La direzione del *New York Times* sollecita l'amministrazione Biden a spiegare obiettivi realistici per la guerra; l'euforia bellicista era necessaria nelle prime ore, adesso rischia di «piombarci in una guerra fuori tutto» [16]. Ex colleghi intimi dell'attuale classe dirigente bideniana come Charles Kupchan e Anne-Marie Slaughter, insospettabili di filoputinismo, invitano a non «spingere oltre la lotta» e a non «umiliare la Russia» [17]. Non è nemmeno escluso che il governo si serva di queste voci d'establishment per iniziare a testare la risposta dei vari pubblici in America, Europa e a Kiev allo scostamento da mesi di «saranno gli ucraini a decidere quando fermarsi».

Persino il novantanovenne Henry Kissinger esorta il governo a non «farsi ossessionare dall'inimicizia del momento» con la Russia: il conflitto «potrebbe essere nelle ultime fasi» e dopo «ci sarà un'opportunità per riguardare alle relazioni con Mosca in modo costruttivo» [18]. Soprattutto, «quando la guerra d'Ucraina sarà finita, la situazione geopolitica globale subirà cambiamenti significativi. E non è naturale per Cina e Russia avere interessi identici su tutto. Non credo sia in nostro potere generare disaccordi fra loro, lo faranno le circostanze. (...) Questo non vuol dire che diventeranno intime amiche dell'Occidente. (...) Nel periodo di fronte a noi, non dovremmo assumere una posizione che renda Cina e Russia una cosa sola» [19].

6. È possibile che la posizione americana evolva dalla vittoria totale alla vittoria parziale? Consideriamo alcuni fattori.

In primo luogo, il campo di battaglia. Non è interamente nel potere degli Stati Uniti andare fino in fondo. Non ha senso sfinire la cavalleria ucraina. L'unica a poter scalzare la Russia dalle sue posizioni è la Russia stessa, se crollerà il morale dei soldati, della popolazione o della classe dirigente. Inoltre, a insistere si rischia di oltrepassare una soglia inaccettabile per Putin, innescando una serie di provocazioni destabilizzanti.

In secondo luogo, la coesione degli alleati. La guerra ha portato in superficie la profonda faglia che divide la Vecchia Europa dalla Nuova, l'Ovest dall'Est. Fra

15. «Hearing to Receive Testimony on Worldwide Threats», U.S. Senate Armed Services Committee, 10/5/2022, p. 12.
16. «The War in Ukraine Is Getting Complicated, and America Isn't Ready», *The New York Times*, 19/5/2022.
17. C.A. Kupchan, «Ukraine's Way Out», *The Atlantic*, 18/5/2022; A.M. Slaughter, «Expanding Nato will deepen east-west fissure», *Financial Times*, 5/5/2022.
18. Dichiarazioni rese alla Strategic Investment Conference di Mauldin Economics il 9/5/2022.
19. «"We are now living in a totally new era" – Henry Kissinger», *Financial Times*, 9/5/2022.

le cause principali c'è proprio la Russia, reputata minaccia esistenziale dagli ex satelliti sovietici e non esistenziale dagli europei occidentali. La Nuova Europa preme su Washington per andare fino in fondo e risolvere una volta per tutte la questione russa. «Finché è in carica un regime intenzionato a fare la guerra fuori dalla Russia, i paesi attorno saranno in pericolo. Non è solo Putin, ma tutto il regime», dice il ministro degli Esteri della Lituania, Gabrielius Landsbergis [20]. La Vecchia Europa invece è per «non umiliare» la Russia (Macron), non farà «tutto quello che ci viene chiesto» (Scholz), invoca «un cessate-il-fuoco per ricominciare a negoziare seriamente» (Draghi): spaventata dal cambio di tattica americano, preme per la vittoria parziale.

Entro una certa misura, a patto che non superi la soglia dell'insubordinazione, a Washington questa faglia fa comodo perché le consente di usare l'uno o l'altro approccio a seconda delle circostanze. Prima o poi gli appelli alla diplomazia degli europei occidentali torneranno utili e il governo Draghi fa bene a proporre piani concreti. Gli americani non arriveranno alla rottura con i paesi più cauti sulla Russia, devono tenerli a bordo, in particolare la Germania che riarma. Tuttavia, più la guerra si trascina, più le fratture intraeuropee rischiano di approfondirsi, complicando notevolmente l'ordinaria amministrazione degli Stati Uniti nella loro sfera d'influenza più importante. Sarebbe una beffa, essendo una delle poste in gioco del conflitto impedire a Putin di spezzare il fronte occidentale.

In terzo luogo, la coesione interna all'America. A oggi granitica, domani chissà. Al Congresso, soltanto 68 su 535 hanno votato contro i 40 miliardi di dollari per la guerra d'Ucraina. Molti trumpiani si sono espressi a favore. Ma il consenso può erodersi velocemente, la popolazione perdere interesse e l'elettorato chiedere conto di spese tanto ingenti. Al voto di metà mandato di novembre i democratici rischiano di andare in minoranza. Possono entrare candidati appoggiati da Trump, come J.D. Vance per l'Ohio, disinteressato all'Ucraina perché ci sono tante crisi interne più importanti. Vari repubblicani tradizionali, come Marco Rubio, hanno chiarito di non aver firmato assegni in bianco: vogliono risultati e soprattutto obiettivi tangibili [21]. Il rischio *una tantum* c'è. L'America nazionalista conferma: la russofobia genera meno consenso che in passato. Anche per questo si è approfondita nella classe dirigente.

In conclusione, gli Stati Uniti sono costretti a mostrare la faccia cattiva per ristabilire la deterrenza con la Russia, saltata nel pre-guerra, e mostrare a Putin che può perdere. Le spinte ad abbassare i toni sono minoritarie o non urgenti. In assenza di segni di cedimento dei russi, quella più importante potrebbe essere evitare che il conflitto finisca fuori controllo. Allora Washington potrebbe aprire uno spiraglio negoziale limitato all'Ucraina, mantenendo però il dispositivo di sanzioni,

20. M. Lee, «AP Interview: Lithuania FM calls for regime change in Russia», *Associated Press*, 9/5/2022.
21. M. Rubio, «What's Next in Ukraine? Americans Deserve a Plan», *RealClearPolitics*, 17/5/2022.

demonizzazione e contenimento militare pensato per indebolire Mosca nel lungo periodo. Più tregua in Ucraina, quindi, che nuova architettura di sicurezza. Anche perché adesso ancor più che negli anni Novanta è difficile immaginarsi che chiunque occupi il Cremlino adotti un atteggiamento collaborativo con gli americani, a differenza di allora visti oggi come il problema.

Questa ipotesi di spiraglio non annulla lo scenario di una destabilizzazione interna alla Russia. Gli Stati Uniti da decenni hanno interesse a non risolvere, quando non ad alimentare, il caos in Eurasia. Ma finora ciò è successo alle periferie dell'ex Unione Sovietica. Se succedesse dentro la Russia sarebbe una rivoluzione.

Il difficile per gli americani sarà creare un cuscinetto in Ucraina che tenga lontani i due schieramenti senza dare ai russi l'opportunità di attaccare o di dire di essere accerchiati. Forse non era più possibile già nel 2014, sicuramente oggi appare un'utopia. Ma, come sostiene Kissinger, almeno il concetto di un cuscinetto deve essere salvato. Perché questo processo è iniziato quando la Nato era a 1.600 chilometri da Mosca e ora si svolge a 450 chilometri dalla capitale russa.

PER COMBATTERE LA CINA L'AMERICA POTREBBE PERDERE L'EUROPA

di *Theodore R.* BROMUND

Washington vuole concentrarsi sulla sfida con Pechino e ridimensionare le attività nel Vecchio Continente. Ma sottovaluta gli effetti negativi del riarmo della Germania, che può alimentare la spaccatura della Nato. I sogni della Francia.

1. GLI STATI UNITI STANNO APPARENTEMENTE recuperando la strategia adottata in Europa tra la fine della seconda guerra mondiale e l'inizio della guerra fredda [1]. Eppure si tratta di una situazione temporanea. Molte delle criticità che mettevano alla prova quel piano persistono e, insieme all'invasione dell'Ucraina da parte della Federazione Russa, gettano i presupposti per una futura competizione all'interno della Nato.

La strategia a stelle e strisce per il Vecchio Continente dopo il 1945 poggiava su tre pilastri.

Primo, l'Europa occidentale era il luogo da dominare per contrastare le minacce esterne, nello specifico l'Unione Sovietica. Secondo, questo teatro era il più importante del pianeta. Certo l'Asia aveva il suo peso, ma la Germania Ovest era l'unico quadrante in cui la guerra fredda poteva essere persa in un giorno. Terzo, in Europa occidentale non c'erano potenze capaci di sfidare gli Stati Uniti. Il Regno Unito era frenato dalla debolezza economica. La Germania era paralizzata dalla partizione interna tra Est e Ovest e dal complesso di colpa per il conflitto appena concluso.

La combinazione di questi pilastri ha spinto e autorizzato gli Stati Uniti a prendere il controllo dell'Europa occidentale a partire dai tardi anni Quaranta fino alla fine della guerra fredda.

Dopo il 1989 però tale strategia venne meno. Con il collasso dell'Unione Sovietica, gli Usa smisero di vedere il Vecchio Continente (non solo la porzione occidentale) come la regione su cui imporsi per contrastare le minacce. Viceversa, la gestione delle crisi nelle periferie dell'Europa fu appaltata a potenze e istituzioni politiche regionali. In buona sostanza, gli americani credevano – e volevano credere – che il problema europeo fosse archiviato.

1. Cfr. T.R. BROMUND, «La leadership americana in Europa è in pericolo», *Limes*, «Il muro portante», n. 10/2019, pp. 153-158.

Il fallimento di questa strategia e la costante necessità statunitense di intervenire in questa parte di mondo (vedi in Kosovo nel 1999) non fece aprire gli occhi a Washington. In maniera ancor più sorprendente, nessuno si accorse di quanto il quadro di sicurezza veterocontinentale fosse peggiorato dopo i primi anni Novanta, quando le vicende in Algeria e nei Balcani vennero interpretate come eccezioni al presunto processo di democratizzazione ed europeizzazione in corso in Russia, Turchia e Medio Oriente.

La guerra fredda era iniziata e finita in Europa, ma dopo la sua conclusione gli Stati Uniti concentrarono la propria attenzione altrove, in particolare in Asia. Il Vecchio Continente aveva perso peso economico. Del resto rappresenta(va) una porzione minore del pianeta sul piano demografico. Era naturale che il suo ruolo economico sarebbe stato ridimensionato dalla crescita altrui, inclusa quella dell'Asia.

L'Europa ha perso influenza anche perché ha optato per un modello economico il cui andamento era più lento di quello che avrebbe potuto essere. Naturalmente si tratta di un indebolimento relativo. Questa parte di mondo conta ancora molto per gli Stati Uniti, ma meno di quanto valesse nel 1945 o nel 1989. E non può riconquistare la tradizionale posizione di cabina di regia geopolitica su scala globale. Una decina d'anni fa l'amministrazione Obama ha persino annunciato il cosiddetto *pivot to Asia*. Così ha tracciato un preciso disegno geopolitico. Eppure ha ridotto la percentuale di soldati attivi in Europa senza aumentare quella impiegata in Oriente.

Anche il terzo pilastro della strategia americana si è indebolito. Ora la Germania unificata al centro di un'Unione Europea politicamente coesa potrebbe virtualmente contendere agli Stati Uniti il dominio del Vecchio Continente. O perlomeno potrebbe realisticamente tentare di raggiungere la cosiddetta «autonomia strategica». Nei fatti, tale contesa non ha ancora avuto risvolti concreti. L'Ue resta estremamente dipendente dagli Stati Uniti e dal Regno Unito nel campo della sicurezza. Inoltre, Washington le ha ceduto potere solo per avere meno responsabilità *in loco*.

2. L'invasione dell'Ucraina da parte della Russia ha dato una scossa al vecchio piano americano. Tuttavia non l'ha riportato in vita, né lo farà mai. Il conflitto in corso sottolinea che l'Europa necessita della Nato tanto quanto gli Stati Uniti e che l'Alleanza Atlantica può essere potente solo se questi ultimi ne sono a capo. Il Vecchio Continente è ancora vulnerabile a importanti minacce esterne e le istituzioni comunitarie non sono in grado di gestirle.

Resta da vedere se gli Stati Uniti continueranno a ricordarsi del ruolo che giocano sul suolo europeo. Tuttavia, è improbabile che continuino a rimanervi impegnati come hanno fatto fino a oggi. In America è diffusa l'opinione secondo cui la necessità di aiutare l'Ucraina a difendersi dalla Russia non debba distrarre dalla competizione di lungo periodo con la Repubblica Popolare Cinese. Correttamente, gli Stati Uniti vedono la Federazione come la potenza in declino e la Cina come quella in ascesa. Pertanto, si preoccupano molto di più dell'allestimento di vecchie e nuove alleanze nell'Indo-Pacifico piuttosto che di Mosca.

La sorprendente mediocrità delle prestazioni militari russe in Ucraina incoraggerà Washington a ridurre al minimo il suo impegno in Europa. Dopotutto difficilmente il Cremlino tenterebbe di invadere la Polonia o i paesi baltici qualora l'Ucraina riuscisse a fermare o addirittura a respingere i russi con l'ingente sostegno di americani e alleati. In tal caso il regime di Vladimir Putin potrebbe concentrarsi sull'Asia centrale o sul Caucaso per riguadagnare credibilità, ma è improbabile che gli Stati Uniti sfidino la Russia in quelle regioni.

Certamente la guerra in Ucraina obbligherà l'America a tenere gli occhi puntati sull'Europa per un po' di tempo, come se fossimo nel 1945. Eppure i tempi sono cambiati. È probabile che nei prossimi anni gli Stati Uniti riadottino la postura assunta dopo il 1989, quando cercavano di congedarsi dal Vecchio Continente. Bisogna preoccuparsi della Cina, la Russia è caduta in disgrazia e tutti gli altri fattori che dopo la guerra fredda hanno spinto Washington fuori dall'Europa sono ancora più cogenti. Rispondere all'aggressione del Cremlino è ben diverso dall'avere una strategia duratura in tale teatro. Sarebbe un grave errore confondere le due attività. Di questa dinamica può beneficiare certamente Taiwan. Il messaggio è chiaro: la compattezza della Nato e delle principali potenze occidentali contro Mosca in Ucraina non consente alla Repubblica Popolare di trattare l'isola come Hong Kong e di invaderla senza conseguenze significative.

Anche se la Cina non fosse un regime ostile, autoritario e intenzionato a rovesciare l'ordine mondiale per insediarsi al vertice di una nuova piramide, l'America punterebbe comunque meno sull'Europa che sull'Indo-Pacifico. Qui si concentrano la popolazione, i capitali e quindi il potere. Da questo punto di vista, la guerra innescata dalla Russia è quasi irrilevante. È una crisi cui gli Stati Uniti devono rispondere, ma non intacca in alcun modo i suoi propositi. Nella remota ipotesi in cui riuscisse a controllare l'Ucraina, la Russia potrebbe essere modestamente più ricca e potente. Ma non sarebbe comunque una minaccia paragonabile alla Cina.

3. La guerra tra Mosca e Kiev non solo mette a dura prova il terzo pilastro della strategia americana dopo il 1945. Conferma anche quanto la questione tedesca sia cruciale. Senza la forza economica e il potere militare latente della Germania, è impensabile che l'Europa (per quanto unificata) possa ergersi a pari degli Stati Uniti dentro o fuori dalla Nato. L'invenzione di quest'ultima come meccanismo per riarmare la Germania Ovest e allo stesso tempo vincolarla all'interno di un'alleanza occidentale testimonia la centralità di Berlino. Lo stesso vale per la strategia alla base della Comunità economica europea e in particolare per l'accordo con cui si barattò la creazione dell'euro con la riunificazione tedesca alla fine della guerra fredda.

Oggi l'Occidente è in fibrillazione per la supposta rivoluzione adottata dalla Germania nei rapporti con la Russia. Lo scorso febbraio, il cancelliere tedesco Olaf Scholz ha di fatto ammesso davanti al Bundestag che la politica adottata nei confronti di Mosca era sbagliata: la Russia doveva essere contrastata. Come notato dal commentatore Andrew Michta, la guerra «ha fatto saltare il presupposto basilare

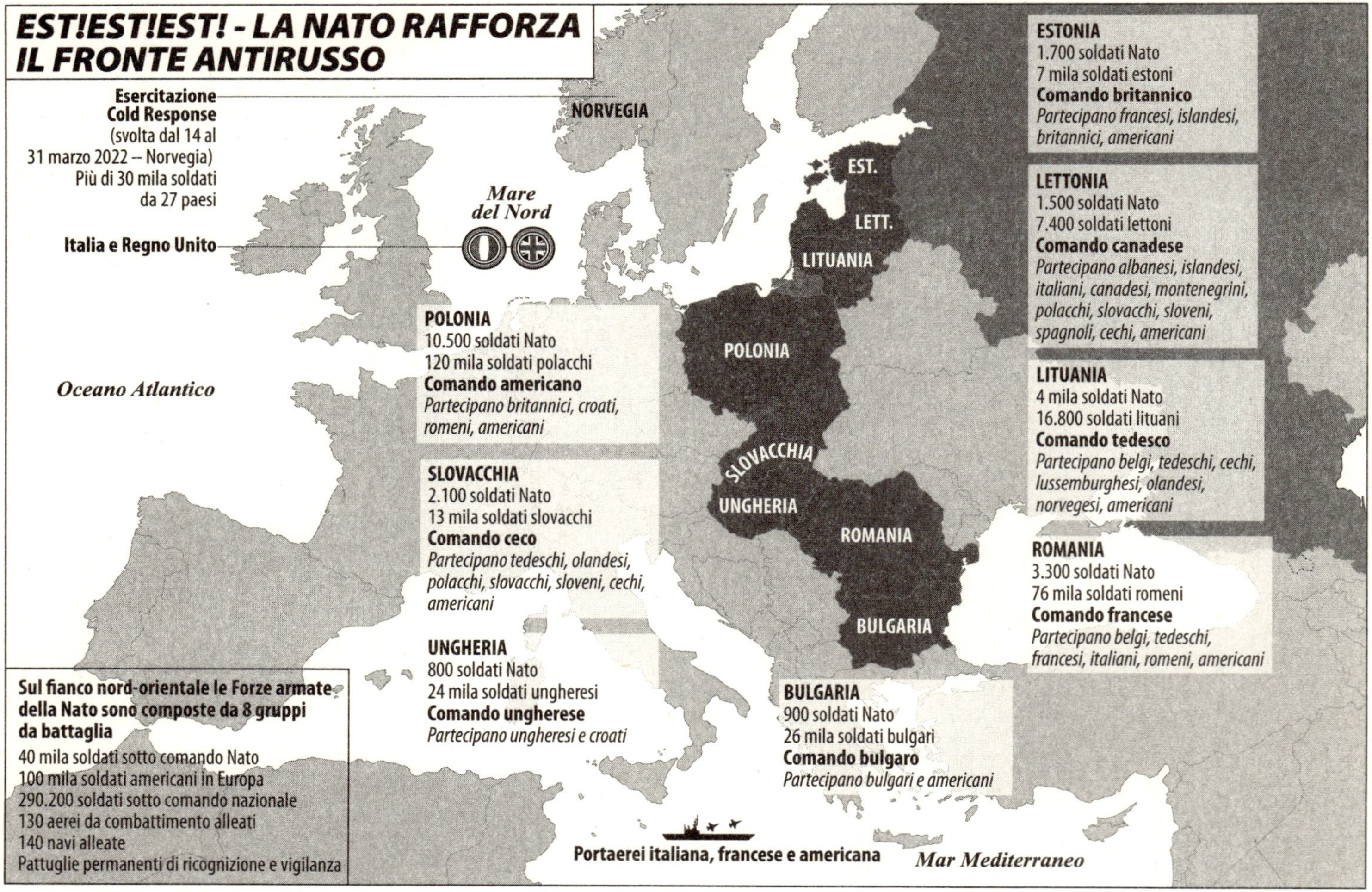
EST!EST!EST! - LA NATO RAFFORZA
IL FRONTE ANTIRUSSO
Esercitazione
Cold Response
(svolta dal 14 al
31 marzo 2022 – Norvegia)
Più di 30 mila soldati
da 27 paesi
Italia e Regno Unito
NORVEGIA
Mare del Nord
Oceano Atlantico
EST.
LETT.
LITUANIA
POLONIA
SLOVACCHIA
UNGHERIA
ROMANIA
BULGARIA
ESTONIA
1.700 soldati Nato
7 mila soldati estoni
Comando britannico
Partecipano francesi, islandesi, britannici, americani
LETTONIA
1.500 soldati Nato
7.400 soldati lettoni
Comando canadese
Partecipano albanesi, islandesi, italiani, canadesi, montenegrini, polacchi, slovacchi, sloveni, spagnoli, cechi, americani
LITUANIA
4 mila soldati Nato
16.800 soldati lituani
Comando tedesco
Partecipano belgi, tedeschi, cechi, lussemburghesi, olandesi, norvegesi, americani
POLONIA
10.500 soldati Nato
120 mila soldati polacchi
Comando americano
Partecipano britannici, croati, romeni, americani
SLOVACCHIA
2.100 soldati Nato
13 mila soldati slovacchi
Comando ceco
Partecipano tedeschi, olandesi, polacchi, slovacchi, sloveni, cechi, americani
UNGHERIA
800 soldati Nato
24 mila soldati ungheresi
Comando ungherese
Partecipano ungheresi e croati
ROMANIA
3.300 soldati Nato
76 mila soldati romeni
Comando francese
Partecipano belgi, tedeschi, francesi, italiani, romeni, americani
BULGARIA
900 soldati Nato
26 mila soldati bulgari
Comando bulgaro
Partecipano bulgari e americani
Sul fianco nord-orientale le Forze armate della Nato sono composte da 8 gruppi da battaglia
40 mila soldati sotto comando Nato
100 mila soldati americani in Europa
290.200 soldati sotto comando nazionale
130 aerei da combattimento alleati
140 navi alleate
Pattuglie permanenti di ricognizione e vigilanza
Portaerei italiana, francese e americana
Mar Mediterraneo

del progetto "energia pulita" in quanto privo di considerazione per la sicurezza nazionale; inoltre ha invalidato l'ingenua massima del "cambiamento attraverso il commercio" ("*Wandel durch Handel*"), per cui l'aumento degli scambi commerciali avrebbe spinto la Russia (e la Cina) verso un sistema politico più libero e aperto»[2]. La guerra ha indotto Berlino a promettere lo stanziamento di un fondo straordinario per portare il bilancio della difesa al livello minimo del 2% richiesto dalla Nato. Ciò implica un aumento di 25 miliardi di euro entro il 2022 e di 35 miliardi entro il 2026.

Questa proposta genera molte domande senza risposta. È difficile, se non impossibile, che il ministero della Difesa tedesco spenda tutto quel denaro bene e in fretta. D'altra parte, se i fondi non saranno impiegati velocemente potrebbero essere bloccati con l'avvicinarsi delle elezioni federali. Bisogna poi vedere come verranno effettivamente utilizzate tali risorse. L'appello di Scholz alla «necessità di investire negli appalti» potrebbe significare l'acquisto di carri armati e aerei da combattimento, ma potrebbe altrettanto tradursi in interventi di miglioria su autostrade e ponti.

Si consideri infine la necessità di garantire il rapporto tra qualità e prezzo. Già in passato, il bilancio stanziato da Berlino per la difesa era aumentato in modo sostanziale. Nel 2015 era pari a 40 miliardi di dollari, cinque anni dopo a 53 miliardi. Eppure era innegabilmente insufficiente. Come lamentato da numerosi commentatori tedeschi, la Germania tende a ottenere complessivamente poco rispetto a ciò che spende. Secondo Christian Mölling, «le cause della stato di disorganizzazione in cui versa oggi la Bundeswehr risalgono a 15-20 anni fa»[3]. Gli Usa non sono nella posizione di dare lezioni ad altri paesi, visto che oggi il loro sistema di approvvigionamento militare presenta dei problemi quasi irrisolvibili. A ogni modo, anche se l'aumento della spesa è sempre una buona notizia, la Germania è ben lontana dall'assumere il posto centrale che le spetterebbe tra i membri europei della Nato.

Oggi Berlino riceve molti complimenti per la presunta rivoluzione operata in politica estera. A ogni modo ha riconosciuto tardivamente che Washington aveva ragione su tutta la linea rispetto al gasdotto Nord Stream 2, sulla carenza di investimenti nell'ambito della difesa e sulla Russia in generale. Le lodi ad Angela Merkel come presunto faro del mondo democratico sembrano ora miopi e ingenue. Però, come notato da Michta, la politica tedesca nei confronti di Mosca non si reggeva solo su sé stessa. Era altresì parte di una visione del mondo molto più ampia, che per esempio includeva i rapporti con Cina e Iran. La Germania era convinta che le preoccupazioni degli Stati Uniti nei confronti di tali paesi in materia di sicurezza fossero esagerate, se non infondate. E che la soluzione fosse accrescere gli scambi commerciali, i quali ovviamente sarebbero stati opportunamente guidati dalla Germania stessa.

2. A. Michta, «Russia's Invasion of Ukraine is transforming Europe», *19fortyfive.com* , 8/05/2022.
3. C. Mölling, «Germany's Defense Budget Increase: Analytically Wrong but Politically Right», gmfus.org.

Se Berlino asserisse di aver valutato erroneamente la Russia, ammetterebbe anche di aver sbagliato larga parte della propria politica estera e di sicurezza. Ciò la spingerebbe a mettere in dubbio il vantaggio del modello di crescita basato sulle esportazioni. La Germania ha iniziato a porsi delle domande, senza ancora arrivare a conclusioni drastiche. Coloro che negli ultimi decenni hanno implorato Berlino di assumersi più responsabilità non possono cantare vittoria. In parole povere, se i tedeschi stravolgessero la loro postura rispetto alla Russia senza fare altrettanto con Cina e Iran, dimostrerebbero di aver imparato ben poco. Di più, metterebbero in discussione il senso della nuova politica nei confronti di Mosca.

4. L'atteggiamento di Berlino verso la Federazione Russa non era infondato. È stato il prodotto della combinazione tra strategia commerciale tedesca e una serie di convinzioni radicate e sincere – sebbene sbagliate – riguardanti il ruolo della Germania nel mondo. Ci vorrà ben altro che l'invasione russa dell'Ucraina per alterare questa delicata alchimia. Del resto, anche la politica europea degli Stati Uniti dopo la guerra fredda poggia su fattori che l'aggressione della Russia non ha modificato in modo sostanziale. Fra cinque anni, è molto più probabile che l'Occidente si preoccupi del cammino a ritroso della Germania verso la visione del mondo di Angela Merkel, piuttosto che di celebrare l'anniversario del giorno in cui Berlino ha iniziato a giocare da egemone nell'assetto di sicurezza europeo.

Il problema più serio con cui gli Usa devono fare i conti in Europa consiste nel fatto che se la Germania facesse sul serio (o se tutti si convincessero di ciò) pretenderebbe inevitabilmente più potere decisionale in ambito militare. In questo paese si riscontra un ampio – ma non universale – sostegno in favore dell'aumento della spesa per la difesa, ma c'è un supporto ancora più pronunciato affinché ciò avvenga nel contesto comunitario. In altre parole, la Germania sta rapidamente dando inizio a una nuova fase della battaglia tra Vecchia e Nuova Europa. Battaglia che anima i dibattiti sulla sicurezza veterocontinentale da quando nel 2003 l'allora segretario alla Difesa statunitense Donald Rumsfeld introdusse i due concetti.

Gli Usa non hanno mai visto di buon occhio i progetti comunitari in ambito militare. Sottoscrivendo i recenti patti di sicurezza con Regno Unito, Svezia e Finlandia si sono schierati con la Nuova Europa. Altrettanto faranno la Polonia e le repubbliche baltiche. Naturalmente Londra starà con la Nato, ma ciò non avrà alcun impatto sulla direzione dell'Unione Europea. Indubbia è anche la collocazione della Francia. Ora l'opinione del presidente Emmanuel Macron per cui l'Alleanza Atlantica sarebbe «cerebralmente morta» ha la stessa credibilità della temporanea infatuazione russa di Merkel. L'inquilino dell'Eliseo non crede veramente in quell'affermazione. Piuttosto ha tra i suoi obiettivi la sostituzione della Nato con istituzioni europee che consentano alla Francia di occupare un posto di rilievo. Anche il generale italiano e presidente del Comitato militare dell'Ue Claudio Graziano ha affermato che un'«unione per la difesa è l'unica risposta possibile a questa crisi»[4]. Pertanto è probabile che Roma propenda verso la posizione francese.

Come al solito, la Germania sarà indecisa. I principali partiti tedeschi trasudano confusione. Tutti, eccetto Alternative für Deutschland (AfD), sono favorevoli all'introduzione del voto a maggioranza qualificata nella politica estera e di sicurezza dell'Ue. Solo Die Linke (La Sinistra) non sostiene la Nato. SPD e FDP sono a favore dell'Unione europea della difesa. I liberali sostengono anche la creazione di un esercito europeo. In breve, se la Germania pagasse una quota più significativa dei conti della difesa comunitaria pretenderebbe di far sentire con più forza la propria voce, come fa già nelle politiche commerciali e finanziarie. Il problema è che non ha ancora un'idea chiara su cosa dire.

In ogni caso, probabilmente Berlino non sarà in grado di (o non vorrà) attenersi allo status quo, né tantomeno di prendere esplicitamente le parti della Nato. Gli apologeti dell'Ue naturalmente non vogliono nient'altro che «più Europa». Essi giustificheranno la loro posizione affermando che la spesa per la difesa comunitaria è molto costosa e che dare più potere all'Unione obbligherà a un suo consolidamento. Argomenteranno che l'Ue può essere una superpotenza della sicurezza solo se i suoi membri le trasferiranno l'autorità sui rispettivi eserciti come hanno fatto con le politiche commerciali. Soprattutto affermeranno che bisogna forzare l'unità politica e ridurre la sovranità nazionale come quando fu adottato l'euro. All'epoca non si trattava semplicemente di una questione monetaria. Ieri come oggi l'Ue rappresenta un argomento politico.

4. Nei prossimi anni gli Stati Uniti, concentrati sempre più sull'Asia, affronteranno una Germania determinata (a parole, se non nei fatti) a spendere di più e a giocare un ruolo maggiore in Europa. Per la prima volta Berlino vorrà e potrà contendere a Washington la guida della difesa europea. Ciò spingerà gli Usa a recuperare l'approccio adottato dopo il 1989. Dunque al tentativo di appaltare la politica di sicurezza comunitaria ai paesi del Vecchio Continente. Non funzionerà. L'Ue è una superpotenza commerciale perché sfrutta la propria unità al fine di indurre gli altri a fare concessioni, ma la difesa è mossa da logiche diverse: richiede sacrifici in casa.

L'Alleanza Atlantica sta attraversando un apparente momento di gloria, ma già si intravede un nuovo scontro sul suo futuro. Per la prima volta dalla fine della guerra fredda, la Germania vuole europeizzarla ed è dotata del potere finanziario con cui far valere i suoi interessi. Per molto tempo gli Stati Uniti hanno chiesto a Berlino di spendere di più per la propria difesa. Oggi potrebbero ottenere ciò che volevano. Ma in cambio potrebbero perdere la Nato.

4. E. Braw, «Is an EU Army Coming?», *Foreign Policy*, 20/3/2022.

APPENDICE

La Russia si avvia alla sconfitta'

di *Gao Yusheng*

Il testo che segue è la trascrizione del discorso che Gao Yusheng (ambasciatore della Repubblica Popolare Cinese in Ucraina tra il 2005 e il 2007) ha pronunciato durante un recente seminario telematico organizzato dal Forum cinese dei 30 sulla finanza internazionale e dall'Accademia cinese delle scienze sociali. Il documento è stato pubblicato sul Web – e poi rimosso – da Phoenix News Media, società parzialmente controllata da Pechino. Gao sostiene che in Ucraina la Russia sia prossima alla disfatta e che ciò determinerà la fine dei progetti imperiali del presidente russo Vladimir Putin. Secondo l'ex ambasciatore, tale dinamica compatterà l'Occidente e rafforzerà gli Stati Uniti, implicitamente anche in chiave anticinese[1]*. Tale analisi potrebbe essere un segno delle crescenti perplessità di Pechino in merito all'utilità del sodalizio sino-russo, elevato ad «amicizia senza limiti» poco prima dello scoppio del conflitto.* (g.c.)

1. Il conflitto tra Federazione Russa e Ucraina è l'evento più importante dalla fine della guerra fredda. Infatti, sta creando i presupposti di un ordine internazionale nuovo rispetto a quello degli ultimi trent'anni. Nello scontro in corso, Mosca ha una posizione sempre più passiva e svantaggiosa. Diversi fattori rendono la sua sconfitta imminente.

Primo, la Russia è in declino. Questa dinamica è iniziata ancor prima della completa dissoluzione dell'Urss ed è legata anche ai fallimenti delle politiche interne ed estere attuate dalla cricca che guida il paese. Le sanzioni economiche occidentali hanno accelerato tale processo e danneggiato l'economia della Federazione. Il cosiddetto rilancio della Russia promosso da Vladimir Putin è falso, semplicemente non esiste. La parabola discendente del paese è evidente sul piano economico, militare, tecnologico, politico e sociale. Inoltre, si ripercuote negativamente sulla capacità delle Forze armate russe.

Secondo, il fallimento del *Blitzkrieg* segnala l'imminente sconfitta di Mosca. Le risorse finanziarie ed economiche del suo apparato bellico non sono quelle di cui dovrebbe disporre una superpotenza. Per di più, non bastano per sostenere una guerra ad alto contenuto tecnologico, il cui costo ammonta a centinaia di milioni di dollari al giorno. Il fatto che la sconfitta sia causata dalle scarse risorse a disposizione emerge sul campo di battaglia. Il protrarsi delle ostilità è un pesante fardello per Mosca.

1. «Zhongguo zhu Wukelan qian dashi gao yusheng: E Wu zhanzheng de zoushi he dui guoji zhixu de yingxiang», («Gao Yusheng, ex ambasciatore cinese in Ucraina: l'andamento della guerra russo-ucraina e la sua influenza sull'ordine internazionale»), *Phoenix News Media*, 10/5/2022.

Terzo, l'Ucraina è riuscita a controbilanciare i vantaggi militari ed economici russi con la propria resilienza e i cospicui, continui ed efficaci aiuti ricevuti. L'arretratezza russa rispetto agli Usa e ai paesi Nato in termini di tecnologia bellica e di dottrina militare ha aggravato lo svantaggio di Mosca.

Quarto, le guerre moderne sono necessariamente ibride. Prevedono attività militari, economiche, politiche, propagandistiche, di comunicazione, di informazione e di intelligence. La Russia non solo è passiva sul campo di battaglia, ma ha già perso in altre aree. È solo una questione di tempo prima che sia sconfitta definitivamente.

Quinto, Mosca vorrebbe terminare la guerra il prima possibile per mantenere il controllo dei territori che ha conquistato. Eppure non è più in grado di stabilire quando e come porre fine alle ostilità. Insomma ha fallito, ha perso il suo vantaggio strategico.

2. Molto probabilmente la prossima fase della guerra sarà più violenta, intensa ed estesa giacché gli obiettivi di Russia e Ucraina sono diametralmente opposti. L'obiettivo basilare del Cremlino è assicurarsi la sovranità sulla Crimea e sull'Ucraina orientale. Ma Kiev non rinuncerà alla propria integrità territoriale. Tenterà risolutamente di prendere quelle zone con la forza.

Inoltre, gli Stati Uniti e la Nato hanno ripetutamente affermato di voler sconfiggere Putin. Recentemente, il consigliere per la Sicurezza nazionale Jake Sullivan ha indicato i tre risultati che Washington vuole raggiungere: l'Ucraina indipendente e libera; la Russia indebolita e isolata; l'Occidente forte, unito e risoluto. A tal fine gli Usa, la Nato e l'Ue hanno intensificato gli aiuti a Kiev. Washington ha approvato il primo *Lend-lease act* (una legge per velocizzare l'invio di aiuti miliari a Kiev, *n.d.t.*) dai tempi della seconda guerra mondiale. Poi ha internazionalizzato e istituzionalizzato il proprio supporto all'Ucraina durante il vertice con i ministri della Difesa di altri 40 paesi, a Ramstein. Soprattutto, il coinvolgimento diretto di Usa, Regno Unito e altri paesi nelle ostilità sta aumentando. Tutto ciò suggerisce che esse proseguiranno fino a quando la Russia non sarà battuta e punita.

3. Il conflitto in corso pone fine al sistema di Jalta e cancella le reminiscenze della guerra fredda. Un nuovo ordine internazionale sta prendendo forma. La Russia ha ereditato dall'Unione Sovietica lo status di membro permanente del Consiglio di Sicurezza dell'Onu, le sue risorse belliche e larga parte dell'influenza che aveva sul piano politico, economico, sociale, culturale e ideologico. L'attuale politica estera del Cremlino fonde elementi dell'epoca sovietica con quelli di matrice zarista e mira a ricostruire l'impero tramite nuovi meccanismi multilaterali di integrazione in diversi settori dominati dalla Russia.

Il regime di Putin considera i paesi ex sovietici come parte della propria sfera di influenza. Non ne ha mai realmente riconosciuto l'indipendenza, la sovranità e l'integrità territoriale. Anzi le ha frequentemente violate, ponendo una grave minaccia alla pace, alla sicurezza e alla stabilità in Eurasia. Dopo l'indipendenza, specialmente dal 2000 in poi, la fazione filo-occidentale e quella filorussa si sono alternate alla guida dell'Ucraina. In seguito all'annessione della Crimea e all'occupazione del Donbas da parte di Mosca nel 2014, l'acredine verso la Federazione è cresciuta e le forze legate a essa si sono indebolite. La maggior parte della popolazione sia nell'Ucraina occidentale sia in quella orientale ha iniziato a desiderare l'ingresso nell'Ue e nella Nato.

In seguito allo scoppio della guerra, il paese si è compattato per resistere alla Russia, per salvarsi. Le distinzioni tra partiti politici, regioni e classi sono state superate. Si potrebbe dire che Mosca ha perso l'Ucraina. Allo stesso tempo, gli altri paesi dell'ex Unione Sovietica (fatta eccezione per la Bielorussia) si sono rifiutati di sostenere il Cremlino. Inclusi quelli aderenti all'Organizzazione del trattato di sicurezza collettiva e all'Unione economica eurasiatica. Se la Russia perdesse la guerra non avrebbe alcuna speranza di ricostruire il vecchio impero. Significa che non potrebbe accrescere il suo status, ristabilire la propria sfera d'influenza e cambiare gli equilibri geopolitici su scala globale. Quindi non potrebbe competere con gli Stati Uniti. L'attuale duello russo-statunitense è una prosecuzione della guerra fredda, preserva una connotazione ideologica e con il conflitto in Ucraina si appresta a terminare in favore dell'impero americano.

4. L'ordine internazionale potrebbe subire diversi cambiamenti a causa della guerra tra Mosca e Kiev.

La Russia potrebbe essere indebolita, isolata e punita sul piano politico, economico, militare e diplomatico. Potrebbe essere espulsa da importanti organizzazioni internazionali e la sua caratura a livello globale rischia di essere ridimensionata.

L'Ucraina uscirà dalla sfera d'influenza di Mosca (ammesso che questa riesca a preservarne una), diventerà un membro dell'Ue e quindi dell'Occidente.

Altri paesi ex sovietici potrebbero registrare una nuova ondata di derussificazione, anche se ciascuno su scala diversa. Alcuni tenteranno concretamente di rafforzare i rapporti con l'Occidente.

Il Giappone e la Germania si libereranno definitivamente dei vincoli derivanti dal marchio di paesi sconfitti durante la seconda guerra mondiale, accelereranno il potenziamento dei propri arsenali e si impegneranno per accrescere il loro status di potenza. Tuttavia resteranno nel campo occidentale e non abbandoneranno completamente i rispettivi piani di sviluppo pacifico.

Gli Usa e altri paesi promuoveranno con forza una riforma sostanziale delle Nazioni Unite e di altre importanti organizzazioni internazionali. Qualora ciò gli fosse precluso, potrebbero creare nuovi enti. In entrambi i casi, potrebbero tracciare una linea di confine ideologica basata sulle cosiddette democrazia e libertà per escludere Stati come la Russia.

(traduzione di Giorgio Cuscito)

AL GIAPPONE NON BASTA PIÙ L'AUTODIFESA

di *SUZUKI Kazuto*

La crisi ucraina insegna che il sostegno diretto degli Usa in caso di guerra con Cina o Russia non è scontato. Tōkyō dovrebbe dotarsi di un concreto potere offensivo, superiori capacità di deterrenza e nuovi strumenti sanzionatori. La tentazione dell'atomica.

1. L'INVASIONE DELL'UCRAINA HA AVUTO un forte impatto sul modo in cui il Giappone percepisce la propria sicurezza. Dopo il secondo conflitto mondiale, il paese del Sol Levante aspirava all'effettiva realizzazione di un ordine internazionale pacifico. Perciò rinunciò alla partecipazione ai conflitti armati, come sancito dall'articolo 9 della costituzione. Tuttavia, divenne presto chiaro che quell'obiettivo poteva essere messo a repentaglio da un'eventuale violazione del diritto internazionale da parte dell'Unione Sovietica, superpotenza nucleare. Oggi l'invasione russa, la politica statunitense di non intervento sul suolo ucraino e il rafforzamento del legame tra Pechino e Mosca alimentano la preoccupazione in merito alla possibilità che in futuro la Repubblica Popolare Cinese (anch'essa dotata di armamenti nucleari) lanci un attacco contro Taiwan. Il dibattito nel governo e negli apparati nipponici per la definizione degli interessi nazionali è particolarmente vivace. Il Giappone dovrà tenere a mente l'invasione dell'Ucraina anche in occasione della revisione (prevista per la fine del 2022) della Strategia di sicurezza nazionale, delle Linee guida del programma di difesa nazionale e del Programma di difesa di medio periodo.

2. Dopo l'esperienza drammatica della seconda guerra mondiale, le probabilità di un coinvolgimento nipponico in un conflitto militare sono diminuite drasticamente. Da allora, il paese del Sol Levante si è privato della capacità d'intraprendere azioni belliche. L'articolo 9 della costituzione giapponese recita: «Aspirando sinceramente a una pace internazionale basata sulla giustizia e sulla legge, il popolo giapponese rinuncia per sempre alla guerra come diritto sovrano nazionale e alla minaccia o all'uso della forza come strumento di risoluzione delle controversie internazionali. In modo tale da adempiere a quanto previsto dal precedente com-

ma, il Giappone non disporrà di Forze di terra, mare, aria e di ogni tipo di strumento di guerra. Il diritto di belligeranza dello Stato non è riconosciuto».

Inoltre, la prefazione ai capitoli costituzionali afferma: «Noi, il popolo giapponese, desideriamo la pace perpetua, siamo consapevoli degli alti ideali che muovono le relazioni umane e decidiamo di salvaguardare la nostra sicurezza ed esistenza confidando nella giustizia e nella lealtà dei popoli pacifici del mondo. Desideriamo occupare un posto di rilievo nella società internazionale battendoci per il mantenimento della pace, l'allontanamento della tirannide e della schiavitù, dell'oppressione e dell'intolleranza sulla Terra per sempre. Riconosciamo il diritto di tutti i popoli del mondo a vivere in pace, liberi dalla paura e dalla povertà».

Poggiando su tali premesse, l'approccio giapponese è crollato irrimediabilmente con lo scoppio della guerra in Ucraina. Infatti, la Russia ha deliberatamente distrutto l'ordine pacifico pur essendo un membro permanente del Consiglio di Sicurezza dell'Onu. Così ha generato un mondo diverso da quello descritto dalla costituzione nipponica. Il Giappone continua a essere privo del diritto di belligeranza, ma gode del diritto di autodifesa; quindi, di preservare un minimo di potere militare nel caso in cui un altro paese l'attaccasse. Tale compito è assegnato alle Forze di autodifesa (Fad), che provvedono alla protezione dell'arcipelago. Si tratta di un corpo militare che non possiede alcuna capacità offensiva. È autorizzato al possesso e all'utilizzo di equipaggiamenti solo per scopi difensivi. Infatti, dopo il secondo conflitto mondiale, Tōkyō privò il paese di armamenti come portaerei, missili balistici e cargo in grado di effettuare voli a lungo raggio.

Il Trattato di sicurezza nippo-statunitense nacque per ripartire i compiti fra i due alleati. Le Fad furono usate puramente come «scudo». I soldati statunitensi stanziati in Giappone divennero la «lancia» incaricata del contrattacco militare. La garanzia di difesa offerta da Washington scoraggiò altri paesi dall'aggredire Tōkyō.

Nel corso degli anni in Giappone si è sviluppato un certo scetticismo nei confronti delle promesse americane. Ci si è chiesto se gli Stati Uniti siano veramente intenzionati a versare il sangue per difendere l'alleato asiatico. La preoccupazione in merito è aumentata sin dalle prime fasi del conflitto tra Mosca e Kiev, poiché la Casa Bianca ha posticipato l'invio diretto delle proprie truppe sul suolo ucraino.

Ovviamente le relazioni tra Ucraina e Stati Uniti sono diverse rispetto a quelle tra questi ultimi e il Giappone. Non sussiste un'alleanza militare tra Kiev e Washington. Gli Usa mirano innanzitutto a prevenire un conflitto diretto con la Russia in quanto potenza nucleare. Tuttavia, tale circostanza potrebbe essere applicata a tutti i conflitti che vedono la partecipazione di paesi dotati di armi atomiche. Tōkyō ha compreso che per evitare un'escalation di quel genere Washington potrebbe non soccorrere il Giappone in caso di scontro con la Cina, con la Russia ed eventualmente con la Corea del Nord.

Perciò sono emersi nuovi punti di vista relativi alla strategia di deterrenza giapponese, i quali sottolineano la possibile incapacità di scoraggiare un'azione militare avversaria facendo affidamento soltanto sulla difesa. Uno dei dibattiti attuali è quello promosso dalla Commissione d'inchiesta istituita dal Partito liberal-democratico in merito alla «capacità di colpire le basi militari nemiche». Essa è stata discussa dal governo già nel 1956 e origina da una possibile interpretazione costituzionale secondo cui sarebbe possibile attaccare una struttura nemica per prevenire che essa lanci dei missili contro il Giappone. Tale capacità permetterebbe un'offensiva verso il territorio nemico, ma sarebbe riconosciuta come esercizio del diritto all'autodifesa preventiva.

Tale dibattito è sempre più dinamico e auspica la creazione di un potere di deterrenza nipponico nell'eventualità in cui gli Usa si mostrassero passivi e difendessero solo indirettamente l'arcipelago giapponese. In tale ottica, la Commissione d'inchiesta ha proposto di sostituire l'espressione «capacità d'attacco alle basi militari nemiche» prevista dalla costituzione con quella di «contrattacco» e di inserire quest'ultima nella Strategia di sicurezza nazionale. Così il paese del Sol Levante acquisirebbe un'opzione offensiva per reagire alle azioni militari messe in atto nei suoi confronti. Finora, l'ottenimento di tale capacità era stato sostenuto soltanto da una parte delle forze politiche di destra. In particolare da quelle maggiormente scettiche nei confronti dell'alleanza con gli Usa. Il fatto che tale proposta abbia riscosso consenso nel Partito liberal-democratico, attualmente al potere, è emblematico. Potrebbe comportare un netto cambiamento strategico e l'allontanamento dall'orientamento difensivo assunto dal paese del Sol Levante all'inizio della guerra fredda.

3. Nel caso dell'aggressione russa all'Ucraina, di fatto uno Stato autoritario ha mosso guerra contro uno democratico. Ora i riflettori sono puntati su Taiwan quale altro teatro in cui potrebbe scoppiare un conflitto. L'Ucraina non è parte della Nato. Washington e gli altri membri dell'Alleanza Atlantica non hanno risposto militarmente alle incursioni di Mosca. In modo simile, si può ipotizzare che gli Stati Uniti non interverranno qualora la Cina attaccasse Taiwan (di cui peraltro non riconoscono il governo) temendo un possibile scontro diretto con Pechino. A ciò si aggiunga che la postura statunitense nel conflitto russo-ucraino ha affievolito il potere di deterrenza che finora ha scoraggiato la Repubblica Popolare dall'invasione dell'isola, comportando un consequenziale incremento della tensione nello stretto.

Washington non riconosce la sovranità di Taipei, ma lo statunitense Taiwan Relations Act autorizza il trasferimento di armi americane a scopo difensivo e il Taiwan Travel Act consente l'invio di funzionari di alto livello. Insomma, la Casa Bianca esprime il proprio sostegno a Taipei contro potenziali offensive militari intraprese dal governo cinese. Non ha mostrato lo stesso interesse nei confronti di Kiev prima dell'invasione russa. In tal senso, aspettarsi che nello scacchiere asiatico si sviluppi la medesima dinamica in corso in Ucraina potrebbe rivelarsi sbagliato. Inoltre, le condizioni geografiche che caratterizzano la guerra in Europa orientale differiscono da quelle del potenziale conflitto fra le due Cine. Nel primo caso gli Stati sono divisi solo da un confine terrestre stabilito politicamente, nel secondo da un ostacolo geofisico ben più rilevante: il mare. Senza contare che non è chiaro se l'Esercito popolare di liberazione cinese abbia le capacità per intraprendere una spedizione militare contro Taiwan.

Ciononostante, il fatto che la Russia abbia violato il diritto internazionale muovendo guerra all'Ucraina potrebbe facilitare l'invasione dell'isola da parte della Repubblica Popolare.

Contestualmente crescono le probabilità di un coinvolgimento del Giappone in un conflitto armato. Negli ultimi anni, Tōkyō ha incrementato la capacità di autodifesa in diverse aree del territorio nipponico (soprattutto nella parte sud-occidentale) per rispondere all'ascesa militare cinese. Tuttavia, se gli Stati Uniti partecipassero alla difesa di Taiwan, Pechino potrebbe impedire l'intervento dei soldati americani stanziati in Giappone attaccandone le basi. Trattandosi di un'aggressione diretta al proprio territorio, il paese del Sol Levante potrebbe difendersi e scontrarsi con la Repubblica Popolare. Tōkyō lega la propria strategia all'esercizio del diritto di autodifesa, ma non dispone di strumenti appropriati per contenere efficacemente un attacco cinese. Nè ha la capacità di contrattaccare. Per di più le Fad non posseggono un arsenale paragonabile a quello dell'Esercito popolare di liberazione.

In tal senso, risulta particolarmente interessante lo stile di combattimento utilizzato dalle Forze armate ucraine, che stanno affrontando in modo ottimale quelle russe. Il conflitto è asimmetrico sul piano qualitativo e quantitativo. Ma l'Ucraina attua tattiche di guerriglia contro l'esercito invasore grazie anche alle donazioni di armi da parte di diversi paesi, inclusi gli Stati Uniti. Ciò permette a Kiev di difendersi e, diversamente da quanto prospettato da Mosca, di complicare la penetrazione russa in piccoli centri come Mariupol'. Lo stile di combattimento ucraino dovrebbe essere preso a modello nell'eventualità di un'invasione cinese. Inoltre bisognerebbe studiare un metodo per impedire lo sbarco della Repubblica Popolare, partendo dal presupposto che il mare costituisce di per sé una barriera.

4. Al momento dell'invasione russa, alcuni politici giapponesi hanno affermato che dopo la dissoluzione dell'Unione Sovietica l'Ucraina sarebbe potuta diventare una potenza nucleare. Eppure vi rinunciò con la firma dell'accordo di Budapest del 1994. Oggi gli stessi politici ritengono che proprio l'assenza di armi atomiche sul territorio ucraino abbia reso possibile la penetrazione russa. E che quindi il Giappone dovrebbe disporre di armi di questo tipo per non subire lo stesso destino. Pertanto è stata proposta la condivisione nucleare con gli Stati Uniti, ma non il possesso di armamenti atomici autoctoni. Tra i politici che hanno suggerito tale soluzione figura anche l'ex primo ministro Abe Shinzō.

Cinque paesi europei, compresa la Germania, hanno stipulato un accordo simile con gli Usa. Tramite tale misura gli Stati coinvolti ottengono il diritto di codecisione in relazione all'utilizzo di armi nucleari. Tuttavia, non esiste una chiara correlazione tra il potere di deterrenza e gli accordi di condivisione nucleare. Nel caso in cui fosse colpito l'arsenale atomico statunitense dislocato in un paese terzo, quest'ultimo rischierebbe di entrare in conflitto con un'altra potenza nucleare. Senza contare che tale accordo non garantisce l'autorità di utilizzare le armi in oggetto indistintamente. Trattandosi di dispositivi statunitensi, la decisione fina-

LO STATO PROFONDO GIAPPONESE

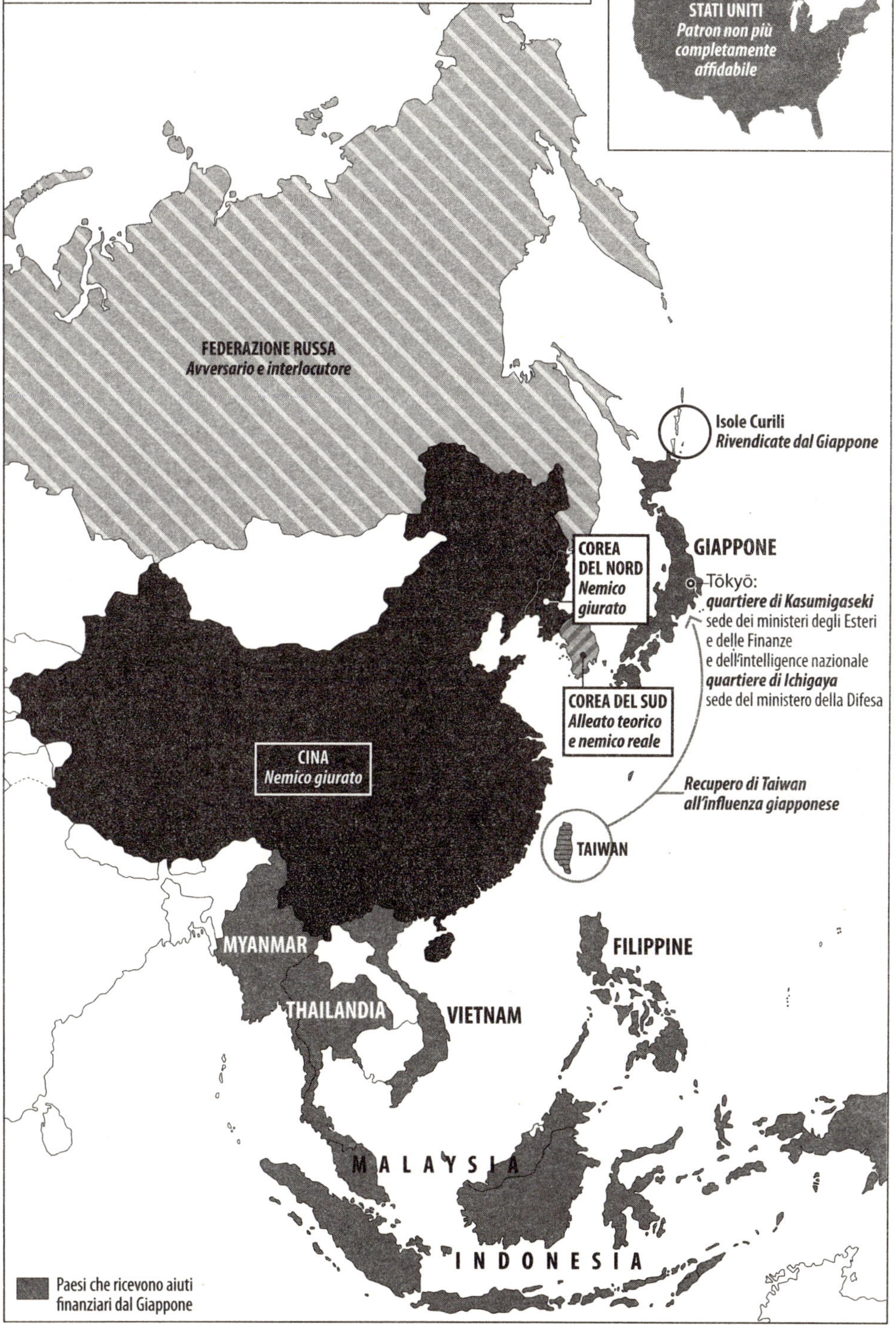

le spetta comunque alla Casa Bianca. Insomma, vi è una grande differenza tra la condivisione di armi nucleari e il loro effettivo possesso. Differenza che incide sulla capacità di deterrenza. In generale gli apparati giapponesi sono contrari alla proprietà di dispositivi atomici, ma è possibile che la questione venga ridiscussa in futuro.

5. L'invasione russa ha avuto un impatto sostanziale anche sul pensiero strategico della Germania. La postura pacifista assunta da questo paese all'indomani della seconda guerra mondiale limita la sua partecipazione ai conflitti armati, lo sviluppo di dispositivi bellici e la loro esportazione. Durante la guerra fredda, il governo guidato dal leader del Partito socialdemocratico tedesco (SPD) Willy Brandt sviluppò la *Ostpolitik* e rafforzò la cooperazione economica con l'Unione Sovietica. L'obiettivo era consolidare la sicurezza del proprio paese e costruire un'architettura securitaria che includesse tutta l'Europa. Tuttavia, oggi la guerra in Ucraina sta mostrando le debolezze di tale approccio. La Germania non può comminare sanzioni efficaci alla Russia a causa del forte legame tra le rispettive economie. Ragion per cui anche Kiev ha criticato Berlino. I membri della Nato hanno trasferito una discreta quantità di armi letali alle Forze armate ucraine affinché rispondano alle atrocità commesse dai russi. La Germania ha mostrato forte titubanza nel fare altrettanto. Inizialmente il cancelliere tedesco Olaf Scholz ha affermato di voler limitare il supporto militare, seguendo la tradizione politica del SPD. Solo le forti pressioni dell'opinione pubblica domestica e internazionale lo hanno spinto a inviare in Ucraina armi offensive, tra cui i semoventi anti-aerei Gepard.

Il cambio di strategia della Germania non è sfuggito a Tōkyō, che ha rafforzato le sanzioni contro la Russia in cooperazione con gli altri membri del G7. Il supporto all'Ucraina è consistito principalmente nell'accoglienza dei rifugiati e nell'invio di aiuti umanitari. Il governo nipponico ha trasferito equipaggiamenti difensivi, come caschi e giubbotti antiproiettile. Pertanto, ha rispettato le restrizioni previste dal proprio ordinamento giuridico riguardanti la donazione di armi offensive. Restrizioni che sono notevolmente più rigide di quelle vigenti in Germania. In origine, i «tre princìpi sull'esportazione di armi» nipponici vietavano il trasferimento all'estero di qualsiasi tipo di dispositivo bellico. Qualche anno fa sono stati revisionati per consentire la cessione di «equipaggiamenti e tecnologie difensive». Così Tōkyō ha iniziato a esportare armi non letali per sostenere i paesi del Sud-Est asiatico in chiave anticinese.

Malgrado ciò, il divieto di inviare strumenti offensivi resta immutato. Inoltre, i sopramenzionati princìpi impediscono quello di qualsiasi arma agli «Stati in guerra». Il governo nipponico ha stabilito che tale definizione non è applicabile all'invasione dell'Ucraina da parte della Russia e perciò ha fatto pervenire equipaggiamenti difensivi a Kiev. Sulla scia del cambiamento attuato da Berlino, Tōkyō potrebbe decidere di rivedere la propria politica di aiuti nei confronti dell'Ucraina. Soprattutto, il mutamento della politica estera tedesca potrebbe fungere da punto di riferimento per la revisione della strategia di sicurezza nipponica.

6. Già prima dell'invasione russa, il governo giapponese aveva presentato al parlamento la «legge per la promozione della sicurezza economica» al fine di creare un nuovo schema giuridico con cui proteggere le infrastrutture chiave, diminuire il grado di dipendenza dagli altri paesi ed evitare eventuali pressioni politiche dall'estero. In particolare quelle provenienti da Pechino. La guerra in Europa è scoppiata nel mezzo di questo dibattito e Tōkyō ha deciso di cooperare immediatamente con altri governi (specie con quelli del G7) imponendo diverse sanzioni economiche alla Russia. In occasione dell'occupazione della Crimea nel 2014, il Giappone aveva dato priorità al mantenimento dei rapporti amichevoli con Mosca. Lo scopo era concludere un trattato di pace con la Federazione e ottenere il riconoscimento della sovranità nipponica sui Territori del Nord (le isole Curili meridionali, *n.d.r.*), risolvendo finalmente la contesa territoriale tra i due paesi. Allora il Giappone era stato criticato duramente all'estero perché aveva adottato sanzioni di gran lunga meno severe rispetto a quelle imposte dagli altri paesi del G7. Questa volta Tōkyō ha comminato pene più dure, ha dato la massima priorità alla fine del conflitto in Ucraina e alla condanna dell'aggressione russa. Tale decisione mostra la disillusione e l'insoddisfazione giapponese circa la mancata restituzione dei Territori del Nord tramite un approccio collaborativo con il Cremlino.

La guerra in corso ha fatto comprendere a Tōkyō anche i limiti del suo impianto sanzionatorio. Le sanzioni sono state imposte alla Russia in base alla legge sul commercio e sull'interscambio con l'estero. Ciononostante essa afferma che il Giappone dispone di tale potere soltanto nell'ambito di un'azione di «cooperazione internazionale». In altre parole, nel caso in cui non vi sia una risoluzione del Consiglio di Sicurezza dell'Onu o un'operazione collettiva dei paesi del G7, il paese del Sol Levante sarebbe impossibilitato a definire individualmente misure economiche coercitive. L'assenza di autonomia si esplica anche nell'incapacità nipponica di implementare politiche che superino i limiti posti dai programmi sanzionatori definiti dagli altri paesi. Nel caso in cui volesse attivare una misura unilaterale, il parlamento dovrebbe creare una misura *ad hoc*, di cui bisognerebbe attendere a lungo la stesura e l'approvazione. In passato l'unica sanzione imposta individualmente dal Giappone è stata resa possibile dalla legge per le misure speciali relativa all'interdizione dei propri porti a determinate imbarcazioni, che negava la possibilità di attracco alle navi nordcoreane.

Per evitare tale procedimento, Tōkyō potrebbe valutare l'inclusione di sanzioni individuali nella sezione riguardante l'economia del documento sulla Strategia di sicurezza nazionale. Così il governo disporrebbe di un nuovo strumento di deterrenza e diminuirebbe la dipendenza economica dai paesi nemici. Potrebbe quindi anche ridimensionare quella dalle importazioni di petrolio e gas naturale russi.

7. Insomma, la guerra in Ucraina potrebbe rappresentare un fattore determinante nel processo di revisione della strategia giapponese. L'adozione della «capacità di contrattacco» permetterebbe al paese del Sol Levante di acquisire un effettivo potere offensivo e di rafforzare la capacità di deterrenza. Mentre l'ampliamento

del raggio d'azione sanzionatorio doterebbe il governo di nuovi strumenti coercitivi nel campo economico. Tali cambiamenti risultano fondamentali nel quadro della sempre più probabile invasione di Taiwan da parte della Cina.

A ogni modo, il Giappone dovrebbe fare i conti con diversi vincoli anche nel caso potenziasse le proprie capacità di autodifesa. Per esempio, se portasse al 2% del pil le spese militari, come richiesto dagli Usa, farebbe comunque fatica a tenere testa all'Esercito popolare di liberazione. Significa che per Tōkyō l'ulteriore rafforzamento dell'alleanza con Washington resta decisivo.

Inoltre, in passato le istanze veicolate dai politici giapponesi hanno riscosso poco successo all'estero. Ancor prima di potenziare le Fad, bisognerebbe coinvolgere meglio l'opinione pubblica internazionale. Magari prendendo spunto dal presidente ucraino Zelens'kyj.

(traduzione di Mattia Dello Spedale Venti)

LA TURCHIA INDISPENSABILE

di *Daniele* SANTORO

Ankara profitta della guerra per stabilirsi nel girone delle potenze globali. Per Washington è l'unico alleato che può autonomamente fronteggiare Mosca. Putin pensa che solo Erdoğan possa salvarlo. Xi sa che la porta d'Europa è in Anatolia. Un gioco di alta acrobazia.

1. LA GUERRA IN UCRAINA STA SCHIUDENDO ad Ankara opportunità impensabili alla vigilia del conflitto. Tanto che ad aprile il ministro degli Esteri Mevlüt Çavuşoğlu si è spinto a proclamare l'innalzamento dello status geopolitico della Turchia, annunciandone l'avvenuta promozione nel «girone delle potenze globali» [1].

L'invasione russa dello spazio ucraino per prevenirne il definitivo inglobamento nell'impero americano ha messo alla prova gli assi portanti dell'approccio regionale turco, fondato sullo spregiudicato equilibrismo tra Stati Uniti e Russia e sulla fino ad allora irresistibile proiezione di forza militare sui campi di battaglia afroeurasiatici. All'inizio della guerra vigeva la certezza che la rapida avanzata dell'Armata russa su Kiev e Odessa avrebbe costretto Erdoğan a gettare la maschera, a compiere una scelta di campo netta, a rientrare nel grembo americano. Spintovi dall'esiziale minaccia della Russia, che una volta (ri)conquistato il controllo dell'intera sponda settentrionale del Mar Nero avrebbe ripreso – come in epoca zarista e sovietica – a esercitare una micidiale pressione sugli Stretti [2]. Altrettanto radicata era la convinzione che il conflitto ucraino avrebbe smontato il mito della potenza militare turca, edificato da Ankara principalmente mediante l'efficace impiego nei conflitti che costellano il Grande Mediterraneo dei celebri droni da combattimento Bayraktar Tb2. Unanimemente considerati dagli analisti militari incapaci di esercitare un impatto significativo in una guerra ad alta intensità come quella innescata dalla Russia tra il Donec e il Dnestr [3].

1. «Turkey in league of global powers: Turkish FM», *Hürriyet Daily News*, 18/4/2022.
2. Cfr. D. SANTORO, «Ankara è ferma al bivio tra Washington e Mosca», *Limes*, «La Russia cambia il mondo», n. 2/22, pp. 115-127.
3. Cfr. ad esempio A. STEIN, «Turkey's Response to the Russia-Ukraine Crisis», Foreign Policy Research Institute, gennaio 2022.

Le dinamiche del conflitto hanno ribaltato questa prospettiva. L'impantanamento di Mosca nell'estremo lembo occidentale della steppa eurasiatica – dove russi e ottomani tra il 1677 e il 1681 combatterono la loro prima guerra, che segnò l'inizio del processo di arretramento territoriale invertito solo con la Grande offensiva del 1922 – sta infatti permettendo ad Ankara di consolidare la preziosa equidistanza tra Stati Uniti e Russia, di aumentare la sua importanza strategica per entrambi, di rafforzare il proprio prestigio militare e soprattutto di guadagnare un margine di manovra tattico senza precedenti in epoca repubblicana. Testimoniato dalla natura delle mosse giocate da Erdoğan dal 24 febbraio in avanti. La Turchia ha chiuso gli Stretti alla Russia, rifornisce costantemente Kiev dei decisivi Tb2, si propone come mediatore tra Putin e Zelens'kyj, umilia il presidente russo chiedendogli di fare «l'architetto della pace» mentre sta perdendo la guerra [4]. Al contempo, si offre come rifugio per gli oligarchi russi e le loro ricchezze, non ha comminato una singola sanzione economica al vicino settentrionale, si attrezza per accogliere milioni di turisti russi in vista della stagione estiva, intende approfittare della chiusura della rotta commerciale ed energetica ucraina per valorizzare l'importanza del «corridoio centrale» nell'equazione geopolitica eurasiatica, si mette di traverso all'ingresso di Svezia e Finlandia nella Nato.

In Ucraina Ankara sta giocando la propria partita, consapevole che il 24 febbraio Putin ha innescato un processo di ridefinizione dell'ordine mondiale nel quale i turchi – come da profezia di İsmet İnönü – intendono «trovare il proprio posto».

2. Il 17 aprile il giornalista greco Michail Ignatiou ha chiesto conto al portavoce del dipartimento di Stato Ned Price della mancata adesione della Turchia alle sanzioni occidentali contro la Russia. Come in molteplici altre occasioni, il greco si aspettava che l'americano avrebbe castigato i turchi, stigmatizzandone l'approccio contrario agli interessi degli Stati Uniti, della Nato e dell'Occidente. La risposta di Price ha lasciato di stucco i greci. E non solo. L'ex funzionario della Cia, incalzato dal suo interlocutore, ha ripetutamente sorvolato sulla questione delle sanzioni, limitandosi a rimarcare che Ankara è «un importante membro della Nato», che «sta svolgendo un ruolo cruciale nel sostegno al popolo ucraino e nel contenimento della Russia» e che «sta profondendo un notevole impegno per convincere russi e ucraini a dialogare» [5].

Due settimane prima, il 4 aprile, l'influente vicesegretario di Stato per gli Affari politici Victoria Nuland aveva lodato ancor più apertamente Erdoğan, definendo «decisivo» il ruolo giocato dalla Turchia nella crisi ucraina in un incontro nella capitale turca con il viceministro degli Esteri Sedat Önal. In tale occasione Ankara e Washington hanno battezzato un inedito meccanismo strategico concepito per

4. «Erdogan to tell Putin to be 'architect of peace'», *The Guardian*, 25/3/2022.
5. «Yunan gazetecinin Türkiye'ye yönelik provokasyon girişimi boşa çıktı! ABD'li sözcüden tokat gibi cevap» («La provocatoria iniziativa contro la Turchia del giornalista greco è andata a vuoto. La risposta del portavoce americano è stata uno schiaffo»), *Sabah*, 17/4/2022.

permettere ai due paesi di discutere all'interno di un unico formato i problemi bilaterali, le crisi regionali e le questioni globali. La più immediata conseguenza concreta di tale iniziativa è stata la visita negli Stati Uniti di Çavuşoğlu del 18 maggio scorso. Potenzialmente propedeutica a un'analoga trasferta di Erdoğan, ricevuto l'ultima volta alla Casa Bianca nel novembre 2019.

Pochi giorni dopo la nascita del meccanismo strategico, il dipartimento di Stato ha reso nota una lettera inviata al Congresso il 17 marzo precedente dall'assistente segretario per gli Affari legislativi Naz Durakoğlu – turco-americana di prima generazione – per attenuare l'ostilità dei parlamentari americani alla cessione dei 40 F-16, dei pezzi di ricambio per altri 80 velivoli dello stesso tipo già nell'inventario dell'Aeronautica turca, di missili a corto e medio raggio e altri armamenti richiesti da Erdoğan a ottobre, stabilendo che tale transazione è in linea con gli interessi nazionali degli Stati Uniti e contribuisce a puntellare l'unità di lungo periodo della Nato [6]. A inizio maggio lo stesso presidente americano Joe Biden – la cui turcofobia è probabilmente senza precedenti – ha (in)formalmente chiesto ai parlamentari di non mettersi di traverso e approvare la vendita [7]. Mentre subito dopo l'altolà di Erdoğan all'ingresso di Svezia e Finlandia nell'Alleanza Atlantica l'allora portavoce della Casa Bianca Jean Psaki ha ammesso la necessità di negoziare con Ankara [8]. Tradotto, di fare concessioni ai turchi per ottenerne l'acquiescenza all'ammissione degli scandinavi nella Nato. Condiscendenza notevole, soprattutto alla luce del pacchetto di richieste che la Turchia intende inoltrare alla superpotenza: incontro scenografico tra Erdoğan e Biden, riammissione nel programma degli F-35, luce verde all'espansione della zona di sicurezza nel Nord della Siria, rimozione di tutte le sanzioni comminate nello scorso triennio.

Tali episodi illustrano efficacemente il cambio di paradigma innescato dalla guerra in Ucraina nella traballante relazione turco-americana. Gli Stati Uniti sono palesemente affascinati dalla determinazione e dall'efficacia con le quali la Turchia sta (in)direttamente contribuendo ad arginare l'offensiva russa. Senza tuttavia compromettere i propri rapporti con il Cremlino. Circostanza che la rende l'unico attore in grado di garantire tanto i russi quanto gli ucraini in caso di tregua. Approccio equilibrato che nel lungo periodo fa il gioco degli americani molto più dell'irriducibile russofobia dei polacchi e degli altri satelliti della Nuova Europa. Tanto che il relativo e strumentale addolcimento dell'approccio americano nei confronti della Turchia si sviluppa in assenza di sostanziali concessioni di Ankara sulle questioni che più hanno contribuito a fratturare la relazione tra i due paesi.

A fine marzo Washington ha informalmente proposto ai turchi di dispiegare in Ucraina gli S-400 acquistati nel 2019 dalla Russia, lasciando intendere a Erdoğan che tale mossa gli avrebbe garantito il rientro nel programma degli F-35. Il direttore del-

6. Su queste vicende cfr. D. Santoro, «Erdoğan prova a stabilire la *pax turca*. Almeno fino al 2023», *limesonline.com*, 14/4/2022.
7. J. Malsin, «Biden Administration Asks Congress to Approve New Weapons Deal With Turkey», *The Wall Street Journal*, 11/5/2022.
8. «White house working to clarify Turkey's view on Finland, Sweden's NATO ambitions», *Reuters*, 13/5/2022.

la comunicazione presidenziale Fahrettin Altun ha non solo respinto al mittente la provocazione, ma ha intimato alla superpotenza di consegnare i caccia di quinta generazione e i missili Patriot «senza precondizioni»[9]. Due giorni dopo, di ritorno dal vertice Nato di Bruxelles, Erdoğan ha definitivamente chiuso la questione ribadendo che l'acquisto degli S-400 è un fatto irreversibile[10]. Dal 24 febbraio la Turchia ha inoltre aumentato esponenzialmente gli attacchi contro il Pkk in Siria e avviato l'ennesima operazione nell'alto Iraq, il cui nome (*Pençe-Kilit*, Artiglio-Serratura) la vuole funzionale a scardinare la porta d'accesso ai monti Qandīl. Quartier generale dei terroristi curdi, principali agenti di prossimità dell'America nel teatro siracheno. Soprattutto, Ankara non ha fatto alcuna concessione sui cosiddetti diritti umani. Anzi ha elevato ulteriormente il livello della sfida a europei e americani, come dimostra la recente condanna all'ergastolo del presunto filantropo Osman Kavala.

Sono state unicamente le dinamiche palesate e innescate dalla guerra in Ucraina a indurre gli Stati Uniti a rivedere la propria postura tattica. A costringerli a prendere atto del fatto che la Turchia ha ulteriormente – e irreversibilmente – allentato il guinzaglio. E al contempo a confermargli di poter usare a proprio vantaggio le ambizioni di Ankara. Specie in ragione della sua apparente vulnerabilità.

3. L'inquadramento della questione turca da parte degli Stati Uniti muove anzitutto dalla constatazione di due debolezze ormai quasi strutturali della Turchia. Ad aprile l'inflazione anatolica ha sfiorato il 70%, mentre la Banca centrale deve costantemente attingere alle proprie esauribili riserve in dollari per impedire il collasso della lira ed Erdoğan non manifesta alcuna intenzione di alterare l'eterodossa politica monetaria fondata sui bassi tassi d'interesse. In queste condizioni, mentre il vertiginoso aumento dei prezzi danneggia innanzitutto quegli stessi soggetti economici che il presidente turco intende agevolare mantenendo la lira debole, basterebbe un impercettibile colpo americano – un'iniziativa molto meno eclatante dell'attacco monetario sferrato, e rivendicato, da Donald Trump nell'agosto 2018 – per spingere Ankara sull'orlo del baratro finanziario.

Negli ultimi mesi, inoltre, il problema dei profughi ha raggiunto il punto di non ritorno. La stragrande maggioranza dell'opinione pubblica turca – anche a causa di una feroce e spregiudicata campagna di disinformazione condotta sui social dalle opposizioni – è convinta che gli «ospiti» siriani siano all'origine di tutte le sventure sociali ed economiche del paese. L'ostilità nei confronti degli arabi che «fumano il narghilè in spiaggia e corteggiano le donne turche mentre i nostri figli combattono e muoiono per loro in Sira» è ormai così diffusa e radicata che Erdoğan è stato costretto, suo malgrado, a una brusca correzione di rotta. Il presidente turco continua a ribadire che non rimanderà mai indietro i rifugiati ospitati sul suolo anatolico con la forza – come invocano i suoi avversari politici – ma al contempo ha annunciato un piano straordinario volto a «favorire il ritorno volontario» di un

9. F. Altun, «Turkey Says No Deal on S-400 for Ukraine», *The Wall Street Journal*, 23/3/2022.
10. «Erdogan says Turkey's position on procurement of Russian S-400s unchanged», *Reuters*, 25/3/2022.

milione di siriani entro il prossimo anno. Dunque entro le elezioni presidenziali, in programma il 18 giugno 2023. La mossa di Erdoğan – insieme alla popolarità raggiunta dai politici che conducono la crociata contro i profughi nelle strade delle metropoli turche – rivela la profondità della faglia culturale e dunque il rischio, nitidamente percepito dalle autorità anatoliche, che le tensioni sociali possano sfuggire di mano. Magari con l'aiuto di operazioni coperte della Cia volte a esacerbare ulteriormente gli animi – i casi di spedizioni punitive nelle enclave siriane delle grandi città non sono più così isolati.

Tale percepita vulnerabilità della Turchia è per Washington una straordinaria chiave geopolitica, perché permette alla superpotenza di avvalersi delle smisurate ambizioni dell'ex alleato per i propri fini tattici. Garantisce agli americani di poterle assecondare se collimano con i propri interessi e di stroncarle qualora i turchi diano prova di eccessiva insubordinazione. O se addirittura decidessero di varcare le linee rosse stabilite da Washington. È alla luce di tale premessa logica che gli Stati Uniti possono permettersi di cogliere le implicazioni positive dell'arrembante attivismo turco. In particolare, di riconoscere che la Turchia è l'unico paese al mondo – certamente l'unico membro della Nato – ad avere l'interesse e le capacità per contenere e contrastare la Russia in quasi tutti i quadranti geopolitici che hanno rilievo per Mosca. A partire dallo spazio ex sovietico.

Il ruolo centrale giocato dalla Turchia nella crisi ucraina non è figlio dell'«operazione militare speciale» lanciata da Mosca il 24 febbraio, ma conseguenza naturale dei profondi rapporti instaurati con Kiev a partire dal 2014. Non è stata l'invasione russa a indurre i turchi a fornire agli ucraini i droni da combattimento. È stata semmai l'aggiunta di questi ultimi (e potenzialmente di altri sistemi d'arma di produzione turco-ucraina) al proprio inventario da parte del paese vicino a spingere (almeno in parte) i russi a precipitare gli eventi [11]. Il sostegno di Ankara al governo ucraino non è legato che in minima parte al conflitto in corso. La proiezione di influenza a nord del Mar Nero in chiave antirussa è per la Turchia un'imprescindibile priorità geopolitica, nel lungo periodo indipendente dalle contingenze belliche.

Nel Caucaso il confronto tra Ankara e Mosca è ancor più serrato, tanto che il Cremlino si è dovuto adeguare alla trasformazione della regione in un condominio turco-russo. Condizione implicita nel progetto di Putin per congelare il conflitto del Nagorno Karabakh. Il presidente russo si propone di convincere gli armeni a riconoscerne l'inclusione di diritto nel territorio azerbaigiano e al contempo a mantenervi indefinitamente una corposa presenza militare – per il momento duemila *peacekeepers* – allo scopo di sottrarlo alla sovranità di fatto di Baku [12]. Con il risultato che i russi saranno costretti a impegnarsi direttamente per preservare una presa quantomeno relativa in un'area nella quale fino al settembre 2020 proietta-

11. Cfr. in tal senso A. Stein, «From Ankara With Implications: Turkish Drones and Alliance Entrapment», *War on the Rocks*, 15/12/2021.
12. B. Poghosyan, «Russia-Azerbaijan Declaration on Allied Interaction: Implications for Armenia», *Armenian Weekly*, 28/2/2022.

vano un'influenza egemonica senza dispiegarvi un solo soldato. Senza contare che in conseguenza di tale approccio gli azerbaigiani stanno progressivamente uscendo dall'orbita russa, tanto che al Cremlino l'Azerbaigian è ormai considerato alla stregua di un agente di prossimità della Turchia.

In Asia centrale la competizione turco-russa è più sfumata, ma non meno intensa. L'insurrezione colorata in Kazakistan di inizio anno e l'immediata reazione di Mosca hanno rivelato che Ankara fa ancora molta fatica a sostanziare geopoliticamente la propria retorica panturca a oriente del Caspio, baricentro del mondo turco. L'invasione russa dello spazio ucraino ha tuttavia indotto i paesi centrasiatici, in particolare il Kazakistan, a sfilarsi dal fronte filorusso [13], indebolendo la proiezione della Federazione nella regione e permettendo alla Turchia di accelerare la marcia di ricongiungimento ai fratelli turanici. Come dimostrano i 15 accordi di cooperazione siglati tra una partita di ping pong e l'altra da Erdoğan e dal suo omologo kazako Kasym-Žomart Tokaev in occasione della visita di quest'ultimo ad Ankara del 10 maggio scorso. Particolarmente rilevante è l'istituzione della «partnership strategica rafforzata», affiancata dalle cruciali intese sulla cooperazione in ambito di intelligence militare e sulla coproduzione dei droni Anka-S in Kazakistan [14]. Soprattutto perché tutto ciò avviene in una fase in cui Nur-Sultan teme di subire lo stesso destino di Kiev [15]. Dinamiche analoghe caratterizzano anche le relazioni tra la Turchia e gli altri tre Stati turchi dell'Asia centrale. In particolare il Turkmenistan, di cui Ankara è il principale fornitore di armamenti [16]. Tra i quali figurano naturalmente i Bayraktar Tb2.

Ma il contenimento dell'espansionismo russo da parte della Turchia non è limitato allo spazio ex sovietico. Segue l'intero arco di proiezione geopolitica della Russia. A partire dai Balcani e dal ribollente fronte serbo-bosniaco. Il 10 dicembre scorso il parlamento della Repubblica Srpska ha avviato formalmente le procedure per il distacco dalla Bosnia-Erzegovina. Il voto è avvenuto otto giorni dopo l'incontro al Cremlino tra Putin e il membro serbo della presidenza tripartita Milorad Dodik, in occasione del quale il presidente russo ha garantito il suo appoggio (in)formale a Banja Luka nel confronto con la componente musulmana. Il 28 febbraio – quattro giorni dopo l'inizio dell'«operazione militare speciale» – il ministro degli Esteri russo Lavrov ha confermato a Dodik il sostegno di Mosca alla battaglia dei serbi di Bosnia per impedire un'interpretazione degli accordi di Dayton favorevole alla Nato e agli americani. La postura di Mosca è stata resa ancor più esplicita a metà marzo dall'ambasciatore russo a Sarajevo, il quale ha messo in chiaro che se la Bosnia entra nella Nato fa la stessa fine dell'Ucraina.

13. G. Gotev, «Kazakh official: We will not risk being placed in the same basket as Russia», *euractive.com*, 29/3/2022.

14. M. Kussainova, «Kazakistan'da Türkiye ile "geliştirilmiş stratejik ortaklık" kararı "önemli" olarak değerlendirildi» («In Kazakistan la "partnership strategica rafforzata" con la Turchia è stata giudicata "importante"»), *Anadolu Ajansı*, 12/5/2022.

15. A. Kumenov, «Kazakhstan bolsters defenses amid Russian invasion of Ukraine», *eurasianet.org*, 14/4/2022.

16. A. Zholdas, «Import of Arms in Central Asia: trends and directions for diversification», Cabar, 1/10/2021.

Esattamente un mese prima del voto del 10 dicembre, probabilmente preoccupato del fatto che Putin potesse strumentalizzare eccessivamente il desiderio dei serbo-bosniaci di (ri)unirsi alla madrepatria, Dodik ha tuttavia reso omaggio a Erdoğan, stabilendo che solo il presidente turco può impedire che la crisi bosniaca sfugga di mano. Rimarcando la cruciale importanza dell'asse Ankara-Belgrado, mai così solido secondo l'ambasciatore serbo in Turchia. Tanto che lo scorso 18 gennaio Erdoğan e il suo omologo serbo Aleksandr Vučić hanno raggiunto un accordo di massima per la cogestione dello spazio bosniaco e che mentre fa sfoggio di armamenti cinesi Belgrado si mette in fila per acquistare gli immancabili Bayraktar Tb2 [17]. Anche nell'Europa ottomana, con tutte le differenze del caso, Ankara e Mosca si preparano a mettere in scena l'ennesima replica del canovaccio testato in Siria a partire dal settembre 2015.

Il confronto turco-russo prosegue naturalmente nel quadrante levantino-mediterraneo – vedi appunto l'infinibile conflitto siriano – e si dipana nelle Afriche. Il duello libico è in tal senso solo la punta della serrata competizione tra Ankara e Mosca nelle profondità del Continente Nero, dove la Turchia si atteggia a superpotenza. E viene percepita tale dagli autoctoni.

Tali dinamiche sono il riflesso inevitabile della quasi perfetta sovrapponibilità delle sfere d'influenza imperiale turca e russa. Non è un caso che tutti gli interventi militari che hanno permesso ad Ankara di estendere il proprio raggio d'azione dal Caspio al Mediterraneo centrale abbiano avuto una prevalente dimensione antirussa. La Turchia ha un interesse a contrastare la proiezione geopolitica della Russia persino superiore a quello degli Stati Uniti, il che la rende il fulcro naturale del contenimento di Mosca.

Anche – e soprattutto – perché i turchi sono l'unico membro della Nato a disporre delle risorse e delle capacità, non solo militari, per contenere in autonomia il rivale. Emblematico, in tal senso, è l'esito della battaglia di Idlib del febbraio-marzo 2020, che aveva come massima posta in gioco tattica il controllo di Saraqib, villaggio collocato all'intersezione tra i due principali assi autostradali siriani. Il 2 marzo, grazie al sostegno aereo dei Tb2, i ribelli erano sul punto di impadronirsi dello snodo e sembravano in grado di poterlo difendere. A chiudere la partita a vantaggio del regime è stato l'ingresso in città della polizia militare russa. Mosca è dunque riuscita a imporsi solo facendo pesare i rapporti di forza complessivi. In termini militari, i russi hanno perso la battaglia. Ankara ha inoltre dimostrato di voler e saper contenere la Russia anche nei momenti di massima distrazione degli americani, come rivela cristallinamente l'intervento militare in Tripolitania. In assenza del quale oggi i mercenari del Cremlino e i loro alleati autoctoni – incitati da Trump a muovere verso la capitale libica [18] – sarebbero a Tripoli e Putin controllerebbe l'intero spazio libico.

17. Su queste vicende cfr. D. Santoro, «Con l'assenso di Mosca, i serbi di Bosnia riaprono il caso Dayton», *limesonline.com*, 12/4/2022.
18. S. Holland, «White House says Trump spoke to Libyan commander Haftar on Monday», *Reuters*, 19/4/2019.

Quest'azione di contrasto della Russia permette ovviamente alla Turchia di (ri)asserire la propria presa su territori naturalmente parte del suo spazio imperiale. Prospettiva che nel lung(hissim)o periodo è per gli americani molto più insidiosa delle raffazzonate iniziative di Mosca. È alla luce di tale rischio che entra in gioco la percezione statunitense della vulnerabilità turca, sulla quale Washington è convinta di poter fare agevolmente leva per stroncare il protagonismo di Ankara qualora quest'ultima provasse a sfruttare l'interessata tolleranza americana per costituire un blocco geopolitico autonomo dall'impero a stelle e strisce. Soprattutto, è nell'ambito di queste dinamiche che rileva la strutturale rivalità turco-russa. La superpotenza è perfettamente consapevole che se i turchi sono funzionali al contenimento dei russi, i russi sono altrettanto funzionali al contenimento dei turchi. Lo dimostrano abbondantemente le dinamiche siriane. Nella sua natura profonda, l'operazione militare realizzata da Mosca in Siria nel settembre 2015 è in primo luogo antiturca. Putin è intervenuto nel paese levantino non già per difendere il regime di Baššār al-Asad, ma per impedire che il suo collasso permettesse alla Turchia di guadagnare una preziosa profondità strategica in Medio Oriente. Dunque che Ankara si avvalesse della sua irrobustita stazza geopolitica per molestare la Russia nel suo spazio vitale. Soprattutto nel Caucaso, non solo meridionale.

Il Cremlino è infatti perfettamente consapevole che la Turchia ha entrambe le mani nella pasta cecena. Tanto che negli anni scorsi i servizi segreti di Mosca si sono spinti a eliminare i dissidenti ceceni nelle strade delle città anatoliche, in pieno giorno [19]. In termini più concreti, nell'ottobre 2021 gli Stati Uniti non hanno dovuto muovere un solo dito per prevenire l'ulteriore espansione della zona di sicurezza turca nell'alta Siria. Limitandosi ad aprire lo spazio aereo a est dell'Eufrate alla Russia [20]. Dunque lasciando che fosse Putin a raffreddare gli ardori imperiali di Erdoğan.

Gli americani guardano compiaciuti il gioco delle parti turco-russo, sicuri che Ankara e Mosca siano inevitabilmente e perpetuamente destinate a combattersi in un gioco a somma zero che ne frustra le reciproche ambizioni. E consapevoli di avere nella propria faretra geopolitica molte altre frecce per rendere la vita impossibile all'ex alleato. A partire da quella persiana. A inizio maggio il Pentagono ha ammesso in un rapporto declassificato che l'Iran ha saldato le milizie sciite irachene al Pkk, formando così un fronte antiturco la cui ragione sociale è impedire l'espansione della Turchia nell'alto Iraq [21]. Stabilendo che le manovre di Teheran sono conseguenza diretta delle iniziative militari condotte da Ankara nella regione a partire dal maggio 2019, quando venne lanciata la prima operazione della fortunata serie Artiglio (*Pençe*). Il sottotitolo in turco non è neppure troppo criptico. Anche se gli americani si ritirassero dall'Iraq e i russi smobilitassero dalla Siria, sarebbe

19. M. Vatchagaev, «Murder of Chechen in Turkey Just Latest in Series of Apparent Russian Killings Abroad», *North Caucasus Weekly*, vol. 17, n. 8, 21/4/2016.
20. Ö. Özkizilcik, «What does CENTCOM gain by helping Russia in Syria?», *Trt World*, 3/11/2021.
21. «Operation Inherent Resolve. Lead Inspector General Report to the United States Congress», 3/5/2022, p. 46.

l'Iran – grazie anche alle risorse liberate dall'eventuale accordo sul nucleare – a prendersi in carico il contenimento delle ambizioni turche tra il Tigri e l'Eufrate. Meglio ancora, la Turchia verrebbe inevitabilmente attirata in una lunga ed estenuante guerra (di prossimità?) con la Repubblica Islamica lungo un fronte esteso da Arbīl a Idlib.

4. Se gli americani vedono il bicchiere anatolico mezzo vuoto i turchi ne osservano il progressivo riempimento. Dalla prospettiva di Ankara l'aspetto fondamentale del serrato braccio di ferro con gli Stati Uniti è la costante attenuazione delle linee rosse fissate dalla superpotenza, dunque il conseguente aumento del proprio margine di manovra. L'intervento a est dell'Eufrate è stato ormai condonato e le operazioni militari turche oltreconfine – come quella lanciata in Iraq a guerra ucraina in corso – non suscitano più alcuna reazione a Washington. Il ruolo centrale giocato dalla Turchia nel contenimento della Russia a ovest del Don ha indotto l'amministrazione Biden a ridurre al minimo le bacchettate sul rispetto dei cosiddetti diritti umani. Mentre la questione degli S-400 non è più al vertice dell'agenda anatolica della superpotenza, come dimostra l'impegno profuso da Casa Bianca e dipartimento di Stato per convincere il Congresso a dare il via libera alla cessione di aerei da guerra e missili ad Ankara in assenza di concessioni di quest'ultima sul sistema d'arma anti-aereo di produzione russa. Europei e americani saranno inoltre verosimilmente costretti a rimuovere le sanzioni comminate alla Turchia a partire dal 2019 in cambio dell'acquiescenza di Erdoğan all'ingresso di Svezia e Finlandia nella Nato – il Regno Unito, oggi probabilmente il principale partner militare di Ankara, ha già abolito l'embargo [22]. A tal proposito, vale la pena ricordare che le forniture belliche occidentali non sono più decisive come in passato. Con alcune notevoli eccezioni – ad esempio i sottomarini classe Piri Reis di produzione tedesca – l'industria militare anatolica sta compiendo passi da gigante verso la semi-autosufficienza. L'esclusione dal programma degli F-35 è stata in tal senso una manna, perché ha innescato una notevole accelerazione nel processo di sviluppo del caccia indigeno di quinta generazione (T-Fx). Gli F-16 americani servono alla Turchia unicamente per garantire una transizione senza scossoni in vista dell'ingresso dei primi velivoli di produzione anatolica nell'inventario dell'Aeronautica, previsto verso la fine del decennio. Fermo restando che Ankara si attrezza per fronteggiare qualsiasi scenario. Come dimostra la prossima entrata in servizio del primo aereo da guerra senza pilota. Realizzato dall'azienda produttrice dei Bayraktar e battezzato non a caso Kızılelma, figura mitologica che indica la disponibilità dei turchi a compiere qualunque sacrificio pur di raggiungere l'irraggiungibile.

Il duello con Washington procede dunque in linea con l'approccio tattico adottato dalla Turchia a partire dal fallito golpe gulenista del 15 luglio 2016. Funzionale al graduale, quasi impercettibile, ampliamento della propria sfera d'influenza e del proprio raggio d'azione. Senza commettere l'errore di russi, persiani e in

22. «UK lifts defense export ban on Turkey, Canada may be next: Çavuşoğlu», *Daily Sabah*, 8/4/2022.

parte dei cinesi. Dunque armonizzando il passo di marcia alla stazza geopolitica – al netto delle roboanti dichiarazioni di Erdoğan in veste di *mental coach* della nazione turca – ed evitando di prodursi in iniziative eclatanti che offrano agli Stati Uniti il pretesto per assestarle un colpo letale. Nella convinzione che nel medio periodo tale gioco posizionale le permetterà di passare in vantaggio sugli americani, di rendere per questi ultimi controproducente l'adozione di misure draconiane anche in caso di azioni dirompenti in quadranti sensibili come Cipro e i Balcani – in una carta del Patto nazionale pubblicata di recente sul filogovernativo *Türkiye* Salonicco, Plovdiv e Varna vengono inserite negli ideali confini repubblicani [23].

Erdoğan è il massimo interprete mondiale della politica del rischio incalcolabile, che finora ha sempre calcolato al millimetro. Il presidente turco è perfettamente consapevole che le dinamiche della guerra in Ucraina hanno consacrato la centralità di Ankara per la sicurezza europea sotto il profilo militare, energetico e commerciale, aumentando esponenzialmente il prezzo di un'eventuale destabilizzazione politica, economica o sociale della Turchia da parte della superpotenza.

Le vicende militari dell'ultimo biennio – dalla battaglia di Idlib all'«operazione militare speciale», passando per il conflitto libico e la seconda guerra del Nagorno Karabakh – hanno dimostrato che la Turchia è l'unico paese della Nato a disporre delle risorse culturali e materiali per intestarsi in autonomia un conflitto di relativa prossimità contro la Russia. Peraltro mentre è sottoposta a sanzioni sulle importazioni di armamenti occidentali. Quando i russi avanzavano verso Tripoli insieme ai loro alleati libici incuneandosi nel fianco Sud della Nato i francesi ne sostenevano neppure troppo indirettamente l'offensiva, i britannici si giravano dall'altra parte e i tedeschi organizzavano ovattate conferenze internazionali. Il riarmo della Germania è per il momento poco più di una dichiarazione d'intenti. Per fare la guerra (alla Russia) non basta acquistare armamenti. Occorre innanzitutto la disponibilità al sacrificio della popolazione – non solo dei soldati. Qualità che sembra difettare nelle viventi generazioni teutoniche. Con la significativa eccezione della diaspora turca, i cui membri sembrano tuttavia più disposti a combattere per il proprio paese d'origine che non per quello di cui hanno la cittadinanza. La bellicosa retorica di polacchi e baltici andrà come minimo testata sul campo di battaglia. In assenza di un intervento diretto americano, la sicurezza europea dipende dunque in misura tutt'altro che trascurabile dalla potenza militare della Turchia. Che intende far pesare sempre di più tale condizione. Come dimostra l'altolà tattico all'ingresso di Svezia e Finlandia nella Nato. Mossa con la quale Erdoğan ha inteso innanzitutto ricordare agli europei – prima ancora che agli americani – l'inaggirabile centralità di Ankara nell'equazione euro-atlantica.

Il tutto mentre la guerra in Ucraina ha notevolmente consolidato l'importanza della Turchia anche sotto il profilo della sicurezza energetica. Dal 24 febbraio la priorità dei paesi europei è ridurre la dipendenza dalle forniture russe. E gran parte

23. F. Uğur, «Suriyeli sığınmacıların yüzde 65'i Misâk-ı Millî sınırlarımızın içinden geldi» («Il 65% dei rifugiati siriani proviene dall'interno dei confini del Patto nazionale»), *Türkiye*, 10/5/2022.

delle alternative – reali o potenziali – transita per l'Anatolia. Da qui scorre il gas azerbaigiano diretto in Europa e scorrerebbero gli idrocarburi centrasiatici e iraniani. Così come quelli nord-iracheni – il governo regionale curdo (Krg) esporta già il proprio petrolio attraverso la rete anatolica e il porto di Ceyhan. A inizio anno l'amministrazione Biden ha definitivamente affossato il progetto del gasdotto EastMed. Il che significa che il gas israeliano ed egiziano potrà giungere nel Vecchio Continente unicamente attraverso lo snodo turco. Ankara e Gerusalemme stanno in tal senso discutendo concretamente un progetto di gasdotto volto a connettere i giacimenti dello Stato ebraico alla rete energetica turca. Il ruolo della Turchia è inoltre fondamentale anche per favorire il flusso delle strategiche risorse libiche verso la sponda Nord del Mediterraneo. A questo va aggiunto che in conseguenza della guerra in Ucraina la Russia si avvarrà sempre più della rotta anatolica per le proprie esportazioni di gas, del quale nel breve periodo gli europei possono fare difficilmente a meno. E che nel febbraio 2022 la Turchia è stato il principale importatore di gas naturale liquefatto americano [24]. A riprova del sapiente equilibrismo di Erdoğan.

Il conflitto ucraino ha poi messo in discussione la sicurezza del ramo settentrionale delle nuove vie della seta cinesi. Aumentando esponenzialmente l'importanza geopolitica del «corridoio centrale», direttrice che attraverso il Kazakistan e gli snodi caspico e caucasico connette Pechino a Istanbul. È dunque verosimile che nel prossimo futuro – in attesa dell'entrata in funzione della rotta artica – i traffici commerciali tra Europa e Cina transiteranno in misura sempre maggiore attraverso l'Anatolia. Dinamica che non solo incrementa la rilevanza della Turchia per la sicurezza del Vecchio Continente anche sotto il profilo commerciale, ma rafforza sensibilmente il potere d'interdizione di Ankara nei confronti della Repubblica Popolare. Notevole, in tal senso, il fatto che negli ultimi mesi il governo turco abbia (ri)preso a castigare Pechino sul tema della repressione degli uiguri. A fine ottobre la Turchia ha votato a favore di una dichiarazione delle Nazioni Unite che accusa esplicitamente la Cina di tortura e trattamento inumano della minoranza turca [25]. Pochi giorni dopo l'ambasciatore di Ankara all'Onu ha rincarato la dose richiamando le violazioni dei diritti umani commesse dalla Repubblica Popolare nel Turkestan orientale [26]. Mentre a gennaio di quest'anno il ministro degli Esteri Çavuşoğlu ha sollevato formalmente la questione con la sua controparte cinese Wang Yi [27].

Si tratta di un'escalation retorica quasi senza precedenti dalla celebre accusa di «genocidio» formulata da Erdoğan nel 2009. Ovviamente funzionale a segnalare a Washington la fondamentale importanza della Turchia anche nel contenimento della Cina, dunque la sua potenziale centralità nella partita del secolo con Pechino.

5. Turchia e Stati Uniti sono reciprocamente convinti di poter usare strumentalmente l'altro per raggiungere i propri fini. Non si tratta di una novità. Tale logica

24. Dati Lng Allies.
25. «43 countries including Turkey call on China to respect Uyghur rights», *Daily Sabah*, 22/10/2021.
26. «Turkey's UN envoy slams China's call for rights violations», *Daily Sabah*, 28/10/2021.
27. «Turkish Foreign Minister Brings Up "Sensitivities" Of Uyghur Treatment In Visit To China», *Radio Free Europe/Radio Liberty*, 12/1/2022.

informa la peculiare relazione tra Ankara e Washington quantomeno dal fallito colpo di Stato del 2016. È la costante dell'equazione geopolitica turca. La cui variabile è invece la Russia. In tal senso, alla vigilia dell'«operazione militare speciale» e nelle prime fasi del conflitto le grandi incognite erano che fine avrebbe fatto l'Ucraina e come arginare i russi tornati padroni del Mar Nero. Oggi la prospettiva si è ribaltata. Il quesito che attanaglia i turchi è che ne sarà della Russia. Meglio, cosa gli americani intendano fare della Federazione Russa dopo il mezzo suicidio ucraino di Putin.

Per Ankara questo è un dilemma decisivo perché malgrado la congenita rivalità turco-russa Erdoğan condivide in pieno la prospettiva ideale di Putin, il progetto di fondare un nuovo ordine mondiale non più dominato dall'egemone americano. Ed è convinto di poter superare l'antropologica ostilità dei russi a riconoscere ai turchi la propria sfera d'influenza. Particolarmente notevole, in tal senso, l'intervista rilasciata a fine aprile al quotidiano turco filorusso *Aydınlık* da Evgenij Prigožin, nella quale il titolare della celebre organizzazione paramilitare Wagner ha stabilito che la Turchia ha il pieno diritto di difendere la propria sicurezza mediante le operazioni oltreconfine, che i miliziani dello Stato Islamico sono confluiti in larga parte nel Pkk e che in Siria e in Iraq le Forze armate turche stanno combattendo la loro legittima «guerra santa» [28]. Lo stesso giorno la portavoce del ministero degli Esteri russo Maria Zakharova ha affermato a sorpresa che la Russia «comprende» la decisione di Ankara di chiudere lo spazio aereo anatolico ai voli russi diretti verso la Siria, mossa che complica enormemente le operazioni logistiche di Mosca nel Levante [29]. Un mese prima, mentre i Bayraktar Tb2 in dotazione all'Ucraina infliggevano gravi perdite umane e materiali all'esercito russo, Sergej Lavrov si complimentava con il suo omologo turco Çavuşoğlu per l'«approccio equilibrato» al conflitto adottato da Ankara [30].

Erdoğan fiuta naturalmente l'occasione, è consapevole che l'impantanamento dei russi in Ucraina gli permette(rà) di rinegoziare l'intesa tattica con Mosca alla luce dei nuovi rapporti di forza. Ma intravede anche un rischio fatale, la destabilizzazione – potenzialmente l'implosione – della Federazione che potrebbe essere innescata da un'umiliante sconfitta militare. Alla Turchia fa comodo una Russia debole al punto da essere costretta a fare concessioni contrarie ai suoi interessi di lungo periodo, ma forte a sufficienza da poterle garantire. E soprattutto da restare lo spauracchio per eccellenza di europei e americani. Malgrado la strutturale rivalità, in questa fase alla Turchia la Russia serve viva. Perché in termini tattici la minaccia russa è il più decisivo vantaggio geopolitico di Ankara.

28. «Rusya'nın etkili ismi Prigojin PKK/PYD'ye karşı harekâtları Aydınlık'a değerlendirdi: Türk Ordusunun kutsal savaşı» («L'influente personalità russa Prigožin ha commentato ad *Aydınlık* le operazioni contro il Pkk/Pyd: è la guerra santa dell'esercito turco), *Aydınlık*, 28/4/2022.
29. «Moscow understands Ankara's decision to close Turkish airspace to Russian planes – MFA», *apa.az*, 28/4/2022.
30. B.B. Dönmez, G. Bayar, E. Teslova, «Russia appreciates Turkiye's "balanced position" between Moscow, Kyiv», *Anadolu Agency*, 16/3/2022.

NATO IL NEMICO UTILE

di *Andrej* KORTUNOV

La continua espansione dell'Alleanza, sebbene mossa da bisogni identitari e di sicurezza, è una minaccia per Mosca. L'Osce come alternativa futura. Il perdurante valore della neutralità. La bulimia può uccidere il Patto Atlantico, ma la Russia se ne gioverebbe?

1. A CATERINA II È ATTRIBUITA L'IDEA PER cui al fine di garantire la sicurezza dei propri confini l'impero russo non abbia altra opzione che espanderli costantemente. Questa logica vale in certa misura anche per il Patto Atlantico, che la rispetta fin dagli esordi. In settant'anni, con otto allargamenti, la Nato è passata da venti a trenta Stati membri. Guardando a Finlandia e Svezia, la tendenza pare proseguire. Non è detto però che l'efficacia militare e politica dell'Alleanza sia direttamente proporzionale alla sua estensione territoriale, la quale ha un costo: crescono le divergenze interne e le tensioni tra paesi membri che esprimono interessi differenti. Un esempio recente è l'acquisto da parte turca di sistemi anti-aerei russi S-400, con i vani tentativi statunitensi di far saltare l'affare. Il sesto, settimo e ottavo allargamento della Nato (Albania, Croazia, Montenegro, Macedonia del Nord) hanno arrecato più problemi che vantaggi. Il nono (Finlandia e Svezia) preoccupa dal punto di vista militare, mentre critiche sarebbero le adesioni di Cipro, Bosnia-Erzegovina, Georgia o Ucraina.

Impossibile ignorare le sostanziali conseguenze negative per la sicurezza russa dell'adesione al Patto Atlantico di Finlandia e Svezia, che trasforma il Baltico in un lago interno della Nato. Ciò obbliga Mosca a incrementarvi la sua presenza navale e a dislocare ulteriori forze anti-aeree e sistemi missilistici nella regione di Pietroburgo e a Kaliningrad. Dato che il confine terrestre tra Russia e Nato raddoppia, il Cremlino si sentirà obbligato a spostare ulteriori forze e mezzi lungo il confine finlandese e a modernizzare le infrastrutture militari presenti nella Repubblica di Carelia e nella regione di Murmansk. La situazione strategica cambia anche nell'area artica, dove Mosca dovrà fronteggiare in solitaria un Occidente compatto. È a rischio il futuro del Consiglio artico, considerato per anni esempio lodevole di protezione dell'Artide dagli scontri geopolitici.

L'ingresso di Svezia e Finlandia nella Nato solleva dubbi sulla futura neutralità dell'Ucraina, massima priorità russa. Se a Helsinki e a Stoccolma è permesso schierarsi senza chiedere un parere al Cremlino, perché non dovrebbe valere lo stesso per Kiev? Se i militari russi erano preoccupati dalla gittata dei missili balistici ai confini della regione di Kharkiv su Mosca, dalla frontiera orientale della Finlandia a Pietroburgo la distanza è ancora minore.

Tuttavia, l'adesione di Finlandia e Svezia alla Nato non è una tragedia per Mosca. Ci sono stati tempi peggiori, come le guerre sanguinose (sedici almeno) contro gli svedesi tra XII e XIX secolo, o contro i più flemmatici finlandesi (tre volte nel Novecento). Oggi a Helsinki e a Stoccolma non sono in molti a volersi misurare con i russi sul campo di battaglia. Nel concreto, le relazioni tra Mosca e le due capitali scandinave saranno determinate dai dettagli della loro appartenenza alla Nato.

Oggi nel Nord Europa sussistono due modelli di adesione al Patto Atlantico, molto diversi tra loro. Il canonico modello baltico è rappresentato da Estonia, Lettonia, Lituania e Polonia; poi c'è il modello scandinavo costituito da Norvegia, Islanda e (in misura minore) Danimarca. Il primo presuppone che il paese aderente si renda avamposto politico-militare della civiltà occidentale davanti alla barbarie orientale, incarnata dalla Russia. I leader delle repubbliche baltiche e della Polonia sono acerrimi critici di Mosca e sono pronti a spingersi molto in là nel rafforzare il fronte orientale della Nato con la dislocazione di infrastrutture del blocco sul loro territorio e l'intreccio di rapporti speciali con Washington. Il modello scandinavo è invece connotato dal tentativo di coniugare partecipazione alla Nato e partenariati bilaterali con Mosca, da cui le minori attività dell'Alleanza sul territorio di questi paesi e la loro ricerca di compromessi anche sulle questioni più ostiche. Nel tempo le relazioni tra Russia e Norvegia (membro della Nato) hanno così superato in molti parametri quelle tra Mosca e la neutrale Svezia.

È dunque importante che oggi Helsinki e Stoccolma facciano la scelta giusta. Una scelta che dipende anche dalle decisioni di Mosca. Il protrarsi dell'operazione militare speciale russa in territorio ucraino spingerà i due vicini settentrionali verso il modello baltico, mentre una pace in tempi brevi potrà indirizzarli verso il modello scandinavo. Molto dipende anche dalle reazioni politiche e militari russe tra Mar Baltico, confine finlandese e regione artica al cambiamento di status di Finlandia e Svezia. L'adesione di un paese alla Nato non ha mai rappresentato nella storia un ostacolo insuperabile al partenariato con Mosca: si pensi alla duratura e proficua interazione Russia-Turchia in Siria nell'ambito del processo multilaterale di Astana, ma anche alle forniture di Mosca ad Ankara degli S-400. Nei secoli Finlandia e Svezia sono state i vicini settentrionali più prossimi alla Russia. Nella lunga storia comune, la loro rapida adesione alla Nato è solo un episodio (sebbene spiacevole per la Russia) e non può condizionare ogni prospettiva di medio periodo.

2. Il nono allargamento della Nato illustra il consolidarsi davanti alla Russia di un Occidente compatto. La modifica dello status geopolitico di due paesi europei finora neutrali cambia drasticamente gli equilibri nel Nord del continente e avvicina

ancor più l'Alleanza Atlantica all'Unione Europea, rimandando ogni possibile «autonomia strategica» europea a un futuro indeterminato. Il processo non è iniziato ieri e non è stato indotto solo dall'aggravamento del conflitto tra Russia e Ucraina.

Nel mondo occidentale il vettore si è invertito – da centrifugo a centripeto – almeno dalla vittoria elettorale di Joe Biden, convinto sostenitore di un'unione transatlantica (in prospettiva, globale) delle democrazie liberali. Ben prima dell'operazione militare speciale russa, le élite politiche occidentali iniziavano a ravvisare nella Cina una minaccia esistenziale. L'allargamento del Patto Atlantico va dunque visto sullo sfondo del patto trilaterale Australia-Regno Unito-Usa (Aukus) del 2021, degli ostinati tentativi statunitensi di istituzionalizzare un Dialogo quadrilaterale di sicurezza con Giappone, India e Australia (Quad), del summit globale delle democrazie (dicembre 2021). Dallo scorso 24 febbraio il processo ha però subìto un nuovo, potente impulso.

L'Occidente si preparava da tempo a questo scenario, sicché la reazione del mondo politico, economico e dell'opinione pubblica occidentali alle azioni di Mosca è stata più efficace rispetto a quanto avvenne nel 2014 in una situazione non troppo dissimile. In pochi giorni sono state varate pesanti sanzioni da un numero di paesi ben maggiore rispetto a otto anni fa. L'entità del supporto militare all'Ucraina non ha precedenti nella storia contemporanea, al pari della condanna delle azioni di Mosca e della russofobia che si registra in quasi tutti i paesi occidentali. L'adesione di Helsinki e Stoccolma alla Nato si inserisce nel medesimo solco.

A trarre vantaggio dal compattamento dell'Occidente sono soprattutto gli Stati Uniti. Stiamo osservando tentativi (non del tutto riusciti) di ripristinare il «mondo unipolare» dei primi anni Duemila. L'accorto ed esperto Joe Biden si distingue certo dal banale George W. Bush e pertanto il nuovo unipolarismo è predisposto con i guanti bianchi, rispettando i princìpi formali di pluralità e collegialità. Ma il succo non cambia: il ripristino della leadership globale statunitense, anche se in forma meno evidente e aggressiva.

La forza economica, politica e militare degli Stati Uniti (e dell'Occidente in generale) non è tuttavia la stessa di vent'anni fa; gli equilibri mondiali si sono spostati a favore dei paesi non occidentali e questa tendenza continua. È svanito quel rispetto collettivo dei modelli economici e sociopolitici liberali. Nessuna operazione speciale russa può cancellare il fiasco inglorioso di America e alleati in Afghanistan. La prossima inversione del vettore occidentale non beneficerà dunque l'America, ma la Cina. Lo preannuncia il conflitto diplomatico sino-lituano scatenatosi lo scorso anno con il grosso dei paesi europei rimasto in disparte. Difficile che gli europei si mostrino più audaci nel sostenere Washington in caso di crisi nello Stretto di Taiwan.

Prima o poi sorgeranno divergenze interne alla Nato anche verso la Russia. Già oggi l'approccio di Parigi alla guerra russo-ucraina si distingue visibilmente da quello di Londra o di Washington. Passata la fase più acuta delle ostilità, queste divergenze probabilmente aumenteranno: gli europei sono oggettivamente più interessati dei loro alleati statunitensi a compattare il proprio continente. Il vettore può modificarsi in seguito a qualsiasi evento di rilievo: una nuova vittoria di Donald Trump alle elezioni statunitensi del novembre 2024, l'avvento al potere in Francia di un politico come Marine Le Pen, uno scontro armato tra Usa e Cina nel Mar Cinese Meridionale, una nuova guerra commerciale tra le due sponde dell'Atlantico. Ma nel prossimo futuro queste ipotesi appaiono improbabili e Mosca deve prenderne atto, tenendosi pronta a un contrasto prolungato con il nuovo Occidente compatto che renderà vano giocare su singole divergenze tra America ed Europa. Per fortuna il mondo contemporaneo è più ampio di qualsiasi Occidente, malgrado il peso di quest'ultimo.

3. In Europa e negli Stati Uniti di tanto in tanto si diffondono allarmi sull'allargamento infinito e sconsiderato della Nato ai cosiddetti *security consumers*, che mette in posizione difficile i tradizionali *security providers* (a partire dagli Usa). Gli obblighi statunitensi verso gli alleati in Europa e i rischi che questi comportano si accrescono, mentre la sicurezza statunitense non ne giova. Inoltre, le principali minacce all'America sono localizzate non in Europa, ma nell'Asia-Pacifico. A modo suo Trump ci aveva avvertiti, suggerendo che la terza guerra mondiale possa essere innescata da un Montenegro «aggressivo». Eppure, l'allargamento ha una sua logica. Dal punto di vista burocratico ogni nuovo membro pone nuove sfide di organigramma, apporta risorse, avanza progetti, usa strumenti di pressione. Basti vedere il grandioso edificio eretto qualche anno per ospitare il nuovo quartier generale della Nato: oltre 250 mila m^2 per un costo di oltre un miliardo di euro.

Sul piano giuridico la Nato non può chiudere le porte a nuovi membri senza rivedere il trattato del 1949, il cui articolo 10 dichiara l'adesione aperta a «ogni altro Stato europeo in grado di (...) contribuire alla sicurezza (...) dell'Atlantico settentrionale». La revisione del Patto Atlantico appare oggi remota. Dal punto di vista economico, ogni candidato s'impegna a seguire un programma di ammodernamento dei propri armamenti per farli corrispondere agli standard del blocco. Di conseguenza, per l'industria bellica statunitense ed europea si aprono nuovi mercati. Non importa chi sarà a pagare questo ammodernamento, se il candidato o gli Stati Uniti: in ogni caso, l'allargamento si traduce in nuovi contratti e profitti per il settore della difesa, politicamente influente. Sotto il profilo politico, l'allargamento è tra i principali strumenti di legittimazione della Nato: se sempre nuovi candidati aspirano a entrarvi, qualsiasi discorso sulla sua obsolescenza e inefficacia è tacitato. L'allargamento è difeso a spada tratta da chi non concorda con la diagnosi di «morte cerebrale» dell'Alleanza fatta qualche tempo fa dal presidente francese Emmanuel Macron.

Alla luce di tutto questo, difficilmente la Russia potrà ostacolare un'ulteriore espansione della Nato. Sebbene a Washington e a Bruxelles vi siano forze contrarie, la loro influenza è oggi residuale. Anzi: l'adesione della Finlandia potrà stimolare ulteriormente l'avanzata territoriale della Nato. E se anche il desiderio di bloccare ogni ulteriore allargamento fosse dominante oggi in Occidente, sarebbe impossibile trasformarlo in concreti accordi giuridici come proponeva la Russia a fine 2021. I leader politici vanno e vengono, lo scenario geopolitico euro-atlantico cambia; gli obblighi di carattere giuridico passano inevitabilmente in secondo piano quando in ballo vi sono fondamentali interessi di sicurezza.

L'ulteriore espansione territoriale della Nato va dunque contrastata non tanto dal lato dell'offerta, ma da quello della domanda comprendendo le ragioni che spingono popolazioni ed élite politiche a chiedere l'adesione. Queste afferiscono a tre ambiti: sicurezza, identità e senso d'inclusione. Vediamo.

Non tutti i problemi di sicurezza dell'Europa orientale e del Caucaso meridionale possono essere risolti con l'adesione all'Alleanza, che ad esempio non può vantare alcun successo nel contrasto al cambiamento climatico, alla migrazione illegale o alla lotta contro il terrorismo internazionale. Il coinvolgimento nelle attività della Nato può anzi generare rischi aggiuntivi, come attestano gli attentati dell'11 marzo 2004 alle stazioni di Madrid per il ruolo della Spagna nella guerra in Iraq. Tuttavia, in alcune repubbliche ex sovietiche la sicurezza nazionale è interpretata soprattutto alla luce della possibile aggressività russa. Occorre riconoscere che non esiste una vera alternativa alle garanzie militari della Nato *ex* articolo 5. Eppure questo è spesso giudicato insufficiente dai paesi dell'Europa centrale, specie dal 2014: da tempo la Polonia invoca infatti basi militari statunitensi sul proprio territorio. Se si toglie all'articolo 5 il suo alone sacrale, può aver senso discutere di garanzie alternative. Tuttavia, dopo la crisi del 2014 e ancor più in seguito all'operazione militare speciale sul territorio ucraino, questo compito si presenta assai complesso. Per ora Mosca dovrà accettare che la Nato approfondisca la cooperazione tra i propri partner e che alcuni paesi dell'Europa orientale siglino accordi bilaterali con Washington sul modello giapponese o sudcoreano. In prospettiva però, paesi neutrali come Austria, Svizzera o Irlanda offrono modelli interessanti.

La Nato non è tuttavia solo un blocco militare, è anche un autoproclamato club di democrazie basato su «valori occidentali». Nei suoi settant'anni di storia non ha sempre praticato ciò che predicava, come attestano la Turchia degli anni Cinquanta o la Grecia dei colonnelli. La relazione tra Nato e liberalismo politico è però evidente. Al summit di Washington del 1999 fu stilato un elenco di requisiti richiesti ai nuovi membri: tra essi il rispetto dei diritti umani, lo Stato di diritto e il controllo civile sulle Forze armate. Per i paesi dell'Europa centro-orientale far parte della Nato è anche simbolo d'appartenenza allo spazio euro-atlantico e a una certa civiltà. Anche in Russia negli anni Novanta e fino al 2014 si è discusso se entrare o meno nelle strutture politiche del Patto Atlantico (Consiglio atlantico, Assemblea parlamentare della Nato); scenario oggi impossibile, almeno nel prossimo futuro. È comunque chiaro a qualunque politico dell'Europa centro-orientale che in termini identitari essere nell'Ue «vale di più» che aderire alla Nato, perché i requisiti politico-sociali per l'adesione all'Unione sono molto più stringenti. L'ingresso nell'Alleanza Atlantica è per molti di questi paesi condizione necessaria ma non sufficiente di appartenenza all'Occidente. L'attrazione esercitata dalla Nato sui potenziali membri dell'orbita ex sovietica potrebbe dunque venir meno se si rafforzasse l'idea di una autonomia strategica dell'Unione Europea. La Russia, pertanto, non deve vedere negativamente la Pesco (Politica di sicurezza e di difesa comune), anche se ora gli sviluppi ucraini rendono l'autonomia strategica europea (dagli Usa) una prospettiva a dir poco remota.

Oltre alla questione identitaria, ai paesi dell'Europa orientale se ne presenta una procedurale. Ogni paese vuole guadagnarsi un posto al tavolo delle discussioni sulle questioni politico-militari che lo coinvolgono di più. Sotto questo profilo, nei trent'anni seguiti alla fine della guerra fredda in Europa non si sono create strutture comuni abbastanza influenti da garantire una rappresentanza adeguata a tutti. Nei suoi settant'anni di vita, la Nato ha invece visto sorgere al suo interno una ventina di comitati e consigli sulle questioni più disparate, dal traffico aereo alla diplomazia civica, con una nutrita presenza di burocrati esperti e ben connessi. L'Alleanza dispone inoltre di centri studi e media di prim'ordine. Ogni politico ambizioso dell'Europa centrale o dei Balcani sa che lavorare nel Patto Atlantico può giovare molto alla carriera. Ridurre l'attrazione della Nato implica dunque sottrarle il monopolio sull'agenda di sicurezza europea. Come? Rafforzando l'Osce (Organizzazione del trattato di sicurezza collettiva), sviluppando meccanismi di collaborazione subregionale e paneuropei. Va inoltre enfatizzato che la neutralità, evitando la disciplina del blocco, consente più ampi margini di manovra a livello internazionale. Paesi come Austria e Svizzera, o fino a oggi Finlandia e Svezia, per decenni hanno giocato un ruolo attivo in Europa e altrove, rivelandosi talvolta più incisivi di altri paesi più grandi e potenti parte della Nato.

4. Queste riflessioni, specie dopo il 24 febbraio 2022, non valgono a bloccare l'allargamento della Nato. Per gli scettici la mera inerzia è tale che il Patto Atlantico continuerà a espandersi. Purtroppo la Russia è circondata da vicini ostili, anche prima dell'operazione militare speciale. L'Osce, da molti in Russia vista quale potenziale contrappeso euro-asiatico alla Nato, difficilmente conoscerà nuova fortuna nel prossimo futuro. Negli ultimi dieci anni ne sono usciti Azerbaigian, Georgia e Uzbekistan (Taškent ben due volte, nel 1999 e nel 2012).

A Mosca è diffusa l'idea che la Russia possa impedire l'ingresso nella Nato delle repubbliche ex sovietiche sulla base dei requisiti formulati al summit di Washington del 1999, che richiedono ai candidati di risolvere preliminarmente i loro conflitti etnici, territoriali e politici in conformità ai princìpi dell'Osce. Riaccendendo scontri territoriali e di altro tipo sarebbe dunque teoricamente possibile bloccare loro la strada. Questa strategia, però, può non pagare nel lungo periodo. Un nuovo summit Nato potrebbe rivedere i requisiti per candidati come la Georgia o l'Ucraina, mentre l'esistenza di conflitti irrisolti alle frontiere pone minacce alla sicurezza nazionale russa.

L'alternativa è osservare spassionatamente l'irresponsabile allargamento del blocco finché questo non crolli sotto il proprio peso. Se si dà credito a Napoleone Bonaparte, «tutti gli imperi muoiono per indigestione». Niente lascia supporre che il Patto Atlantico faccia eccezione. Secondo lo scrittore e storico inglese Cyril Northcote Parkinson, il trasferimento della Nato in un quartier generale nuovo e sfarzoso è chiaro sintomo di opulenta decadenza.

Ma un mondo senza Nato sarà migliore per la Russia? Un mondo in cui Turchia e Germania si dotino della bomba atomica, dove la Polonia aggreghi un'alleanza antirussa dei Tre Mari, in cui gli Stati Uniti siano liberi dai vincoli del Patto Atlantico. Meglio non farsi illusioni: superati i settant'anni, la Nato appare per molti versi costosa, ingombrante e farraginosa, anche dopo il ricompattamento sull'onda degli eventi ucraini. Non credo però sia compito e interesse della Russia lavorare per disfarla, ammesso sia fattibile. Qualsiasi ritorno al passato è impossibile e poco auspicabile, dato che il passato non è mai stato un ideale per il futuro. Il nostro compito è – sarebbe – sostituire il sistema di sicurezza per blocchi ereditato dalla guerra fredda con un nuovo schema che superi il suo predecessore per apertura, efficacia e affidabilità.

(traduzione di Martina Napolitano)

INTERVISTA

'Perché noi polacchi stiamo con l'America'

Conversazione con *Michał* WOJTYŁO, redattore e membro del Centro studi del Klub Jagielloński, a cura di *Greta* CRISTINI

LIMES Perché la Polonia è così filo-americana?

WOJTYŁO I polacchi sono sempre stati tanto filo-americani quanto russofobi. Spesso faccio dell'ironia sul fatto che senza Russia forse la Polonia stessa non esisterebbe, perché non ci sarebbe nessuno cui opporsi. Per noi polacchi la Russia è il diavolo. Oggi ci troviamo dentro un conflitto molto intenso contro Mosca. Il segretario alla Difesa americano Lloyd Austin ha recentemente parlato dell'intenzione americana non solo di fermare la guerra, ma anche di ferire la Russia al punto da impedirle qualsiasi altra futura iniziativa contro l'Ucraina. Questa visione si allinea totalmente a quella polacca ed è supportata da tutti i partiti dello spettro politico nazionale. Per noi lo scenario migliore sarebbe una Russia ridotta a Corea del Nord o simili. Ci sono alcune fazioni politiche che sostengono che la Polonia dovrebbe essere più allineata alle posizioni francese e tedesca, ma questo non è il sentire *mainstream*, apertamente a favore dell'iniziativa americana. Ciò vale soprattutto ora che gli Stati Uniti si mostrano così determinati a coprire le spalle all'Ucraina, mentre Francia e Germania sono più esitanti nel fornire aiuti e nella questione dell'embargo energetico. Malgrado il *pivot to Asia* di matrice obamiana, credo che gli americani abbiano capito di dover finire la Russia, prima di concentrarsi seriamente sulla Cina nell'Indo-Pacifico. E questo ci rassicura.

LIMES Condivide l'idea che gli Stati Uniti stiano disegnando una nuova Nato con la Polonia al centro per difendere il loro spazio europeo?

WOJTYŁO Tutto dipenderà da quale sarà il nuovo status dei rapporti con la Russia dopo la fine delle ostilità. Ma se la guerra terminerà positivamente per l'Ucraina, temo che la Polonia tornerà in disparte e sarà dimenticata. Gli americani sono pragmatici e agiscono in base ai propri interessi, perciò penso che il loro sia un interessamento temporaneo, provvisorio. Internamente, se durante la guerra si sviluppa un effetto di compattamento attorno ai leader politici (il cosiddetto *rally around the*

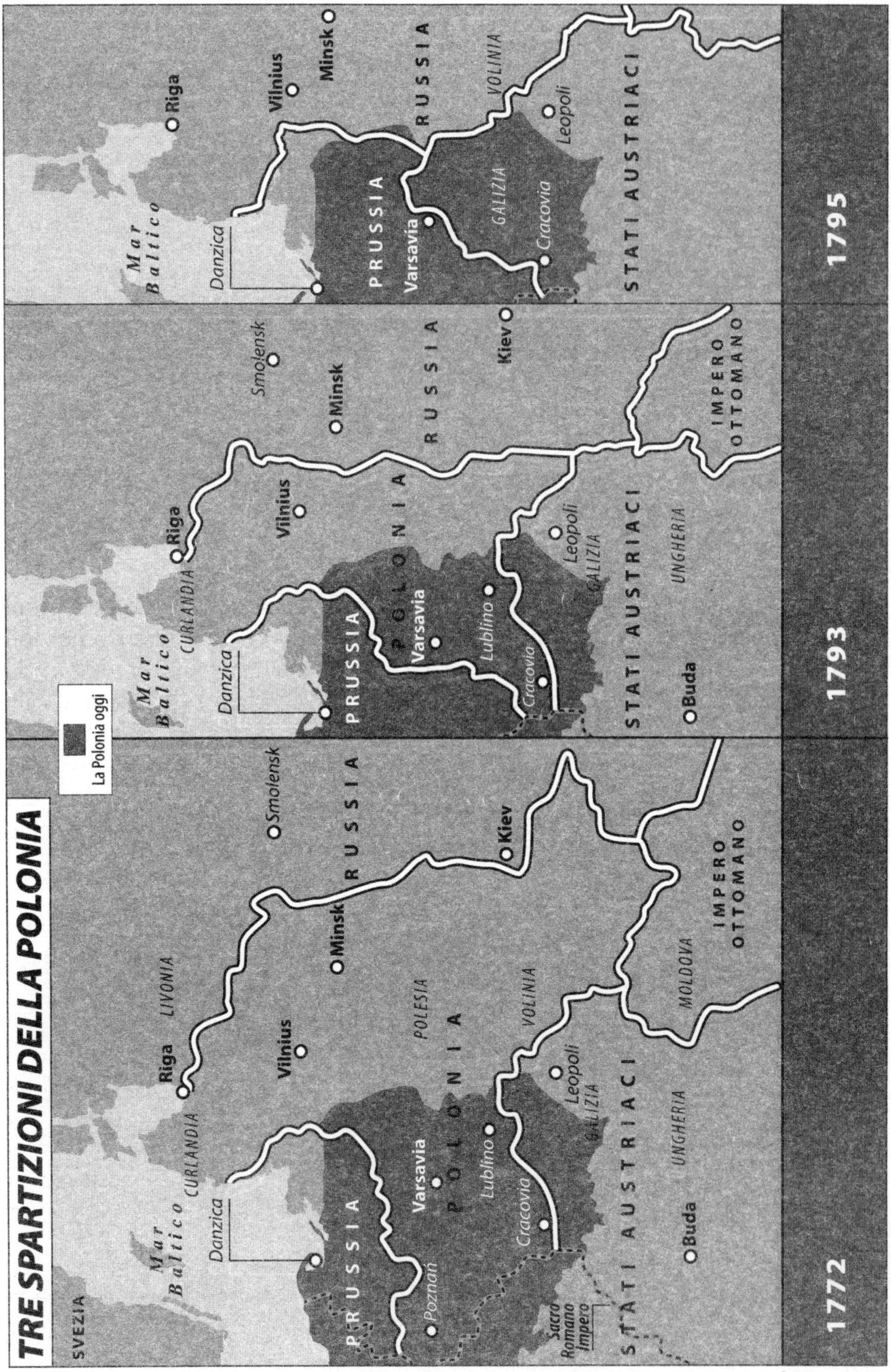
TRE SPARTIZIONI DELLA POLONIA
La Polonia oggi
1772
SVEZIA
Mar Baltico
Danzica
CURLANDIA
Riga
LIVONIA
Vilnius
Minsk
Smolensk
Kiev
RUSSIA
PRUSSIA
Poznań
Varsavia
POLONIA
POLESIA
Lublino
Cracovia
Leopoli
GALIZIA
VOLINIA
Sacro Romano Impero
STATI AUSTRIACI
UNGHERIA
Buda
MOLDOVA
IMPERO OTTOMANO
1793
Mar Baltico
Danzica
CURLANDIA
Riga
Vilnius
Minsk
Smolensk
Kiev
RUSSIA
PRUSSIA
Varsavia
POLONIA
Lublino
Cracovia
Leopoli
GALIZIA
STATI AUSTRIACI
UNGHERIA
Buda
IMPERO OTTOMANO
1795
Mar Baltico
Danzica
Riga
Vilnius
Minsk
RUSSIA
PRUSSIA
Varsavia
Cracovia
GALIZIA
Leopoli
VOLINIA
STATI AUSTRIACI

flag), guardando al futuro il governo polacco attuale probabilmente perderà le prossime elezioni (fra due anni), mentre l'opposizione è più filo-europea e lievemente più critica verso gli Stati Uniti. Tuttavia, il supporto verso gli americani resterà intatto, perché è un elemento di continuità storica imprescindibile. Per intenderci, la popolazione polacca sostiene più l'Unione Europea, e ancor più la Nato, che il nostro governo.

LIMES Qual è l'auspicio polacco in termini di connessione del vostro territorio alla Nato?

WOJTYŁO La Polonia vorrebbe più basi americane permanenti, cioè non a rotazione. Mentre Svezia e Finlandia non vorrebbero mai nel loro territorio una base militare di un paese diverso, qui in Polonia è un non argomento, non c'è alcun dibattito perché non avremmo alcun problema al riguardo, anzi apprezzeremmo molto la presenza degli americani. Il discrimine è che non ci fidiamo di noi stessi, non pensiamo che potremmo difenderci da soli. Tutti i programmi sviluppati negli scorsi anni per la produzione interna di armi o la costruzione di un'industria bellica adeguata si sono rivelati un fiasco, nonostante vi siano ancora progetti di ricerca e sviluppo in ambito militare. Certo, alcune armi inviate all'Ucraina sono state prodotte in Polonia, ma si tratta di bassa tecnologia. La gestione del settore militare è macchinosa e la nostra classe politica preferisce l'acquisto delle armi dall'estero. Soprattutto, anche la gran parte della popolazione ritiene che non possiamo farcela autonomamente, ma che possiamo meramente impiegare le nostre truppe temporaneamente per poi attendere l'assistenza dei nostri alleati. Durante l'èra comunista gli Stati Uniti e l'Occidente sono stati idealizzati, e ancora oggi per noi essere parte dell'Alleanza Atlantica è motivo di immenso orgoglio. Anche per questo le voci di analisti geopolitici che suggeriscono una postura più neutrale che potrebbe aprire a relazioni e affari con la Cina sono assolutamente minoritarie.

LIMES Come giudica il recente riarmo polacco?

WOJTYŁO La Polonia è un paese di confine. La difesa aerea è la nostra più grande debolezza. Quando l'amministrazione di Barack Obama parlò di «resettare» i rapporti con la Russia, temevamo di non ricevere sufficiente supporto (F-35 eccetera). Ma ora riponiamo grande fiducia nella Nato, soprattutto per il supporto mostrato all'Ucraina. Non vedo tuttavia la necessità di pompare tutto questo denaro verso il nostro arsenale militare. Ritengo corretto mantenere la soglia di spesa per la difesa al 2% del pil e la popolazione polacca supporta al 100% la volontà del governo di ottenere più armi, modernizzare le Forze armate, realizzare un efficace sistema di difesa aerea. Personalmente, però, temo che vengano utilizzati troppi soldi per la causa militare – per intenderci, non credo che dovremmo spendere 22 miliardi per ottenere 200 carri armati Abrams – mentre la grandezza del paese è alimentata anche da ricerca, università, industria, energia, European Green Deal. Anziché assumere anticipatamente una postura eccessivamente bellicista, cercherei di individuare alcune aree in cui investire strategicamente. Ad esempio la Marina è un settore del genere, molto importante e dove siamo molto deboli a più livelli. All'interno del processo di decarbonizzazione, cioè, stiamo tentando di fare parchi eolici *offshore* nel Mar Baltico per chiudere le miniere entro il 2030. Ma se ci fosse un'aggressione russa rischiamo di essere estromessi dall'approvvigionamento energetico del Mar Baltico. Quindi in questo campo necessitiamo senza alcun dubbio di almeno un paio di navi in funzione di controllo.

LIMES Come interpreta la recente volontà manifestata da Svezia e Finlandia di aderire alla Nato?

WOJTYŁO La Polonia sostiene ogni possibile ampliamento dell'Alleanza Atlantica: l'Ucraina, i Balcani, la Moldova. La Nato è per noi il confine dell'Occidente, perciò non vorremmo essere l'ultimo avamposto della Nato, ma preferiremmo fossero l'Ucraina e magari la Bielorussia. L'idea di realizzare un'alleanza Nord-Sud che vada dalla Romania alla Svezia e includa un insieme di paesi con un interesse comune – l'opposizione alla Russia – è auspicabile. Perché per noi sarebbe molto più semplice negoziare con questi Stati sulla questione russa piuttosto che con l'Italia, la Spagna e il Portogallo, paesi che nemmeno credo sappiano dove si trovi geograficamente la Russia. In generale, abbiamo sempre temuto la Germania da un lato e la Russia dall'altro, perciò sostenere l'adesione alla Nato di paesi più piccoli è importante per noi al fine di costruire alleanze e rendere queste due grandi potenze più deboli. Nelle scuole polacche si studia il messianismo polacco, costruito proprio attorno all'idea della Polonia come vettore delle ambizioni e rivendicazioni di indipendenza dei paesi più piccoli al fine di indebolire le potenze più grandi e pericolose.

LIMES Come percepisce il riarmo della Germania?

WOJTYŁO È ironico e quasi paradossale pensare che i polacchi ora accolgano positivamente il riarmo tedesco. La Polonia oggi accetta l'idea che solo una potenza fra Russia e Germania sia indebolita o isolata e certamente aspira a che le due appartengano sempre a fazioni opposte e concorrenti così da poter collaborare con una di loro in funzione antitetica all'altra. Il collasso dell'Unione Sovietica infatti ha permesso a Varsavia e Berlino di stringere i legami bilaterali. Credo inoltre che la Germania abbia fatto un lavoro eccellente in termini di *soft power* in Polonia negli ultimi 30-40 anni. Stando alle statistiche, la percezione della nazione tedesca ha subìto un netto innalzamento di credibilità e affidabilità. I polacchi oggi guardano alla Germania come un paese ricco e sviluppato, da cui poter ricevere supporto economico. Inoltre, gli ultimi governi, come quello di Donald Tusk, hanno tessuto rapporti diplomatici più stretti con la Germania. Il turismo fra i due paesi è aumentato e sono stati implementati progetti importanti di scambi culturali fra studenti polacchi e tedeschi che hanno interconnesso ancor più i due popoli. In ultima analisi, c'è un generale supporto verso il riarmo tedesco perché funzionale all'indebolimento russo, sebbene un filo di sospetto probabilmente permanga.

LIMES Lei riesce a comprendere le ragioni per le quali la Russia ha deciso di invadere l'Ucraina? Mi riferisco alla prospettiva russa circa gli sforzi fatti negli ultimi decenni per avvicinarsi positivamente all'Occidente, puntualmente respinti da quest'ultimo.

WOJTYŁO Nel discorso pubblico polacco, l'aggressione dell'Ucraina non ha alcuna giustificazione perché la Russia non è stata provocata. Ne segue che tutti pensano che alla Russia non serva alcun motivo per decidere di aggredire un altro paese. Se vuole farlo lo farà, sempre. Comprendo la sua argomentazione, ma in Polonia ci consideriamo una nazione assente dalle mappe geografiche dell'Europa per 120 anni, quindi per noi è molto importante il concetto dell'autoformazione nazionale e del diritto di autodeterminazione dei popoli. Se l'Ucraina ha scelto questa via, almeno dal 1991, non c'è dibattito sul perché o sul come queste nazioni si sono create, se grazie a una potenza esterna o per altri motivi. Storicamente siamo fortemente contrari all'idea del concerto delle potenze. Gli ucraini vogliono entrare nella Nato perciò devono poterlo fare, è un loro diritto basilare.

LIMES Come descriverebbe lo status attuale dei rapporti, storicamente tesi, fra polacchi e ucraini?

WOJTYŁO I media polacchi insistono molto sull'idea di fratellanza fra i due popoli. La realtà però è differente. Ho ospitato a casa mia rifugiati da Zaporižžja che si sono mostrati molto scettici nei confronti di questa idea di amicizia fraterna. Varsavia avverte la missione di salvare altre nazioni percepite come più deboli al fine di sentirsi utile e potente, soprattutto se questo significa supportarle per ottenere e mantenere l'indipendenza dalla Russia, quasi la Polonia fosse un fratello maggiore e protettore. Gli ucraini attualmente apprezzano il nostro sostegno, malgrado un'esitazione derivante dalle tensioni storiche. Molte famiglie della zona sudorientale dell'attuale Polonia erano originarie dell'area attorno a Leopoli perché alla fine della seconda guerra mondiale ci furono trasferimenti forzati di comunità dall'Ucraina occidentale al fine di de-germanizzare quella regione. Inoltre, poiché a partire dal 2014 molti ucraini sono immigrati in Polonia, credo che questi otto anni in cui i due popoli hanno studiato, lavorato e vissuto insieme abbiano preparato il nostro paese ad accogliere un flusso migratorio ancora maggiore. Credo inoltre che le problematiche storiche fra Polonia e Ucraina legate, ad esempio, alla figura di Stepan Bandera (eroe per gli ucraini e condannato a morte e poi accusato di alto tradimento da Varsavia) o al massacro di Volinia saranno superate. Spero, cioè, che dopo questa guerra l'Ucraina vorrà ricostruire la propria identità basandosi non sugli eroi del passato, bensì onorando gli eroi morti nel conflitto attuale contro la Russia.

LIMES Qual è, secondo lei, lo scenario più realistico e quale quello più auspicabile circa la fine della guerra in Ucraina?

WOJTYŁO Lo scenario più auspicabile sarebbe avere una Russia completamente isolata dall'Occidente. La prospettiva polacca, per quanto inverosimile, è radicale. Vorremmo che Mosca non avesse alcuna possibilità di esercitare influenza negli affari del mondo. Per noi, più la Russia è debole e meglio è. Più realisticamente, penso che dall'ottica polacca sarebbe già un successo se la Russia mantenesse il controllo sulla Crimea e sul Donbas orientale, senza però portare a compimento il corridoio terrestre fra queste due aree. Un altro successo sarebbe l'imposizione di sanzioni antirusse ancor più pesanti tali da provocarne il collasso interno. Tuttavia, temo che la Russia cercherà di arrivare almeno fino al fiume Dnepr e ottenere il controllo dell'intero Donbas. In generale, però, in Polonia l'opinione pubblica è piuttosto ottimista, forse anche troppo, perché seguiamo solo la narrazione ucraina della guerra. Stando agli ultimi sondaggi, la convinzione che l'aggressione russa possa essere fermata incoraggia l'idea della maggioranza della popolazione polacca (59%) che la pace non dovrebbe essere ripristinata a tutti i costi, soprattutto se ciò implicasse fare concessioni all'invasore.

LIMES Crede sia verosimile l'ipotesi di una partizione del territorio ucraino?

WOJTYŁO Credo che occorra essere realisti. Siamo consapevoli che la Russia è un grande paese, un popolo fiero con Forze armate importanti (sebbene poco organizzate a quanto pare). Il che rende difficile pensare che l'Ucraina possa davvero vincere e riconquistare i territori attualmente occupati come il Donbas e la Crimea.

LIMES Vede la possibilità di un allargamento del conflitto ai paesi della Nato?

WOJTYŁO Si è parlato recentemente della possibilità che la Russia potesse bombardare una città polacca per convincere la Nato ad allentare il suo supporto all'Ucraina. Non penso che i russi ci attaccheranno, sebbene dovremmo comunque tenerci all'erta. È però pensiero comune che la Bielorussia, prima o poi, verrà annessa alla Russia, più o meno ufficialmente. La debolezza economica e la dipendenza dall'export degli idrocarburi accentuate dalle sanzioni, nonché la convinzione che Putin sia ormai un vecchio folle incapace di ammodernare il paese fanno sperare ai polacchi che i russi dovranno necessariamente concentrarsi su sé stessi, non solo per le lotte di potere interne ma anche per la riorganizzazione militare. Questo è anche il motivo che spiega l'insistenza polacca sulle sanzioni occidentali. Il nostro desiderio è impedire la ricostruzione della Russia dopo la fine della guerra in Ucraina: isolati economicamente ed energeticamente, i russi non avranno le risorse interne e la tecnologia necessarie per ricostituire la propria forza militare e prepararsi a un nuovo conflitto con i paesi baltici o la Polonia.

LIMES Temete l'aggressività russa anche in altri campi?

WOJTYŁO Certo, la sicurezza non è soltanto militare. Oltre al contenimento militare della Russia, il focus del discorso pubblico è la questione energetica. Le importazioni di gnl e i reattori nucleari sono per noi una priorità. Il programma nucleare è iniziato nel 2006 ma ancora non abbiamo realizzato nessun reattore, a eccezione di uno per la ricerca. La classe politica polacca non è riuscita a procacciare abbastanza finanziamenti volti a sostenere questo progetto. Eppure negli ultimi cinque o dieci anni c'è sempre stato un generale supporto per ottenere energia nucleare e ora la questione è ancor più cogente dati i crescenti problemi per l'approvvigionamento gasiero dalla Russia. Il programma mira a essere operativo entro il 2033. Nel novembre 2022 sceglieremo il nostro partner e anche questo dossier riflette l'allineamento agli Stati Uniti. Prima della guerra si pensava che Électricité de Fran-

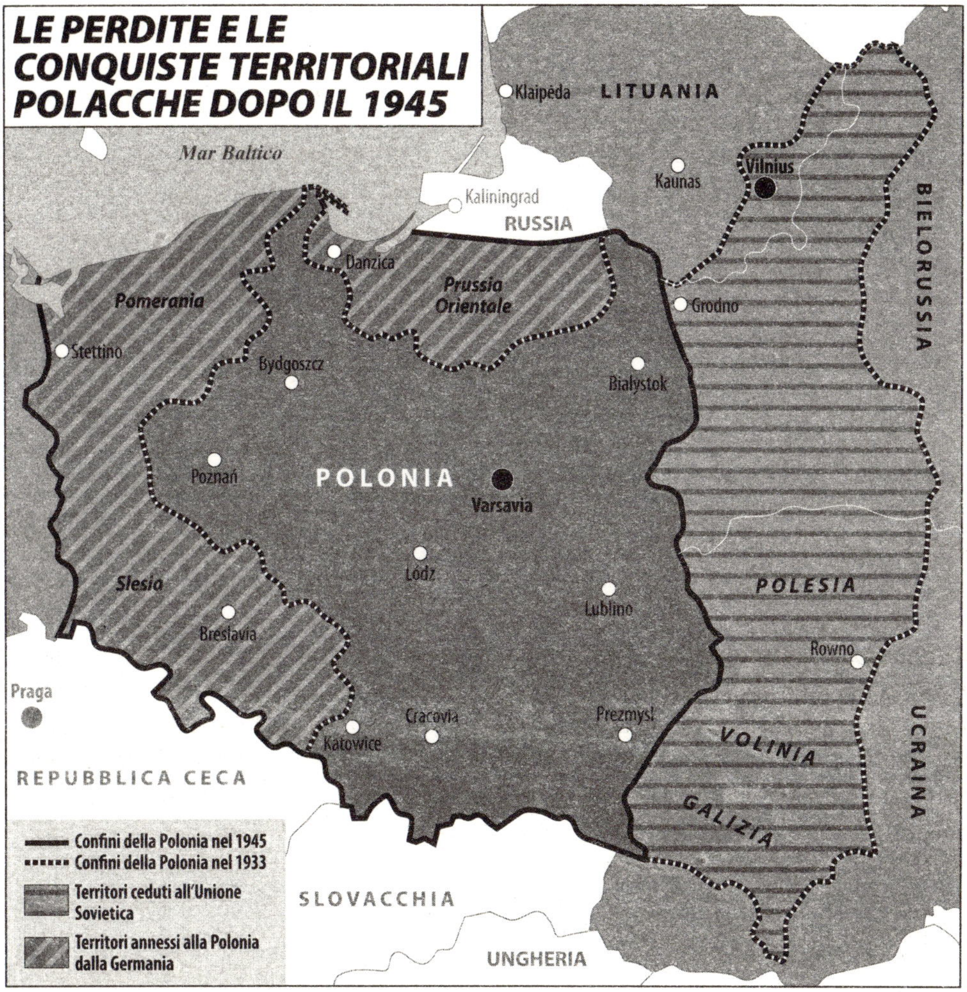

ce (Edf) potesse aggiudicarsi il contratto di fornitura dei servizi di ingegneria, approvvigionamento e costruzione dei nuovi reattori in Polonia, ma ora è quasi certo che saranno gli americani a farlo. Hanno dimostrato di essere soci affidabili. Abbiamo anche ricevuto un'offerta ufficiale dalla Corea del Nord che in termini tecnici è molto buona, tanto che i tecnocrati la preferivano perché efficiente in termini di costi. Altri sostenevano la proposta francese perché avrebbe aperto alla possibilità di collaborare politicamente anche in altri settori che interessano lo spazio europeo. Altri ancora supportavano un accordo con gli americani per via della nostra cooperazione militare e alla fine credo saranno proprio questi ultimi a vincere. In autunno gli Stati Uniti metteranno l'intera offerta sul tavolo, incluso il progetto di implementazione concreta.

Cracovia, 27 aprile 2022

IL BALTICO TORNA STRATEGICO

di *Miłosz J.* CORDES

La guerra riacutizza la storica russofobia della regione. La neutralità di Svezia e Finlandia, ricordo del passato. Il ruolo di Kaliningrad e i calcoli di Pechino. L'ottimismo degli anni Novanta è sfumato, ma forse questo non è un male.

NEL 1984 I FRATELLI ZIELIŃSKI FUGGIRONO dalla Polonia comunista nascondendosi sotto un furgone. Si imbarcarono su un traghetto diretto a Ystad, in Svezia, e riuscirono a raggiungere il mondo libero. Furono fortunati poiché i controlli alle frontiere, i cani addestrati e le condizioni stradali precarie rendevano l'impresa irta di insidie. Inoltre, il traffico di merci tra la Repubblica Popolare di Polonia e i suoi vicini settentrionali era piuttosto contenuto e ciò permetteva di notare con facilità eventuali anomalie.

Quello era il Mar Baltico della guerra fredda: carico di divisioni, restrizioni, tensioni. Nel 2022 la situazione è differente. Dalla Germania alla Finlandia, le società della regione traggono beneficio dal libero scambio, dal flusso senza precedenti di persone, idee e beni, dalle iniziative culturali e dalla fitta rete di collegamenti marittimi, aerei e terrestri. Ma queste stesse società si trovano oggi ad affrontare la minacciosa aggressività russa e un contesto geopolitico in rapida evoluzione.

Una marea crescente di entusiasmo

Nel 1996 l'ex ambasciatore britannico in Danimarca Peter Unwin pubblicò un libro sul Mar Baltico [1]. Con grande ottimismo, l'opera descriveva le innumerevoli potenzialità della regione attingendo al suo passato ricco e prestigioso, testimoniato dall'esperienza della Lega anseatica. Quindi si rivolgeva al futuro, auspicando la soppressione di restrizioni e frontiere artificiali per ampliare il commercio e i contatti interpersonali. Nessuno doveva più rischiare la vita o la propria libertà per attraversare i confini di uno Stato.

1. P. UNWIN, *Baltic Approaches*, Norfolk 1996, Michael Russell Publishing.

In effetti, la fine della guerra fredda fu accompagnata da grandi speranze di un nuovo inizio. La Germania unificata era alla ricerca di soluzioni per agevolare la convergenza economica dei suoi territori orientali. La Polonia vantava l'eredità di Solidarność – il focolaio della democratizzazione del blocco orientale – e ambiva a guidare la transizione dell'intera regione. Lituania, Lettonia ed Estonia si erano appena affrancate da mezzo secolo di occupazione sovietica. Assorbita dalla crisi domestica, persino la Russia sembrava disposta a convertire le sue province di Kaliningrad e San Pietroburgo in strumenti per la collaborazione, anziché in minacce alla sicurezza collettiva.

Per più di un decennio, la regione diede prova di poter diventare la prima area del mondo a vivere la «fine della storia» descritta da Fukuyama. Il Consiglio degli Stati del Mar Baltico venne istituito nel 1992, garantendo una vasta cornice per la cooperazione intergovernativa. In poco tempo emerse un'ampia gamma di iniziative regionali e locali che coinvolsero autorità municipali, studiosi e appassionati.

Il rapido avanzamento del processo d'integrazione continentale assicurò un impulso ulteriore. Nel 1995 l'Unione Europea si allargò a Svezia e Finlandia. Nel 2004, con l'accesso di Polonia, Lituania, Lettonia ed Estonia, il Mar Baltico si avvicinò a diventare un «lago europeo». I territori russi vennero parzialmente inclusi nei programmi di cooperazione transfrontaliera, ma la progressiva espansione dell'Occidente vi esercitò alcuni influssi negativi. Proprio come nel 2003, quando Varsavia, Riga, Vilnius e Tallinn istituirono dei visti a fronte della loro adesione all'Ue.

La matrice 9+1

In quegli anni si presentarono le prime crepe nell'integrazione del Mar Baltico, ma si trattava di semplici avvisaglie provenienti da luoghi remoti. Dapprima la Russia si oppose con veemenza alla «rivoluzione arancione» in Ucraina, intensificando la sua retorica anti-occidentale. Dopodiché, nel 2008, scoppiò il conflitto in Georgia. Allora i decisori polacchi, lituani, lettoni ed estoni iniziarono a chiedere maggiore protezione sul fianco orientale della Nato per contrastare l'aggressività di Mosca anche nel Mar Baltico.

Coloro che ancora speravano che una maggiore cooperazione economica potesse indurre la democratizzazione in Russia vennero delusi dall'annessione della Crimea e dalla guerra nel Donbas. Qualcuno ricorda il Partenariato per la modernizzazione? Le ultime prove della sua esistenza sono probabilmente i due gasdotti Nord Stream, che non hanno garantito un flusso sicuro di gas e hanno suscitato preoccupazioni dopo il 24 febbraio.

Alcuni leader regionali guardavano con favore all'impegno popolare dei russi, sperando di incoraggiare un cambiamento dal basso. Ma il vento soffiava già nella direzione opposta. Infatti, per rafforzare il regime oligarchico occorreva aggredire la società civile, cosa che avvenne su larga scala dopo le proteste del 2011 e del

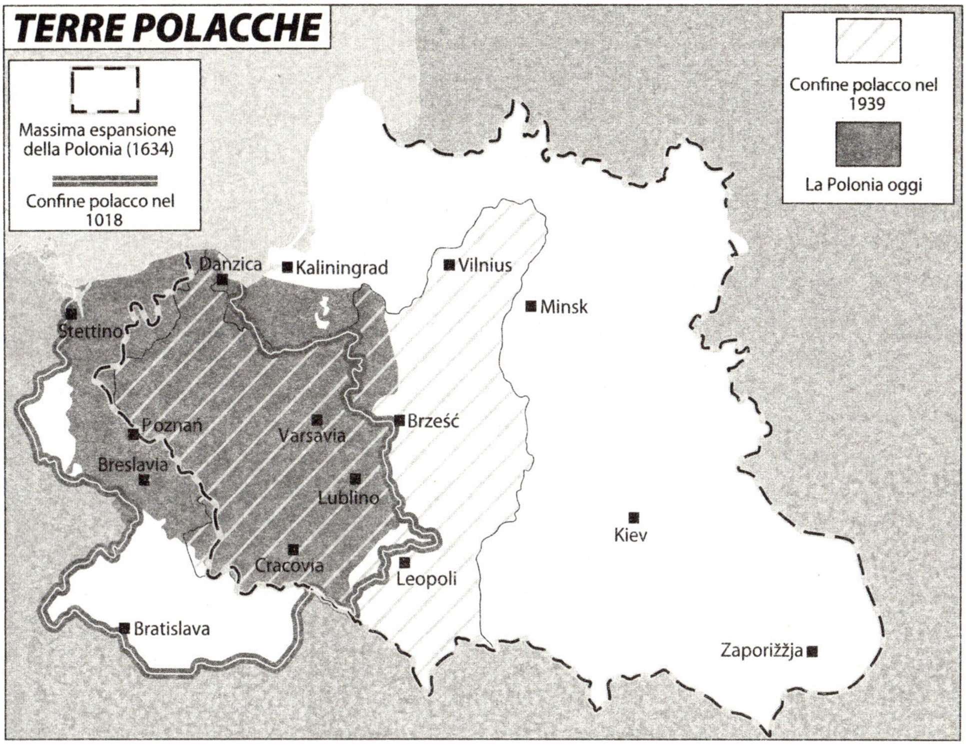

2012. Da allora la Russia avrebbe contestato apertamente lo status quo europeo e fatto del Baltico un proscenio per manifestare la propria insoddisfazione. Iniziative come l'accordo sul traffico frontaliero locale tra l'*oblast'* di Kaliningrad e la Polonia nord-orientale non modificarono la situazione complessiva.

Nell'ultimo decennio sono emerse alcune dinamiche inedite. Con l'aumento della presenza Nato, il Baltico si è trasformato in un'area di tensioni ricorrenti. Polonia, Lituania, Lettonia ed Estonia hanno espresso preoccupazione crescente per la minaccia russa. Norvegia e Danimarca sono diventate più inquiete. Nel frattempo, la Germania ha portato avanti il suo *business as usual*. Svezia e Finlandia hanno perseverato nel principio di neutralità, ma hanno intensificato la cooperazione con l'Alleanza Atlantica. Da Copenaghen a Helsinki, da Rostock a San Pietroburgo, si è delineata così la «matrice 9+1».

La speranza delle periferie

Di fronte a quanto avvenuto negli ultimi anni, è facile dimenticarsi che tutto questo si sarebbe potuto evitare. Emblematica in tal senso fu l'apertura del porto di Kaliningrad alle navi straniere nel 1991, ma anche la visione del governatore della relativa *oblast'* Jurij Matočkin. Secondo lui le ricchezze del Baltico si trovavano all'incrocio tra due mondi, Russia e Occidente. In virtù della sua storia prebellica e delle mutate circostanze geopolitiche, Kaliningrad apparteneva a entrambi.

Il Cremlino non era disposto ad accordare tale riconoscimento alla sua provincia più occidentale, per timore d'indebolire il proprio controllo sul territorio. Un'ulteriore opposizione provenne dal comando militare russo, poiché l'*oblast'* si era trasformata nel punto di transito delle forze ritirate da Polonia e Germania dell'Est (DDR). Perciò Kaliningrad rimase il quartier generale della Flotta del Baltico, incastonata tra paesi in via d'inclusione nell'universo euro-atlantico.

Questa integrazione assunse gradualmente due o addirittura tre velocità. Varsavia, Tallinn, Vilnius e Riga desideravano accedere a Nato e Unione Europea il più rapidamente possibile e consideravano il Baltico una cornice utile per raggiungere i propri scopi strategici. Svezia e Finlandia furono più selettive: aderirono all'Ue nel 1995, ma scelsero di salvaguardare la loro neutralità non entrando nell'Alleanza Atlantica. La Danimarca manifestava intanto scetticismo verso la cooperazione europea nel campo della difesa.

Mosca si trovò relegata ai margini. La partecipazione delle sue *oblasti* baltiche alla cooperazione regionale cominciò a dipendere dalle relazioni russo-occidentali. Quando queste miglioravano, San Pietroburgo e Kaliningrad erano libere di collaborare con i loro vicini; quando si deterioravano, la maggior parte degli accordi faticosamente siglati in tempi migliori veniva congelata.

Le ultime speranze di coinvolgere la Russia nella cooperazione baltica si spensero nel 2014, con l'annessione della Crimea e la guerra nel Donbas. Da allora le interazioni si sono ridotte ai programmi di collaborazione transfrontaliera dell'Ue, alle cortesie diplomatiche tra municipi e alle iniziative locali. Finché l'epidemia di Covid-19 ha precluso anche tali attività.

Neutralità? Scordatelo

Queste tendenze hanno raggiunto l'apice dopo il 24 febbraio 2022. Le sanzioni senza precedenti dell'Ue sono state fermamente sostenute da gran parte degli Stati europei affacciati sul Baltico e dalla Norvegia, ai cui occhi l'aggressione immotivata dell'Ucraina ha inficiato qualsiasi possibilità di intraprendere progetti comuni con la Russia.

La storia ha svolto una funzione decisiva in questo giudizio. Tra settembre e ottobre 1938 Germania nazista e Unione Sovietica si spartirono la Polonia. In poco tempo nei territori accordati a Stalin si svolsero referendum antidemocratici con l'obiettivo di giustificare le pretese di Mosca, garantendo basi legali per l'annessione. Appena sei mesi dopo a Estonia, Lettonia e Lituania toccò il medesimo destino.

La Finlandia riuscì a difendere la propria indipendenza a caro prezzo durante la guerra d'inverno (1939), nella quale perse il 10% del suo territorio e il 20% della

2. M.J. Cordes, «Bornholm Russia and the Politics of Memory», *Lossy 36*, 5/4/2022.

sua popolazione. Persino la Danimarca percepì la morsa dell'imperialismo staliniano nel maggio 1945, quando le truppe sovietiche sbarcarono sull'isola di Bornholm e vi rimasero per 11 mesi. La memoria della loro presenza è stata oggetto di riflessione critica solo di recente, per effetto degli avvenimenti successivi al 2014 in Ucraina e in tutta l'Europa centro-orientale [2].

Questi paesi sperimentarono sulla propria pelle le conseguenze della presenza sovietica sul loro territorio. La Finlandia dovette elaborare una politica interna ed estera volta a restare in buoni rapporti con il vicino orientale. Il vasto spazio che da Tallinn giunge ai Carpazi vide esecuzioni, arresti, devastazioni e schiavitù per mano dell'Armata Rossa e dei funzionari dell'Nkvd. Servirono quasi 50 anni per scrollarsi di dosso la dominazione sovietica e altri 15 per aderire alla comunità euro-atlantica.

Per gli attori del Baltico settentrionale, la componente istituzionale dell'Occidente è diventata ancora più desiderabile dopo l'invasione dell'Ucraina. Ciò sembra spingerli a riconsiderare la tradizionale riluttanza verso una maggiore integrazione nel campo della difesa collettiva e della deterrenza. La richiesta d'adesione alla Nato di Finlandia e Svezia testimonia la portata rivoluzionaria degli ultimi mesi. La mancanza di sostegno popolare tra i finlandesi sembra ormai un ricordo. Lo stesso vale per la convinzione di Stoccolma – risalente all'epoca delle guerre napoleoniche – che la neutralità rappresenti uno strumento valido per evitare di essere coinvolta in conflitti militari.

In questa prospettiva, non dovrebbe passare inosservata la decisione danese di indire un referendum per abolire la clausola di non partecipazione alla cooperazione dell'Ue in materia di difesa. Fin dall'introduzione (nel 1992 con il trattato di Maastricht) della politica estera e di sicurezza europea, Copenaghen ha sempre ritenuto che la difesa europea e quella atlantica fossero in competizione. La Danimarca considera tradizionalmente gli Stati Uniti garanti della sicurezza europea. Perciò la celebrazione del referendum il 1° giugno costituisce un sostanziale mutamento di approccio.

Mosca descrive gli sviluppi recenti come una minaccia alla sicurezza regionale, ma sono la più ovvia risposta alle sue azioni aggressive. A causa della decisione del Cremlino di abbandonare il Consiglio degli Stati del Mar Baltico, in futuro sarà ancora più complicato discutere di sicurezza e di altre questioni sensibili. La cooperazione regionale ha raggiunto una fase in cui le azioni di un paese hanno favorito una più stretta integrazione dei restanti nove.

La Cina nel Baltico

Benché il Baltico sia stato teatro di numerose provocazioni militari minori dal 2014, esso deve la sua fama soprattutto al suo crescente potenziale economico. Disponendo di infrastrutture marittime altamente sviluppate e di una fitta rete stradale e ferroviaria, i paesi della regione hanno tratto beneficio dall'eliminazione delle barriere doganali e dalla globalizzazione. Ne è derivata un'espansione senza

TRAFFICO DI MERCI IN ALCUNI PORTI BALTICI (milioni di tonnellate)

	1991	2000	2010	2020
Danzica (Polonia)	17,2	16,5	27,2	48,0
Gdynia (Polonia)	7,3	8,4	12,3	24,7
Kaliningrad (Russia)	1,5	4,4	13,8	10,4
Klaipėda (Lituania)	15,3	19,4	31,3	47,8
Rostock (Germania)	7,8	23,9	24,1	25,1
San Pietroburgo (Russia)	10,8 (1990)	32,1	58,1	59,9
Stettino e Świnoujście (Polonia)	20,6 (1988)	15,6	20,8	31,2
Tallinn (Estonia)	4,0	-	36,7	21,3
Ventspils (Lettonia)	24,8	38,1	24,8	12,9

Fonte: elaborazione dell'autore

precedenti dei trasporti marittimi (*tabella*). Di recente questo fenomeno è stato in parte legato alla Belt and Road Initiative (Bri, nuove vie della seta), poiché diversi beni cinesi hanno raggiunto via treno i porti del Baltico per proseguire il loro viaggio su nave.

Dal 24 febbraio l'afflusso di merci è notevolmente diminuito. Alle sanzioni occidentali contro Mosca e Minsk si è aggiunta la distruzione di numerose infrastrutture ucraine da parte delle forze russe. Fattori che almeno per il momento rendono impossibile l'utilizzo delle direttrici ferroviarie. Di conseguenza saranno richieste sempre più navi in un mondo dove i trasporti marittimi costituiscono già il principale vettore commerciale tra Europa e Asia.

Nel complesso intreccio commerciale e di sicurezza tra Russia e Unione Europea è bene tenere a mente la Cina. Vista da Pechino, la guerra in Ucraina ha accresciuto l'importanza del Baltico come snodo strategico per il flusso di merci verso l'Europa – flusso già ostacolato nell'agosto 2020 dalle elezioni presidenziali bielorusse. È quindi probabile che quanto più si protrarrà l'instabilità provocata dall'invasione russa, tanto più scontenti saranno i decisori e i poteri economici cinesi. Per questo Bielorussia e Ucraina possono essere considerate l'undicesimo e il dodicesimo Stato del Baltico.

I fratelli Zieliński decisero di fuggire in Svezia perché sognavano una vita diversa in un luogo non lontano dalla loro patria. In tempi di divisioni e di scontri, la loro impresa può essere considerata la testimonianza della simbolica unità del Baltico. Oggi la regione è tornata al centro di tensioni europee e globali che vanno oltre gli aspetti commerciali ed energetici. È possibile che le sanzioni convincano altrettanto audaci abitanti di Kaliningrad e San Pietroburgo a dirigersi verso l'Ovest, questa volta impersonato da tutti i paesi della regione eccetto la Russia.

Gli eventi recenti potrebbero tuttavia generare sviluppi positivi. L'invasione dell'Ucraina ha comprovato in maniera inequivocabile la visione imperialista della Russia, spazzando via le riserve dei paesi meno disponibili ad assumere una postura decisa contro il Cremlino. L'inclusione di Svezia e Finlandia nella Nato porterà l'Occidente a rafforzare la propria presenza nella sezione settentrionale dell'Alleanza, colmando una lacuna del sistema di difesa euro-atlantico. Così si ricomporrà anche il bizzarro mosaico di paesi nordici che aderiscono solo alla Nato o solo all'Ue, con l'unica eccezione della Danimarca.

Gli eventi degli ultimi mesi non devono però farci dimenticare l'incrollabile ottimismo dell'ambasciatore Unwin. Kaliningrad e San Pietroburgo saranno escluse da un'intensa cooperazione nel Baltico per un periodo indefinito, ma i restanti paesi della regione hanno guadagnato lo slancio per intensificare la reciproca integrazione. Le sfide da affrontare non riguarderanno solo la sicurezza, ma anche la transizione ecologica, le città intelligenti e le società inclusive. Il futuro del Baltico dipende in larga misura dal loro successo.

(traduzione di Giacomo Mariotto)

LA SVEZIA NELLA NATO CAMBIA L'EQUAZIONE BALTICA

di *Magnus* CHRISTIANSSON

L'invasione dell'Ucraina cancella decenni di neutralità, spingendo Stoccolma nell'Alleanza Atlantica. La mossa determinante dei finlandesi. Le implicazioni strategiche per la regione. Il ruolo di Londra e Berlino. Urge una nuova pedagogia nazionale.

1. LA SVEZIA ENTRERÀ NELLA NATO. L'escalation in Ucraina è stata un terremoto per la sicurezza europea e ha segnato l'inizio di uno storico e rapido processo sfociato nella richiesta d'adesione di Svezia e Finlandia all'Alleanza Atlantica. L'invasione del 24 febbraio 2022 non ha certo cambiato la natura del regime di Vladimir Putin, né ha alterato un contesto di sicurezza da tempo deteriorato. Ha tuttavia palesato al governo svedese l'obsolescenza della sua dottrina di sicurezza basata sul «non allineamento militare».

La Finlandia si è mossa per prima. A seguito dell'invasione russa l'opinione pubblica finlandese si è rapidamente schierata per l'ingresso del paese nella Nato: lo stesso 24 febbraio il presidente Sauli Niinistö e la premier Sanna Marin tenevano una conferenza stampa congiunta, simbolico debutto di uno stretto coordinamento tra presidenza, governo e parlamento. Quando Niinistö ha incontrato Joe Biden a Washington, il 4 marzo, era già chiaro che Helsinki aveva optato per la richiesta di adesione. Questa straordinaria celerità ha spiegazioni storiche: la Finlandia si è spesso mossa rapidamente per rinegoziare la sua dipendenza da una Russia autoritaria. Così nel 1917-18, quando dichiarò la propria sovranità appena i bolscevichi decisero di concedere le liberazioni nazionali. Così nel 1992, quando poco dopo la dissoluzione dell'impero sovietico Helsinki rinegoziò il trattato finno-sovietico del 1948 che l'aveva costretta in una camicia di forza durante la guerra fredda. La rapidità è stata essenziale anche oggi: l'Orso russo è stato azzoppato in Ucraina e la Finlandia, per usare la metafora di Niinistö, ha potuto «saltare giù dalla recinzione» e cercare protezione a ovest.

A Stoccolma invece gli sviluppi sono stati più lenti. La reazione iniziale della premier Magdalena Andersson è stata assicurarsi che la Svezia mantenesse il non allineamento militare, per non «destabilizzare» l'Europa settentrionale. L'identità e la politica di lunga data dei socialdemocratici postulavano buone relazioni con la

Nato, ma nulla di più. La decisione finlandese ha però innescato una dinamica inaggirabile anche per i socialdemocratici. La libertà d'azione, scopo ultimo del non allineamento, si svuota di senso e diventa potenzialmente pericolosa se Norvegia, Finlandia e baltici possono entrare in guerra contro la Russia. Basta un rapido sguardo alla mappa per capire che la difesa di questi paesi da parte della Nato richiede l'accesso al territorio svedese in un modo o nell'altro, cosa di cui anche la Russia è ovviamente consapevole. Insomma: una guerra nel Nord Europa porrebbe immediatamente l'attenzione delle grandi potenze sul territorio svedese. Che senso ha la libertà d'azione se Stoccolma è automaticamente coinvolta nelle operazioni?

Viceversa, l'ingresso nella Nato può essere visto come un aumento del margine d'azione svedese, in quanto consente alla Svezia di influire sullo sviluppo dei piani militari regionali. Inoltre la cooperazione militare finno-svedese, iniziata otto anni fa e gradualmente sviluppatasi, ha raggiunto un livello di pianificazione che va «oltre lo stato di pace», ma se fosse stata solo la Finlandia a entrare nella Nato questa cooperazione sarebbe divenuta impossibile perché Helsinki avrebbe dato logica priorità all'articolo 5 della Carta atlantica. Queste considerazioni strategiche, insieme al fatto che in Svezia si vota a settembre per il rinnovo del parlamento, hanno condizionato la scelta di Andersson. Stavolta la Finlandia ha aiutato la Svezia a riflettere, spingendola gentilmente verso la Nato. Corsi e ricorsi storici: fu l'unilaterale decisione svedese di entrare nell'Ue che spinse Helsinki a fare altrettanto negli anni Novanta.

2. La guerra in Ucraina ha eretto due totem nella politica svedese: Volodymyr Zelens'kyj è divenuto una sorta di Che Guevara del centro-destra, Sanna Marin è assurta a spauracchio della sinistra. Il meccanismo venutosi a creare ricorda la favola dei tre porcellini: il maiale pigro Timmy (la Svezia) prova a fare squadra con Tommy, il più svelto maiale violinista (la Finlandia), per difendersi meglio; ma quando arriva il grande lupo cattivo, Tommy trascina il confuso Timmy nella robusta casa di Jimmy, il maiale pragmatico (la Nato).

Il presidente turco Recep Tayyip Erdoğan ha intempestivamente annunciato la sua opposizione all'ingresso di Svezia e Finlandia nella Nato: modo gentile per segnalare che non approva la politica svedese sui curdi di Siria e di Turchia. Prende altresì la richiesta d'adesione a pretesto per vietare alla Nato critiche sul suo crescente autoritarismo interno, oltre che per uscire dalla quarantena diplomatica in cui è relegato da quando ha acquistato il sistema d'arma anti-aereo russo S-400. La sua retorica non si discosta granché da quella di Putin, con cui ha intessuto uno stretto rapporto basato sui condivisi istinti gangsteristici. Tuttavia, quest'aspra retorica sembra celare un opportunismo simile a quello del buttafuori che usa i suoi temporanei poteri per fare la cresta sul biglietto d'ingresso. Alla fine, la Turchia non si opporrà.

Per Stoccolma l'ingresso nella Nato sarà l'approdo di un lungo processo d'abbandono della neutralità e un repentino cambio della dottrina di difesa. La sua politica di sicurezza ne esce rivoluzionata e questo sarà quasi certamente oggetto di importanti discorsi. Ma cosa cambierà, in concreto, per la politica di difesa della Svezia? Il 27 aprile 2022 il decano della politologia svedese Olof Ruin ha scritto sul *Dagens Nyheter* un articolo che si concludeva così: «La vecchia idea di Tage Erlander (premier svedese dal 1946 al 1969, *n.d.a.)* di una difesa comune nordica, resa impossibile dalla relazione della Finlandia con l'Urss, vedrà la luce nella cornice della Nato». Queste parole descrivono *in nuce* il nuovo mito politico che i socialdemocratici possono usare per giustificare lo storico voltafaccia sulla Nato, ma offrono anche un quadro analitico per cominciare a valutare le implicazioni strategiche dell'ingresso di Svezia e Finlandia nell'Alleanza.

Una delle osservazioni più comuni nel dibattito svedese sulla Nato è che le Forze armate del paese cooperano già strettamente con quelle del Patto Atlantico, sicché non avrebbero grandi problemi a integrarvisi. Se finora a livello politico Stoccolma è rimasta fuori dall'Alleanza, a livello militare di fatto ci è già entrata. Lo ha fatto con le operazioni nei Balcani, in Libia e in Afghanistan, con le costanti esercitazioni congiunte come Trident Juncture, Cold Response e Baltops, con programmi quali il Cjtf (Combined Joint Task Force). Ma tale realtà è stata fin qui strettamente circoscritta a quella che è generalmente definita «area locale», ovvero il Baltico settentrionale.

A livello internazionale i paesi del Nord Europa sono spesso visti come un insieme di Stati affini: stabili democrazie con welfare simili, un regime di libera circolazione senza passaporto, vivaci scambi culturali ed economici. Il dibattito in materia di sicurezza sviluppatosi dall'invasione russa dell'Ucraina ha sovente dipinto la regione nordica come esempio di cooperazione militare, rispetto ad altri governi restii a investire nella difesa. La creazione di un meccanismo sulla carta ambizioso come il Nordefco ha avuto un successo d'immagine forse eccessivo. Come esperto svedese ho sempre sottolineato che questa cooperazione aveva luogo in un'area caratterizzata da marcata asimmetria (politiche di sicurezza diverse, eterogeneità nelle strutture degli eserciti) che imponeva chiari limiti al coordinamento. Lo ha attestato da ultimo la Norvegia quando, annunciando il Progetto Archer (che prevede la condivisione della spesa militare), puntualizzava che i partner non erano i benvenuti nel pattugliamento dello spazio aereo islandese (cui si applica l'articolo 5). Insomma: bene la cooperazione nordica, purché non interferisca con la pianificazione Nato.

L'adesione di Svezia e Finlandia all'Alleanza volgerà molte di queste asimmetrie in sinergie nel quadro della pianificazione militare comune. La difesa non differirà più dai molti ambiti civili in cui i paesi nordici hanno già una profonda e naturale cooperazione. La natura della minaccia, le circostanze geografiche e la dipendenza dagli Stati Uniti uniranno gli Stati del Baltico, la cui lunga tradizione di cooperazione non sarà più limitata da scelte diverse in materia di sicurezza.

3. Il graduale processo che ha portato la Svezia dalla neutralità alla solidarietà guiderà ora la pianificazione strategica: un cambiamento non da poco. Il punto è non nascondersi una volta nella Nato, prendendo sul serio gli impegni che l'ade-

sione comporta a partire dai requisiti di spesa militare. Occorre cioè capire bene in che tipo d'organizzazione si entra: il bisogno in Svezia di una «educazione alla Nato» è evidente. Ciò serve ad avere status paritario non solo nello scambio di informazioni, ma anche nella pianificazione dello schema difensivo per il fianco Nord. Concetti come «insieme agli altri» e «non essere passivi», di cui in Svezia si parla da anni, devono ora concretizzarsi. Le Forze armate svedesi devono avere mappe che non si arrestino ai confini nazionali.

L'ingresso di Svezia e Finlandia nella Nato implica dunque rivoluzionare la pianificazione della difesa svedese, prendendo in seria considerazione la voce e l'influenza dei paesi vicini. Ecco un elenco sommario: la profondità strategica per la Finlandia, sensibile agli scenari di attacchi aerei russi e dunque bisognosa della Svezia come retrovia per la propria Aeronautica; la solidarietà baltica, in quanto la Svezia ha un ruolo naturale con Danimarca e Norvegia per l'accesso delle grandi potenze alla regione; Åland, Gotland e Bornholm, tre isole centrali nell'interdizione (*anti-access/area denial*, A2/Ad) del Baltico dove la Svezia ha un ruolo centrale in caso di guerra per la sicurezza di Gotland e l'ausilio alla protezione di Åland e Bornholm; il collegamento Baltico-Artico, che ha un ponte nella Svezia, la quale può svolgere un ruolo importante ospitando unità (soprattutto aeree) americane e britanniche importanti anche per la difesa della Norvegia.

Queste e altre questioni saranno comuni ai paesi del Baltico. Dovranno anche imporsi all'attenzione di Washington in una già affollata agenda della Nato. Compito importante dell'élite militare svedese nei prossimi anni sarà dunque apprendere di più sulle dinamiche interne dell'Alleanza.

Più in generale, Stoccolma deve imparare ad ascoltare i propri vicini per salvaguardare i suoi interessi nella Nato. La prima prova in tal senso sarà il vertice di Madrid del 28-30 giugno 2022, da cui ci si aspetta un cambiamento epocale nell'intera strategia di deterrenza e dispiegamento dell'Alleanza. Come rafforzare al meglio la deterrenza convenzionale e nucleare? Come incrementare e dove indirizzare gli organici? Come far sì che l'Aco (Allied Command Operations) coordini il fianco Nord senza dover fare completo affidamento sul temporaneo ridispiegamento del V Gruppo statunitense? Quale ruolo per Germania e Regno Unito sul fianco Nord? In tutti questi dilemmi la Svezia ha l'opportunità, come partner fidato e futuro Stato membro, di essere un attore costruttivo.

(traduzione di Fabrizio Maronta)

INTERVISTA

'La Nato non userà la Finlandia per minacciare la Russia'

Conversazione con *Erkki TUOMIOJA*, membro del parlamento finlandese già ministro degli Esteri del governo di Helsinki (2000-08, 2011-15), a cura di *Federico PETRONI* e *Nicola GUERRA*

LIMES Perché la Finlandia vuole entrare nella Nato?

TUOMIOJA Durante e dopo la guerra fredda, la nostra politica di non allineamento ha servito bene i nostri interessi, ma ora il panorama della sicurezza in Europa è mutato. Il nostro cambio di approccio è prima di tutto una reazione alla brutale e criminale aggressione russa all'Ucraina. Molti nel mio paese hanno pensato che la Finlandia potrebbe essere l'oggetto di un prossimo attacco di Mosca senza preavviso. È in qualche modo una reazione esagerata: la Finlandia non può essere paragonata all'Ucraina, non siamo parte di quello che Putin chiama *russkij mir* (mondo russo). Concetto che usa per negare l'esistenza di una Bielorussia e un'Ucraina separate e indipendenti dalla Russia. Tuttavia, la nostra è una reazione contro qualunque altro tentativo da parte di Mosca di classificare il nostro paese come parte di una sfera d'influenza russa.

LIMES Che cos'è l'Occidente per la Finlandia?

TUOMIOJA Siamo sempre stati un paese «occidentale» anche durante la guerra fredda, quando insistevamo sul nostro status di neutralità. Questo per dire che siamo stati e restiamo fermamente convinti dell'importanza di valori come la democrazia, i diritti umani, lo Stato di diritto. E secondo me lo siamo molto più degli Stati Uniti stessi. La differenza tra gli Usa e la Russia è che nei primi sono i miliardari a scegliere chi diventa presidente, mentre nella seconda è il presidente a scegliere chi diventa miliardario.

Siamo inoltre ben consci delle tendenze che porteranno l'America a dare relativamente più attenzione all'Asia. Abbiamo anche tenuto in conto che l'impegno statunitense nei confronti della Nato potrebbe cambiare con una nuova presidenza Trump. Riteniamo gli Stati Uniti un paese importante e amichevole, ma non tale da determinare la nostra postura come invece l'appartenenza all'Unione Europea, decisiva in questo senso. Ancor più importante nella nostra identità è che ci definiamo un paese nordico.

Per questo è stato molto importante giungere alla stessa conclusione della Svezia sull'adesione alla Nato. Da quando è diventato chiaro che la Finlandia avrebbe fatto domanda per entrare, ho personalmente preso parte agli sforzi per convincere Stoccolma a fare lo stesso. Svezia e Finlandia sono strettamente unite da storia, valori e interessi. La Svezia è il paese che ha il maggiore interesse al mondo nella sicurezza e nell'indipendenza della Finlandia. Sarebbe stato molto negativo per entrambi se solo uno di noi fosse entrato nella Nato.

LIMES Che ruolo ha svolto nel convincere la Svezia?

TUOMIOJA A marzo ho discusso con molti colleghi svedesi la possibilità di evolvere la già esistente e profonda cooperazione militare bilaterale in un'alleanza difensiva, con un accordo formale da sottoporre a ratifica. Questa opzione aveva il nostro sostegno già prima della guerra, ma sapendo gli svedesi riluttanti perfino a parlarne non l'avevamo presentata formalmente. Però a marzo i socialdemocratici svedesi al governo erano pronti a prenderla in considerazione, riconoscendo anche che gli Stati Uniti sarebbero potuti entrare informalmente nell'accordo. Presto però si è capito che l'opzione non aveva più molti consensi in nessuno dei due paesi. La si riteneva insufficiente rispetto alle garanzie di sicurezza offerte dall'Alleanza Atlantica.

Quando ad aprile è diventato chiaro che l'ingresso nella Nato aveva una maggioranza schiacciante sia nel parlamento sia nell'opinione pubblica finlandesi, ho spiegato ai miei contatti svedesi che la maggioranza sarebbe stata ancor più schiacciante se si fosse entrati assieme. Ho anche comunicato che, a prescindere dai rimanenti dubbi sull'adesione, noi volevamo che i due paesi prendessero la stessa decisione. Se uno fosse entrato e l'altro rimasto fuori non sarebbe stato negativo solo per la Finlandia, ma pure per la Svezia perché avrebbe diviso i paesi nordici. Viceversa, entrare assieme è un'opportunità unica per rafforzare la cooperazione nordica, per farne un modello.

LIMES La Finlandia era già altamente integrata nelle Forze armate occidentali, in particolari in quelle nordiche: quale ulteriore contributo dà l'adesione alla Nato?

TUOMIOJA È vero che il nostro partenariato con la Nato e la struttura delle nostre Forze armate ci rendono compatibili con l'Alleanza Atlantica. Il beneficio percepito è che in qualità di membro a pieno titolo dell'organizzazione avremmo anche le garanzie di sicurezza dell'articolo 5, che impegnerà tutti i paesi membri a soccorrere la Finlandia se saremo attaccati. Ciò fungerà da deterrente contro ogni intenzione militare russa. Lo svantaggio ovviamente è che se la dissuasione fallirà saremo sulla linea del fronte. Oltre a finire in conflitti lontani dal nostro territorio che coinvolgano la Nato.

LIMES C'era davvero la possibilità che la Russia attaccasse la Finlandia se non foste entrati nella Nato?

TUOMIOJA No e di certo non era una minaccia immediata. Ma nel lungo periodo non lo si poteva più escludere. Ovviamente sarebbe stato un disastro per Mosca e non le avrebbe portato alcun beneficio. Ma valeva lo stesso per l'Ucraina e non lo ha capito quando ha deciso di attaccarla.

LIMES Quali benefici porta la Finlandia alla Nato?

TUOMIOJA Abbiamo una forte difesa nazionale. La componente più importante non sono necessariamente i moderni caccia della nostra Aeronautica. Soprattutto, abbiamo la leva obbligatoria e possiamo mobilitare un'addestrata riserva di 280 mila soldati, molto più di quanto ormai possano fare i maggiori paesi europei. La Nato ci vede, giustamente, più come produttori che come consumatori di sicurezza.

LIMES In che modo l'ingresso della Finlandia nella Nato aumenta la sicurezza delle tre repubbliche baltiche?

TUOMIOJA Non ci assumeremo responsabilità speciali per la difesa dei paesi baltici, questo deve rimanere una competenza dell'Alleanza nel complesso. Ma potenzieremo la nostra cooperazione militare: addestramento, esercitazioni e tutto ciò che i baltici riterranno opportuno per migliorare la loro difesa.

LIMES La Finlandia ospiterà basi o truppe straniere sul proprio territorio?

TUOMIOJA Resta nostro diritto invitarne se lo riterremo necessario per la nostra sicurezza. Ma dovremmo prendere a modello la Norvegia, la cui politica esclude lo stazionamento permanente di truppe straniere. Dovremmo anche chiarire che in nessuna circostanza permetteremo la dislocazione di armi nucleari sul nostro territorio. Non mettiamo in dubbio la dissuasione della Nato e anzi in qualità di membro entreremo nel gruppo di pianificazione nucleare. Ma dobbiamo restare attivi nei lavori sul controllo degli armamenti e sul disarmo atomico. Entrare nella Nato non significa che dovremmo rinunciare alla possibilità di aderire al trattato dell'Onu sulla proibizione delle armi nucleari.

LIMES Quali garanzie avete ricevuto e da chi per il periodo di transizione tra la domanda e l'adesione alla Nato?

TUOMIOJA Abbiamo ricevuto delle «assicurazioni» che non sono comparabili alle garanzie offerte in principio dall'articolo 5 da paesi come Regno Unito, Germania e Stati Uniti, la cui natura esatta non è chiara né pubblica. In ogni caso, in quanto paese dell'Unione Europea, siamo coperti dalla clausola di solidarietà dell'articolo 42.7 dei trattati.

LIMES In questo senso, le garanzie britanniche offrono una copertura migliore dell'articolo 42.7.

TUOMIOJA Dal momento che il Regno Unito non è più nell'Ue, le sue assicurazioni significano che Londra è pronta a rispettare gli stessi obblighi che avrebbe avuto come membro dell'Ue in virtù dell'articolo 42.7. In questo senso, i britannici indicano solo la volontà di adeguarsi agli impegni degli altri paesi dell'Unione. Quella disposizione, dal punto di vista giuridico, è anche più chiara e vincolante dell'articolo 5 della Nato. Ma il fatto che l'Ue non abbia strutture di comando e di pianificazione militare implica che nel concreto è ciascun paese a determinare come può e vuole contribuire. Questo vale anche per le dichiarazioni firmate dai britannici con gli svedesi e con i finlandesi.

LIMES In che modo gli Stati Uniti hanno influenzato o rassicurato il governo nel prendere la decisione?

TUOMIOJA Non ho visto pressioni statunitensi affinché la Finlandia entrasse nella Nato, anche se ci hanno chiarito che siamo i benvenuti. È più Helsinki che cerca delle assicurazioni dagli Stati Uniti per il periodo di transizione.

LIMES Temete il veto di qualche paese membro? Questa possibilità è stata considerata nella decisione di fare domanda?

TUOMIOJA Abbiamo consultato tutti i paesi della Nato, che hanno salutato la nostra decisione e hanno indicato che ratificheranno la nostra adesione il più velocemente possibile. Speriamo che il processo duri un tempo più vicino al minimo dei quattro mesi che al massimo dei dodici. Benché Erdoğan abbia sollevato la questione dei legami nordici con i curdi, non crediamo che la Turchia porrà il veto.

LIMES Come reagirà la Russia? Come vi state preparando?

TUOMIOJA Che Mosca abbia reagito negativamente è arcinoto. Resta da vedere quali misure adotterà nel concreto. È certo che aumenterà la sua presenza militare sulla frontiera finlandese, in linea con i preparativi lungo i confini con altri paesi Nato. Difficile prevedere altre reazioni. Noi siamo preparati ad affrontare attacchi cibernetici, dimostrazioni di forza militari, campagne di disinformazione e altre minacce ibride. Abbiamo anche preso in considerazione l'uso strumentale dei flussi di richiedenti asilo, come successo brevemente nel 2015 alla frontiera russo-finnica e più di recente a quella polacco-bielorussa. La nostra dipendenza dall'import di energia dalla Russia è limitata e il suo blocco ha effetti marginali sulla Finlandia. In generale, le rappresaglie economiche e commerciali sarebbero modeste, dal momento che il grosso della cooperazione pecuniaria è già stato limitato dalle sanzioni dell'Unione Europea.

LIMES Che cosa significherebbe avere le armi nucleari della Russia spiegate alla frontiera?

TUOMIOJA La Russia le schiera già a Kaliningrad e a Murmansk, quindi non cambierebbe molto.

LIMES La Finlandia nella Nato aumenta la pressione su importanti territori russi, da San Pietroburgo alla penisola di Kola: questo fattore è stato considerato nella decisione di aderire?

TUOMIOJA È inevitabile che la Russia vedrà l'esercito finlandese, che tiene in grande considerazione, come un nemico potenziale e rafforzerà di conseguenza la presenza militare alla frontiera. Da parte nostra, abbiamo voluto chiarire che l'ingresso nella Nato è una mossa puramente difensiva per potenziare la nostra sicurezza. Non cercheremo di sviluppare le nostre capacità militari. Né permetteremo di usare il territorio della Finlandia come minaccia per la Russia.

LIMES Le isole Åland entreranno nel sistema Bornholm-Gotland per costruire una bolla anti-aerea che neutralizzi il potenziale di Kaliningrad?

TUOMIOJA Le isole Åland resteranno smilitarizzate, non abbiamo ragione di modificarne lo status.

LA PROFEZIA DI KOIVISTO: COSÌ LA FINLANDIA ABBANDONA LA NEUTRALITÀ

Helsinki ha deciso di aderire alla Nato non in presenza di una concreta minaccia russa, ma sull'onda emotiva della guerra, che risveglia antichi timori. Così facendo, però, crea i presupposti per questo stesso pericolo. Le garanzie anglo-americane.

di *Luigi G.* DE ANNA *e Nicola* GUERRA

1. «BEN VENGA MAGGIO». L'INIZIO DELLA poesia di Agnolo Poliziano ben si adatta alle aspirazioni finlandesi. Il 12 maggio il presidente Sauli Niinistö e la premier Sanna Marin hanno annunciato che la Finlandia avvierà il processo di adesione alla Nato.

Formalmente deve essere il parlamento a decidere. La base della discussione è rappresentata dal Libro bianco sulla sicurezza presentato il 13 aprile, in cui è esaminata la situazione conseguente all'invasione russa dell'Ucraina. Il 10 maggio la commissione Difesa del parlamento, con un solo voto contrario, ha approvato un documento in cui afferma che la migliore garanzia per la sicurezza finlandese è costituita dall'ingresso nell'Alleanza Atlantica.

La procedura adottata dalla Nato è quella che normalmente regola l'ammissione di un nuovo membro. Ma il segretario generale Jens Stoltenberg ha già da tempo dichiarato che accoglierà la Finlandia e la Svezia «a braccia aperte». Del resto, ha aggiunto, da anni i due paesi collaborano militarmente con l'organizzazione, pur non facendone parte. Per esempio con esercitazioni congiunte. L'ultima è stata la Cold Response 2022 nel Nord della Norvegia, cui hanno partecipato ben 30 mila militari di dieci nazioni.

L'iter di ammissione di un nuovo Stato non è rapido. Ogni singolo membro deve accettare la proposta, quindi i tempi si allungano. Il 13 maggio il presidente turco Recep Tayyip Erdoğan ha espresso la sua opinione «non positiva» sull'opportunità di ammettere i due paesi nordici, adducendo motivazioni non direttamente legate alla Russia, ma al loro rapporto con i curdi e la Grecia.

2. La notte della vigilia del 1° maggio in Finlandia e in Svezia si celebra una festa di antica tradizione pagana. È la notte di Valpurga, quando la finestra tra le forze del bene e quelle del male si apre e le seconde irrompono nel nostro mondo.

È questa finestra, aperta a maggio, che può rappresentare un pericolo per i due paesi. Non essendo ancora protetti dall'ombrello della Nato, restano esposti alla reazione russa.

L'Alleanza Atlantica sta elaborando un sistema che assicuri alla Finlandia e alla Svezia una protezione adeguata. L'escamotage potrebbe essere rappresentato da esercitazioni militari tra maggio e giugno (ma potrebbero anche essere prolungate) nei paesi che fanno parte della Joint Expeditionary Force, iniziativa britannica di cui sono membri anche Helsinki e Stoccolma [1]. Stoltenberg il 5 maggio ha dichiarato: «Dal momento in cui la Svezia fa domanda, esiste per la Nato un obbligo molto forte a garantirne la sicurezza». Lo stesso vale per la Finlandia.

In merito alla garanzia da offrire si è espresso Boris Johnson la mattina dell'11 maggio in Svezia, dove con la premier svedese Magdalena Andersson ha sottoscritto un impegno di collaborazione, firmato poi in serata a Helsinki da Sauli Niinistö. Johnson, d'accordo con gli Stati Uniti, offre l'appoggio del suo paese nella fase che precede l'ammissione a pieno titolo nella Nato. Con questa intesa, che non è un trattato vero e proprio né un patto di alleanza, la Gran Bretagna e la Finlandia promettono di aiutarsi vicendevolmente nel caso di comune necessità o di attacco.

I due paesi, si legge, «hanno comuni interessi nel campo della sicurezza e il Regno Unito è pronto ad aiutare la Finlandia nella sua azione con tutti i mezzi necessari»; l'aiuto può dunque includere anche «mezzi militari». Helsinki si impegna a fare altrettanto. Alcuni commentatori hanno interpretato la mossa di Johnson come una offerta di ombrello nucleare. Nella parte conclusiva dell'accordo i contraenti sembrano però mettere prudentemente le mani avanti: «Questo documento è una dichiarazione politica, che non impegna giuridicamente secondo il diritto internazionale». In altre parole, serve solo se torna utile.

Presentando il documento alla stampa, il presidente Niinistö si è lasciato sfuggire una frase che non rientra nella prassi diplomatica, affermando che i russi se lo sono voluto e che quindi «si guardassero allo specchio». Niinistö ha comunque aggiunto che la Finlandia non cerca sicurezza a spese altrui, messaggio convincente per Helsinki ma meno per Mosca, che ha subito risposto: la Russia prenderà contromisure nell'immediato e nel futuro. In tal senso sarà decisiva la valutazione di quanto la Nato avvicinerà le proprie strutture militari ai confini russi.

Il portavoce del Cremlino Dmitrij Peskov ha dichiarato: «Sarà fatto tutto quello che è necessario per bilanciare la situazione e garantire la nostra sicurezza». E ha precisato: «La Russia sarà costretta a adottare misure reciproche, militari, tecniche e di altro tipo, per far fronte alle minacce alla sua sicurezza nazionale che ne deriveranno». Parole confermate il 14 maggio dal viceministro degli Esteri Aleksandr Gruško. Lo stesso giorno Niinistö e Putin si sono parlati. Il presidente russo ha ribadito che Helsinki commetterebbe un errore se abbandonasse la neutralità e ha aggiunto che la decisione non è giustificata, non avendo la Russia minacciato la Finlandia. La percezione della minaccia russa si basa sull'accusa di «inaffidabilità» e

1. La Gran Bretagna ha da tempo dimostrato un profondo interesse per il Baltico, vedi E. SUNDBÄCK, «Finland in British Baltic Policy», *Slavonic and East European Review*, vol. 80, n. 4, ottobre 2002.

«imprevedibilità» mossa al Cremlino, secondo le parole del ministro degli Esteri, il verde Pekka Haavisto. In sostanza si ritiene che, come la Russia è intervenuta in Ucraina, altrettanto potrebbe fare in Finlandia. Asserzione che non tiene conto della ultradecennale storia dei peculiari problemi con Kiev che hanno portato al conflitto.

In che cosa consista l'aiuto preannunciato dalla Nato tramite la Gran Bretagna è rimasto indefinito. Dovrebbe limitarsi ad armamenti, intelligence e difesa contro attacchi cibernetici. Non si vede come Londra potrebbe intervenire attivamente sul terreno con i propri militari, non avendolo fatto in Ucraina. Resta anche da analizzare l'interpretazione relativa all'articolo 6 del trattato istitutivo della Nato, che recita: «Agli effetti dell'art. 5, per attacco armato contro una o più delle parti si intende un attacco armato (...) contro le forze, le navi o gli aeromobili di una delle parti, che si trovino su questi territori o in qualsiasi altra regione d'Europa nella quale, alla data di entrata in vigore del presente trattato, siano stazionate forze di occupazione di una delle parti».

Certo, anche la Norvegia ha un confine artico con la Russia, ma – per tacito accordo – non ha basi fisse della Nato né installazioni dotate di armi nucleari. Oslo, del resto, aveva aderito all'alleanza nel 1949, in un contesto geopolitico diverso da quello che spinge oggi la Finlandia. La Norvegia, al contrario della Danimarca, non ha preso parte a interventi militari dell'Alleanza ed è stata rispettosa dell'intesa stretta a suo tempo con l'Unione Sovietica, volta a non suscitare frizioni nell'Artico, cioè nell'area delle isole Svalbard e della penisola di Kola. Helsinki rischia ora di rompere questo delicato equilibrio.

3. Perché la Finlandia ha così radicalmente cambiato il proprio atteggiamento nei confronti della neutralità? La ferma applicazione di questo principio ha rappresentato il cardine della sua politica estera per 75 anni [2]. Per di più, il paese nordico ha sottoscritto nel 1947 a Parigi un trattato che impegnava i contraenti a non formare alleanze o partecipare a coalizioni dirette contro l'altra parte. Inoltre nel 1992 Finlandia e Russia hanno ribadito che «le parti si asterranno dal minacciare o dall'usare la forza contro l'integrità territoriale o l'indipendenza politica dell'altra parte, né utilizzeranno o permetteranno l'uso del proprio territorio per scopi di aggressione». La Russia non ha mai dato segni di inosservanza.

In realtà la decisione finlandese, che va contro la logica della geopolitica e gli impegni sottoscritti, può essere spiegata con una semplice parolina finlandese: *jos*; in italiano: se. E cioè: «Se la Russia attacca?», «Se la Russia fa come con l'Ucraina?», «Se restiamo di nuovo soli?».

Il «se» ha creato la nuova realtà; dopo il 24 febbraio la stragrande maggioranza dei finlandesi si è spostata sul versante della Nato. Secondo un sondaggio della tv di Stato del 9 maggio, il 76% dei finlandesi è favorevole e solo il 12% contrario

2. La positiva funzione della politica finlandese di neutralità a partire dagli inizi degli anni Settanta è sottolineata da J. Nevakivi, «Independent Finland between East and West», in M. Engman, D. Kirby (a cura di), *Finland. People, Nation, State*, London 1989, Hurst & Co.

all'adesione all'Alleanza Atlantica. Il 61% degli intervistati vuole basi Nato stabili sul territorio e il 12% accetterebbe anche armi nucleari.

Il dibattito in Finlandia ha caratteristiche differenti da quello in Italia, dove le opinioni possono divergere, la discussione è di conseguenza vivace, i commentatori si scontrano, magari aspramente. L'emittente di Stato, Yle, è chiaramente schierata dalla parte dell'Ucraina, vista come vittima di una intollerabile aggressione e come tale presentata nei telegiornali e nei programmi di approfondimento. I rari talk show vedono quasi unicamente la partecipazione dei fautori dell'ingresso nella Nato.

Ciò che regola l'opinione pubblica finlandese è l'emotività. L'opinione si forma non in base a un'analisi documentata, attinente ai reali problemi legati alla situazione attuale, ma in relazione a una antica memoria: la Russia come nemico storico. Esploriamo quest'antica memoria.

4. La Finlandia si forma a partire dall'XI secolo come terra di confronto tra Occidente e Oriente, tra Chiesa di Roma e Chiesa ortodossa, tra Svezia, Danimarca, Ordine Teutonico e Novgorod/Kiev. I documenti medievali che riguardano le vicende storiche, in buona parte emessi dalla Santa Sede, impiegano una narrazione molto simile a quella odierna. Si crea l'immagine del «cattivo» che compie stragi e distruzioni in Finlandia, soprattutto nella Carelia, delicata zona di confine, e naturalmente il cattivo è il ruteno, cioè il russo [3]. Questa rappresentazione aggressiva viene confermata e rinvigorita nel corso del tempo; il XVIII secolo rinnova la paura dei russi invasori, che arrivano a occupare il Sud-Ovest del paese. Sono le «guerre dell'odio», che ricreano l'immagine di un pericolo incombente, il quale trova la sua dimostrazione nella guerra del 1808, quando la Russia toglie alla Svezia il suo dominio finlandese.

La Finlandia diviene parte dell'impero zarista, ma conserva una larga autonomia, venendo elevata al rango di granducato. La Russia, come ha documentato uno dei più prestigiosi storici finlandesi, Matti Klinge, sviluppa l'economia, abbellisce le città di palazzi e opere pubbliche, rispetta una certa forma di autogoverno, cui contribuiscono una dieta e una moneta locali, il markka, sganciato dal rublo [4].

Resta però un problema: che fisionomia dare a questa nuova Finlandia nata dalle ceneri del dominio svedese? Come disse J.V. Snellman nel 1861: «Non siamo più svedesi, non vogliamo diventare russi, diventiamo quindi finlandesi» [5]; deve nascere una nuova nazione, ma questa, sulla spinta dell'imperante nazionalismo ottocentesco, deve essere «finnica», cioè deve parlare finnico e deve riconoscersi in una cultura autoctona. L'esempio più famoso di questo processo di identità è l'elaborazione da parte di Elias Lönnrot del lungo poema *Kalevala*, epopea della for-

3. L.G. De Anna, *Conoscenza e immagine della Finlandia e del Settentrione nella cultura classico-medievale*, Turku 1988, Turun yliopisto, pp. 213-256.

4. M. Klinge, *Breve storia della Finlandia*, Helsinki 1994, Otava, pp. 51-97.

5. J.V. Snellman (1806-81), pubblicista, filosofo, esponente del movimento fennomane, attribuì nel 1861 queste parole a Adolf Ivar Arvidsson, uomo politico e scrittore, costretto a emigrare in Svezia per la sua attività antirussa.

mazione della finnicità. La lingua finlandese prende il posto dello svedese e chi parla l'idioma dei vecchi dominatori è assimilato ai nuovi, i russi, con i quali molti di lingua svedese collaborano nell'amministrazione del granducato.

A causa delle tensioni interne alla società russa, anche la Finlandia a fine Ottocento vede imporre una stretta alla propria autonomia. Ne deriva il clamoroso assassinio del governatore Nikolaj Bobrikov nel 1904 a opera di un nobile finlandese, Eugen Schauman[6].

La Finlandia non partecipa alla prima guerra mondiale, ma ne subisce le conseguenze: il 6 dicembre 1917 Lenin le concede l'indipendenza. Il gesto apparentemen-

6. Sul «periodo russo» si veda H. Colin Du Terrail, *La Finlande et les Russes depuis les croisades suédoises*, Paris-Strasbourg 1963, Istra.

te dovrebbe suscitare la gratitudine dei finlandesi, ma non è così: scoppia la guerra civile tra bianchi e rossi, che lascerà una profonda ferita nella coscienza nazionale.

Il dopoguerra vede svilupparsi un violento anticomunismo, che è ovviamente al tempo stesso antisovietismo. Nasce un vero e proprio squadrismo gestito dal Movimento di Lapua di Vihtori Kosola[7]. Nasce anche una speranza: assistere alla realizzazione della *Suursuomi*, la «Grande Finlandia», che dovrebbe includere non solo tutti i careliani (quelli orientali sono sempre stati parte dell'impero zarista) ma anche gli altri popoli di lingua finnica dimoranti in Russia. La crisi del novembre 1939, causata dal timore di Stalin di trovarsi la Germania a un passo da Leningrado, porta alla «guerra d'inverno», terminata alla fine di marzo con un pesante bilancio in termini di caduti e territori perduti[8].

La rivincita si realizza con l'aiuto germanico; nel 1941 inizia la «guerra di continuazione», che termina nel 1944 con la definitiva sconfitta finlandese. Parte della Carelia passa all'Unione Sovietica, insieme ad alcuni territori a est e a nord[9].

Le due guerre segnano profondamente la coscienza finlandese. Si crea una memoria storica che segnerà il dna nazionale: la gloriosa, valorosa piccola Finlandia che si batte contro il gigante sovietico che vuole annientarla, così descritta anche da Indro Montanelli[10]. La salvezza sta nelle armi. In realtà le armi sono state sì usate eroicamente, ma non sarebbero bastate a salvare la Finlandia.

L'Armata Rossa, che arriva a Berlino, potrebbe benissimo arrivare a Helsinki, oppure nel dopoguerra Mosca potrebbe assorbire la sconfitta Finlandia, come fa con i paesi dell'Europa orientale[11]. A Helsinki esisteva un forte Partito comunista che sarebbe potuto servire alla bisogna del colpo di Stato. Stalin tuttavia non ordina alcun golpe. Non si tratta di una decisione presa a Jalta, ma di un calcolo geopolitico: una Finlandia sovietizzata spingerebbe la Svezia nel campo occidentale, con gravissime conseguenze strategiche nel Baltico. Più utile una Finlandia neutralizzata.

Nasce la linea Paasikivi-Kekkonen, dal nome dei due presidenti che la promuovono. In particolare è Urho Kekkonen, passato da un feroce anticomunismo a una diplomatica intesa cordiale, a gestire la cosiddetta finlandizzazione (in originale *Finnlandisierung*[12]), neutralismo che permette di restare un paese demo-

7. Il Movimento di Lapua fu fortemente influenzato dal fascismo italiano, vedi A. Rizzi, *Le relazioni Italo-Finlandesi nella documentazione del Ministero degli Affari Esteri italiano e nel "Memoriale" di Attilio Tamaro (1929-1935),* Turku 2016, Turun yliopisto.

8. Sull'aspetto diplomatico di questo conflitto si veda M. Jakobson, *The Diplomacy of the Winter War. An Account of the Russo-Finnish Conflict, 1939-1940*, Cambridge MA 1961, Harvard University Press.

9. C.L. Lundin, *Finland in the Second World War*, Bloomington 1957, Indiana University Press.

10. I. Montanelli, *I cento giorni della Finlandia*, Milano 1940, Garzanti.

11. L.A. Puntila, *Histoire politique de la Finlande de 1809 à 1955*, Neuchâtel 1966, Editions de la Baconnière, pp. 240-241.

12. Il termine nasce in Austria nel 1953, coniato dal ministro degli Esteri Karl Gruber. *Finnlandisierung* assume presto una semantica negativa a opera di Franz-Josef Strauss nella primavera 1970, in occasione delle elezioni del nuovo Bundenstag. Secondo Strauss, *Finnlandisierung* non significava soltanto una presunta politica di assoggettamento all'Urss praticata dalla Finlandia, ma serviva a indicare la possibilità che anche altri paesi europei si prestassero alla manovra neutralista sovietica, indebolendo di conseguenza la compattezza della Nato. In italiano, la parola compare la prima volta in un articolo di Guido Piovene del 1973 nel senso di «sovranità limitata», cfr. L.G. De Anna, «Finlandizzazione: semantica e storia di un concetto», *Trasgressioni*, n. 14, gennaio-aprile 1992, pp. 103-116.

cratico di stampo occidentale. Si tengono libere elezioni, cambiano i primi ministri e le coalizioni, con una sola costante: il partito di destra, Kokoomus, non può andare al governo. Mosca lo vieta, non si fida. Il veto cadrà solo molti anni dopo. Non è escluso che il Kokoomus, il più accanito sostenitore dell'opzione Nato già da vent'anni, risenta oggi di questa antica frustrazione e intenda prendersi una rivincita.

5. I fattori emotivi condizionano in maniera decisiva l'odierno atteggiamento finlandese. Le radici storiche dell'antirussismo, l'esperienza di una guerra civile e di una guerra perduta con conseguenze disastrose quanto a territori ceduti e a riparazioni pagate, l'umiliazione di essere considerati «finlandizzati», agiscono a livello conscio e perfino inconscio. E se non fosse sufficiente, su tutto questo piomba l'enorme apparato della narrazione propagandistica, pressoché interamente antirussa. La stampa nella sua totalità, i media televisivi con i loro reportage che riportano solo le notizie di fonte ucraina col loro corollario di orrori fanno la loro parte. E poi, a livello sublimale, subentra il ricordo della «loro» emigrazione dalla perduta Carelia di Viipuri (Vyborg): 400 mila profughi cacciati dall'Armata Rossa. Il finlandese si identifica con l'ucraino, non approfondisce le cause del conflitto, non si sposta dall'altra parte della frontiera per cercare di capire i motivi della guerra. E comincia a ripetere in maniera ossessiva: se, se, se.

La Finlandia passa dalla neutralità a un acceso antirussismo. Il sindaco della città di Turku sospende il gemellaggio con San Pietroburgo (stipulato in epoca sovietica) e rimuove il monumento a Lenin dalle pendici di un parco cittadino. Un deputato del Partito di centro chiede che venga revocata la cittadinanza ai russi residenti in Finlandia, anche se in realtà si tratta soprattutto di donne sposate con locali [13].

Resta il nodo della forte dipendenza energetica e di tecnologia nucleare dalla Russia per la costruzione della nuova centrale di Hanhikivi a Pyhäjoki, nella quale sono stati già investiti ingenti capitali e una forza lavoro di circa 3 mila dipendenti. Il 2 maggio la compagnia Fennovoima ha rescisso il contratto con Rosatom, adducendo come motivazione i ritardi nella cooperazione [14]. Naturalmente il vero motivo sono le pressioni politiche esercitate dal governo. Il paese ora cerca un nuovo fornitore, che probabilmente saranno gli Stati Uniti, rafforzando la connessione atlantica.

La Finlandia dipende per il 94% dal gas russo. Un piano di ristrutturazione volto a rendere il comparto energetico indipendente dalla Russia richiederebbe un investimento di 850 milioni di euro, oltre a soluzioni alternative che non possono essere immediate. Dato che nelle case finlandesi il riscaldamento è acceso dieci mesi l'anno, il problema della fornitura del gas resta cruciale. Già ora si

13. In Finlandia nel 2020 erano registrati oltre 84 mila parlanti russo come madre lingua, distribuiti su tutto il territorio, che rappresentano per grandezza il secondo maggiore gruppo allofono. La doppia nazionalità è stata concessa a 34.890 russi.
14. A. Kauranen, «Rosatom subsidiary will proceed with Finnish nuclear project», *Reuters*, 11/4/2022.

verifica un aumento di spese condominiali, benzina, diesel e alimenti. Mosca, notizia del 14 maggio, ha minacciato il taglio dell'energia elettrica in alcune zone del vicino.

In Russia non entrano più i treni merci né quelli passeggeri provenienti da Helsinki. Il suo spazio aereo resta chiuso, con forti perdite della Finnair che gestiva una proficua rotta verso l'Asia. Nel 2020 l'export finlandese in Russia ammontava a 3,46 miliardi di dollari; a causa delle sanzioni ha subìto una forte contrazione, riguardante soprattutto il settore alimentare, di vitale importanza per l'agricoltura e l'allevamento. Se si considera anche la prevista crescita delle spese militari (che nel 2022 sale a 5,6 miliardi di dollari, l'equivalente del 1,96% del pil) e che ne è già stato annunciato un ulteriore aumento per il 2023, appare evidente che tutto questo provocherà una contrazione della spesa sociale e un incremento della pressione fiscale.

L'ipotesi di una invasione non era corroborata da alcun elemento. La Russia non ha manifestato per 75 anni, né lo ha fatto dopo il 24 febbraio, alcun segno di aggressività nei confronti della Finlandia. Ha addirittura spostato una parte del proprio apparato militare dalla frontiera finlandese all'Ucraina. Ma la paura dell'invasione resta. Anche se la razionalità direbbe che non solo la Russia non trarrebbe alcun vantaggio da una invasione, essendo la neutralità la premessa necessaria dell'equilibrio baltico, ma che neppure potrebbe attuarla. Ciò fa sospettare una certa furbizia del governo finlandese: sapendola impantanata nel conflitto in Ucraina, Helsinki ritiene che Mosca non avrebbe le risorse per intervenire in Finlandia. Il che è perfettamente vero.

Ma la Russia deve reagire: è impensabile che possa accettare lo spostamento del confine con la Nato a poca distanza da San Pietroburgo, la città di Putin. Il Baltico diventerebbe un mare chiuso alla Russia. L'Alleanza Atlantica arriverebbe anche alle porte di Murmansk, la principale base navale russa, in particolare dei sottomarini nucleari. E non solo: quella città è la chiave di volta del sistema di difesa artico; controlla la rotta che si sta aprendo tra Asia ed Europa, di fondamentale importanza economica e strategica. Su Murmansk si affaccia già la Norvegia; la Finlandia potrebbe chiudere questa base in una tenaglia.

6. Il processo di accettazione nella Nato vuole il suo tempo, nonostante le promesse di Stoltenberg. Ecco la finestra che si apre. E non è la finestra di pace che Pietro il Grande aveva aperto sull'Europa fondando Pietroburgo, ma uno spiraglio di guerra. Come prevenirla? Il ministro dell'Interno Anna-Maja Henriksson preannuncia attacchi «ibridi» (il neologismo dice tutto e niente) e cibernetici, citati anche come minaccia nell'accordo dell'11 maggio con i britannici.

E un attacco via terra? Per carità, ribattono i politici, abbiamo uno dei più forti eserciti europei, basato su moderni armamenti e su 16 mila soldati, che dispone di 280 mila riservisti attivi. Benché priva di un alto numero di soldati di professione, la Finlandia, come pochi altri paesi della Nato, ha un esercito di leva, il che amplia la sua disponibilità di riserve.

Ma noi vediamo questi giovani. Li abbiamo visti alla cerimonia del giuramento nella base dove erano i nostri figli. E scuotevamo il capo. Non sono come i loro nonni, che imbracciavano il fucile per andare a caccia nei boschi, che facevano venti chilometri con gli sci per andare a scuola, che usavano il *puukko*, il coltello lappone, non solo per fare trucioli. Questi giovani sanno invece usare benissimo lo smartphone e ne sono spesso rapiti.

E poi, quali armi dare a questo enorme esercito di riservisti? Dove sono i mezzi, le artiglierie, i carri armati per irrobustirne le file? E quando arriveranno i sessanta F-35 acquistati dagli Stati Uniti proprio per avvicinarsi alla Nato?

La Russia non ha soldati da mandare oltre il confine finlandese, che ha in pratica sguarnito per inviarli in Ucraina. Mosca potrà disporre quindi solo di poche truppe per stendere un debole velo di presidi lungo i 1.300 chilometri che la separeranno dall'Alleanza Atlantica. Ma la Russia ha altre carte in mano. Potrebbe per esempio condurre un'esercitazione con armi nucleari tattiche nell'Artico, un segnale inequivocabile per Finlandia e Svezia.

Ma a questo i finlandesi non pensano. Parlando con gli amici, i colleghi, i vicini notiamo quella che somiglia a una sovrana incoscienza. E se arrivano i russi? «Ci batteremo come abbiamo già fatto». Sarà intimorito Vladimir Putin dal gonfiarsi dei muscoli di questi pingui cittadini?

La premier Marin è in viaggio per raccogliere la solidarietà dei paesi Nato. Una l'ha già incassata da tempo: quella statunitense. Nel discorso di aprile con cui annunciava l'inizio dell'iter verso l'Alleanza, ha ammesso che ci sono stati «stretti contatti». Questo fa nascere il sospetto che Helsinki sia stata oggetto di forti pressioni. La Finlandia rientra perfettamente, come mossa addirittura decisiva, nella strategia americana di completamento dell'accerchiamento della Russia. Quest'ultima, già pressata a sud e a ovest, lo sarà anche a nord. E i finlandesi si cullano nella speranza che la reazione di Mosca si limiterà a qualche attacco cibernetico ai loro ministeri.

7. Per giustificare la loro rivoluzione geopolitica, i finlandesi citano l'esempio della Germania. La quale ha deciso di rompere il suo tradizionale disarmo e ha deciso non solo di mandare aiuti pesanti all'Ucraina, ma di riarmare in grande stile. Ma mentre Berlino progetta di aumentare il potenziale difensivo in senso nazionale, unilaterale e autocentrato, la Finlandia si rivolge a un'alleanza a guida americana. L'esempio tedesco non è quindi quello cui guarda il governo finlandese. Il leader del Kokoomus Petteri Orpo, pronosticato futuro vincitore delle elezioni politiche della prossima primavera e presidente della commissione Difesa che ha elaborato il documento favorevole all'ingresso nella Nato, in un dibattito televisivo non ha neppure escluso la possibilità che la Finlandia, come deterrente, accolga sul proprio territorio armi nucleari, cosa vietata dalla legislazione nazionale. Ma non a caso gli F-35 acquistati dagli Stati Uniti possono portare anche testate atomiche.

Nel «secolo breve», la Germania ha svolto nei confronti della Finlandia un ruolo rilevante: furono la divisione degli *Jäger* e i soldati di von der Goltz a cambiare le sorti della guerra civile [15]. Nel primo dopoguerra una parte della classe politica ha guardato con favore a Berlino; la Finlandia non è stata tecnicamente alleata del Terzo Reich contro l'Urss ma ha collaborato alla sua offensiva orientale. Nel secondo dopoguerra i rapporti politici hanno avuto minore consistenza, al contrario di quelli economici, per non irritare Mosca. Con la caduta del Muro, la Repubblica Federale è diventata partner economico privilegiato.

Il riarmo tedesco non sembra al momento destare particolare preoccupazione. Helsinki non appare interessata ai progetti militari congiunti europei come il Fcas (il nuovo aereo di sesta generazione franco-tedesco-spagnolo), il Mgcs (il nuovo carro armato franco-tedesco) e l'Eurodrone (il nuovo drone militare a collaborazione francese, tedesca, spagnola e italiana).

La Finlandia per ora guarda all'immediato: il futuro di un forte asse militare franco-tedesco non sembra rientrare nella sua ottica. Guarda oltreatlantico.

8. Rimasta neutrale per 75 anni, Helsinki cambia ora radicalmente il corso dei suoi rapporti internazionali. Dal secondo dopoguerra, era stata caratterizzata dal confrontarsi di tre diverse tendenze: una era la neutralità «finlandizzata»; un'altra invitava a guardare a est sulla spinta di un forte partito comunista filosovietico e di una storia politica che la legava alla Russia; un'altra ancora suggeriva di volgersi invece dalla parte opposta, verso ovest. Collassata l'Urss, la Finlandia ha subito abbandonato la prima componente, entrando nell'Unione Europea e avvicinandosi alla Nato, con forme neppure molto nascoste di collaborazione militare. Oggi l'ultimo passo: l'ingresso nell'Alleanza Atlantica. Il viaggio verso ovest si è compiuto. Ma, come ebbe a dire il presidente Mauno Koivisto, l'ultimo rappresentante di una classe dirigente fedele alla linea neutralista, se uno si inchina da una parte mostra il didietro all'altra.

La Finlandia, dunque, ha scelto: si unirà a quella che ormai è la contrapposizione che divide il mondo, così definita dalla presidente della Commissione europea Ursula von der Leyen in un tweet al Giappone per la sua adesione alle sanzioni antirusse: «Come l'Ue, anche il Giappone comprende che cosa sia in gioco. Non solo il futuro dell'Ucraina, non solo il futuro dell'Europa, ma il futuro di un ordine basato sulle regole». Si tratta naturalmente delle regole dettate in Occidente. Koivisto, nella sua semplificazione, aveva visto giusto.

In conclusione, Helsinki – che Mosca non aveva in alcun modo minacciato – a causa di una pura e semplice ipotesi di aggressione non corroborata da alcun atto provocatorio, chiedendo l'adesione alla Nato crea i presupposti di tale possibile aggressione.

Come abbiamo visto, questa decisione, svincolata dall'analisi geopolitica, è stata presa sulla scia emotiva di una opinione pubblica mediaticamente impressionata da quanto accade in Ucraina, fenomeno che l'ex ministro degli Esteri Erkki Tuomioja ha definito «psicosi di guerra». La Finlandia aveva da almeno due decen-

15. C. Jay Smith Jr., *Finland and the Russian Revolution 1917-1922*, Athens 1958, University of Georgia Press, pp. 66-85

ni iniziato una manovra di avvicinamento alla Nato grazie ai governi a guida Kokomus, che però non portava all'adesione all'Alleanza per l'opposizione della maggioranza dei finlandesi. Costoro, in misura quasi plebiscitaria, oggi sono favorevoli e questo a sua volta spinge i partiti, che tra un anno affrontano le elezioni parlamentari, a recepirne le istanze. In altre parole: si è creata una saldatura tra le aspirazioni dei partiti di centrodestra e quelli di sinistra, a loro volta influenzati dall'opinione pubblica, su cui agisce la decisione del governo. Il cerchio si chiude.

Su tutto ciò ha pesato anche la pressione di entità esterne alla Finlandia: gli Stati Uniti, la Nato medesima e l'Unione Europea.

Ci avviamo verso l'estate, quando il sole a queste latitudini tarda a tramontare, se tramonta. Speriamo che i raggi del sole boreale illuminino chi governa questo paese. Anche se all'estate segue sempre l'inverno.

L'OCCIDENTE NELLA TRAPPOLA DI NARCISO

di *Romano* FERRARI ZUMBINI

L'eccesso di illuminismo di noi occidentali ci impedisce di metterci nella testa degli altri. Vedendo solo noi stessi, neghiamo il principio di realtà e disperdiamo il senso del Tempo. Così aboliamo Storia e capacità di giudizio.

1. RECENTI VOTAZIONI ALL'ASSEMBLEA Generale dell'Onu hanno evidenziato una spaccatura culturale, prim'ancora che geopolitica, fra occidentali e non occidentali. Sulla sospensione della Russia dal Consiglio per i diritti umani, ad esempio, non si sono espressi in senso favorevole Stati rilevanti come Brasile, Cina, Egitto, India, Pakistan, Sudafrica. Emerge una linea di faglia che l'Occidente sottovaluta e che conferma la sua difficoltà di mettersi nella testa dell'altro. E che porta a negoziare con sé stessi.

La distanza fra Occidente e diverse regioni del mondo è così ampia da far sorgere il sospetto di una profonda incomunicabilità, a dispetto dei commerci globalizzati. Vendersi merci non significa dialogare. Persino la ottativa, irenica visione dello *One World* viene messa in crisi da questa frattura, che può portare a esiti imprevedibili. Distanza accentuata, che si concretizza nella reciproca incomprensione su aspetti cruciali. Qual è la causa di tale distanza? Non il fattore religioso (il monoteismo è un elemento che accomuna l'Occidente ad altre regioni del mondo); non il fattore economico (il capitalismo è diffuso anche altrove). La causa può risiedere in una dimensione culturale che l'Occidente ha maturato nei secoli: l'illuminismo.

Da esso, declinato nelle varie sensibilità regionali (dalla Scozia a Napoli, fin negli Stati Uniti), è maturato dalla fine del Seicento e potentemente dai primi anni del Settecento un mosaico di riflessioni che si è espresso in una suggestiva metodologia di analisi dei fenomeni della vita, decisiva nel forgiare le nostre scelte.

L'illuminismo racchiude una pluralità di correnti di pensiero che hanno arricchito in modo superbo la cultura dell'Occidente. Pure il pensiero cattolico si confrontò proficuamente con esso: Rosmini guardò con interesse a Kant. L'età dei Lumi – secondo la lezione di Franco Venturi[1] – ha espresso un fecondo equilibrio fra utopia e riforma. Ha arrecato benefici innegabili.

1. Cfr. F. VENTURI, *Utopia e riforma nell'Illuminismo*, Torino 1970, Einaudi.

Si pensi all'illuminismo francese, che ha forgiato di sé la rivoluzione di fine Settecento, pur se connotata da pagine chiaroscurali.

Si pensi a quello tedesco in campo giuridico: Pufendorf – definita la *lex* come un comando (*decretum*) con cui un soggetto superiore ne obbliga uno subordinato a regolare la sua azione secondo un precetto – ha isolato una sfera di libertà costituite dalle opzioni non esplicitamente vietate. Infatti, la legge definisce ciò che si deve fare o omettere di fare. Pertanto, ne discende che ciò che non è stabilito è libero [2]. È nata così l'idea di una libertà naturale. Thomasius ha poi separato con ancor maggiore nitore la linea di confine fra il diritto e la legge morale. È nata la laicità [3].

Si pensi all'impatto sulla Spagna di Ferdinando VI, con la modernizzazione attraverso le riforme agrarie e il libero scambio alla metà del Settecento e si ricordi che Carlo III, re a Napoli e poi re di Spagna, introdusse, con il ministro Tanucci, riforme giudiziarie volte a limitare l'arbitrio della magistratura.

Voltaire non fu solo filosofo, ma scrisse pure di storia. Nella biografia di Carlo XII di Svezia osservò che l'eccesso ribalta ogni effetto positivo: «Egli (Carlo XII, *n.d.a.*) ha portato tutte le virtù all'estremo, in cui esse diventano pericolose quanto i vizi contrari. La fermezza divenuta ostinazione (...) la sua generosità degenerando in prodigalità (...) il suo coraggio spinto fino alla temerarietà (...) la sua giustizia andata talvolta fino alla crudeltà (...) la sua autorità rasentava la tirannia» [4].

Parole sagge: a ben riflettere, lo stesso può probabilmente dirsi dell'illuminismo, che se assunto in dosi massicce può rendere difficile la visione della realtà. Da ogni sostanza assunta in eccesso possono infatti scaturire controindicazioni. Si pensi al metallo alcalino calcio (Ca): fa bene, ma l'eccesso determina calcoli renali. Ebbene, l'abbondanza di illuminismo in Occidente ha controindicazioni che potrebbero essere la causa della linea di faglia con il resto del mondo.

2. Prendiamo il caso dell'Afghanistan. L'Occidente, portatore di alte e raffinate elaborazioni politico-costituzionali, ha imposto alle tribù locali il ricorso a meccanismi elettorali per soluzioni parlamentari che erano però estranee al pensiero di popolazioni che non avevano conosciuto Locke (teorico del diritto di resistenza) e il costituzionalismo inglese. Perché imporre una visione culturale? Vi era qualcosa che strideva nelle immagini che ci pervenivano dall'Afghanistan durante il ventennio di impegno occidentale: popolazioni chiamate a votare con un metodo che in Occidente si definisce democratico, ossia con un voto il cui peso è paritario fra tutti i votanti. Ma questo metodo è stato colà calato dall'alto. In quell'ambiente non erano e non sono ancora maturate certe categorie. Era stata imposta una costituzione scritta, che introduceva un regime parlamentare bicamerale; ma nelle elezioni presidenziali ha votato meno del 25% degli aventi diritto. La Corte suprema era

2. Cfr. S. Pufendorf, *De officio hominis et civis prout ipsi praescribuntur lege naturali,* 1673; tr. ted. Frankfurt/Main 1994, Insel.
3. Cfr. C. Thomasius, *Fundamenta iuris naturae et gentium*, Halle 1705, Salfelden.
4. Cfr. Voltaire (F.-M. Arouet), *Histoire de Charles XII, roi de Suède,* 1ª ed. Bâle 1731; ult. ed. Genève 1768.

formata da nove giudici, ma la maggioranza delle cause veniva affidata ai consigli degli anziani che decidevano secondo (rispettabili) tradizioni tribali.

Francamente, l'impressione è stata quella di un trapianto forzato, che non ha tenuto conto della storia di quel popolo. La finalità è comprensibile (esportare la democrazia); l'insensibilità però risalta.

Il rischio evidente è per l'Occidente di cadere nella trappola di Narciso, il mitico figlio della ninfa Liriope che, per insensibilità verso i sentimenti di una ragazza, fu punito dalla dea Nemesi con l'innamoramento del proprio volto e morì consumato da questa patologica ed egocentrica visione.

Il rischio che corre l'Occidente nel XXI secolo è di vedere solo sé stesso, come Voltaire vide solo sé stesso quando, con ira funesta, abbandonò San Pietroburgo allorché l'imperatrice Caterina – che pur aveva intellettualmente flirtato con lui – al momento decisivo si rifiutò di varare le iniziative legislative da lui auspicate: «*Mon cher philosophe*, quel che mi proponete è bello e suggestivo, ma non fa per il mio popolo, che non è in grado di apprezzarlo». Insomma, per Voltaire il popolo era un dettaglio trascurabile, mentre – con saggezza femminile – Caterina aveva compreso quel che il francese non sapeva vedere.

Gli illuministi hanno a più riprese chiesto (e preteso) di guidare la società. Così commentò Alessandro Verri, nel 1766, i suoi contatti con gli enciclopedisti: «Guardano come imbecille chi non è di deciso parere come loro». Per soggiungere: «Una cosa non so perdonare a questi uomini, l'essere fanatici contro gli ortodossi: se lo potessero esigerebbero l'inquisizione contro chi non è del loro parere»[5]. Franco Venturi ha mirabilmente descritto nel suo *L'Europa dei Lumi* la volontà di porsi alla testa e alla direzione della società. Questo vale non solo per gli enciclopedisti (dai celebri d'Holbach, Diderot, Condillac, d'Alembert a meno celebri come N.A. Boulanger), ma anche per i neo-enciclopedisti del XX secolo (M. Foucault, R. Barthes e non solo)[6]. Sia gli uni sia gli altri si sono posti come maestri del pensiero, eppure non hanno mai voluto indossare l'abito dei filosofi sistematizzanti. Hanno infatti espresso costantemente sfiducia sulla validità dei sistemi. Scelta chiara, che però celava e cela un'insidia sterminata, quella di declinare ogni responsabilità verso le conseguenze, gli effetti di ripercussione dei propri scritti e dei propri ragionamenti. In altre parole, il chiamarsi fuori dalla banale concretezza della realtà.

3. La società occidentale del XXI secolo è pervasa dal razionalismo. L'illuminismo è immanente alla società contemporanea. Si pensi al fascino della parola «rivoluzionario»: quale pubblicitario non ricorre all'aggettivo «rivoluzionario» per propagandare con enfasi la (più o meno effettiva) migliore qualità di un nuovo prodotto da lanciare sul mercato? Il nuovo è *sempre* garanzia di migliore. Così facendo, si cancella il passato e si ipoteca il presente, destinato a soccombere di fronte al futuro.

5. *Carteggio di Pietro e di Alessandro Verri dal 1766 al 1797*, vol. 1 (ottobre 1766-agosto 1768), Milano 1923, Cogliati.
6. D. Trombadori (a cura di), *Colloqui con Foucault*, Salerno 1981, 10/17 Cooperativa editrice.

Se qualcuno dubitasse della dissolvenza del senso del Tempo, basterebbe notare che Twitter e altri social non seguono l'ordine cronologico. Le agende cartacee – nelle quali si conservava memoria di ciò che era fatto – non esistono più. Prevale una logica da agenzia di viaggi: effettuato un volo, i dati si buttano. Gli archivi delle istituzioni pubbliche sopravvivono a sé stessi; il personale per quegli archivi viene assunto in misura sempre minore. La materia «storia» nelle scuole viene frammentata con altre: è stata inventata la «geostoria». L'insegnamento storico è stato umiliato con la disintegrazione delle date, figlia di certa annalistica di lingua francese che ha esaltato i «fenomeni» (e i «microfenomeni»), mortificando le date (la cosiddetta storia evenemenziale). In sintesi, l'Occidente del XXI secolo non si cura della propria memoria. Disperso però il senso del Tempo non sparisce il Tempo, ma la capacità di vedere il Tempo.

Il Tempo è, nella sua essenza, oggettivo. Che poi lo si percepisca soggettivamente in modo diverso è un altro discorso (come hanno dimostrato Agostino d'Ippona e Thomas Mann, tra gli altri). Il Tempo ha un decorso che è uguale per tutti: 5 minuti o 10 anni tali sono per chiunque, indistintamente. Il Tempo, quindi, vincola. Ma una società che non si cura della propria memoria perde gli appigli dell'oggettività. Persi questi parametri, quella società perde la capacità di giudicare. Abolito il giudizio, mancano le categorie (giuridiche, estetiche e così via). Il rischio immanente è quello di un sezionamento aprioristico della realtà, dell'incapacità di vedere la realtà, privilegiando narcisisticamente la propria visione delle cose[7].

Il Tempo è un limite ed esprime un vincolo, mentre la società occidentale si è educata all'emancipazione da tutto e quindi a evitare ogni meccanismo di vincolo. Quei meccanismi, invece, permangono in altre regioni del mondo. L'Occidente si compiace di voler vivere *no limits – there is nothing out of bounds*, senza confini. Perché così emerge dagli insegnamenti dei neo-illuministi del dopoguerra, da Sartre a Foucault. Quest'ultimo teorizzò che non deve esser represso l'istinto artistico che alberga in ciascuno di noi, quindi ciascuno ha diritto a esprimere il suo senso artistico, emancipato dalle gabbie dei canoni prescritti. Ne è risultato che chiunque si svegli con il desiderio di fare arte ha il diritto a sentirsi artista e poiché in una società emancipata non si devono porre limiti al desiderio di libertà diventa artista chiunque voglia esserlo. Per cui, se ciascuno è legittimato a sentirsi artista, l'arte si dissolve e non esiste più.

Teorizzazioni, queste come tante altre, d'indubbio fascino, con l'unico dettaglio (negativo) che scardinano una società. E le società che fuori dell'Occidente non hanno conosciuto tali teorizzazioni non sono in grado di apprezzarle. Da ciò la linea di faglia che si riflette nei voti all'Onu.

4. Che fare? Recuperare il principio di realtà, non in senso psicoanalitico – contrapposto al sogno – bensì storico, antitetico quindi alla nebulosità. Autrici e auto-

7. R. Ferrari Zumbini, *Il Grande Giudice: il Tempo e il destino dell'Occidente*, Roma 2021, Luiss University Press.

ri, soprattutto di lingua francese, hanno negli anni Cinquanta e Sessanta del XX secolo mortificato, irriso e disprezzato il principio di realtà. Il marchese de Sade, ad esempio, è stato descritto come un buontempone di campagna. Ma così facendo si sono create le premesse anche per una spaccatura inesorabile nella stessa Europa, fra la sua parte occidentale e quella orientale. Nel 1968 a maggio a Parigi si auspicava qualcosa di molto diverso da quanto si auspicava ad agosto a Praga. E in quel distacco si rinvengono le radici di altre incomprensioni all'interno della stessa Unione Europea. Insomma, di un'altra linea di faglia.

Il principio di realtà presuppone una triade: *premessa* (fatto latente o realtà evidente) – *perno* – *conseguenza* (fatto agente o realtà incidente). La *premessa* risiede nella capacità di vedere ciò che è e ciò che non è: un sasso è un sasso e non è un bicchiere. Il *perno* consiste nella capacità di denominare in modo appropriato, cioè disgiungendo nella definizione ciò che è da ciò che non è: il sasso va definito come tale e non come bicchiere. La *conseguenza* si realizza nel saper rapportare conseguentemente le condotte in relazione alla qualificazione delle cose: se si volesse bere dal sasso solo perché lo si è definito bicchiere si violerebbe il principio di realtà. Prendere posizione, valutare, giudicare presuppone saper visualizzare, qualificare e impostare comportamenti coerenti con la premessa di partenza.

La rinuncia al senso del Tempo in nome dell'emancipazione da tutto ha dissolto i meccanismi di vincolo. Così facendo, la società ha perso le sue oggettività. Non a caso in campo giurisdizionale – per esempio – alle ferree, secolari categorie giuridiche del codice civile (invenzione dell'illuminismo) si antepone sempre più una valutazione «libera», cioè su base equitativa, per trovare un punto d'incontro fra i contendenti. Il giudice non è più chiamato a «dare ragione», ma a «trovare un equilibrio» e non fra diritti o posizioni giuridiche, bensì fra aspettative e desideri. Rinunciando al senso del Tempo, l'Occidente ha dissipato la capacità di giudicare ed è subentrata una sofisticatezza che è incomprensibile alle altre parti del mondo.

Solo recuperando il senso del Tempo, quindi l'oggettività del Tempo – e il rispetto verso la Storia – solo arginando la frenesia parossistica verso il «nuovo» e l'arroganza di voler esser più forti della natura si potrà recuperare il principio di realtà. E quindi capire e farsi capire dalle altre regioni del mondo.

limes
RIVISTA ITALIANA DI GEOPOLITICA
LA CORTINA DI ACCIAIO

Parte II

GUERRA *senza* LIMITI

INTERVISTA

'La Nato non funziona il futuro è l'U-24'

Conversazione con *Oleksij* ARESTOVYČ, consigliere del capo dell'Ufficio del presidente ucraino Volodymyr Zelens'kyj, a cura di *Greta* CRISTINI

LIMES Cos'è la vittoria per voi? E quanto è realistica?

ARESTOVYČ Ci sono due tipi di vittorie, l'una propedeutica all'altra. La prima, quella minima, ma anche assolutamente realistica, è il ritorno ai confini *ante bellum*, alla condizione di integrità territoriale del 23 febbraio 2022. Questo è per noi imprescindibile. È un punto fermo del capo dello Stato e del comandante in capo delle Forze armate ucraine. Non è un annuncio o una proclamazione di intenti, né tanto meno propaganda. È una posizione consolidata nel principio di realtà e concordata con i nostri alleati. Il premier britannico Boris Johnson ha affermato la volontà di rendere innocua la Russia al punto da impedirle di minacciare il suo estero vicino. La stessa posizione è stata ribadita dal segretario di Stato americano Antony Blinken, dal segretario alla Difesa Lloyd Austin e da altri quaranta ministri in tutto il mondo, i quali continueranno a confermare questa linea. In seconda battuta, la vittoria massima include il rientro di Donbas e Crimea nel territorio sovrano ucraino. In definitiva, il successo militare consiste nell'assicurarsi la sconfitta russa sul piano operativo. Poi c'è la fase negoziale.

LIMES Quali sono le condizioni che hanno permesso all'Ucraina di concepire la vittoria? Quanto ha inciso la nuova postura degli Stati Uniti?

ARESTOVYČ Prima dei massacri di Buča abbiamo avuto un'altra guerra. A partire dal conflitto Russia-Georgia del 2008, l'approccio tattico-militare dell'esercito russo si è fondato sul concetto di *Blitzkrieg*, guerra lampo. Ma il conflitto in Ucraina non rientra in questa categoria. Inoltre, i russi erano convinti dell'indisponibilità dell'Occidente a intervenire in difesa dell'Ucraina se questa fosse stata attaccata. Ed effettivamente i paesi occidentali hanno deciso di intervenire veramente solo nel cinquantesimo giorno di guerra. Già dal settembre 2021 eravamo a conoscenza dell'intenzione russa di invadere. Allora le autorità ucraine chiesero all'Occidente di prevenire il conflitto con sanzioni mirate. Non avendo ottenuto questo appoggio, si è giunti alla guerra.

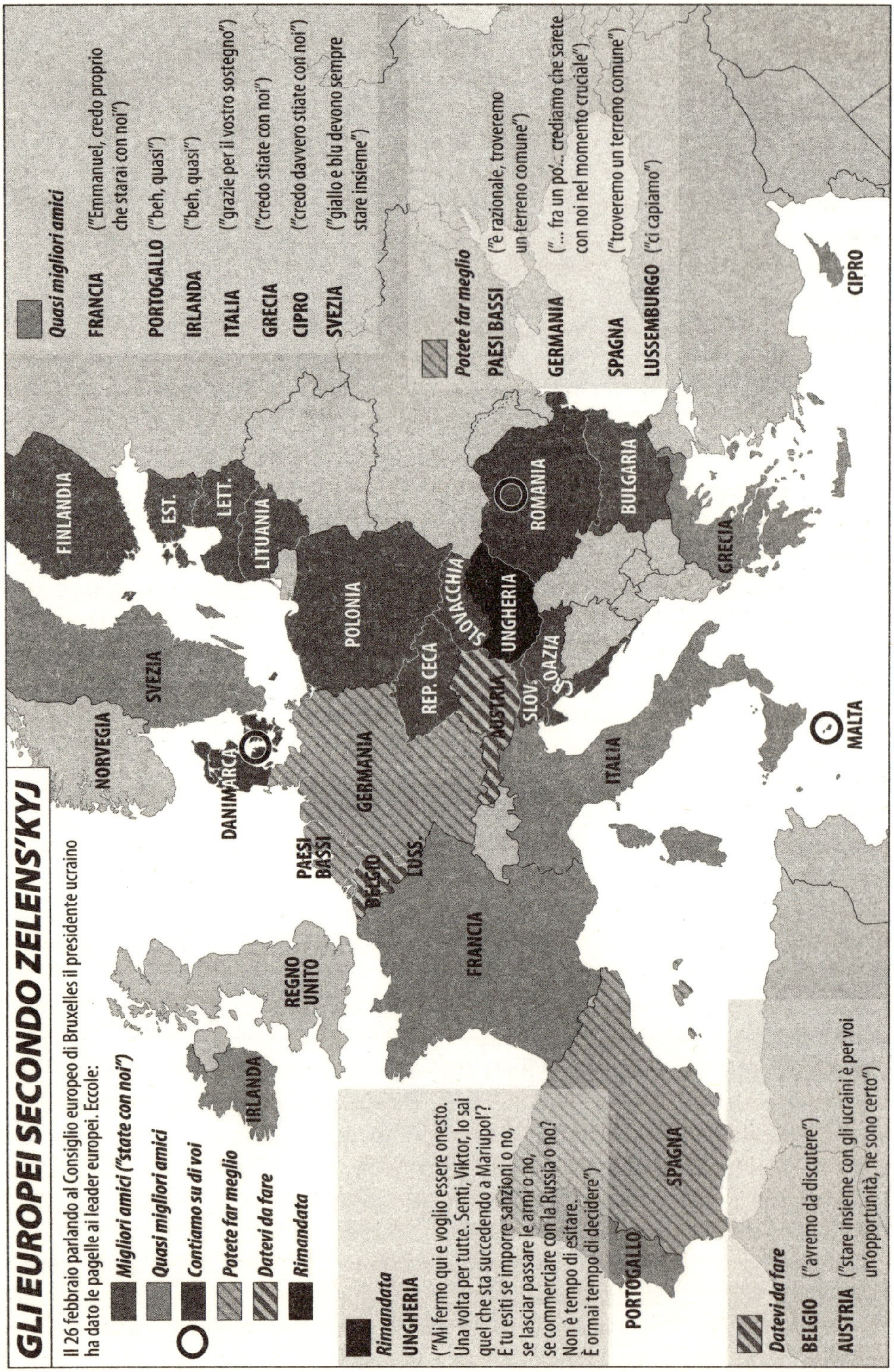
GLI EUROPEI SECONDO ZELENS'KYJ
Il 26 febbraio parlando al Consiglio europeo di Bruxelles il presidente ucraino ha dato le pagelle ai leader europei. Eccole:
Migliori amici ("state con noi")
Quasi migliori amici
Contiamo su di voi
Potete far meglio
Datevi da fare
Rimandata
Rimandata
UNGHERIA
("Mi fermo qui e voglio essere onesto. Una volta per tutte. Senti, Viktor, lo sai quel che sta succedendo a Mariupol'? E tu esiti se imporre sanzioni o no, se lasciar passare le armi o no, se commerciare con la Russia o no? Non è tempo di esitare. È ormai tempo di decidere")
Datevi da fare
BELGIO ("avremo da discutere")
AUSTRIA ("stare insieme con gli ucraini è per voi un'opportunità, ne sono certo")
Quasi migliori amici
FRANCIA ("Emmanuel, credo proprio che starai con noi")
PORTOGALLO ("beh, quasi")
IRLANDA ("beh, quasi")
ITALIA ("grazie per il vostro sostegno")
GRECIA ("credo stiate con noi")
CIPRO ("credo davvero stiate con noi")
SVEZIA ("giallo e blu devono sempre stare insieme")
Potete far meglio
PAESI BASSI ("è razionale, troveremo un terreno comune")
GERMANIA ("... fra un po'... crediamo che sarete con noi nel momento cruciale")
SPAGNA ("troveremo un terreno comune")
LUSSEMBURGO ("ci capiamo")
NORVEGIA
SVEZIA
FINLANDIA
EST.
LETT.
LITUANIA
DANIMARCA
POLONIA
ROMANIA
BULGARIA
GRECIA
UNGHERIA
SLOVACCHIA
REP. CECA
AUSTRIA
SLOV.
CROAZIA
GERMANIA
PAESI BASSI
BELGIO
LUSS.
REGNO UNITO
IRLANDA
FRANCIA
ITALIA
MALTA
CIPRO
SPAGNA
PORTOGALLO

Tre elementi hanno permesso questo cambiamento nell'atteggiamento dell'Occidente: la resistenza del popolo ucraino; l'orrore dei massacri perpetrati dall'esercito russo; il fallimento degli innumerevoli tentativi occidentali di accordarsi con la Russia già dopo l'inizio della guerra. A marzo il presidente americano Joe Biden ha comunicato al mondo che il problema è il potere di Putin, sicché il suo regime deve cadere. La posizione precedente, che prevedeva una trattativa continua con il presidente russo, si è ora trasformata in cambio di regime. Considerando poi l'Occidente nel suo complesso, gli europei si sono inizialmente tirati indietro. L'impulso a un loro coinvolgimento maggiore è arrivato grazie alla strage di Buča. La Germania è un buon esempio per cogliere il graduale percorso realizzato dai paesi europei. Dapprima l'Ucraina ha ricevuto un secco No in termini di aiuti e assistenza. Dopo Buča, la postura tedesca è divenuta più flessibile. I giornalisti tedeschi, con cui ho discusso spesso in questo periodo, mi hanno riferito che la popolazione in Germania ha visto in Buča la replica dei misfatti che l'esercito sovietico compiva nelle terre germaniche occupate nel 1945. Che significa? Significa che i tedeschi hanno colto che in questi quasi ottant'anni, lo schema, l'archetipo, il *modus operandi* dell'esercito sovietico/russo non è cambiato e che va dunque combattuto.
Questa modifica nell'approcciare la guerra in Ucraina sta interessando anche altri paesi fuori dall'Europa. Da ultimo Israele: il popolo ebraico è stato toccato profondamente dalle dichiarazioni folli e antisemite del ministro degli Esteri russo Sergej Lavrov, sicché anche Gerusalemme sta modificando la sua postura. Ad esempio, Israele ha recentemente tolto il proprio veto all'Estonia, la quale in precedenza non poteva fornire all'Ucraina armamenti israeliani. Infine, anche i cinesi si stanno accorgendo dell'impresentabilità di Putin come partner.

LIMES In questo periodo come è evoluto l'atteggiamento americano?

ARESTOVYČ Sulla base di un calcolo complessivo basato sui successi di Kiev e sulle perdite di Mosca. Secondo gli americani, allo stadio attuale del conflitto gli ucraini possono sconfiggere i russi.
Credo che la decisione americana includa anche una dimensione emotiva. A cominciare dal massacro di Buča. E stando ai dati operativi che ci arrivano, sappiamo già che ci sono ben quattro altre Buča, due nel Sud e due nell'Est, nelle aree di Zaporižžja e Kherson. Qui i russi hanno torturato e ucciso anziani e bambini. Se avessimo avuto a che fare con un esercito «civilizzato», cioè che rispetti le regole della guerra, allora gli occidentali avrebbero potuto vacillare. Ma poiché abbiamo a che fare con bestie, l'Occidente si è compattato comprendendo la necessità di eliminare fisicamente i russi dal territorio ucraino.

LIMES Lei crede davvero che la nuova tattica americana preveda il rovesciamento del regime putiniano?

ARESTOVYČ Le necessità inaggirabili per gli americani sono che la Russia subisca la sconfitta militare e che conseguentemente venga screditata come potenza, tanto da rassegnarsi a non invadere altri paesi. Il rovesciamento del regime putiniano potrebbe arrivare, ma solo dopo il soddisfacimento di queste due condizioni. La sconfitta militare alimenterà sviluppi interni alla Russia stessa, di cui ancora non sappiamo. L'élite russa non perdonerà al presidente questa sconfitta. Certamente Putin potrebbe provare a proteggersi trasformando la Russia in una Corea del Nord, ma è molto arduo. Nello specifico, la sconfitta militare non è così improbabile. L'esercito russo ha in totale dieci armate effettivamente operative. Tutte sono già intervenute in Ucraina e la metà è ormai incapacitata a svolgere operazioni offensive. Non solo. Stiamo iniziando a registrare la diserzione di un certo numero di soldati russi, che tentano di unirsi come volontari alle forze ucraine. Non è qualcosa che ci faccia particolare piacere, ma accogliendoli ci accorgiamo della loro inadeguata preparazione militare. Inoltre, una tappa fondamentale che segnerà il conflitto è l'eventuale introduzione in Russia della mobilitazione generale. Da questo passaggio dipenderanno tante cose. Il consenso era basato finora sullo sbandieramento nella televisione di Stato delle vittorie militari di Putin. Non è però assodato che questo patto fra cittadini e governo terrà quando quegli stessi cittadini dovranno andare a combattere in massa in prima persona.

LIMES Secondo lei l'esercito ucraino può trasformarsi nell'avanguardia euro-americana per il contenimento della Russia?

ARESTOVYČ La posizione ufficiale del governo è che l'ordine mondiale come lo abbiamo conosciuto sino a oggi è crollato, perché sono caduti i pilastri, le idee e i valori che lo reggevano. La cornice di sicurezza in piedi finora, infatti, non ha potuto prevenire la più grande catastrofe europea degli ultimi tempi. In un recente articolo per il *New York Times*, il capo dell'Ufficio del presidente Andrij Jermak ha scritto che la Russia ha sempre preferito dispiegare le Forze armate per sostenere la propria ideologia all'estero. Al contrario, l'Occidente ha sempre preferito promuovere la propria ideologia prima di inviare truppe sul campo. In Ucraina la Nato, l'Onu, l'Unione Europea, il Consiglio d'Europa non hanno funzionato. Non hanno prevenuto. Per capirci, dalla Nato come organizzazione abbiamo solo ricevuto 50 tonnellate di carburante. Tutto il resto è stato accordato e strutturato a livello bilaterale. Per questo, il presidente Zelens'kyj ha già presentato un nuovo progetto di cooperazione militare rafforzata, chiamato United-24 (U-24). Il centro è per adesso l'Ucraina, ma ogni paese virtualmente può aderire e divenire donatore e recipiente dell'aiuto. Questo sistema prevede una sorta di pronto soccorso militare per cui, ad esempio, se l'Italia venisse attaccata in tre giorni gli altri paesi membri dovrebbero intervenire per prestare assistenza militare e umanitaria.
Putin ha imposto una cornice metafisica a questa guerra, partendo dagli albori della Rus' di Kiev, utilizzando lo spettro storico e religioso per legittimarla. L'Ucraina oggi sta combattendo per i vecchi valori europei, quelli tradizionali. Il nostro contributo specifico in questo sistema di valori è quindi lottare per la libertà e l'indipendenza. L'archetipo non concerne solo il popolo ucraino, ma una visione futura del mondo. Il presidente Zelens'kyj e il capo dell'Ufficio presidenziale Jermak lo hanno ripetuto più volte: questa guerra non ha alcun senso se non porterà a una nuova civiltà.

LIMES Anche l'U-24 pare tuttavia concepito come un altro sistema multilaterale.

ARESTOVYČ Sì, dovremmo discuterne a livello più ampio, per includere anche i paesi arabi, la Cina e altri ancora.

LIMES Lo immaginate come alternativo alla Nato, dunque?

ARESTOVYČ Sì, lo stiamo proponendo come alternativo alla Nato, per quei paesi che si sentono davvero minacciati dalla Russia o da altre potenze e non sono soddisfatti dei programmi e delle procedure ufficiali dell'Alleanza Atlantica, che hanno tempistiche lunghe e farraginose. Il nostro sarebbe un sistema veloce. Chiaramente vi sono problematiche aperte con altri paesi come quelli balcanici, la Turchia, l'Iran, e in tutti questi scenari la Russia è un attore chiave. La ministra britannica degli Esteri ha confermato che il vecchio sistema non funziona più e che anche il concetto di difesa comune europea deve allargarsi all'Indo-Pacifico. Tutti, insomma, non solo noi, stanno ragionando intorno a un nuovo sistema di sicurezza globale. Il nuovo emerge dalla crisi e dalla rottura del vecchio. Io penso che la nostra guerra sia un buon esempio per mostrare al mondo quali sono i valori decisivi per cui combattere.

LIMES Pensa che questa guerra abbia cambiato i piani americani, centrati sull'Indo-Pacifico? Oppure è convinto che a Washington si siano decisi a «finire» la Russia attraverso questo conflitto, prima di concentrarsi sulla Cina?

ARESTOVYČ Credo che gli americani possano benissimo distribuire le loro attenzioni. Al ventesimo giorno di guerra, americani e cinesi hanno avuto contatti, in seguito ai quali Pechino si è disallineata dal pieno sostegno alla Russia in questo conflitto. Ciò dimostra che americani e cinesi riescono a trovare un accordo se vogliono. Questa guerra non giova alla Cina, interessata ai mercati finanziari e del lavoro occidentali. Al contrario, i russi utilizzano un modello di contrasto all'Occidente di tipo spirituale e religioso. La teologia moderna russa adotta il concetto biblico del *katéchon*, che prevede la Russia come ultima fortezza, estrema potenza a difesa della verità contro il male, ovvero l'avanzata dell'Anticristo che è l'Occidente. Per questo – anche se per ora solo sul piano retorico – Mosca non ha alcun problema a millantare costantemente l'uso del nucleare contro gli occidentali. Russi e cinesi, insomma, seguono modelli estremamente diversi nell'approccio all'Occidente. Lo schema di Putin è più simile a quello iraniano degli ayatollah, piuttosto che a quello civilizzato dei cinesi. A mio parere, gli americani sanno che con i cinesi non si arriverà allo scontro nucleare o globale, benché certamente emergerà un conflitto, a partire da Taiwan. La possibilità di una guerra nucleare con la Russia invece è più verosimile. Dopo la fine della guerra fredda e il crollo dell'Urss, l'Occidente credeva che la geoeconomia avrebbe condotto anche a un'integrazione geopolitica. Al contrario, la Russia ha utilizzato le leve geoeconomiche per introdursi nei sistemi geopolitici occidentali, servendosene ai propri fini. L'idea secondo cui la geoeconomia può cambiare la geopolitica si è rivelata sbagliata.

Gli americani avevano in mente tre modelli: la Russia senza la Cina; la Russia neutrale; la Russia con la Cina. Faranno di tutto affinché non si realizzi la terza opzione. In questo senso, la guerra in Ucraina, assieme alla questione polacca, può essere lo strumento attraverso cui sventare questo pericolo.

L'attenzione degli Stati Uniti verso la Russia è chiaramente funzionale alla loro strategia contro la Cina. La guerra in Ucraina è un'occasione prelibata per gli americani utile a annichilire la Russia e renderla un fardello per la Cina. Anzi, i russi stessi si sono aperti a questa possibilità e l'Occidente ora la sta utilizzando. Non solo. Questo conflitto è un'opportunità per gli americani di ottenere alcuni vantaggi: rafforzare la Nato tramite l'adesione di Finlandia e Svezia, con le relative tratte marittime nel Mar Baltico e nell'Artico, il distacco energetico dell'Europa dalla Russia, il contenimento dell'Iran.

LIMES Come valuta la prestazione italiana in questa guerra?

ARESTOVYČ Tralasciando i soliti proclami sull'importanza dei valori europei e democratici, mi concentrerò sulla *Realpolitik*. L'Ucraina si felicita del cambio netto di posizione dell'attuale governo italiano rispetto a quello fondato sulla coalizione fra Lega Nord e Movimento 5 Stelle. Sviluppo che mi ha soprpreso e che si è manifestato con l'invio di armi all'Ucraina. L'Italia e altri attori europei hanno un interesse nei dossier del Nord Africa, in cui la Russia era ed è ancora una controparte. In Siria, in Libia, in Mali, nella Repubblica Centrafricana – dalla quale i russi hanno cacciato i francesi. Il modello classico russo di intervento all'estero, per cui le truppe e la forza militare precedono i discorsi diplomatici, l'economia eccetera trovava applicazione fino ad ora anche in quei teatri. L'Italia ha quindi una grande opportunità, perché l'indebolimento della Russia in territorio ucraino si rifletterà anche in Nord Africa.

LE LUNGHE OMBRE DEGLI OLIGARCHI SUL DOPOGUERRA UCRAINO

di *Fulvio* SCAGLIONE

Fuga e rientro dei padroni dell'Ucraina, che controllano i settori nevralgici dell'economia. La riunione notturna del 23 febbraio, quando Zelens'kyj mette tutti con le spalle al muro. Le incognite della ricostruzione. Un Piano Marshall euro-americano non basterà.

1. CI SONO DUE DATE, IN QUEST'ANNO TRAGICO per l'Ucraina, che dovremo ricordare. La prima è il 13 gennaio. Quel giorno, venti jet privati di superlusso presero il volo dall'aeroporto di Kiev. Erano gli oligarchi che, al primo rullo dei tamburi di guerra, migravano con familiari e sodali verso lidi più accoglienti. Il quotidiano online *pravda.com.ru*, usando le app di tracciamento dei voli, provò a censire i partenti e le loro destinazioni: Ihor Abramovič (gas, edilizia, finanza) verso Vienna su un aereo da cinquanta posti pieno di parenti e di soci in affari; Rinat Akhmetov (l'uomo più ricco del paese, il primo tra gli oligarchi) verso Zurigo; Vadym Novyns'kyj (metallurgia, agricoltura, finanza, petrolio) verso Monaco di Baviera; Viktor Pinčuk (metallurgia) verso Nizza. Tra i partenti anche Andrij Stavnicer, re dei trasporti marittimi, e Vadim Nesterenko, boss dell'agricoltura. L'unico senza biglietto, fermo a Kiev ma di lì a poco nascosto in un rifugio segreto, era Ihor Kolomojs'kyj, il vecchio sponsor della carriera televisiva e poi politica di Volodymyr Zelens'kyj, che in realtà non poteva partire: inseguito da un mandato di cattura degli Stati Uniti per riciclaggio, temeva di essere estradato subito dopo essere sbarcato in un qualunque paese occidentale. Nella capitale, ma per scelta, anche l'ex presidente Petro Porošenko e l'ex prima ministra Julija Tymošenko.

La seconda data da ricordare è il 23 febbraio. Perché quella ch'era sembrata una fuga, quasi una diserzione di massa dei ricchi e potenti, mostra un altro volto. Senza clamore, alla spicciolata, gli oligarchi sono tornati. Hanno deciso loro? Sono stati richiamati? Comunque sia andata è sera, mancano poche ore all'invasione russa, l'aeroporto di Kiev verrà chiuso alle due di quella notte. Eppure, a dispetto dell'allarme, nel palazzo presidenziale Zelens'kyj incontra gli oligarchi. Ci sono quasi tutti, in ogni caso tutti i pesi massimi, anche se poi alcuni di loro correranno un'altra volta all'aeroporto per imboccare gli ultimi corridoi aerei aperti. Ci sono Akhmetov, Porošenko, Kolomojs'kyj, Tymošenko, Pinčuk – marito della figlia di Leonid Kučma, il secondo presidente dell'Ucraina indipendente. Quella notte comincia l'ennesimo atto del complicatissimo rapporto tra il «servo del popolo» Zelens'kyj e quei servi del proprio interesse che chiamiamo oligarchi.

Forse non sapremo mai che cosa si siano detti il presidente e i super-ricchi. Sappiamo per certo che nelle ore concitate, le ore che hanno cambiato la Russia, l'Ucraina e l'Europa, tutto cambia anche nella relazione tra il presidente e la categoria più detestata, quella cui lui aveva promesso di tagliare le unghie. Porošenko, l'ultranazionalista e nemico giurato del Cremlino che nondimeno Zelens'kyj stava facendo processare per tradimento e che in tribunale polemicamente cantava l'inno nazionale, già il 25 febbraio si fa vedere per le strade di Kiev con il kalashnikov in mano, poco dopo imitato dalla Tymošenko. Akhmetov corre a Mariupol', sede operativa della sua Metinvest proprietaria tra l'altro dell'acciaieria Azovstal', parla agli operai, annuncia investimenti per un miliardo di dollari e donazioni per costruire, proprio a Mariupol', un nuovo politecnico. Di più: conferma che verserà un miliardo di *hryvni* (la valuta ucraina) come anticipo sulle tasse, per aiutare lo Stato in un momento così difficile. Vadim Novyns'kyj (fondatore con Andrij Klyamko dello Smart Holding Group che detiene anche il 24% delle azioni di Metinvest) rinnega pubblicamente la proposta che aveva presentato in parlamento per un ultimo dialogo con la Russia e si schiera, lui russo di nascita, con la patria acquisita. Pinčuk, che durante la Conferenza sulla sicurezza di Monaco aveva offerto un lunch per ospiti di altissimo livello, da lui richiamati al dovere di solidarietà con l'Ucraina, prosegue nell'opera di lobbismo patriottico. Tutti stretti intorno all'Ucraina e all'uomo che più la rappresenta: il presidente Zelens'kyj.

Eppure non era passato molto tempo da quando l'Ucraina aveva assistito ai prodromi di un'altra guerra, tutta interna, tra i due gruppi che ambivano a controllare il paese. Uno era quello dei «nuovi», il cerchio magico di Zelens'kyj, il gruppo di quarantenni rampanti e grintosi che hanno accompagnato la sua ascesa e che gli fanno da pretoriani. Per l'apparato c'è Andrij Jermak, capo dell'amministrazione presidenziale, nella vita precedente avvocato di grido specializzato in diritto d'autore e compagno delle avventure televisive di Zelens'kyj. Alla Giustizia pensa Iryna Venediktova, già consulente legale della campagna elettorale zelenskiana per le presidenziali, passata per il parlamento e per il Consiglio di sicurezza e di difesa nazionale prima di diventare procuratore generale. Per la sicurezza e un sacco di altre faccende Ivan Bakanov, un tempo compagno di scuola di Zelens'kyj nella natia Kryvyi Rih, poi direttore di Kvartal95, lo studio di produzione televisiva fondato dal presidente quando faceva l'attore, quindi manager della famosa campagna elettorale del 2019 e infine direttore dell'Sbu, i potenti ed efficienti servizi segreti ucraini.

Bakanov (laureato in economia) è stato anche uno degli organizzatori della rete di società *offshore* con cui Zelens'kyj, in passato, ha messo al riparo i guadagni della carriera nello spettacolo e che è stata rivelata dai Pandora Papers alla fine del

2021. Uno. L'altro era Serhij Šefir, che con Zelens'kyj addirittura fondò Kvartal 95 ed è diventato l'addetto ai contatti più delicati e discreti. Šefir è l'uomo nell'ombra, non ha alcuna carica altisonante a parte quella di «consigliere» ma è di certo la figura più vicina al presidente.

E proprio Šefir ci serve a dimostrare quante cose siano cambiate quella notte del 23 febbraio 2022. Perché il 22 settembre dell'anno scorso, non una vita fa, Šefir sfugge per miracolo a un attentato. Dieci colpi di mitra contro la sua auto di servizio, lui illeso, l'autista ferito. Ed era esattamente la sera prima del voto in parlamento (esito scontato, perché Servo del popolo, il partito di Zelens'kyi, ha la maggioranza assoluta) sulla «legge anti-oligarchi» lungamente annunciata e fortemente voluta dal presidente per inaugurare una seconda e più riconoscibile tappa sulla strada delle riforme, tanto necessarie quanto richieste dalle istituzioni internazionali che sostengono l'economia dell'Ucraina. Anche se la «legge anti-oligarchi» non era poi una gran minaccia per i potentati economici ucraini [1], non era difficile capire che in quella sparatoria c'era un avvertimento. E Zelens'kyj – un ex comico con il quale è meglio non scherzare troppo – già alle prese con un indice di gradimento in picchiata e con prospettive elettorali non felicissime [2], non aveva certo bisogno che qualcuno glielo spiegasse.

A quel punto aveva già sistemato Viktor Medvedčuk, oligarca, amico di Vladimir Putin, *influencer* del Cremlino nella politica ucraina e leader del maggior partito di opposizione, il Blocco di opposizione – Per la vita. Non molto dopo avrebbe iniziato a regolare i conti con l'altro oppositore, quello sul lato opposto dello schieramento politico, l'oligarca ed ex presidente Petro Porošenko, ultranazionalista antirusso ma pure lui accusato (via Bakanov e Venediktova) di «tradimento». In mezzo, ecco finire nelle peste un altro oligarca, anzi, il re degli oligarchi: Rinat Akhmetov. A fine 2021, infatti, Zelens'kyj denuncia un tentativo di colpo di Stato ai suoi danni di cui non chiarisce peraltro i contorni. Riesce però a dire che in certe intercettazioni i congiurati fanno il nome di Akhmetov come di colui che sarebbe stato pronto a finanziare il complotto. Avvertimenti e contro-avvertimenti, insomma. Il cerchio magico della politica zelenskiana contro quello dei signori dell'economia.

2. Una situazione di stallo, una coabitazione difficile e tumultuosa organizzata secondo criteri in continua evoluzione. Zelens'kyj controlla la macchina dello Stato e gli apparati della sicurezza, gode della fedeltà delle Forze armate, alle quali nel solo 2021 ha dedicato il 4,1% del pil nazionale. Gli altri, gli oligarchi, che quasi sempre siedono in parlamento o apertamente influenzano gruppi di parlamentari, hanno però le mani su leve decisive dell'economia nazionale e possono (lo vedremo tra poco) dirigere l'opinione pubblica. La realtà, quindi, è quella di sempre: sbaraz-

1. Cfr. F. Scaglione, «Zelens'kyj e il peso degli oligarchi», *Limes*, «La Russia cambia il mondo», n. 2/2022, pp. 161-168.
2. Nelle elezioni amministrative del 2020 Servo del popolo, il partito del presidente, era stato sconfitto in tutte le grandi città, da Kiev a Dnepr e a Odessa.

zarsi degli oligarchi è impossibile, governare contro di loro anche. Dove tracciare, quindi, la linea del compromesso, per non umiliare il potere politico o consegnarlo alla rete degli interessi privati? Quel compromesso, peraltro, tante volte cercato dall'elezione del 2019 in poi. Per esempio nominando primo ministro Denys Šmyhal', ch'era stato amministratore delegato della Dtek (colosso del petrolio e del gas) di Rinat Akhmetov. O inventando la carica, mai davvero concretizzata, di «inviato speciale» anti-Covid per gli stessi Akhmetov, Kolomojs'kyj e Pinčuk.

Zelens'kyj, d'altra parte, aveva una storia emblematica a cui rifarsi per decidere una strategia, una storia non abbastanza studiata dalle nostre parti: quella di Viktor Janukovyč, il presidente filorusso eletto nel 2010 e scappato a Mosca nel 2014 sulla spinta di Jevromajdan. Dietro il rovesciamento del suo governo con quella che gli ucraini chiamano la rivoluzione della dignità c'erano, ovviamente, la spinta popolare e il traffichio delle potenze. Ma anche la decisione degli oligarchi di sbarazzarsi della «famiglia», ovvero della congrega di profittatori che, all'ombra di Janukovyč, faceva loro concorrenza nella spartizione degli affari e delle risorse. Oligarchi che infatti troviamo tra i finanziatori del movimento di protesta che ha fatto nascere l'Ucraina attuale.

Per capire meglio il problema e apprezzare l'importanza dell'incontro del 23 febbraio tra Zelens'kyj e gli oligarchi, forse il primo vero patto tra potere politico e potentati economici nella storia post-sovietica del paese, conviene considerare alcune delle conclusioni raggiunte dall'Ukrainian Institute for the Future nell'approfondito dossier intitolato «The Future of the Ukrainian Oligarchs». La prima è che le fortune degli oligarchi ucraini sono strettamente legate alle sorti politiche del paese. L'analisi nel corso degli anni dei patrimoni dei vari Akhmetov, Pinčuk, Kolomojs'kyj, Firtaš (chimica, finanza), Porošenko e compagnia bella mostra due grandi crolli. Il primo nel 2008, durante la crisi politica che portò al ritiro dalla coalizione di governo del blocco Ucraina nostra – Autodifesa popolare, il partito del presidente Viktor Juščenko, in seguito a una votazione in parlamento sulla legge che voleva limitare i poteri presidenziali. Il secondo nel 2014, quando la Russia reagì al cambio di regime a Kiev riannettendo la Crimea e appoggiando la rivolta indipendentista delle repubbliche filorusse del Donbas – Donec'k e Luhans'k. Così sottraendo al controllo di Kiev il 7,1% del territorio e, soprattutto, regioni che prima della crisi generavano il 20% del pil e il 25% delle esportazioni dell'Ucraina. Regioni dove molti degli oligarchi avevano forti interessi. E questo rende la situazione ucraina assai diversa da quella della Russia, dove la gran parte degli oligarchi, senza le sanzioni occidentali, potrebbe continuare a prosperare anche se il quadro economico in patria fosse critico.

La seconda considerazione è che gli oligarchi ucraini non solo si sono affermati a spese della ricchezza collettiva o si sono insediati in settori produttivi fondamentali, ma – a differenza di quelli russi – controllano infrastrutture decisive per il funzionamento dello Stato, lo sviluppo della società e il benessere della nazione. Nessun oligarca russo ha un interesse dominante nel comparto del gas, monopolizzato dal colosso nazionale Gazprom, o in quello della produzione e distribuzione dell'energia elettrica, privatizzato ma saldamente controllato da aziende statali. In Ucraina, il solo Akhmetov è responsabile dell'8% della produzione di gas attraverso la sua Dtek, del 25% di energia elettrica e dell'86% di carbone termico, quello che appunto serve agli usi industriali. Nel settore della distribuzione e della vendita ai privati, sono attivi altri nomi importanti come Kolomojs'kyj, Ihor Surkis (ex presidente del club calcistico Dinamo Kiev), oltre allo stesso Akhmetov. Così come nella distribuzione del gas ritroviamo Akhmetov, Dmytro Firtaš e Serhij Lyovočkin (gas). Energie rinnovabili: ancora Akhmetov, tramite Dtek Renewables, è padrone del 30% del mercato.

Intricato ma facilmente comprensibile anche il reticolo di rapporti poco trasparenti che ha portato i soliti nomi a esercitare un'influenza decisiva su tutto ciò che riguarda le reti trasportistiche in Ucraina. Kolomojs'kyj possiede la più grande (in termini di traffico passeggeri) linea aerea del paese ed è il fornitore del 30% del carburante per i velivoli, attraverso la sua raffineria di Kremenciug, recentemente bombardata dai russi. Nel settore è molto attivo anche Ihor Kononenko (cantieri navali, banche, assicurazioni), che gode di grande favore negli appalti per la manutenzione di strade e autostrade. I porti sono campo di gioco per Akhmetov e Kolomojs'kyj, le ferrovie per Akhmetov (che attraverso le sue industrie metallurgiche fornisce binari) oltre che per Porošenko e Kononenko, che provvedono ai carburanti. Il traffico fluviale, di non secondaria importanza per la movimentazione del grano e in generale dei prodotti agricoli, è appannaggio di due sole compagnie di navigazione: quella di Konstantin Grigorišin e quella di Oleh Vadaturs'kyj.

Quanto ai media, fino a poco tempo fa Pinčuk si prendeva il 23,8% del totale delle ore di televisione trasmesse, i soci Firtaš e Lyovočkin il 20,5%, Kolomojs'kyj il 18,67%, Akhmetov il 16,77% e così via, giù giù fino allo 0,4% di Porošenko. La capacità di influenzare le opinioni dei cittadini ucraini via media privati, diciamo pure oligarchici, è cento volte superiore rispetto a quella dei corrispettivi pubblici. E la critica diffusa a Zelens'kyj e alla sua azione di governo nei mesi prima della guerra era di certo, a suo modo, un avvertimento. E per chiudere: pare che non sia stata solo l'emergenza bellica a spingere Zelens'kyj ad accorpare in un unico canale statalizzato l'informazione televisiva, in linea peraltro con le azioni – sette emittenti chiuse in 18 mesi – condotte quando l'invasione russa sembrava solo una lontana ipotesi.

3. La questione dunque è assai complessa. Non si tratta solo di gente enormemente ricca, di appalti truccati, di incredibili privilegi fiscali concessi ad aziende dai profitti record, di imprenditori lobbisti promotori di un'instancabile opera di corruzione delle buone pratiche di governo e di una serie infinita di distorsioni ai meccanismi del libero mercato. Abbiamo (anche) a che fare con una cerchia di personalità forti che di fatto, in maniera informale ma non per questo meno efficace, governano un pezzo importante del paese. Insomma: Zelens'kyj può certamente trascinare in tribunale questo o quello. Ma se gli oligarchi entrassero in sciopero si fermerebbe l'Ucraina.

È lecito quindi concludere che il 23 febbraio, quando i carri armati russi già scaldavano i motori, Zelens'kyj e gli oligarchi abbiano messo da parte i vecchi attriti per stringere un nuovo patto, per salvare l'uno i poteri e gli altri gli interessi dal potenziale disastro in arrivo. Un patto per l'Ucraina tra i due gruppi che, Cremlino e generali russi a parte, reggono i destini del paese. Gli oligarchi, già colpiti duramente dalle azioni russe del 2014, hanno messo denaro, influenze esterne e legami con il territorio a disposizione della politica (e delle sue estensioni: il sistema giudiziario e soprattutto gli apparati di sicurezza e le Forze armate) che ora è letteralmente in prima linea dell'azione di difesa.

Conoscendo i personaggi coinvolti, la domanda a questo punto è: quanto durerà? Di certo finché i russi non se ne saranno andati o non saranno stati vinti sul campo, insomma finché ci sarà la guerra. Ma poi? Mario Draghi, parlando all'Atlantic Council, ha detto: «Dobbiamo essere pronti a continuare ad essere al fianco dell'Ucraina per molto tempo, dopo la fine della guerra. La distruzione delle sue città, delle sue industrie, della sua filiera agricola, richiederà un enorme sostegno finanziario. L'Ucraina avrà bisogno di un proprio Piano Marshall, proprio come quello che ha contribuito a stabilire la speciale relazione tra Europa e Stati Uniti». Ed Emmanuel Macron, forse il più attivo dei leader europei durante tutta la crisi, ha annunciato che «noi saremo lì per ricostruire», anche se non si sa quanto entusiasmo questa disponibilità francese abbia destato negli ucraini. Insomma, c'è la diffusa sensazione che un giorno, quando i cannoni avranno smesso di sparare, bisognerà riversare sull'Ucraina un sacco di quattrini.

Sono gli stessi ucraini, giustamente, a ricordarlo al mondo. Uno studio pubblicato i primi di maggio dalla Kyiv School of Economics[3], a cui offre il timbro dell'ufficialità il supporto dell'Ufficio della Presidenza e dei ministeri dell'Economia, delle Infrastrutture e della Reintegrazione dei Territori temporaneamente occupati, calcola 92 miliardi di dollari di danni diretti alle infrastrutture e perdite economiche generali intorno ai 600 miliardi di dollari, con un incremento tra i 4 e i 5 miliardi di dollari per ogni ulteriore settimana di guerra. Non saranno certo le esauste casse dell'Ucraina, già prima di questo conflitto il paese più povero o tra i più poveri in Europa, a produrre certe somme. Arriveranno compensazioni da Mosca? Ipotesi affascinante, che dipenderà però dall'esito finale della guerra, da chi e come comanderà al Cremlino (il mandato presidenziale di Putin scade nel 2024, anno che prima pareva lontanissimo e adesso...), dal sentimento generale di una Russia che, per quanto a noi possa sembrare assurdo e autolesionista, non pare esattamente incline a chiedere scusa, né all'Ucraina né all'Europa. E in ogni caso tutti quei soldi Mosca, tra riserve bloccate, inflazione, calo del pil e altre disgrazie, non li ha e tantomeno li avrà se sconfitta.

Più facile credere che, come sostiene Draghi, saranno gli Usa e i paesi dell'Unione Europea a farsi carico dei costi di un grande piano di ricostruzione dell'U-

3. «Direct damage caused to Ukraine's infrastructure during the war has reached almost $92 billion», Kyiv School Economics, 3/5/2022.

craina. E poiché l'Ucraina non è l'Iraq, cioè non sarà un paese occupato da far governare a questo o quell'inviato speciale di Washington o di Bruxelles, ma un paese sovrano che già l'Ue si propone di accogliere, bisognerà in qualche modo coinvolgere i poteri locali. Ma sarà ancora Zelens'kyj l'uomo forte a Kiev? E per quanto? Dopo la guerra saranno scomparsi i problemi antecedenti? Lo Zelens'kyj con la maglietta da soldato, che durante il conflitto ha scalato tutti gli indici di gradimento, una volta recuperata la grisaglia del politico tornerà a precipitare al 15-20% di consenso registrato all'inizio del 2022? Oppure il credito ottenuto varrà anche in tempo di pace? Davvero i vari Akhmetov, Kolomojs'kyj, Pinčuk e gli altri si affideranno a lui per smistare e dirigere il fiume di risorse e di occasioni che si riverserà sull'Ucraina? Molti di loro, a partire proprio da Akhmetov e Kolomojs'kyj, sono originari dell'Est del paese. Nel Donbas e nel Sud, le regioni delle risorse naturali, dei grandi impianti industriali e dei porti, avevano e hanno enormi interessi. In quelle regioni, dove negli anni Novanta posero le basi delle proprie fortune, hanno sviluppato relazioni e contatti decisivi. Lì hanno subito, a partire dal 2014, perdite personali gigantesche. Non saranno i primi, questi oligarchi che nel momento del massimo bisogno si sono stretti intorno alla presidenza e al potere politico, a chiedere adeguate compensazioni?

Ecco una delle tante ipoteche che peseranno sul futuro dell'Ucraina, che ovviamente immaginiamo libera e pacifica. Per non parlare di un altro scenario, che pare da fantascienza mentre scriviamo ma che nessuno può davvero escludere a priori. Quello in cui la Russia riesce davvero a prendersi l'Est del paese, spezzando la spina dorsale dell'economia ucraina. Si realizzerebbe la situazione descritta dallo stesso presidente Zelens'kyj per esorcizzarla e rifiutarla: l'Ucraina ridotta a un «paese di 11 milioni di abitanti». Ed è davvero impossibile prevedere che cosa potrebbe succedere allora e che cosa deciderebbero di fare i potentati finanziari e mediatici che da decenni esercitano tanta influenza sui destini dell'Ucraina.

INTERVISTA

'Se perdessimo, la Russia rischierebbe di spaccarsi'

Conversazione con *Sergej* KARAGANOV, presidente del Consiglio di difesa e politica estera russo e preside della School of International Economics and Foreign Affairs presso la National Research University-Higher School of Economics di Mosca, a cura di *Lucio* CARACCIOLO e *Orietta* MOSCATELLI

LIMES Due mesi fa lei ha detto che la Russia non può perdere questa guerra, ma sembra che la stia perdendo. Non è così?

KARAGANOV Non credo che la Russia stia perdendo. Anzi, militarmente sta vincendo, ma a un ritmo molto più lento del previsto. Ho detto che non può perdere perché questa operazione militare è esistenziale per il paese. La questione sta nei limiti geografici della vittoria e nei mezzi cui potremmo ricorrere per raggiungerla nel caso in cui si prospettasse la possibilità di una sconfitta.

LIMES Può darci un'idea dei parametri con cui giudicate se state perdendo o vincendo la guerra?

KARAGANOV Mettiamola così. All'inizio molti, in Russia e in Occidente, erano convinti che la vittoria sarebbe stata fulminea. Questa valutazione si è dimostrata errata. Ciononostante, le forze russe guadagnano terreno, le infrastrutture militari di Kiev vengono distrutte e le sue truppe iniziano a esaurirsi. Ma il punto è cosa intendiamo per vittoria. E a deciderne il significato è solo la leadership politica. Se Mosca prendesse il controllo della maggior parte dell'Ucraina orientale e meridionale, pattuendo poi un armistizio, sarebbe una vittoria. Se tale controllo si estendesse a tutta la riva sinistra del fiume Dnepr, sarebbe una vittoria ancora più importante. In ogni caso, il massimo cui si può aspirare oggi è un armistizio: una pace duratura non è nemmeno all'orizzonte. Per ottenerla, gli Stati Uniti dovrebbero convincersi che combattere fino all'ultimo ucraino è controproducente, nonché decisamente pericoloso. In caso contrario, la cosiddetta operazione militare speciale potrebbe durare anni. Sebbene per la Russia la posta in gioco sia molto più alta (ne va della sua stessa sopravvivenza), stiamo notando che anche per le élite di alcuni dei nostri avversari occidentali sta diventando una guerra esistenziale. Il che aumenta il rischio che le cose sfuggano di mano.

LIMES È rimasto sorpreso dalla reazione degli ucraini? Stanno combattendo strenuamente.

KARAGANOV Io no, ma molti sono rimasti stupiti. Per esperienza personale, sapevo che il regime di Kiev era totalmente corrotto, nonché odiato dalla maggior parte degli ucraini. Ma sembra che questi ora abbiano iniziato a credere nel proprio Stato e che siano disposti a difenderlo con le armi.

LIMES Sta cambiando l'opinione dei russi rispetto all'azione militare? Il colonnello in pensione Khodarënok sul Primo canale televisivo è stato drasticamente critico sulla condotta della guerra.

KARAGANOV La maggior parte delle informazioni che vi arrivano è falsa. Probabilmente anche la nostra informazione è faziosa e fuorviante, quindi sarebbe bene non leggere i giornali e non guardare la televisione. Ma il quadro complessivo è abbastanza chiaro: domina la percezione che si tratti di una guerra esistenziale e la gran parte della popolazione sostiene Putin. Lo stesso vale anche per la maggioranza della classe politica, che però chiede anche una definizione chiara di vittoria e fino a che punto ci si debba spingere per ottenerla. Quanto alle residue élite filooccidentali, o stanno lasciando il paese o si stanno ricredendo per via delle sanzioni aggressive e della russofobia.

LIMES Guerra economica dell'Occidente contro la Russia; Germania e Giappone che riarmano; Finlandia e Svezia che chiedono di entrare nella Nato; Cina che mette in discussione la «relazione speciale» con la Russia; America che guarda all'Ucraina come un nuovo Afghanistan, stavolta a vostro danno. Non è esattamente ciò che Putin immaginava il 24 febbraio.

KARAGANOV Per molti anni ho scritto anche sulla vostra rivista che vivevamo in una situazione prebellica e che ci stavamo dirigendo verso una guerra. Una delle possibili cause dello scontro, come ho detto più volte, era l'integrazione dell'Ucraina nella Nato. Mi spiace terribilmente aver avuto ragione. Il mio cruccio personale è di non averlo saputo impedire, pur avendolo pronosticato. Lo scontro era del tutto prevedibile, se non inevitabile. Era solo questione di chi avrebbe colpito per primo e dove. Avrei preferito uno scenario diverso, ma qui è la mia storia personale a parlare. Naturalmente la reazione dell'Occidente era stata preventivata, per un motivo molto semplice. Conoscevamo la situazione disperata delle élite occidentali oggi al potere, che stanno perdendo credibilità su molti fronti: economico, sociale, politico, morale, ecologico. Non hanno potuto, né in fondo voluto rimediare agli errori commessi in passato, pertanto avevano bisogno di un nemico. La cui creazione è iniziata ben prima dello scontro aperto. Nel 2009-10 scrivevo che eravamo già in piena guerra fredda. L'epidemia di Covid-19 ha sostituito temporaneamente la guerra, distogliendo l'attenzione dalle molteplici crisi in atto. Ma non per molto. Il conflitto in Ucraina è tragico perché stanno morendo molte persone, compresi i civili. Quanto alla posizione cinese, è una pia illusione della stampa occidentale. Che annuncia da sempre un imminente allontanamento di russi e cinesi. Analogamente, ogni cinque anni viene fiduciosamente predetto il collasso economico della Cina. Eppure eccoci qui, legati da una stretta intesa strategica. I cinesi sono, com'è ovvio, estremamente cauti. Ma sanno che se la Russia dovesse perdere si ritroverebbero totalmente vulnerabili.

LIMES La guerra in Ucraina è solo l'inizio di un conflitto più ampio?

KARAGANOV Fatta eccezione per la dozzina d'anni successiva al collasso dell'Unione Sovietica, il ruolo mondiale dell'Occidente è in declino da decenni. L'ultimo quindicennio ha dato il colpo di grazia. Ora americani ed europei stanno tentando un disperato contrattacco per far fuori la Russia, che politicamente e militarmente è diventata un perno del mondo non occidentale. Certo, così facendo potrebbero rendere ai russi la vita più difficile. Ma non riusciranno in nessun modo a invertire il corso della storia. Il mondo si sta liberando dell'egemonia occidentale. La nostra potenza di fuoco ha privato l'Occidente della supremazia militare, su cui l'Europa fondava la propria superiorità politica, culturale ed economica. Grazie alla posizione di dominio ricoperta negli ultimi quattro o cinque secoli, l'Europa e l'Occidente hanno potuto dirottare la ricchezza mondiale a proprio favore. Prima l'Unione Sovietica e poi la Russia hanno minato le fondamenta di tale egemonia per tutelare i propri interessi di sicurezza. Siamo nella fase finale di questo scontro: ci saranno alti e bassi, ma la primazia occidentale non potrà essere restaurata. Il mondo sta diventando più libero. Ma questa libertà porta con sé anche instabilità.

LIMES Vede la possibilità di nuovi e diversi conflitti con la Russia?

KARAGANOV Dobbiamo aspettarci conflitti di ogni genere. Siamo in una lunga fase del più drastico cambiamento di correlazione delle forze nella storia umana. L'Ucraina è una piccola parte di un grande conflitto generale, la piattaforma su cui l'Occidente ha deciso di attaccarci. Ma ci saranno molti altri scontri fino a quando non verrà stabilito un nuovo equilibrio di forze, auspicabilmente fra una quindicina d'anni. Innanzitutto dobbiamo sopravvivere a questo. Stiamo attraversando una congiuntura molto pericolosa. La definirei una crisi dei missili di Cuba prolungata. Credo che uno dei compiti più importanti per i decisori e anche per gli analisti come me sia quello di scongiurare una guerra mondiale nucleare che porterebbe alla fine dell'umanità. Adesso la possibilità di un conflitto nucleare sta rapidamente crescendo e nessuno sa se e dove l'escalation potrebbe fermarsi.

LIMES Putin il 9 maggio ha dichiarato che questo conflitto era inevitabile. Come è stato possibile che la Russia si sia lasciata costringere nella situazione di non avere alternative all'invasione dell'Ucraina?

KARAGANOV Ho detto molte volte, fin dalla fine degli anni Novanta, che se l'espansione dell'Occidente sul territorio ucraino non si fosse arrestata la guerra sarebbe stata inevitabile. Ci siamo accorti che i nostri partner occidentali erano in una posizione disperata e che stavano perdendo il controllo dei rispettivi paesi. Avrei voluto che si potesse giungere a una redistribuzione pacifica degli equilibri di potenza e ho attivamente perseguito questo obiettivo, ma ho fallito. Per quanto riguarda invece la posizione dei miei governanti, credo che abbiano deciso di intervenire per primi perché hanno valutato che il confronto fosse ineludibile, viste le politiche attuate dagli Stati Uniti e dai loro paesi clienti. Forse si sarebbe dovuto agire prima.

LIMES Intende prima, quando gli ucraini erano più deboli?

KARAGANOV L'epidemia di Covid-19 è stata per molti versi una sostituzione della guerra. Ci ha distratto dalla situazione reale. Quando l'emergenza è iniziata a rientrare, ho subito detto: le possibilità della guerra stanno aumentando esponenzialmente.

LIMES Sembra che questo conflitto stia contribuendo molto alla costruzione dell'identità e dello Stato ucraini.

KARAGANOV Nei dieci-undici anni successivi alla caduta dell'Unione Sovietica, ho presieduto la maggior parte delle commissioni russo-ucraine. Vivevo nel timore della guerra. Ma presto ho ceduto alla disperazione, perché lavorare con le élite ucraine era degradante: fin quando sarebbero state al potere, non avrebbero mai lavorato per la costruzione di uno Stato. Preferivano piuttosto limitarsi a danneggiare e rubare. Così me ne sono tirato fuori. Ammesso che questa guerra stia contribuendo alla costruzione di qualcosa, questo qualcosa può essere solo un regime fascista. Non credo che l'Ucraina come Stato si estenderà in futuro sull'area che occupa attualmente. Il territorio di un'Ucraina così indebolita fa gola a molti ed è probabile che la Russia manterrà un qualche tipo di controllo sulla regione sud-orientale.

LIMES Ma in fin dei conti esisterà sempre un confine tra voi e l'Ucraina. Di che tipo sarà?

KARAGANOV Non lo so, è una questione aperta e al momento è molto difficile fare previsioni. Non credo che la Russia debba assumere il controllo diretto dell'intero territorio ucraino, perché sarebbe un peso enorme. Trovo curioso che abbiamo preso sul serio l'ironia di Brzezinski quando diceva che la Russia senza l'Ucraina non può essere impero. Credo invece che la Siberia, e non il territorio dell'odierna Ucraina, abbia reso la Russia una grande potenza. È *con* l'Ucraina che la Russia non può essere un impero.

LIMES Intende dire con tutto il territorio ucraino.

KARAGANOV Brzezinski era un grande pensatore, ma anche un grande provocatore.

LIMES Guardando una mappa, non si può fare a meno di notare che alla fine è scomparso quasi ogni Stato cuscinetto, mentre l'imperativo russo è sempre stato quello di interporre un diaframma tra sé e l'Occidente. Non è esattamente un successo per Mosca, giusto?

KARAGANOV L'alternativa sarebbe stata peggiore: l'Ucraina come anti-Russia, esattamente come era stata concepita dagli americani. Con un esercito potente e animato da ideologie fasciste, di giorno in giorno più armato. Ora la Russia mira a distruggere le infrastrutture militari, nonché ogni infrastruttura possibile, affinché un tale esercito non possa mai formarsi. In questo modo, ci assicureremmo indirettamente una qualche sorta di zona cuscinetto. Abbiamo cercato per anni di far rispettare ai partner occidentali le nostre linee rosse. Ma si sono rifiutati di riconoscerle, dunque la Russia è dovuta intervenire militarmente.

LIMES Se Finlandia e Svezia saranno accettate nella Nato, San Pietroburgo sarà sottoposta a un virtuale blocco navale e Kaliningrad si troverà accerchiata anche per mare. Potrebbe essere un'area di attrito molto pericolosa tra Russia e Nato.

KARAGANOV Sì, sono d'accordo: è sempre più pericoloso. Non abbiamo paura, ma siamo preoccupati. L'allargamento della Nato a Finlandia e Svezia significa una cosa molto semplice: la soglia nucleare si abbasserà. L'adesione alla Nato non garantisce sicurezza, bensì insicurezza. L'articolo 5 non assicura protezione automatica, chiunque lo abbia letto lo sa. Ciò che invece assicura ai paesi membri è che diventeranno i primi bersagli in caso di crisi. È un mondo alla rovescia quello in cui i paesi cercano il suicidio. Non avrei mai creduto che la Finlandia potesse fare una cosa del genere. Ma le élite al potere hanno perso il senso di responsabilità. Vedete da voi cosa sta succedendo: gli americani e alcuni europei sfruttano l'Ucraina per compromettere e limitare ogni possibile legame sistematico tra Russia ed Europa. Le classi politiche europee lavorano disperatamente allo scopo di indebolire tali legami, ma così facendo indeboliscono anche le loro imprese e le loro economie.
LIMES Probabilmente l'unica garanzia è avere l'atomica. Ma la Nato è anche concepita da alcuni americani proprio come alternativa alla bomba nucleare europea. Se si mette in discussione l'ombrello americano, alcune nazioni (per esempio la Germania) potrebbero convincersi di aver bisogno della Bomba.
KARAGANOV È una questione molto filosofica. In questo caso non condivido le posizioni ufficiali del mio governo. Gli Stati Uniti stanno usando il Giappone e l'Europa come pedine. Se diventassero potenze nucleari, il mondo sarebbe un posto più libero e sicuro. Mentre la Russia non potrebbe tollerare una proliferazione polacca: sarebbe una mossa suicida, la Polonia è più disperata dell'Iran. Potrei fare un'eccezione per l'Italia (ovviamente scherzo). La Germania pone invece una questione difficile. I tedeschi sono cambiati rispetto al secolo scorso, oggi sono più pacifici dei danesi. In questo momento attraversano una fase particolare, ma non direi già militarista. Vediamo cosa ne uscirà: la situazione è estremamente fluida. Non credo che la struttura dell'Europa per come l'abbiamo conosciuta negli ultimi settant'anni sopravvivrà. Dovremmo pensare al futuro di questa Europa in via di dissoluzione. La sua dipendenza dagli Stati Uniti è di certo pericolosa, perché gli americani in fondo non sono realmente interessati alla stabilità e alla cooperazione nel Vecchio Continente.
LIMES Qual è la vostra strategia di lungo periodo?
KARAGANOV Nel giro di un decennio le cose inizieranno ad andare diversamente. Stabilizzeremo il nostro confine di sicurezza con l'Occidente. Nel frattempo, naturalmente, saremo diventati più dipendenti dalla Cina e dall'Oriente. Ma tra dieci anni ci confronteremo con un'Europa e un mondo completamente diversi. Inizieremo a costruire ciò che io chiamo Grande Eurasia, cioè un Commonwealth di paesi da Shanghai a Lisbona o Parigi. Non sono sicuro che possa includere la Gran Bretagna, ma molti paesi europei sì. Questo è lo scenario migliore.
La storia è più aperta che mai. Siamo in stato di guerra, una guerra totale scatenata dall'Occidente in lotta per riconquistare lo status che ha perso, contro tutti gli altri. E la Russia è la componente cruciale di questi altri, la loro punta di diamante. Conosco la storia: chiunque abbia sfidato la Russia ne è uscito infine sconfitto. Ma

non gioisco delle disfatte altrui perché so che la strada della vittoria è lastricata di vittime.

LIMES C'è la possibilità che si avvii la disgregazione della Federazione Russa come esito di un conflitto prolungato?

KARAGANOV Sappiamo che è una possibilità e ne stiamo discutendo apertamente. In una recente assemblea del Consiglio di difesa e politica estera abbiamo parlato dell'assoluta necessità di vincere proprio per evitare quel genere di scenario. E sappiamo anche che per la prima volta dalla guerra fredda alcune potenze occidentali mirano apertamente a disgregare la Russia. Il quadro è di gran lunga peggiore di quello che si profilava allora. Gli obiettivi sono cambiati: prima erano la deterrenza e il contenimento, ora la disintegrazione e il collasso della Federazione. Questo è il valore della posta in gioco. Per questo sono molto preoccupato che ci sia un'escalation.

LO STATO DI PUTIN E IL POPOLO PROFONDO

di *Vladislav* SURKOV

VLADISLAV SURKOV È STATO FRA I MASSIMI consiglieri di Vladimir Putin, in particolare su Ucraina e Georgia, prima di cadere in disgrazia: rimosso per ordine del presidente nel febbraio 2020, agli arresti (si presume) dall'aprile 2022. Pubblichiamo il suo articolo «Dolgoe Gosudarstvo Putina» apparso sulla Nezavisimaja Gazeta *l'11/2/2019, tradotto in francese da Michel Eltchaninoff per la Fondation pour l'innovation politique con il titolo «La longue gouvernance de Poutine».* (f.p.)

1. «Avere scelta è soltanto un'illusione». Colpisce la profondità, l'audacia di queste parole. Pronunciate una quindicina d'anni fa, nessuno oggi le ricorda e le cita più. Ma le leggi della psicologia ci dicono che i rimossi ci influenzano molto più di ciò che ricordiamo. Queste parole, ben al di là del contesto in cui sono state espresse, sono divenute il primo assioma del nuovo stile del governo russo, su cui poggiano tutte le teorie e le pratiche politiche odierne.

L'illusione di avere scelta è il trucco supremo dello stile di vita occidentale, in particolare della democrazia occidentale, da tempo più obbediente alle idee di Barnum che a quelle dell'ateniese Clistene. Il rifiuto di tanta illusione, che favorisce un realismo fatalista, ha inizialmente portato la nostra società a riflettere sul proprio modello, sovrano, di sviluppo democratico. Poi l'ha condotta a disinteressarsi totalmente del dibattito su che cosa debba essere la democrazia e persino se essa debba esistere.

Sono apparse alcune vie per costruire uno Stato libero, dirette non da chimere d'importazione ma dalla logica dei processi storici, dall'arte del possibile. La disgregazione della Russia – impossibile, contraria alla natura e alla storia – è stata fermata, tardivamente ma con fermezza. Il paese ha smesso di decomporsi dopo il crollo dell'Urss assestandosi al livello di Federazione Russa. La Russia ha iniziato a ricostruirsi ed è ritornata al proprio stato di natura: un paese immenso, esteso sulle terre di una comunità di popoli che tiene uniti. Il ruolo immodesto che la storia del mondo ha attribuito al nostro paese ci impedisce di lasciare la scena o di restare muti come figuranti. Non ci concede riposo e determina il carattere difficile del nostro stile di governo.

Perseverando nella propria essenza, lo Stato russo è diventato qualcosa di diverso, che non avevamo mai conosciuto. Formato alla metà degli anni Duemila, resta ancora poco studiato. Ma la sua specificità e la sua validità sono evidenti. Come dimostrano gli *stress test* superati e che continua a superare, questo modello organico è il solo modo efficace per la nazione russa di sopravvivere e di elevarsi, non solo nei prossimi anni ma nei prossimi decenni o forse addirittura per il secolo a venire.

La storia della Russia ha conosciuto quattro grandi modelli di Stato, individuabili attraverso i rispettivi creatori: lo Stato di Ivan III (Granducato/Regno di Moscovia e di tutte le Russie, XV-XVII secolo); lo Stato di Pietro il Grande (impero russo, XVIII-XIX secolo); lo Stato di Lenin (Unione Sovietica, XX secolo); lo Stato di Putin (Federazione Russa, XXI secolo). Create da persone che potremmo definire, nello stile di Gumilëv, «di lunga volontà», queste grandi macchine politiche si succedono, si aggiustano e si adattano per assicurare nel corso dei secoli l'ostinata elevazione del mondo russo.

Il grande apparato di Putin comincia appena a prendere slancio e si prepara a un lavoro lungo, difficile e decisivo. È ancora ben lontano dall'essere a pieno regime. Quando avrà forma compiuta, fra molti anni, questo Stato sarà sempre la Russia di Putin, come la Francia di oggi è la Quinta Repubblica di de Gaulle, come la Turchia poggia sulle sei frecce di Atatürk (nonostante il fatto che ora al potere ci siano gli antikemalisti) o come gli Stati Uniti continuano a fondarsi sulla visione e sui valori dei semileggendari padri fondatori.

È indispensabile apprendere, comprendere e descrivere il sistema di governo di Putin, l'insieme delle idee e delle dimensioni del putinismo come ideologia dell'avvenire. Sottolineo dell'avvenire perché Putin non è veramente putinista, esattamente come Marx non era marxista e non avrebbe probabilmente mai accettato di esserlo se avesse saputo che cosa comportava. Questo lavoro di analisi dell'ideologia putiniana deve essere compiuto al servizio di tutti coloro che vorrebbero essere come Putin. Per rendere possibile la diffusione dei suoi metodi e dei suoi approcci nel futuro.

Tale descrizione non deve essere fatta nello stile delle due propagande, la «nostra» e quella «degli altri», ma in un linguaggio accettabile sia per i discorsi filorussi sia per quelli antirussi. Un simile linguaggio può essere accolto da un pubblico assai vasto. Operazione necessaria poiché il sistema politico inventato in Russia conviene non solo a livello domestico, ma possiede pure un forte potenziale di esportazione. Del resto, una domanda in tal senso, per il sistema nella sua interezza o di alcune sue parti, esiste già. La sua esperienza è oggetto di studio ed è parzialmente applicata. Alcune classi dirigenti o gruppi d'opposizione lo imitano in diversi paesi.

2. Un po' ovunque all'estero, i politici attribuiscono alla Russia interferenze nelle elezioni e nei referendum. In realtà, l'affare è ben più grave. La Russia si è

infilata fin nel loro cervello, alterando le loro coscienze, al punto che queste persone non sanno più che cosa fare. Dopo i catastrofici anni Novanta, quando il nostro paese ha rifiutato ogni prestito ideologico, abbiamo iniziato a fornire le nostre spiegazioni dei fenomeni mondiali e abbiamo lanciato il nostro contrattacco informativo verso l'Occidente; a quel punto, gli esperti europei e americani hanno cominciato a fare previsioni sempre più sbagliate. Le preferenze fuori dalla normalità espresse dai loro elettori li hanno spiazzati e incolleriti. Confusi, l'hanno definita espansione del populismo. La si può chiamare anche così, se non si hanno le parole giuste.

L'interesse degli stranieri per l'algoritmo politico russo è comprensibile: nessuno è profeta in patria. Perché tutto ciò che succede oggi nel resto del mondo la Russia lo ha previsto molto tempo fa.

Quando tutto il mondo si entusiasmava per la globalizzazione e cantava di un mondo orizzontale e senza frontiere, Mosca faceva notare che la sovranità e gli interessi nazionali mantenevano intatto il loro senso. All'epoca, in molti ci accusavano di un attaccamento «ingenuo» a queste anticaglie ormai fuori moda. Ci veniva insegnato che non c'era più niente da preservare dei valori del XIX secolo, che dovevamo entrare con coraggio nel XXI secolo, dove non ci sarebbero state più nazioni indipendenti né Stati sovrani. Ma nel XXI secolo sono le nostre previsioni a essersi avverate. Il Brexit inglese, il #GreatAgain americano, le chiusure antimigratorie europee sono solo i primi elementi di una lista esaustiva delle diffuse manifestazioni di deglobalizzazione, di risovranizzazione e di nazionalismo.

Quando, a ogni incrocio stradale, Internet era lodato come inviolabile spazio di libertà senza limiti, dove pensavamo di poter fare tutto e di essere tutti uguali, era ancora la Russia a osare porre una domanda per far riflettere tanta ingenua umanità: «Chi siamo noi su questa Rete? Ragni o mosche?». E ora tutti si precipitano a sbrogliare questa Rete, compresi i burocrati più attaccati alla libertà personale, fino ad accusare Facebook di complicità nelle interferenze straniere. Questo spazio a volte libero, presentato come il prototipo di un paradiso futuro, è ormai sorvegliato e delimitato da ciberpolizie, cibercriminali, ciberarmate, ciberspie, ciberterroristi e cibermoralisti.

Quando l'egemonia statunitense non era contestata da nessuno, quando il grande sogno americano di dominazione mondiale era quasi realizzato e quando in molti intravedevano la fine della storia in cui «il popolo tace», in questa parvenza di silenzio globale, improvvisamente è risuonato il discorso di Monaco[1]. All'epoca sembrava dissidente, oggi il suo significato è un'evidenza: il mondo intero è scontento degli Stati Uniti, americani compresi.

Non tanto tempo fa, l'espressione turca «*derin devlet*» è stata ripresa dai media statunitensi e tradotta in «*Deep State*» (Stato profondo), venendo poi diffusa dalle nostre testate. Il termine indica un'organizzazione di potere rigida e totalmente anti-

1. Discorso pronunciato da Vladimir Putin alla Conferenza sulla sicurezza di Monaco di Baviera il 10/2/2007, *n.d.t.*

democratica, mascherata da una bella immagine istituzionale presentata all'esterno. In realtà, il suo meccanismo di funzionamento si fonda su violenza, corruzione e manipolazione e si nasconde in profondità sotto la superfice di una società civile che, ingenua o ipocrita, condanna ogni manipolazione, corruzione e violenza.

Avendo constatato l'esistenza di questo spiacevole «Stato profondo» al loro interno, gli americani non si sono mostrati più di tanto sorpresi: sospettavano della sua esistenza da lungo tempo. Se esistono il *Deep Net* o il *Dark Net*, perché non possono esistere un *Deep State* o un *Dark State*? Dagli abissi e dalle tenebre di questo potere oscuro e nascosto emergono i sublimi miraggi della democrazia creati per le masse: l'illusione della scelta, la sensazione della libertà, il sentimento di superiorità eccetera.

La sfiducia e l'invidia, utilizzate dalla democrazia come fonti primarie di energia sociale, conducono necessariamente all'assolutizzazione della critica e a un aumento dei livelli d'ansia. Gli hater, i troll e i bot malefici hanno formato una maggioranza urlatrice, soppiantando l'onorevole classe media che si esprimeva con toni completamente diversi.

A oggi, più nessuno crede alle buone intenzioni dei politici. Sono invidiati, considerati viziosi, imbroglioni, irrimediabilmente marci. Famose serie tv come *Boss* o *House of Cards* mostrano immagini assai realiste dell'opaco quotidiano dell'establishment politico.

A un furfante non deve essere permesso di andare troppo in là per il semplice fatto che è un furfante. E quando si pensa che tutti siano dei furfanti, per dissuaderli bisogna usare le loro tecniche. Un furfante deve essere espulso da altri furfanti. Ne esistono di tanti tipi, così come tante sono le complicate regole per annullare l'impatto della loro lotta per il potere. Così si crea un bel sistema di pesi e contrappesi, un equilibrio dinamico della bassezza, della cupidigia, un'armonia degli imbrogli. E se qualcuno si dimentica, va troppo oltre in questo gioco e inabissa l'armonia, lo Stato profondo, sempre vigile, accorre come salvatore e trascina il rinnegato nelle sue profondità.

Non c'è niente di spaventoso in questa descrizione della democrazia occidentale. È sufficiente cambiare leggermente il punto di vista per dissipare la paura. Ma il dubbio persiste. E l'uomo occidentale inizia a guardarsi intorno alla ricerca di altri modelli e altri modi di esistere.

E vede la Russia.

3. Il nostro sistema politico, come ogni cosa dalle nostre parti, sembra meno raffinato ma è comunque più onesto. Anche se non per tutti «più onesto» è sinonimo di «meglio», non manca di fascino.

Il nostro Stato non è diviso tra Stato profondo e Stato esteriore. È integro e tutte le sue componenti sono ben visibili. Le strutture più brutali della sua armatura si trovano sulla facciata, senza alcun artificio architettonico. La nostra burocrazia, anche quando imbroglia, non usa mai le pinzette, partendo dal presupposto che «nessuno è scemo».

Forti tensioni interne, dovute al bisogno di mantenere il controllo permanente su immensi spazi eterogenei, e la partecipazione costante del nostro paese alla lotta geopolitica internazionale rendono indispensabile e decisivo il potere militare e poliziesco. Da sempre, tale potenza ha la precedenza, poiché mai i mercanti, che considerano gli interessi militari inferiori a quelli del commercio, e i liberali, che fondano la loro dottrina sul rifiuto totale di ogni militarismo, hanno guidato la Russia – a parte qualche eccezione: pochi mesi nel 1917 e pochi anni a fine XX secolo. Non c'è nessuno ad avvolgere di illusioni la verità, a spingerla dietro le quinte, a nascondere lontano la prima proprietà di ogni Stato: essere uno strumento di attacco e di difesa.

Non c'è Stato profondo in Russia, ma c'è un popolo profondo. Sulla superficie brilla l'élite. Secolo dopo secolo, con dinamismo (le va riconosciuto), impegna il popolo in certe sue attività: riunioni di partito, guerre, elezioni, esperienze economiche. Il popolo partecipa, ma in modo un po' distaccato, senza mostrarsi in superfice, vivendo la propria vita in profondità. Due nazioni, una superficiale e una profonda, a volte vanno in direzione opposta, a volte si incrociano, ma non si confondono mai.

Il popolo profondo conserva sempre le sue opinioni, sfuggendo ai sondaggi, alla propaganda, alle minacce e ad altri metodi di studio e d'influenza diretta. Talvolta, un fortunato riesce a comprendere che cosa è, che cosa pensa e che cosa vuole. Ma, ahimè, questa conoscenza spesso arriva troppo tardi e non dalle brave persone.

Raramente i sociologi osano determinare con precisione se il popolo profondo rappresenta tutta la nazione o solo una parte – e quale parte. In diverse epoche lo si è individuato nei contadini, nei proletari, nei senza partito, negli *hipsters* o nei funzionari. Questo popolo viene cercato per immergervisi. Lo si è considerato talvolta teoforo, portatore di Dio, talvolta l'esatto contrario. Altre volte si è stabilito che fosse immaginario e che non esistesse davvero. Si sono iniziate frettolose riforme senza prenderlo in considerazione, salvo poi scontrarvisi molto rapidamente, realizzando improvvisamente che malgrado tutto esiste. In certi momenti, ha battuto in ritirata sotto la pressione di occupanti interni o esterni. Ma è sempre ritornato.

Con la sua gigantesca supermassa, il popolo profondo crea una forza irresistibile di gravitazione culturale che unisce la nazione e attira (costringe) l'élite a terra (alla terra natia) e a volte tenta di elevarsi al cosmopolitismo.

Il principio popolare, qualunque sia il senso di questa espressione, domina lo Stato, determina la sua forma, limita i fantasmi dei teorici e costringe gli uomini d'azione a compiti precisi. È un potente attrattore a cui conducono tutte le traiettorie politiche, senza eccezione. In Russia poco importa il movimento politico da cui s'inizia: il conservatorismo, il socialismo, il liberalismo… tutto finirà man mano per prendere la stessa forma. Per essere ciò che è.

La capacità di ascoltare e comprendere il popolo, di vederlo nella sua interezza, in profondità, e di agire conformemente a esso, costituisce la virtù principale ed eccezionale dello stile di governo di Putin. Tale virtù sposa il popolo, segue la sua stessa strada, non conosce i sovraccarichi distruttivi delle controcorrenti della storia. Di conseguenza, è efficace e durevole.

In questo nuovo sistema, tutte le istituzioni sono subordinate allo stesso compito apicale: instaurare uno spirito di fiducia attraverso la comunicazione e l'interazione del dirigente supremo con i cittadini. Le diverse branche del potere convergono verso la persona del leader. Il loro valore è determinato soltanto dall'importanza e dalla prossimità del legame che con lui intrattengono. I mezzi di comunicazione informali funzionano circondando le strutture ufficiali e i gruppi delle élite. E quando la stupidità, l'arretratezza o la corruzione creano interferenze nel rapporto col popolo, si prendono misure energiche per ristabilire al più presto il collegamento.

La struttura multilivello delle istituzioni politiche, copiata dal modello occidentale e da noi considerata inutile, viene talvolta adottata unicamente per «fare come tutti». Così da non far saltare agli occhi dei nostri vicini le differenze della nostra cultura politica, per irritarli e spaventarli meno. Sono come un abito esterno che indossiamo per uscire ma che in casa non mettiamo.

La società si affida veramente soltanto al capo. È per via della fierezza di un popolo mai vinto, del desiderio di agevolare il cammino verso la verità o di altro? Difficile dirlo, ma è un fatto, non una novità. La novità è che lo Stato non lo ignora, lo prende in considerazione e vi si riferisce nell'esercizio delle sue funzioni.

Sarebbe una semplificazione eccessiva ridurlo alla celebre «fede nel buon re». Il popolo profondo non è affatto ingenuo e non considera la bontà dello zar come valore primordiale. È semmai incline a vedere un buon dirigente come Einstein vedeva Dio, «sottile, ma non malevolo».

Il modello contemporaneo dello Stato russo inizia dalla fiducia e si tiene con la fiducia. È la differenza fondamentale col modello occidentale, che coltiva la sfiducia e la critica. Da questo trae la sua forza.

Il nostro nuovo Stato, in questo nuovo secolo, avrà una storia lunga e gloriosa. Non sarà spezzato. Agirà alla sua maniera, otterrà e conserverà i posti migliori nella lega dei campioni della lotta geopolitica. Presto o tardi chiunque domandi alla Russia di «cambiare atteggiamento» dovrà rassegnarsi ad accettarla per ciò che è. Dopo tutto, pensare che abbia scelta non è che un'illusione.

(traduzione dal francese di Federico Petroni)

LA TRANSNISTRIA STRATEGICA

di *Mirko* MUSSETTI e *Andrea* MURATORE

La piccola Moldova e la sua regione secessionista sono lo snodo chiave del conflitto in corso. La battaglia per l'Isola dei Serpenti. L'alternativa danubiana a Odessa per i cereali ucraini. La santabarbara russa turba molti sonni.

1. «QUEST'ANNO RICORRE IL TRENTENNALE delle relazioni diplomatiche italo-moldove. Il nostro paese, dopo la Russia, accoglie la seconda più numerosa comunità di espatriati moldovi al mondo, la prima nell'Unione Europea. Questo fattore, l'intensità dei rapporti economici e commerciali, varie affinità culturali e le comuni radici linguistiche latine sono tutti elementi che, combinati, contribuiscono a fare del rapporto bilaterale un rapporto importante e in continua crescita». Così l'ambasciatore d'Italia in Moldova Lorenzo Tomassoni, secondo cui la vicina guerra e l'aspirazione del paese esteuropeo a entrare nella Ue hanno ulteriormente avvicinato Roma e Chişinău. «Sosteniamo pienamente la richiesta di adesione all'Unione Europea della Moldova in parallelo al suo ammirevole processo di riforma giudiziaria, lotta alla corruzione e rafforzamento dello Stato di diritto», continua Tomassoni. «Contribuiamo in maniera rilevante a titolo nazionale e come membri dell'Ue agli aiuti internazionali, finanziari e materiali che stanno garantendo ai moldovi la possibilità di resistere alle pesanti conseguenze umanitarie ed economiche della guerra. Gli aiuti alle organizzazioni internazionali, per esempio all'Unhcr, consentono di sostenere i rifugiati e le famiglie moldove che scelgono di ospitarli, incentivando l'accoglienza nei grandi centri e soprattutto nelle case private. Ciò ha consentito di sostenere l'ordine sociale compensando in parte i costi dell'emergenza che il governo e tutta la popolazione, già afflitta da difficoltà economiche, stanno affrontando con coraggio, generosità, determinazione ed efficienza».

La guerra, la questione della Transnistria, le diverse sensibilità della politica interna moldova «rendono questa sede particolarmente interessante, ma non facile. La nostra ambasciata è molto attenta a monitorare tutto ciò che avviene nel paese e ad est di esso. Ogni sviluppo politico e militare ai confini orientali è osservato con attenzione, anche per essere pronti a eventuali situazioni di crisi», sottolinea

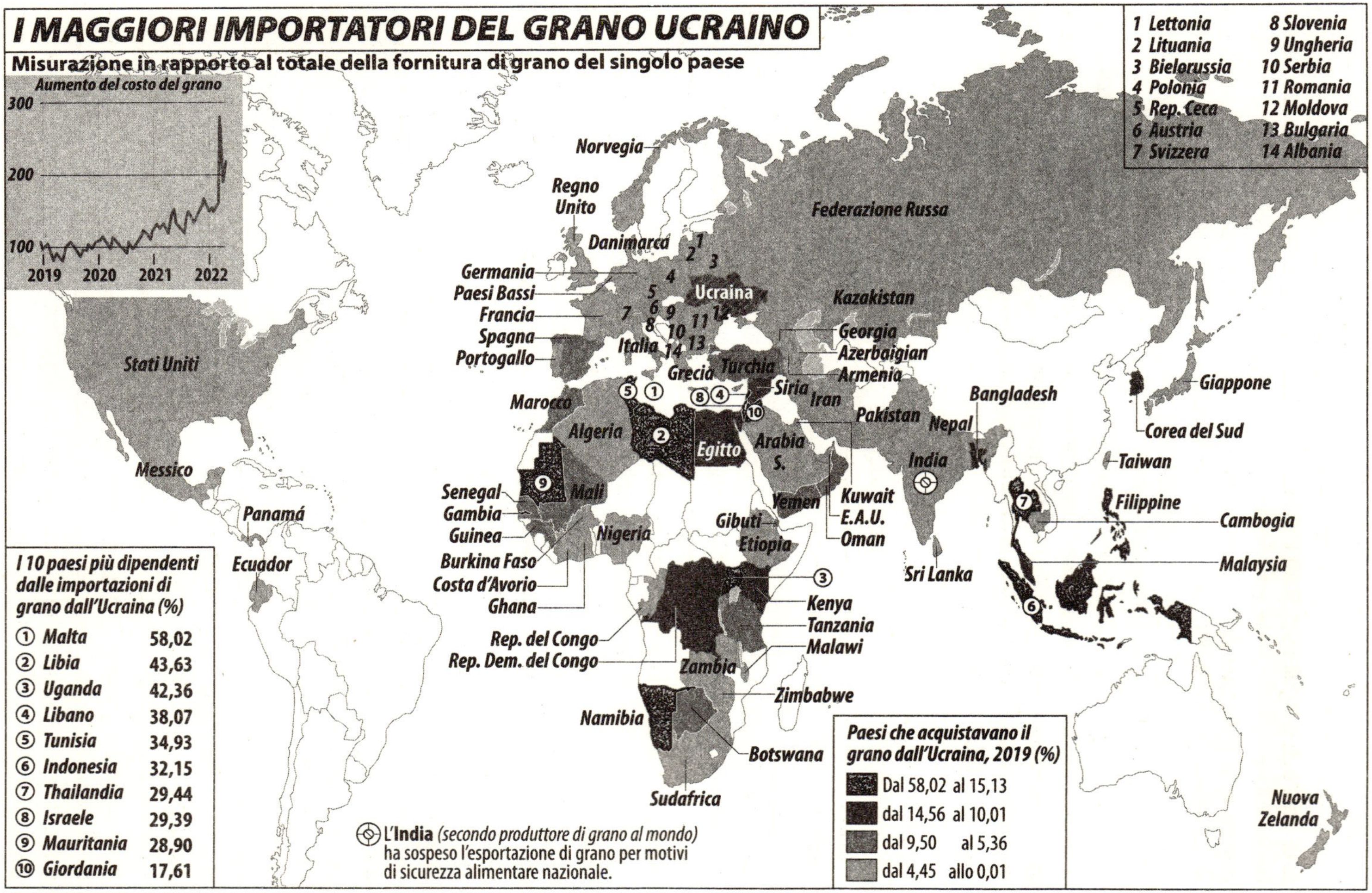

Fonte: Database della Fao (2019)

l'ambasciatore, che ricorda il ruolo decisivo svolto dall'ambasciata di Chişinău nelle prime settimane di guerra «nell'organizzazione e gestione in raccordo con l'Unità di crisi dell'evacuazione dall'Ucraina di oltre duecento nostri connazionali, anche grazie alla preziosa assistenza logistica dei religiosi italiani qui presenti». L'Italia è dunque molto attiva e presente in Moldova, paese che senza rinunciare al suo ruolo di cerniera con l'Est punta ora ad abbracciare più saldamente l'Europa.

Ad abbracciare la piccola repubblica ex sovietica sono ora America e Regno Unito: con la legge del 5 maggio 2022 che permette la vendita dell'area dell'ex stadio in centro a Chişinău, Washington si appresta a costruire in Moldova una delle più grandi ambasciate americane, forse più vasta di quella a Tbilisi, in Georgia. Generalmente gli Stati Uniti tendono a costruire grandi legazioni dove la propria presenza è scarsa, per colmare simbolicamente la carenza egemonica e creare una vasta rete di spionaggio grazie a un cospicuo personale coperto da immunità diplomatica. Londra è ancora più franca: il ministro degli Esteri Liz Truss ha affermato che «la Moldova dev'essere militarmente equipaggiata secondo gli standard della Nato per aiutarla a proteggersi dalla minaccia di un'invasione russa». L'affermazione è giunta inaspettata, senza che le autorità del piccolo paese costituzionalmente neutrale si siano mai espresse in merito.

2. Washington e Londra si preparano a contrastare Mosca dalla Bessarabia, qualora Odessa fosse catturata e la separatista Transnistria (Moldova) riconosciuta. Una guerra per procura tra Occidente e *russkij mir* (mondo russo) combattibile «fino all'ultimo moldovo», come nel caso dei vicini resistenti ucraini.

«Quando i russi arriveranno, potremmo accoglierli con i fiori: proprio come in Ucraina», ironizza amaramente il segretario del Consiglio comunale di Cocieri Ivan Miţcul mentre mostra sul suo smartphone la complessa ripartizione amministrativa attorno al capoluogo transnistriano di Dubtsari. Il piccolo centro abitato sulla sponda sinistra del fiume Nistru/Dnestr ricade sotto il controllo diretto della Repubblica Moldova, dove le autorità separatiste della Transnistria possono esercitare solo saltuarie pressioni politiche.

La guerra in Transnistria del 1992, primo conflitto ibrido moderno di matrice russa, è scoppiata lì vicino: a Corjova, sobborgo di Dubăsari, città sede di un'importante centrale idroelettrica che rifornisce l'intero distretto. Diverse municipalità rumenofone attorno al capoluogo centrale della filiforme regione «d'oltre Nistru» resistettero all'impeto congiunto dell'allora 14ª Armata della Guardia, delle milizie transnistriane, dei cosacchi del Don e di altri volontari ucraini.

A trent'anni dai tragici fatti che hanno causato migliaia di morti, questi insediamenti rurali attorno alla grande ansa del fiume Nistru rimangono un presidio fedele a Chişinău, ma con molta più disillusione. La cittadinanza locale è costretta a chiedere periodicamente il permesso d'immigrazione nella Repubblica Moldova Nistriana (Transnistria) per poter attraversare il fiume sul vicino ponte di Dubăsari. Invece i rifornimenti di generi alimentari e di beni di largo consumo, nonché di carburante per le macchine agricole, possono accedere a queste piccole exclave moldove solo

I MAGGIORI IMPORTATORI DEL MAIS UCRAINO

Misurazione in rapporto al totale della fornitura di mais del singolo paese

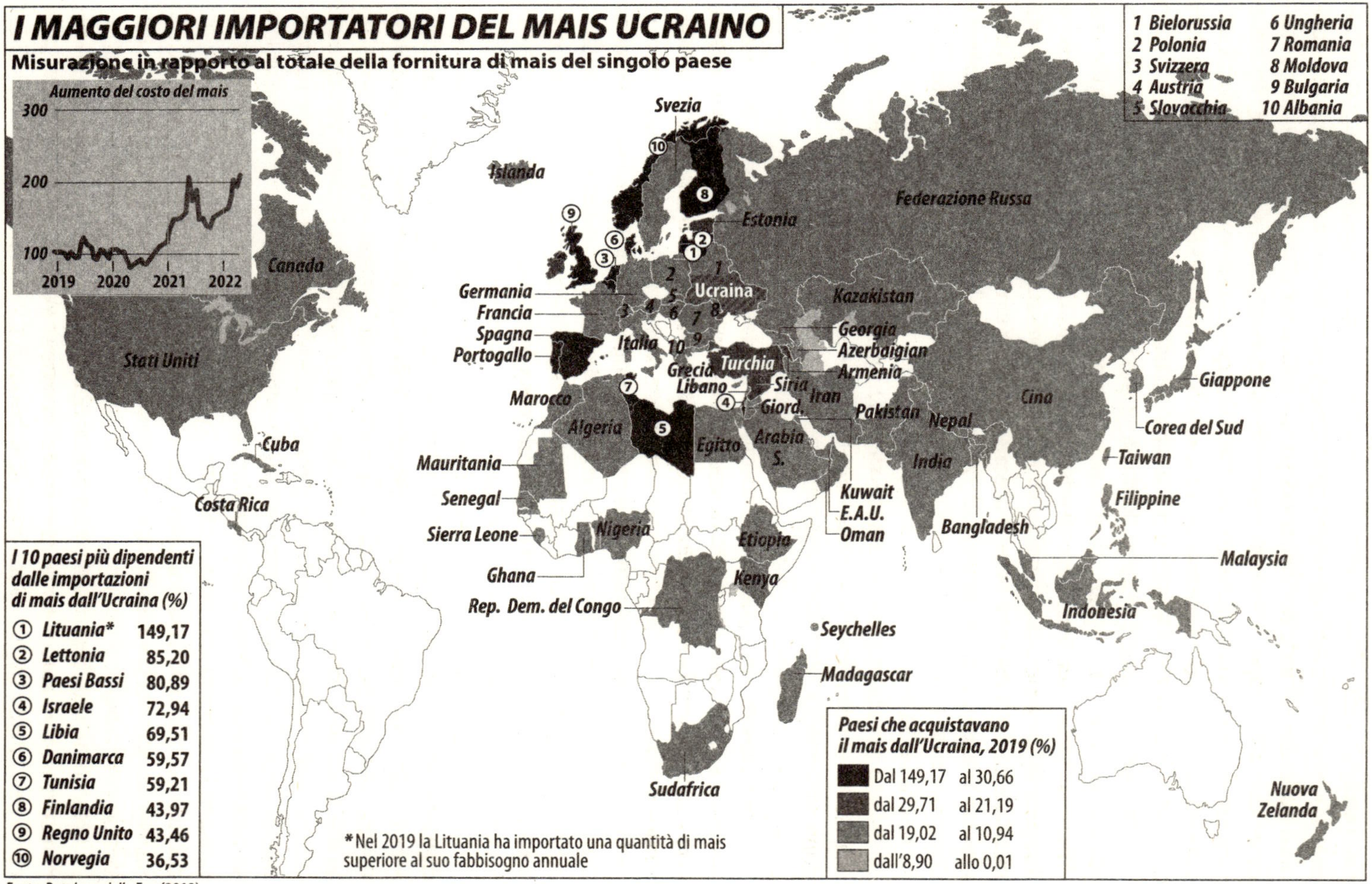

Fonte: Database della Fao (2019)

via battello fluviale. Dunque con una consistente limitazione dello sviluppo territoriale, che si spera di alleviare con la modernizzazione del servizio di trasporto pubblico tra le due sponde del Nistru nei pressi di Molovata/Molovata Nouă con l'impiego di fondi europei. Lo scopo è garantire un collegamento se Tiraspol bloccasse i transiti sui pochi viadotti del grande corso d'acqua. Scenario probabile, data l'attivazione dello stato d'emergenza antiterrorismo nei territori indipendentisti e la loro adiacenza all'*oblast'* di Odessa, dove si teme un'offensiva russa.

Tra aprile e maggio si sono verificati in più distretti della Transnistria diversi atti dimostrativi con l'impiego di granate e bombe molotov. Esplosioni piccole, ma diffuse su tutto il territorio secessionista: il ministero della Sicurezza dello Stato a Tiraspol, la stazione radiotelevisiva di Maiac nei pressi di Grigoriopol, la cittadina meridionale di Dnestrovsc dove è ubicata la più importante centrale elettrica della regione (impianto di Cuciurgan), il distretto industriale settentrionale di Rîbnița dove risiedono la grande acciaieria e il più ampio deposito di munizioni dell'Europa centro-orientale.

Mițcul ricorda che «negli anni Novanta le munizioni immagazzinate a Kolbasna erano 40 mila tonnellate; oggi circa 20 mila, per lo più scadute. Alcune risalgono addirittura al 1936. I russi hanno portato nella Federazione le armi più recenti, lasciando qui quelle obsolete». Tuttavia, un incidente fortuito o doloso all'arsenale produrrebbe una deflagrazione «simile a una bomba atomica», con tutti i danni del caso. Il fatto che il sito di stoccaggio sia a soli due chilometri dal confine con l'Ucraina non lascia dormire tranquilli. La sensazione è che gli «atti di terrorismo» – in merito ai quali prove e testimonianze sono scarsissime – siano una messa in scena delle autorità transnistriane per giustificare un irrigidimento delle politiche di sicurezza e un aumento dei controlli alle frontiere. Tiraspol teme infiltrazioni di gruppi ultranazionalisti ucraini attraverso il poroso confine orientale, volte a sobillare una rivolta contro il regime filorusso o a sabotare gli asset militari moscoviti presenti nella regione.

I poco più di mille *peacekeepers* russi dislocati in Transnistria e le unità transnistriane non hanno equipaggiamenti abbastanza moderni per resistere a un'offensiva ucraina. La conformazione territoriale della Repubblica Nistriana comporta diverse vulnerabilità geostrategiche: le Forze armate ucraine potrebbero spaccare in due tronconi la regione, invadendo il centrale distretto di Dubăsari per separare la parte industriale a nord dal centro politico a sud. Le isolate regioni amministrative di Camenca e Rîbnița, a forte presenza ucrainofona, verrebbero occupate senza eccessivo sforzo. Ecco perché le milizie transnistriane impediscono ai contadini moldovi l'accesso ai terreni agricoli formalmente sotto il controllo di Chișinău a est del tracciato stradale Tiraspol-Camenca. Con il frequente pretesto di esercitazioni militari nei territori contesi, Tiraspol concentra forze volte a presidiare il punto più debole e cruciale.

Ma colpire la Transnistria significherebbe per l'Ucraina attaccare un paese neutrale. *De iure* la regione secessionista appartiene alla Repubblica Moldova, paese politicamente (non militarmente) schierato con Kiev. Il paese più povero d'Europa è quello che in termini relativi accoglie più sfollati ucraini, in larga parte dalla vicina Odessa. «Qui l'accolto è di gran lunga più ricco dell'accogliente», ci confida un sacerdote coinvolto nella gestione dei profughi. Gli ucraini che fuggono non vengono ricevuti in grandi centri per l'accoglienza, ma in appartamenti i cui proprietari ricevono 3.500 lei moldovi al mese (175 euro circa) più altri benefit, come pacchi alimentari e *vouchers*. Cifre importanti per il pensionato medio, il cui reddito non raggiunge i 100 euro. Una sorta di welfare indiretto alimentato da Ue e Onu a vantaggio della cittadinanza moldova nella capitale, ma anche degli ucraini benestanti che si spostano con auto di valore e animali domestici nel paese confinante in attesa di poter rientrare a conflitto terminato.

«Il rischio è che il malcontento si diffonda nella frangia più povera ed esclusa della popolazione moldova, che vede molte risorse destinate ad accogliere stranieri economicamente avvantaggiati», spiega il vicario. I rifugiati ucraini, per lo più donne – gli uomini in età da combattimento presenti hanno lasciato l'Ucraina prima che fosse introdotto il divieto d'espatrio – hanno una buona istruzione e spesso sono professionisti qualificati. Al pari dei moldovi parlano un russo perfetto, che permetterebbe loro di accedere con facilità ad impieghi locali a scapito dei più poveri tra gli autoctoni. Sullo sfondo rimane la questione del bilinguismo: dopo anni in cui la *limba de Stat* (romeno) si è imposta sul russo come idioma principale, il flusso di ucraini potrebbe costringere cittadinanza e funzionari a usare nuovamente il russo.

3. L'impossibilità per Kiev di risolvere «con uno schiocco di dita» (per dirla con il consigliere presidenziale ucraino Oleksij Arestovyč) la questione del «conflitto congelato» in Transnistria, assente un'improbabile richiesta formale di Chișinău, spinge alcuni analisti e politici locali ad accarezzare l'idea dello scambio di territori: all'Ucraina la Transnistria, alla Moldova il Budžak o parte di esso. Scenario improbabile, ma non impossibile. Soprattutto in tempi di guerra.

Entrambe le nazioni avrebbero da guadagnarci. L'Ucraina agirebbe preventivamente contro le forze russe stanziate sulla sponda sinistra del Nistru, raggiungendo un solido confine naturale. La Moldova otterrebbe l'agognato accesso al mare, essenziale per lo sviluppo economico dell'intera Bessarabia; inoltre porrebbe fine alla trentennale «guerra congelata» e ridurrebbe le possibilità di nuovi conflitti sul proprio territorio. In termini demografici le due regioni si equiparano: circa 500 mila abitanti per parte.

Se la Transnistria è linguisticamente tripartita in modo eguale tra ucrainofoni, russofoni e rumenofoni, il Budžak è etnicamente parcellizzato. Nella Bessarabia storica vivono comunità d'origine turcica (gagauzi), slava (bulgari, ucraini, russi) e neolatina (moldovi, romeni) che adottano il russo come lingua veicolare. L'appendice sud-occidentale dell'*oblast'* di Odessa non fa dunque parte del cuore nazionalista ucraino, ma nemmeno è ritenuta da Mosca parte integrante del *russkij mir*. Per Kiev è cedibile a terzi, per Mosca non riveste particolare interesse economico, strategico o culturale. A differenza della filorussa Transnistria, il Budžak giace a ovest della «linea rossa» putiniana che da Kaliningrad a Tiraspol percorre l'istmo d'Europa.

ISTMO D'EUROPA
Mar Baltico
Redzikowo
(Base missilistica)
Berlino
Danzica
Kaliningrad
(Base della
Flotta del Baltico)
Riga
LETTONIA
Poznán
(1ª Divisione
fanteria Usa)
FED.
RUSSA
LITUANIA
Fiume Vistola
POLONIA
Vilnius
Łask
(Base aerea
Polonia-Usa)
Vilejka
(43° Centro comunicazioni
per sottomarini atomici)
Varsavia
Baranavičy
(Centro di addestramento
russo-bielorusso)
Minsk
Babrujsk
(Base aerea)
Lublino
Gancavičy
(Stazione radar Volga)
BIELORUSSIA
SLOVACCHIA
Košice
Yavoriv
(Centro
addestramento)
Leopoli
UNGHERIA
F. Dnestr
Oradea
Câmpia Turzii
(Base aerea
Romania-Usa)
UCRAINA
F. Prut
REP. MOLDOVA
ROMANIA
Craiova
(Base Nato con
2ª Divisione
fanteria Romania)
Bacău
Deveselu
(Base
missilistica)
Tiraspol
Bucarest
Mihail
Kogălniceanu
(Base aerea)
BULGARIA
Costanza
Isola
dei Serpenti
SPAZIO
OPERATIVO
DRONI USA
Mar Nero
Crimea
(RUSSIA)
Mariupol'
Mar
d'Azov
TURCHIA
Sebastopoli
(Base della
Flotta del Mar Nero)
Linea rossa
Fed. Russa
Paese nell'orbita russa
(Bielorussia)
Rep. separatiste filorusse
(Donbas)
Transnistria
Muro elettromagnetico
Asse euro-atlantico
Danzica-Costanza
Rail2Sea
Paesi Nato
Paese in guerra
Moldova
(neutrale)
Zone cuscinetto
semi-smilitarizzate

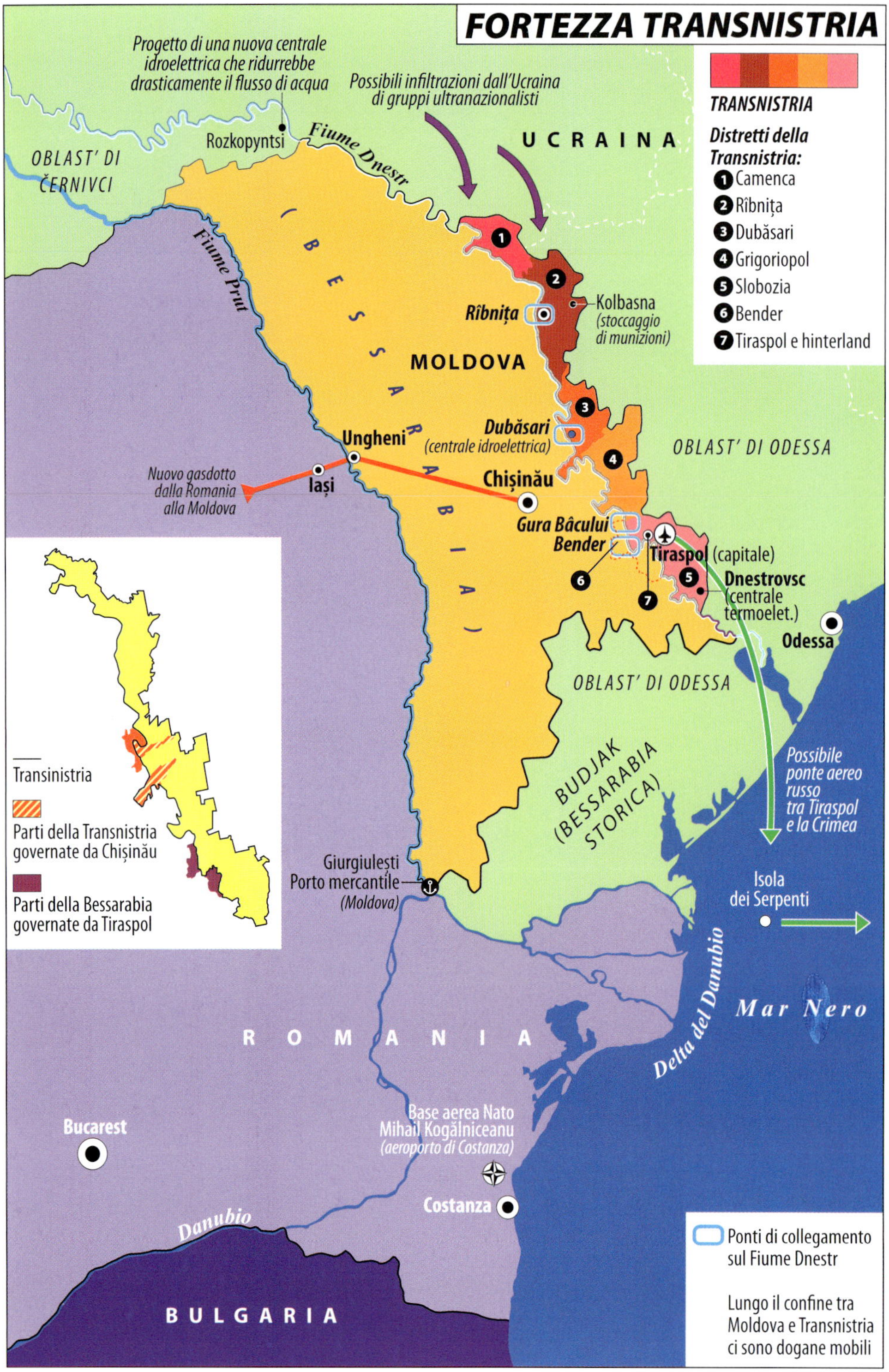
FORTEZZA TRANSNISTRIA
TRANSNISTRIA
Distretti della Transnistria:
1 Camenca
2 Rîbnița
3 Dubăsari
4 Grigoriopol
5 Slobozia
6 Bender
7 Tiraspol e hinterland
Progetto di una nuova centrale idroelettrica che ridurrebbe drasticamente il flusso di acqua
Possibili infiltrazioni dall'Ucraina di gruppi ultranazionalisti
UCRAINA
OBLAST' DI ČERNIVCI
Rozkopyntsi
Fiume Dnestr
Fiume Prut
(BESSARABIA)
Rîbnița
Kolbasna (stoccaggio di munizioni)
MOLDOVA
Dubăsari (centrale idroelettrica)
Ungheni
Iași
Nuovo gasdotto dalla Romania alla Moldova
Chișinău
Gura Bâcului
Bender
Tiraspol (capitale)
Dnestrovsc (centrale termoelet.)
Odessa
OBLAST' DI ODESSA
OBLAST' DI ODESSA
BUDJAK (BESSARABIA STORICA)
Possibile ponte aereo russo tra Tiraspol e la Crimea
Isola dei Serpenti
Giurgiulești Porto mercantile (Moldova)
Delta del Danubio
Mar Nero
ROMANIA
Bucarest
Base aerea Nato Mihail Kogălniceanu (aeroporto di Costanza)
Costanza
Danubio
BULGARIA
Transinistria
Parti della Transnistria governate da Chișinău
Parti della Bessarabia governate da Tiraspol
Ponti di collegamento sul Fiume Dnestr
Lungo il confine tra Moldova e Transnistria ci sono dogane mobili

LA ROMANIA A STELLE E STRISCE
Progetto Nato di condotta militare per combustibili
Progetti di autostrada Via Carpathia e ferrovia Rail2Sea da Costanza a Danzica
"Porta di Focşani", storica linea difensiva tra i fiumi Siret e Danubio nei pressi della città di Focşani
Transnistria
POLONIA
Rzeszów
UCRAINA
Fiume Dnestr
SLOVACCHIA
Košice
ROMANIA
Debrecen
Oradea
UNGHERIA
MOLDOVA
Fiume Dnestr
Câmpia Turzii
(Base aerea Romania-Usa)
Fiume Siret
Arad
Timișoara
Lugoj
Sibiu
Focșani
Isola dei Serpenti
F. Danubio
Pitești
Craiova
(Base Nato con 2^ Divisione fanteria Romania)
BUCAREST
Cernavodă
Mihail Kogălniceanu
Costanza
Fiume Danubio
Deveselu
(Base missilistica)
SERBIA
Calafat
Fiume Danubio
Base militare Emanoil Ionescu, ospita caccia e droni americani
Base militare di Deveselu, sede dello scudo missilistico Nato
Base aerea Mihail Kogălniceanu
Centrale nucleare di Cernavodă
Isola strategica sotto controllo russo
Basi Nato bulgare
Porto militare
Direttrici d'influenza della Romania verso Balcani, Grecia e Russia
BULGARIA
Novo Selo
Aytos
Mar Nero
SOFIA
Bezmer
Plovdiv
Svilengard
TURCHIA
GRECIA
Mar di Marmara
Alessandropoli
Salonicco
Mar Egeo
TURCHIA

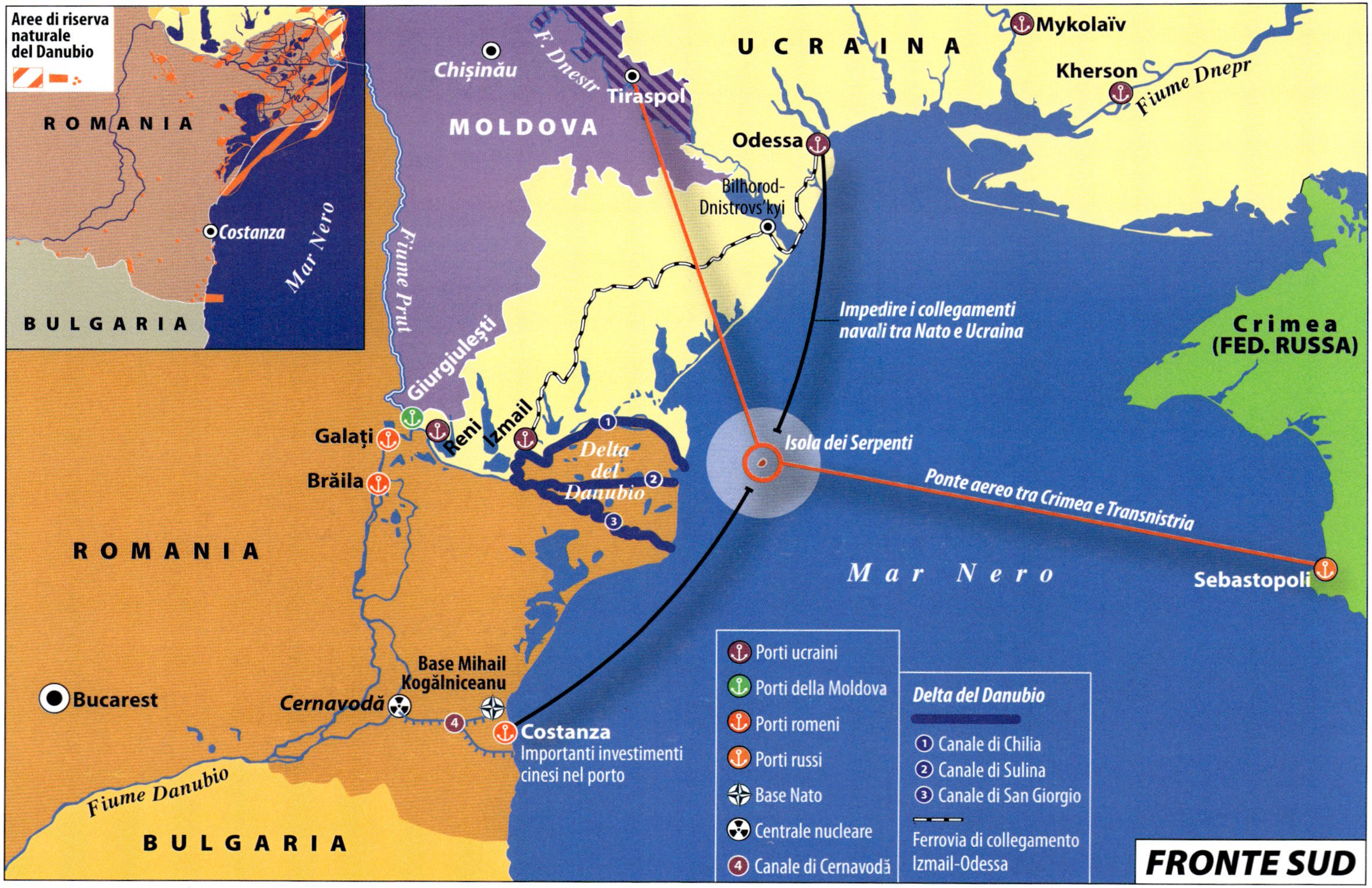
FRONTE SUD
Aree di riserva naturale del Danubio
ROMANIA
BULGARIA
Costanza
Mar Nero
MOLDOVA
Chişinău
F. Dnestr
Tiraspol
UCRAINA
Mykolaïv
Kherson
Fiume Dnepr
Odessa
Bilhorod-Dnistrovs'kyi
Crimea
(FED. RUSSA)
Impedire i collegamenti navali tra Nato e Ucraina
Isola dei Serpenti
Ponte aereo tra Crimea e Transnistria
Sebastopoli
Mar Nero
Fiume Prut
Giurgiuleşti
Reni
Izmail
Galaţi
Brăila
Delta del Danubio
ROMANIA
Bucarest
Cernavodă
Base Mihail Kogălniceanu
Costanza
Importanti investimenti cinesi nel porto
Fiume Danubio
BULGARIA
Porti ucraini
Porti della Moldova
Porti romeni
Porti russi
Base Nato
Centrale nucleare
4 Canale di Cernavodă
Delta del Danubio
1 Canale di Chilia
2 Canale di Sulina
3 Canale di San Giorgio
Ferrovia di collegamento Izmail-Odessa

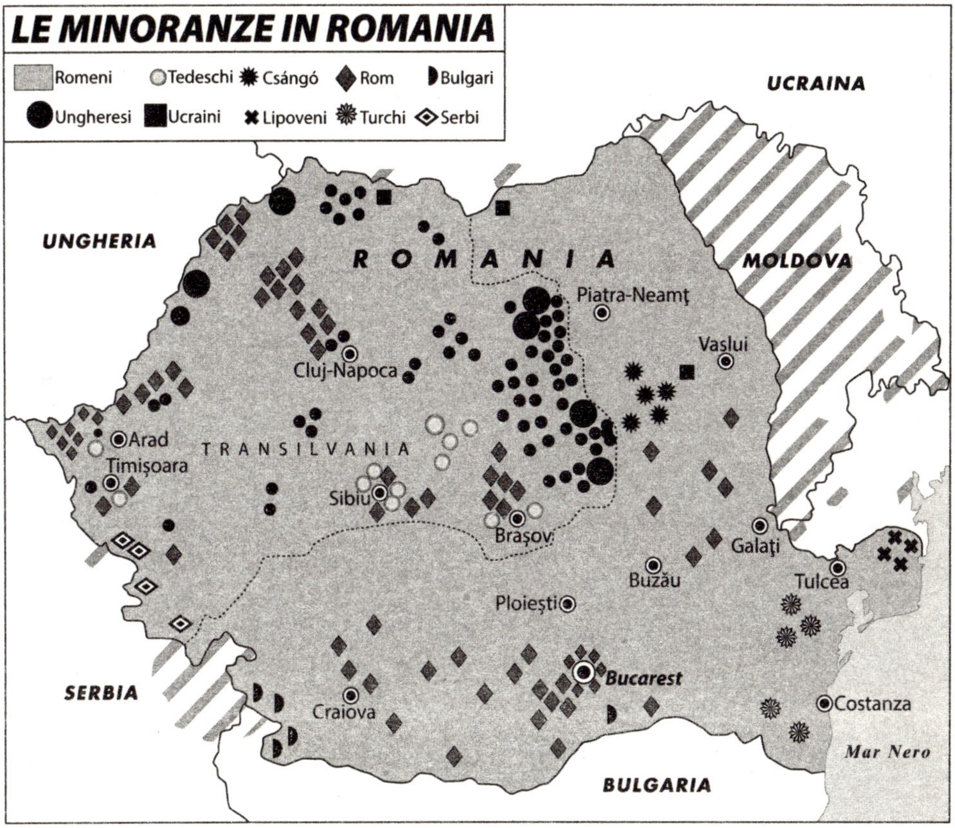

I collegamenti logistici nella Bessarabia storica sono scarsi. A ciò si aggiunge la distruzione da parte russa del ponte ferroviario di Zatoka, sulla foce del Nistru, per bloccare i rifornimenti di carburante dalla Romania e dal porto fluviale di Izmail (sul Danubio) ai mezzi militari ucraini. Attualmente l'afflusso di merci da e per il Budžak è garantito solo dai trasporti su gomma. Questo vale anche per i cereali, tra le voci primarie dell'export ucraino. La guerra alimentare mostrerà presto i suoi tragici effetti, specie in Medio Oriente e nel Nordafrica, fortemente esposto all'import di grano euroasiatico.

Mosca ha bloccato l'esportazione di derrate alimentari persino ai vicini appartenenti all'Unione economica eurasiatica (Bielorussia, Kazakistan, Russia, Armenia, Kirghizistan), preparandosi a una guerra lunga; Kiev non può esportare i propri cereali per il blocco navale attuato dalla Marina russa nel Mar Nero. Il mancato export di fertilizzanti russi e bielorussi, insieme all'elevato costo del gasolio agricolo, comporterà un calo della produzione anche in paesi remoti e non toccati dalla guerra. Il ministro dell'Agricoltura ucraino Nikolaj Solsky ripete che «quest'anno ci aspettiamo un raccolto pari al 50% dello scorso anno». A rischio anche le colture invernali, oltre ai cereali dello scorso anno bloccati nei magazzini. «Quest'estate sarà in gioco il destino di tre raccolti».

Per questo i paesi occidentali hanno cominciato a studiare come far muovere le granaglie dal paese sarmatico. A differenza di Russia e Stati Uniti, l'Europa occidentale non è autosufficiente sotto il profilo energetico e alimentare: il 90% dei cereali ucraini viene esportato attraverso il porto di Odessa, ma il blocco della «perla del Mar Nero», i cui silos portuali traboccano di derrate intrasportabili, complicherà l'immagazzinamento della produzione cerealicola estiva. Una soluzione potrebbe essere avvalersi dei porti fluviali del basso Danubio: Brăila e Galaţi in Romania, Giurgiuleşti in Moldova, Reni e Izmail nel Budžak. Nessuno di essi è paragonabile per capacità al grande porto marittimo di Odessa, ma insieme possono sopperire a buona parte delle esigenze mercantili di Kiev.

I due porti ucraini sul delta del Danubio restano vulnerabili agli attacchi missilistici delle forze russe, che intendono azzerare l'afflusso in Ucraina del carburante per i mezzi militari e i macchinari agricoli. Per questo il ponte ferroviario di Zatoka sulla foce del Nistru è stato prima danneggiato e poi distrutto da una serie di attacchi provenienti dal Mar Nero, inibendo così qualsiasi collegamento su strada ferrata tra Odessa e Izmail. Il porto di Reni, un po' più a nord, è invece scollegato dalla rete ferroviaria ucraina e collegato a quella moldova tramite lo snodo di Giurgiuleşti, distante solo 8 chilometri.

Il porto bessarabico sul Danubio, all'intersezione dei confini romeno, moldovo e ucraino, può divenire centrale per l'export agricolo ucraino. Usando la rete ferroviaria della piccola ma neutrale repubblica rumenofona, Kiev potrebbe trasportare con relativa sicurezza parte dei suoi cereali verso il basso Danubio, anche a Brăila e Galaţi, da lì imbarcandoli verso Africa e Medio Oriente. Il fatto che il delta del Danubio segni il confine della Nato rende altamente improbabile un bombardamento russo. È però importante trovare silos liberi e ovviare all'intasamento di imbarcazioni nella ristretta area del sistema dei cinque porti. Kiev deve poter contare sul sostegno tecnico e politico di Bucarest e Chişinău, che ancora non dimenticano il ruolo ucraino a fianco dei russi nella sanguinosa guerra del 1992.

4. Trasportare merci dal basso Danubio al Mar Nero è operazione comunque delicata: l'Isola dei Serpenti, catturata dai russi nei primi giorni del conflitto, è ubicata di fronte al delta. I combattimenti per la sua riconquista possono mettere a repentaglio i transiti navali in entrata e in uscita. Mathias von Tucher, direttore generale di Danube Logistics (società controllata dalla Banca europea per la ricostruzione e lo sviluppo che gestisce il porto internazionale di Giurgiuleşti), conferma: «Attualmente non è sicuro attraversare il braccio di Chilia», il più settentrionale del delta del Danubio. La sua imboccatura è troppo a ridosso del conteso scoglio eusino, «meglio avvalersi del braccio centrale di Sulina o di quello meridionale di San Giorgio», i cui accessi restano comunque pericolosamente vicini all'area di confronto bellico del quadrante nord-occidentale del Mar Nero.

In questo contesto diviene strategico il canale artificiale di Cernavodă, che più a sud collega il Danubio al Mar Nero attraverso due bracci che terminano nei pressi delle località romene di Năvodari e Agigea, vicino alla città portuale di Costanza ben protetta dalla base aerea Nato Mihail Kogălniceanu. I mercantili con i cereali ucraini potrebbero salpare dai cinque porti del basso Danubio, risalire per un tratto il fiume, poi virare verso lo specchio d'acqua eusino lontano dai combattimenti e vicino agli Stretti turchi, per lasciare in sicurezza il Mar Nero e accedere al Mediterraneo e all'Indo-Pacifico, via Suez.

L'Isola dei Serpenti ha un ruolo cruciale per controllare gli accessi al più importante fiume navigabile d'Europa e per ridisegnare in futuro le Zone economiche esclusive del Mar Nero nord-occidentale, il più ricco di idrocarburi *offshore*. Ma al momento l'isola cara ad Achille è dirimente sul piano strategico, grazie alla sua triplice valenza: per impedire i collegamenti navali (e i rifornimenti militari) tra Odessa e Costanza, per tenere sotto scacco missilistico la base Mihail Kogălniceanu inibendo ogni intervento aereo della Nato nel teatro di guerra litoraneo, per agevolare un potenziale ponte aereo tra Sebastopoli e Tiraspol.

Presso il segmento meridionale dell'istmo d'Europa si giocano dunque in non piccola parte la sicurezza del Vecchio Continente e le sorti alimentari del mondo.*

* Si ringrazia *InsideOver* per la collaborazione.

PREVISIONI DI POLITOLOGI ASSETATI DI SANGUE

di *Mikhail* KHODARËNOK

QUESTO ARTICOLO PROFETICO È STATO pubblicato sul quotidiano moscovita Nezavisimaja Gazeta *il 3 febbraio 2022*[1]*. L'autore è un ex colonnello russo, oggi analista militare. L'8 maggio è intervenuto in una trasmissione del Primo canale russo, criticando la comunicazione ufficiale sulla guerra.*

Alcuni dirigenti politici russi sostengono che in caso di guerra la Russia sia in grado in poche ore di infliggere una schiacciante sconfitta all'Ucraina (e si parla anche di tempi più brevi). Vediamo quanto simili affermazioni corrispondano alla realtà.

Negli ultimi tempi, tra la comunità degli esperti russi si è saldamente radicata l'opinione secondo la quale non sarà nemmeno necessario inviare truppe nel territorio dell'Ucraina, visto il miserevole stato in cui versano le Forze armate di quel paese.

Alcuni analisti politici sottolineano come un potente attacco russo possa distruggere quasi interamente i sistemi di sorveglianza e comunicazione, l'artiglieria e le formazioni di carri armati. Un certo numero di esperti inoltre è sicuro che anche un solo colpo devastante della Russia sarà sufficiente per porre fine a una simile guerra. E, ciliegina sulla torta, altri analisti sottolineano in modo particolare che nessuno in Ucraina difenderà il «regime di Kiev».

Non sarà una passeggiata

Cominciamo da quest'ultima affermazione. Sostenere che nessuno in Ucraina difenderà il regime significa ignorare totalmente la situazione politico-militare e l'umore delle masse nello Stato vicino. Inoltre, il grado di odio (che, come è noto, è il propellente più idoneo per la lotta armata) nutrito nella vicina repubblica nei

1. Titolo originale dell'articolo: «Prognozy krovožadnykh politologov. O vostoržennykh jastrebakh i toroplivykh kukuškakh» («Previsioni di politologi assetati di sangue. Falchi eccitati e cuculi frettolosi»).

LE DIVISIONI STORICHE DELL'UCRAINA

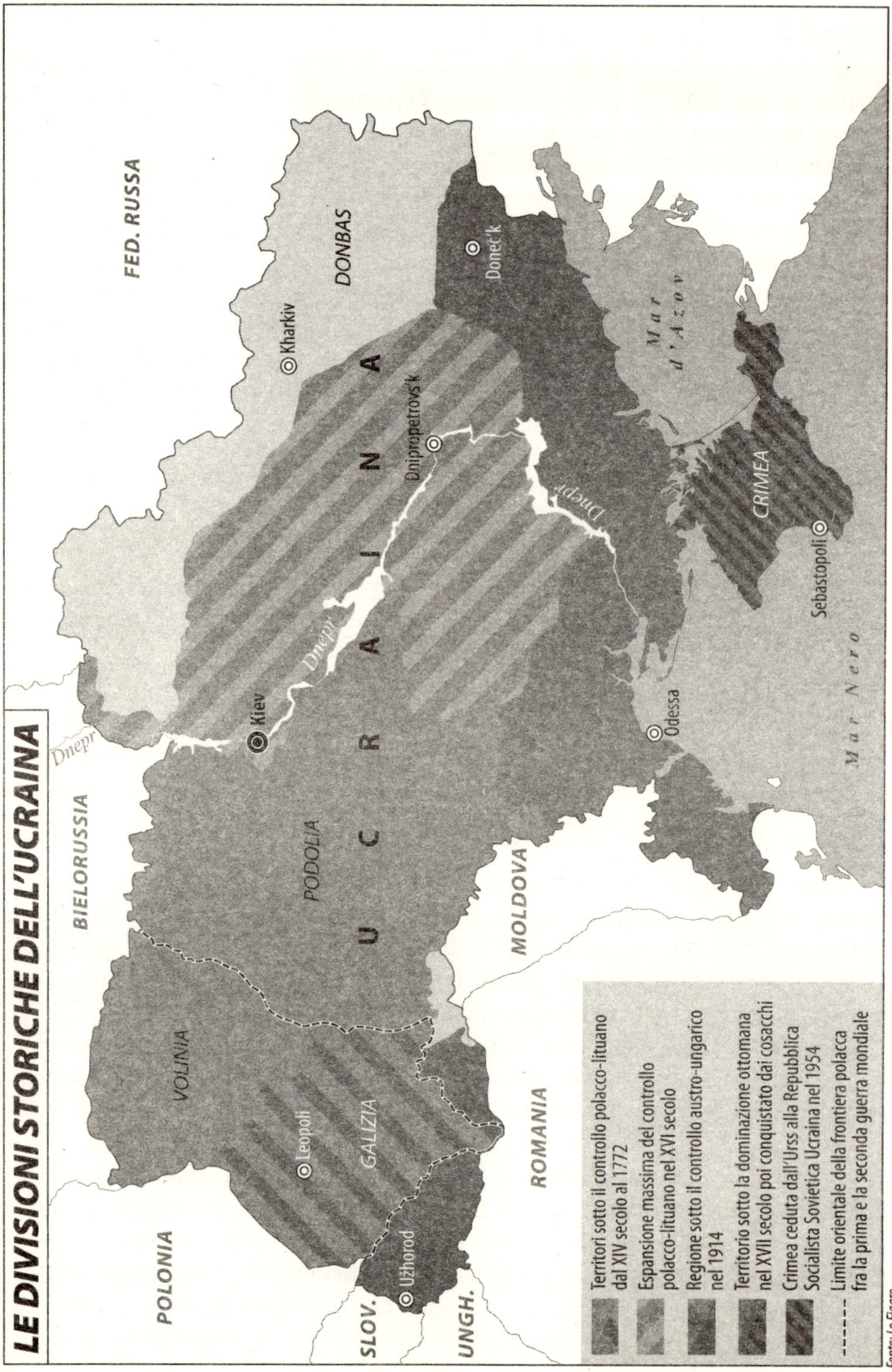

Fonte: Le Figaro

confronti di Mosca è francamente sottovalutato. Nessuno in Ucraina accoglierà l'esercito russo offrendo mazzi di fiori.

È come se quanto accaduto nel Sud-Est dell'Ucraina nel 2014 non ci abbia insegnato nulla. Anche allora ci si aspettava che l'intera parte orientale dell'Ucraina si sarebbe trasformata di colpo e in pochi secondi nella Novorossija (Nuova Russia). Si erano già tracciate mappe, individuato il personale delle future amministrazioni di città e regioni, preparato le bandiere dello Stato.

Ma persino la stragrande maggioranza della popolazione russofona di questa parte dell'Ucraina (comprese città come Khar'kov, Zaporož'e, Dnepropetrovsk, Mariupol') non ha sostenuto simili piani. Il progetto Novorossija è stato a poco a poco accantonato e si è estinto in silenzio.

Insomma, la campagna di liberazione del 2022, su modello e immagine del 1939, non funzionerà in alcun modo. In questo caso, le parole di un classico della letteratura sovietica, Arkadij Gajdar, suonano più vere che mai: «È chiaro che non sarà per noi una battaglia facile, ma un duro combattimento».

'Poco sangue, colpo potente'

Veniamo ora al «potente attacco della Russia», che presumibilmente distruggerà «praticamente tutti i sistemi di sorveglianza e comunicazione, l'artiglieria e le formazioni di carri armati delle Forze armate ucraine».

È evidente da questa sola espressione come unicamente i politici di professione possano dire una cosa del genere. Per informazione: nel corso di ipotetiche operazioni militari, attacchi su obiettivi prioritari e massicci attacchi di fuoco vengono inflitti sulla scala del teatro delle operazioni. Si noti che nel corso della pianificazione operativo-strategica, termini come «potente» (oltre a «medio», «debole» eccetera) non vengono mai utilizzati.

Nella dottrina militare si sottolinea che gli attacchi possono essere strategici (questo si applica principalmente alle forze nucleari strategiche), operativi e tattici. In relazione al numero delle forze coinvolte e degli obiettivi da colpire, gli attacchi possono essere massicci, di gruppo e singoli. È comunque meglio non introdurre o utilizzare altri concetti, perfino in opere di carattere politologico.

Attacchi a obiettivi prioritari e attacchi di fuoco massicci possono essere sferrati nell'ambito di un fronte (ancora non sono stati formati fronti ai confini occidentali della Russia) o del comando principale delle Forze armate nel teatro delle operazioni militari (parimenti non ancora creato nella direzione strategica sud-occidentale). Qualcosa meno di questo non è un attacco massiccio.

Cos'è, ad esempio, un attacco di fuoco massiccio (Mou = *Massirovannyj ognevoj udar, n.d.t.*) del fronte? Per cominciare, notiamo che in un Mou è coinvolto il maggior numero possibile di forze pronte al combattimento, aerei, missili, artiglieria, equipaggiamento per la guerra elettronica a disposizione del comandante delle forze del fronte (formazione operativo-strategica). Il Mou consiste in un massiccio raid aereo, due o tre lanci di sistemi missilistici Otr e Tr e diverse incursioni di artiglieria. L'operazione può considerarsi riuscita se il grado di danno al nemico è del 60-70%.

Naturalmente, il Mou può infliggere perdite pesanti a un potenziale nemico. Ma aspettarsi di distruggere le Forze armate di un intero Stato con un solo attacco di questo tipo significa mostrare un ottimismo semplicemente smodato durante la pianificazione e conduzione di operazioni belliche. Nel corso di ipotetiche azioni strategiche sul teatro delle operazioni, di questi Mou ne dovranno essere sferrati non uno o due, ma molti di più.

Va assolutamente ricordato che le riserve di armamenti avanzati e di alta precisione nelle Forze armate della Federazione Russa non sono illimitate. I missili ipersonici del tipo Zircon non sono ancora in servizio. E il numero di Kalibr (missili da crociera lanciati dal mare), Kinžal, Kh-101 (missili da crociera lanciati dall'aria) e Iskander ammonta nella migliore delle ipotesi ad alcune centinaia (decine nel caso dei Kinžal). Un simile arsenale non è sicuramente sufficiente per spazzare via dalla faccia della Terra uno Stato grande quanto la Francia e con una popolazione di oltre 40 milioni di abitanti.

Sulla superiorità aerea

Nella comunità degli esperti russi (fan della dottrina Douhet) spesso si sostiene che la guerra sarà estremamente breve e si concluderà nel minor tempo possibile, questo perché le ipotetiche operazioni militari in Ucraina si svolgeranno col completo dominio dei cieli da parte dell'Areonautica russa.

Allo stesso tempo, ci si dimentica che le formazioni armate dell'opposizione afghana durante il conflitto del 1979-89 non avevano un solo aereo né un solo elicottero da combattimento. E la guerra in quel paese si è trascinata per ben dieci anni. Anche i combattenti ceceni non disponevano di un solo velivolo, eppure la lotta contro di loro è durata diversi anni ed è costata alle forze federali molto sangue e vittime.

Ma le Forze armate ucraine hanno una specie di Aeronautica da combattimento. Così come mezzi di difesa aerea.

A proposito, i serventi ucraini delle forze missilistiche contraeree (non georgiane) hanno pizzicato l'Areonautica russa in modo significativo durante il conflitto del 2008. Dopo il primo giorno di ostilità, la leadership dell'Aeronautica russa era rimasta apertamente scioccata dalle perdite subite. E di questo non bisogna dimenticarsi.

Compianti preventivi

Passiamo alla tesi «le Forze armate dell'Ucraina versano in uno stato miserevole». Sicuramente le Forze armate ucraine hanno problemi con l'Aeronautica e i moderni sistemi di difesa aerea. Ma bisogna riconoscere anche quanto segue: se fino al 2014 le Forze armate ucraine costituivano un frammento dell'esercito sovietico, negli ultimi sette anni in Ucraina è stato creato un esercito qualitativamente diverso, su altre basi ideologiche e in gran parte in base agli standard della Nato. Armi e attrezzature molto moderne arrivano e continuano ad arrivare all'Ucraina da molti paesi dell'Alleanza Atlantica.

Quanto al punto più debole delle Forze armate ucraine, l'Aeronautica, non si può escludere che l'Occidente possa, in tempi relativamente brevi, rifornire Kiev di caccia di seconda mano. che per caratteristiche tattiche e tecniche saranno del tutto comparabili alla maggior parte degli aerei della flotta russa.

Senza dubbio oggi le Forze armate ucraine sono significativamente inferiori a quelle della Federazione Russa in termini di capacità di combattimento e operatività. Nessuno ne dubita, sia in Oriente sia in Occidente. Ma anche questo esercito non va preso alla leggera. Sotto questo aspetto bisogna sempre ricordare il testamento di Aleksandr Suvorov: «Non disprezzate mai il vostro nemico, non consideratelo più stupido e più debole di voi».

Passiamo ora all'affermazione secondo la quale i paesi occidentali non manderanno un solo soldato a morire per l'Ucraina.

È probabile che sia così. Tuttavia, in caso di invasione della Russia ciò non esclude un'assistenza massiccia alle Forze armate ucraine da parte dell'Occidente, con un'ampia varietà di armi ed equipaggiamento militare e voluminose consegne di ogni sorta di materiale. A questo proposito, l'Occidente ha già dimostrato una posizione solidale, finora senza precedenti, a quanto pare non prevista da Mosca.

Non c'è dubbio che Stati Uniti e membri dell'Alleanza Atlantica inizieranno una sorta di rinnovata *Lend-lease*, sul modello della seconda guerra mondiale. E non è da escludere anche un afflusso di volontari dall'Occidente, che può essere molto corposo.

Partigiani e clandestini

Infine, la durata di un'ipotetica campagna. Nella comunità di esperti russi si parla di qualche ora, a volte anche di qualche decina di minuti. Ma ci si dimentica che siamo già passati attraverso tutto questo. La frase «prendere la città in due ore con un reggimento aviotrasportato» è ormai diventata un classico nel suo genere.

Vale anche la pena ricordare che il potente Nkvd staliniano e l'esercito sovietico che contava milioni di soldati hanno combattuto contro i nazionalisti in clandestinità nell'Ucraina occidentale per più di dieci anni. E oggi è possibile che l'intera Ucraina possa facilmente arruolarsi nella resistenza. Inoltre, queste formazioni potrebbero facilmente iniziare a operare anche sul territorio della Russia.

La lotta armata nelle grandi città ucraine è generalmente difficile da prevedere. È risaputo che le grandi città sono il miglior campo di battaglia per la parte debole e tecnicamente meno avanzata di un conflitto armato.

Esperti autorevoli sottolineano che in una metropoli è possibile non solo concentrare un raggruppamento di migliaia o persino decine di migliaia di combattenti, ma anche nasconderlo dalla superiore potenza di fuoco del nemico. E anche fornirgli risorse materiali per lungo tempo e compensare le perdite di uomini e attrezzature. Montagne, foreste e giungle non offrono oggi una tale opportunità.

Gli esperti sono convinti che l'ambiente urbano aiuti i difensori, rallenti i movimenti degli attaccanti, consenta di piazzare un alto numero di combattenti per unità di area e compensi il ritardo in forze e tecnologie. E in Ucraina di grandi città ce n'è a sufficienza, comprese quelle da milioni di abitanti. Nel corso di un'ipotetica guerra contro l'Ucraina, quindi, l'esercito russo potrebbe imbattersi in più di una Stalingrado o di una Groznyj.

Conclusioni

In generale, non ci sarà nessun *Blitzkrieg* ucraino. Le dichiarazioni di alcuni esperti del tipo «l'esercito russo sconfiggerà la maggior parte delle unità delle Forze armate ucraine in 30-40 minuti», «la Russia è in grado di sconfiggere l'Ucraina in 10 minuti in caso di guerra su vasta scala», «la Russia sconfiggerà l'Ucraina in 8 minuti», non sono supportate da serie valutazioni.

Infine, la cosa più importante. Un conflitto armato contro l'Ucraina non risponde oggi agli interessi nazionali della Russia. Pertanto, sarebbe meglio che alcuni esperti russi sovraeccitati dimentichino le loro fantasie trionfalistiche. E al fine di prevenire ulteriori perdite di reputazione, che non le rievochino mai più.

(traduzione di Mauro De Bonis)

INTERVISTA

'Abbiamo sopravvalutato l'esercito russo'

Conversazione con *Giuseppe* DE GIORGI, ammiraglio, già capo di Stato maggiore della Marina militare, a cura di *Lucio* CARACCIOLO

LIMES Quando è cominciata la guerra d'Ucraina?

DE GIORGI Sarebbe banale dire che è iniziata il 24 febbraio. Ma è evidente che la guerra è cominciata quando i russi hanno ammassato le truppe al confine, segno che era tutto già programmato.

LIMES Per lei non è stata una sorpresa quindi?

DE GIORGI Decisamente no. È stato invece interessante vedere la disinformazione russa spudoratamente in azione. Fino al giorno prima il ministro degli Esteri russo Sergej Lavrov sosteneva fossero solo manovre interne, criticando l'eccessivo allarmismo occidentale. Ma poche ore dopo le truppe russe hanno effettuato un ingresso a raggiera in territorio ucraino in stile Ungheria 1956. L'idea di Putin e dello Stato maggiore russo era questa fin dall'inizio.

LIMES Qual era l'obiettivo principale dell'invasione russa?

DE GIORGI Far cadere il governo. Anche l'invasione sovietica dell'Afghanistan è cominciata così: all'epoca i contingenti russi irruppero nel paese e puntarono direttamente alla capitale Kabul. Catturarono e uccisero il primo ministro, un loro uomo poi diventato inaffidabile, e insediarono al suo posto un governo fantoccio. In Ucraina prevedevano che il governo implodesse o fuggisse in esilio, consentendo una sostituzione immediata dell'esecutivo ostile con uno favorevole.

LIMES L'operazione per la cattura di Volodymyr Zelens'kyj però è andata male. Si è trattato di un'operazione un po' dilettantesca?

DE GIORGI Non è semplice da dire, visto che le informazioni di cui disponiamo provengono dai media. C'è stato un momento in cui sembrava che questa operazione potesse avere successo. Gli americani avevano predisposto un elicottero per esfiltrare Zelens'kyj e la sua famiglia da Kiev, segno evidente che le cose stavano prendendo una piega preoccupante. Zelens'kyj ha risposto che non gli servivano passaggi, ma più armi. Di lì a poco, tuttavia, gli equilibri delle forze in campo sono cambiati a favore dell'Ucraina.

È una delle cifre caratteristiche di questa guerra: lo squilibrio tra le aspettative di efficacia soverchiante attribuita ai russi e la realtà sul campo. Nei russi era riposta un'aspettativa di ineluttabile vittoria, perché nel nostro immaginario la Russia è indissociabile dalla grande potenza, ma anche perché in passato Mosca ha dimostrato di esserlo realmente. Tale aspettativa si è scontrata con le inaspettate risorse degli ucraini: che siano riusciti a evitare la caduta di Zelens'kyj ha dello strepitoso, come anche il fatto che abbiano impedito ai russi di raggiungere Kiev.

LIMES L'inizio della guerra potrebbe anche essere fatto risalire a un'altra data, il 2014. Ovvero quando americani e britannici hanno davvero creato un esercito ucraino. Non è stato quello il vero punto di svolta?

DE GIORGI Dal punto di vista delle incredibili capacità che oggi gli ucraini dimostrano sul campo, potremmo dire di sì. Si potrebbe sostenere che l'attuale guerra non sia altro che la prosecuzione del conflitto in Donbas. Ma io non ne sono del tutto convinto: ci troviamo di fronte a una guerra pensata *ex novo*, con obiettivi in parte diversi e molto più importanti. Adesso i russi puntano ad annettere almeno un terzo dell'Ucraina, riconnettendo la Transnistria alla madrepatria e riducendo così l'Ucraina a un paese sul modello della Finlandia dopo la sconfitta di quest'ultima nella guerra russo-finnica.

LIMES Molti sono rimasti colpiti dall'uso pubblico che gli americani hanno fatto dell'intelligence. Perché sbandierare informazioni che per definizione dovrebbero restare segrete?

DE GIORGI In primo luogo, una simile tattica era finalizzata a compattare gli alleati e ad allertare l'opinione pubblica occidentale, per trasmetterle il senso dell'imminenza della catastrofe che stava per verificarsi.

C'è poi una ragione legata al consenso pubblico interno: gli Stati Uniti non volevano dare l'impressione di esser stati colti di sorpresa. In passato, i servizi segreti americani sono stati accusati di non aver saputo prevedere eventi cruciali come l'11 settembre. Le informazioni che hanno lasciato trapelare prima dell'invasione russa erano vere, semplicemente perché ciò che prevedevano si verificava. L'intelligence statunitense si è dimostrata efficace in tutte le fasi: non solo in quelle di avvicinamento al conflitto (in cui informavano quasi al minuto-secondo, agevolando non poco le forze ucraine), ma anche a ostilità scoppiate. A mio avviso, tuttavia, l'obiettivo principale era favorire la partecipazione corale dell'opinione pubblica all'operazione.

Non da ultimo, hanno agito in questo modo anche per disinnescare la disinformazione russa, ovvero per giocare d'anticipo sulla narrazione messa in campo da Mosca, che fosse la liberazione dal nazismo o l'invasione a scopo difensivo. Washington ha agito secondo uno schema di controinformazione preventiva.

LIMES Provi a mettersi nei panni dei russi: perché hanno intrapreso questa azione militare proprio adesso? E cosa stanno ottenendo?

DE GIORGI Perché siano intervenuti proprio adesso rimane un mistero. Di fatto è come se si trattasse della solita guerra annuale di manutenzione. Da quando è al potere, Putin ha condotto operazioni militari una dopo l'altra, basti pensare alla Georgia, alla Crimea, al Donbas, alla Siria. Quest'ultimo caso è emblematico: un'operazione di guerra importantissima, condotta molto efficacemente e spettacolarizzata al massimo, benché fosse un intervento del tutto superfluo, non necessario, volto solo a esibire uno status di grande potenza.

LIMES In pratica una risposta alla provocazione di Obama che definì la Russia «potenza regionale».

DE GIORGI Questo è precisamente il motivo per cui la Russia esce dal Mar Nero e si posiziona in Siria e in Cirenaica. Per essere riconosciuta come forza permanente nei mari caldi, ha dato vita al Comando navale del Mediterraneo a Ṭarṭūṣ in Siria, sviluppato sul modello della Sesta Flotta. Prima le navi russe erano assegnate alla Flotta del Mar Nero e all'occorrenza irrompevano nel Mediterraneo. Ora invece alcune delle navi provenienti da altre flotte permanenti russe (come quelle del Nord o del Baltico) sono state assegnate stabilmente al Comando del Mediterraneo. In Libia e in Mali i russi sono presenti tramite i mercenari del gruppo Wagner, sempre con la stessa logica: la volontà russa di recuperare territori di pertinenza sovietica e nel caso specifico di Bamako anche la necessità di riempire il vuoto lasciato dal ritiro della Francia.

LIMES Qual è la *ratio* strategica di tutto questo?

DE GIORGI Tornare a essere una superpotenza all'altezza dell'Unione Sovietica. L'espansione è parte di un progetto di riposizionamento della Russia nel mondo, nell'ottica di farle riguadagnare prestigio. Vuole parlare da pari a pari agli Stati Uniti, però in un mondo multipolare. Il suo scopo è ripristinare le aree di influenza, in un assetto analogo a quello del secondo dopoguerra. Nella sua sfera, Putin vede tutte le repubbliche ex sovietiche più le nazioni del Patto di Varsavia. Queste ultime, già da tempo nella Nato, non dovrebbero necessariamente uscirne. L'importante è che non ospitino missili tattici o da crociera, mantenendosi in una zona grigia.

LIMES Probabilità di realizzazione di questo progetto?

DE GIORGI Dal punto di vista dei paesi già membri della Nato, nessuna. Per le repubbliche ex sovietiche, e per l'Ucraina in particolare, le *chances* di una vittoria russa c'erano, se l'Occidente non fosse stato così reattivo. E a mio avviso ci sono ancora.

LIMES Tutti, americani compresi, abbiamo sopravvalutato le capacità militari dei russi. Qual è la sua impressione sulla loro prestazione militare e navale?

DE GIORGI La sopravvalutazione dei russi è una costante. Anche in epoca sovietica l'intelligence occidentale tendeva a sovrastimare la minaccia russa, essenzialmente per due motivi intrecciati: innanzitutto per tenere unita e motivata la Nato; in secondo luogo, perché i russi stessi sono stati sempre molto abili nel costruire questa immagine di loro stessi. Per fare un esempio: la parata sulla Piazza Rossa, con cui ogni 9 maggio si celebra il Giorno della vittoria sul nazismo, è da sempre un'occasione per sfoggiare nuovi modelli di aeroplani, i quali spesso però erano lontanissimi dall'essere operativi. In passato si faceva in modo che lo stesso gruppo di velivoli sorvolasse la piazza decine di volte, per dare l'impressione che fossero tantissimi.

Nel 1991 mi recai a Sebastopoli al seguito dell'ammiraglio Venturoni. Si era appena consumato il colpo di Stato contro Gorbačëv, che si era quindi ritirato nella sua dacia sul Mar Nero per un soggiorno forzato. Quando venne liberato, l'Italia inviò tre navi (*Vittorio Veneto*, *Libeccio*, *Espero*) per mostrare un segnale di vicinanza. Fu una visita ufficiale interessantissima: era la prima volta che imbarcazioni italiane facevano visita a Sebastopoli, che all'epoca aveva una grande base navale. Ne rimasi affascinato: c'erano moltissime navi ormeggiate e una volta salito a bordo notai che erano dotate di un'impressionante quantità di armi. Tuttavia, qualcosa non tornava: i sistemi antincendio erano apparentemente primordiali e presenti in numero ridottissimo; oppure mancava la vernice antisdrucciolo, perché non riuscivano a produrne una che resistesse al ghiaccio.

LIMES Quindi quello russo è un esercito di cartapesta?

DE GIORGI Più che di cartapesta, è un esercito particolare. La mia sensazione è che il programma di ammodernamento sia andato in due direzioni: sulla carta si registrano risultati strepitosi; nella pratica invece, anche per motivi di corruzione diffusa, i progressi sono stati inferiori alle aspettative. Altra spia dello stato di salute della forza militare è l'indisciplina dei soldati, che si accaniscono in modo impressionante sui civili e si abbandonano costantemente ai saccheggi, spedendo le refurtive a casa: normalmente un esercito non ha il tempo di dedicarsi a queste attività. In ogni caso, il lancio di missili sulle abitazioni civili non è casuale. Rientra in una strategia di annichilimento e abbattimento del morale.

LIMES Cosa pensa dell'affondamento del *Moskva*, l'incrociatore russo colpito al largo di Odessa da due missili Neptune provenienti dal territorio ucraino?

DE GIORGI I Neptune non sono particolarmente avanzati: sono di progettazione sovietica, rimodernati in seguito dagli ucraini. Ma rimangono dei missili subsonici, con una portata di circa 150 chilometri. Pertanto la nave russa doveva trovarsi a una distanza tale da consentire a questi missili di arrivare a colpirla. Inoltre, se ne può dedurre che i russi avessero un assetto di sorveglianza dei radar piuttosto rilassato per non aver captato l'arrivo dei Neptune. Operazione comunque non facilissima: l'attacco dei missili antinave lascia pochissimo tempo (circa tre minuti) al bersaglio per accorgersi del colpo in arrivo.

LIMES Secondo lei quindi non sono stati gli americani a dirigere l'operazione di affondamento del *Moskva*.

DE GIORGI Gli americani possono aver fornito le coordinate della nave. Ora il dato mancante fondamentale è la distanza della nave dalla costa. Se si fosse trovata relativamente vicina allora le coordinate avrebbe potuto procurarle anche un drone da ricognizione ucraino.

LIMES Uno dei successi dei russi finora è stata la conquista del Mar d'Azov, dopo la presa di Mariupol'. Proseguiranno per arrivare a Odessa?

DE GIORGI Non ne sono sicuro. Di certo stanno alleggerendo le posizioni a nord, per esempio a Kharkiv, per concentrare il più possibile le truppe verso sud-est. L'idea di conquistare Odessa è allettante perché chiudendo il mare all'Ucraina la Russia potrebbe cantare veramente vittoria. Ma uno sbarco non sarebbe affatto semplice. La città è troppo protetta. Potrebbero forse sbarcare a sud-ovest, nel Budžak. Ma ci sono sempre i missili Neptune con cui fare i conti: più le navi si avvicinano alla costa, più c'è il rischio di finire bersagliati da tali missili.

LIMES Come si neutralizzano questi missili?

DE GIORGI Come hanno cercato di fare i russi: bombardando le fabbriche in cui vengono costruiti e colpendo le postazioni dove sono depositati.

LIMES Lei esclude che gli ucraini dispongano di qualcosa di meglio dei Neptune?

DE GIORGI Al momento sì, ma i Neptune sono comunque piuttosto efficaci.

LIMES Anche ipotizzando che riuscisse lo sbarco anfibio, si potrebbero mantenere tutti quei territori con soli 150 mila uomini? Le forze dispiegate dai russi non sono troppo ridotte rispetto agli ucraini?

DE GIORGI Sì, considerando che il fronte è di 900 chilometri. I reparti russi non hanno massa critica per presidiarlo interamente e in contemporanea condurre attacchi massicci in profondità. Tant'è vero che non lo stanno facendo: al momento portano avanti una guerra di attrito. E ancora non siamo in grado di misurare tutte le conseguenze provocate dall'impiego delle armi occidentali. Per ora abbiamo osservato l'effetto di armamenti leggeri come i missili Javelin, i missili Nlaw di provenienza inglese e analoghi. Diverse sono invece le armi delle forniture successive, per esempio i cannoni da 155 millimetri. Ci sono inoltre alcuni problemi logistici, dalla formazione del personale destinato a impiegare tali armamenti alla difficoltà materiale di farli arrivare fisicamente a destinazione.

LIMES Non le sembra che i russi siano troppo lenti nel colpire le infrastrutture che trasportano le armi occidentali al fronte?

DE GIORGI Su questo non possediamo abbastanza informazioni. Ogni tanto si apprende dai media che una ferrovia è stata colpita, ma probabilmente tali operazioni avvengono molto più frequente di quanto noi veniamo a sapere. Sicuramente i russi hanno intensificato gli attacchi su ferrovie e stazioni. La stessa cosa cercano di fare gli ucraini, bersagliando le retrovie russe nel Donbas o sul confine, quando non addirittura penetrando nel territorio della Federazione con qualche incursione. Questa strategia ha giocato a favore delle milizie di Kiev, che mirando alle retrovie dimostrano di aver individuato il tallone d'Achille delle truppe russe: la logistica.

LIMES Passiamo al quadro strategico. La Russia ha tentato un'operazione per la quale non sembra avere sufficienti risorse. Come valuta la risposta della Nato?

DE GIORGI Ha risposto molto bene. Naturalmente non poteva ricorrere all'azione militare: inviare truppe in Ucraina avrebbe immediatamente comportato lo scoppio di una guerra totale tra Occidente e Russia.

LIMES Molti esponenti dell'amministrazione americana, tra cui il segretario alla Difesa Lloyd Austin, hanno espresso l'intenzione di indebolire la Russia per renderla incapace di nuove offensive. Ma cosa vuol dire indebolire la Russia? Fin dove possono spingersi gli americani senza innescare il rischio di ritorsione nucleare?

DE GIORGI L'arma atomica potrebbe essere impiegata solo nel momento in cui l'esistenza stessa della Russia fosse in pericolo.

LIMES Chi stabilisce quando arriva questo momento? Non è la Russia stessa?

DE GIORGI Sì, ma non sarà il semplice fatto di non vincere la guerra in Ucraina a farle prendere in considerazione l'uso dell'atomica.
LIMES Ma se il regime sentisse minacciata la propria sopravvivenza?
DE GIORGI Non credo ce ne siano i presupposti. L'indebolimento di cui parlano gli americani si riferisce al fatto che la guerra costa soldi, sangue, mezzi: è un impegno gravoso, cui va aggiunto l'effetto delle sanzioni. Di contro, Putin punta a una guerra lunga e lenta, nella speranza di disarticolare la compattezza dei paesi occidentali. Già oggi in Italia molti stanno facendo marcia indietro sull'invio di armi, trincerandosi in sottili distinzioni tra armi difensive o offensive, leggere o pesanti.
LIMES Come valuta l'ingresso di Svezia e Finlandia nella Nato?
DE GIORGI Questo è il grande effetto *boomerang* di Putin, che è riuscito nell'impresa incredibile di allargare ulteriormente la Nato. Fino a includere nazioni, in particolare la Svezia, che vantano delle ottime Forze armate.
LIMES Che vuol dire per i russi avere Kaliningrad accerchiata anche per mare e San Pietroburgo sottoposta a un virtuale blocco navale permanente? Come cambiano le condizioni della sicurezza russa con l'ingresso di Finlandia e Svezia nella Nato?
DE GIORGI L'adesione di questi due paesi all'Alleanza Atlantica riduce sicuramente lo spazio di manovra. Non ci sono più cuscinetti, sparisce l'area grigia tra Russia e Nato. Per i russi è semplicemente un dramma, anche emotivo.
LIMES Lei che farebbe se fosse un russo?
DE GIORGI I russi non potranno fare più niente, se non sospendere le forniture di gas a finlandesi e svedesi. Del resto, la prova dell'esercito in Ucraina ridimensiona anche la temibilità della macchina da guerra russa. Fatta eccezione per il grado nucleare, che però vuol dire la fine dei giochi. Sganciata un'atomica, il luogo colpito diventa impercorribile da chiunque. Che scopo avrebbe bombardare il confine con la Finlandia? Se fossi un russo lancerei una bomba solo davanti a una massiccia invasione del mio territorio, a scopo difensivo.
LIMES Senza più paesi cuscinetto, avremo una linea di contatto Nato-Russia lunga migliaia di chilometri. Ciò implica essere esposti a un rischio permanente, visto che anche sul campo non c'è la simmetria della guerra fredda. È un dato con cui dovremo convivere?
DE GIORGI Sì. L'America è molto più debole in un mondo non più unipolare. Gli Stati Uniti all'indomani della seconda guerra mondiale avevano un rapporto di forza con le altre potenze di vari ordini di grandezza superiore. E non da ultimo godevano di una coesione politica interna che adesso non si sognano nemmeno.
LIMES Consideriamo il caso di vittoria totale della Nato. Cosa comporterebbe?
DE GIORGI Non credo che la Russia collasserebbe. Putin gode di un consenso enorme. Non mi sembra si diano le condizioni per un colpo di Stato interno. Credo invece che se questa guerra andasse avanti molto a lungo e senza progressi si replicherebbe una situazione analoga a quella del Donbas nel 2014. Un conflitto non congelato ma a intensità più bassa di quella attuale.
LIMES Cosa pensa del riarmo tedesco?

DE GIORGI Riarmarsi è stata la reazione naturale un po' di tutti sotto la pressione del momento. Se i tedeschi hanno deciso di farlo, lo faranno. E ormai la Germania è sdoganata.
LIMES In che senso?
DE GIORGI Nel senso ovvio del termine: è una nazione ex nazista. Da quando è entrata nella Nato deve attenersi al suo pilastro fondamentale, quello del 2% del pil da destinare alla difesa.
LIMES Ma i tedeschi riarmano per contare di più nella Nato o per contare di più come Germania?
DE GIORGI Si riarmano perché la minaccia russa è diventata inaggirabile. Abbiamo una guerra convenzionale in Europa, in cui le truppe russe tentano di invadere territori di altri Stati.
LIMES La prestazione russa in Ucraina non dovrebbe invece rassicurare la Germania?
DE GIORGI Su questo bisogna essere cauti. Quando i tedeschi nella seconda guerra mondiale entrarono in Unione Sovietica, nei primi mesi ottennero vittorie strepitose e l'esercito russo si polverizzò. Poi quest'ultimo diventò una macchina da guerra terrificante. Bisogna aver cura di non sottovalutare eccessivamente la resilienza dei russi.
LIMES La Germania a differenza di altri paesi aveva escluso la dimensione della potenza anche dal punto di vista semantico. Quindi non si tratta solo di dotarsi di più carri armati ma di tornare a ragionare in termini di potenza e interesse nazionale. In più, la metà della Germania corrispondente alla ex DDR tifa Russia: anche il suo collega Kay-Achim Schönbach ha dovuto dimettersi dopo aver dichiarato che Putin meritava rispetto. Nelle Forze armate tedesche c'è una componente «prussiana»?
DE GIORGI Non ci conterei. Mi sembra che in quel caso si sia trattato di una gaffe, di un'ingenuità, più che di una dichiarazione di intenti. Non credo che il riarmo sia il risultato di un radicale cambiamento strategico. Penso che le condizioni delle Forze armate tedesche fossero a un livello troppo basso. Davanti al ritorno della guerra in Europa, è stata naturale la spinta a riarmarsi. Anche nell'ottica di soddisfare l'impegno preso con gli americani di spendere il 2% del pil per la difesa.
LIMES E l'Italia com'è messa?
DE GIORGI Anche in Italia si è iniziato a parlare del 2%. Ma di effettivo non c'è nulla, se non le spaccature tra le fazioni politiche. È molto difficile che si vada oltre le dichiarazioni se non per qualche piccolo incremento. Invece, l'aumento dovrebbe essere sostanziale e concretizzato in tempi brevi. Dovrebbe essere canalizzato non solo sugli equipaggiamenti ma soprattutto sui fondi di esercizio, il tabù del Tesoro. Si tratta della spesa corrente, impiegata per comprare benzina, munizioni, divise, per addestrare i soldati, per navigare e per volare. Ma anche per la logistica, perché abbiamo esternalizzato tutto. La febbre di esternalizzazione dei tempi di Tremonti, cui io mi sono opposto in tutti i modi possibili, ci ha portato a scoprire l'ovvio: abbiamo perso l'*expertise* nelle riparazioni, il che comporta a sua volta la perdita della capacità cosiddetta «*expeditionary*», di andare in spedizione, perché le ditte esterne non possono imbarcarsi per seguirci in missione. Senza contare che se tali

ditte venissero coinvolte in scioperi o crisi economiche, non avremmo alternative. L'esternalizzazione è stato un disastro, ma è una tendenza molto difficile da invertire. In più abbiamo anche il grande problema delle nostre aziende di Stato produttrici di armamenti, Fincantieri e Leonardo principalmente, che non sono in condizioni di reagire repentinamente. Perché sono abituate a essere, più che dei fornitori, dei veri e propri decisori.

(testo raccolto da Agnese Rossi)

GEOSTORIE

ANTOLOGIA MILITARE NAM
RIVISTA INTERDISCIPLINARE DELLA SOCIETÀ ITALIANA DI STORIA MILITARE

a cura di Nuova Antologia Militare (Nam), rivista internazionale della Società italiana di storia militare (Sism)

San Fëdor Fëdorovič Ušakov protettore dei sommergibili atomici

di *Virgilio* ILARI

1. DOPO IL GRANDE SCISMA DEL 1054 CIASCUNA delle due Chiese, latina e greca, proclama i propri santi in modo indipendente, senza alcun riconoscimento reciproco. A oggi la Chiesa ortodossa ha proclamato 2.500 santi, contro i 10 mila della Chiesa cattolica, di cui 158 dal 1800 al 1960 e 482 dal solo Giovanni Paolo II (per la quasi totalità preti e monache o laici martirizzati).

Con maggior forza rispetto alla Chiesa cattolica, quella ortodossa sottolinea che la «glorificazione» (equivalente ortodosso della canonizzazione) dei santi è un atto di Dio, che la Chiesa si limita soltanto a riconoscere. Oltre ai miracoli e alla devozione popolare, tra i segni della scelta divina c'è la condizione incorrotta delle reliquie. Questa circostanza, benché non essenziale, è stata dichiarata pure nel caso del santo beato Fëdor Fëdorovič Ušakov (1744-1817), glorificato il 5 agosto 2001 nel monastero della Natività di Sanaksar, dove il santo trascorse in preghiera, in una cella solitaria, gli ultimi dieci anni di vita, dopo essersi spogliato delle sue ricchezze a favore dei poveri. Per quanto le foto scattate durante la riesumazione (avvenuta nel 1944) documentino inoppugnabilmente che furono ritrovati solo il teschio, ossa e resti di spalline, Ušakov è, insieme alla contadina cieca e paralitica Matrona Moskovskaja (1890-1952) risparmiata perfino da Stalin, uno dei sette santi oggi maggiormente venerati dagli ortodossi russi.

Nel corso della sua esistenza terrena, Ušakov era stato un ammiraglio, attivo nel Mar Nero durante le guerre russo-turche di Caterina II (1768-74 e 1787-92) e nello Ionio durante la breve partecipazione del figlio Paolo I a quella della seconda coalizione antifrancese (1798-99). Nota quasi solo all'interno della storiografia navale russa, nell'estate 1943 la sua figura fu riscoperta, su suggerimento dell'ammiraglio Nikolaj Gerasimovič Kuznecov (1904-74), nel contesto della politica staliniana di rivalutare alcuni aspetti della tradizione patriottica e militare della Russia presovietica. Ušakov, un provinciale che si era fatto da sé comandando il bianco yacht di Caterina II e che in 43 battaglie non aveva perso una sola nave, fu così contrapposto al principe Potëmkin (1739-91), l'arrogante e dispotico amante dell'imperatrice fondatore della base di Sebastopoli e della Flotta del Mar Nero, il cui nome evocava ormai soprattutto la rivoluzione del 1905, con la rivolta dell'equipaggio della celebre corazzata contro gli ufficiali zaristi e il massacro dei manifestanti sulla scalinata di Odessa. Creato il 3 marzo 1944, l'Ordine di Ušakov, terzo in rango dopo quelli della Vittoria e della Bandiera Rossa e alla pari con quello di Suvorov (esercito), è stato concesso solo 241 volte.

Nel 1953 Kuznecov mise Sebastopoli e la Flotta del Mar Nero a disposizione del regista Mikhail Romm (1901-71) per girare due film: il primo (*Admiral Ušakov*) dedicato alla bonifica della Crimea, alla creazione di Sebastopoli e dell'arsenale di Kherson (1783-87), ai conseguenti contrasti con Potëmkin e alle grandi vittorie navali di Fidonisi, Tendra, Stretti di Kerč' e Capo Caliacria nella settima guerra russo-turca (1789-91); il secondo (*Korabli šturmujut bastiony*) alla campagna navale del 1799 nel Mediterraneo, con l'espugnazione di Corfù (donde il titolo *Le navi attaccano i bastioni*), le crociere su Messina e Malta e il concorso russo (e ottomano!) alla riconquista sanfedista di Napoli, all'entrata degli alleati a Roma e agli assedi di Ancona e di Genova, con i conseguenti contrasti con Nelson fino alla disgrazia di Ušakov decretata dal nuovo zar Alessandro I.

Kuznecov fu bruscamente rimosso dal comando delle forze navali nel dicembre 1955, quasi certamente a seguito della misteriosa esplosione della corazzata *Novorossijsk* (ex italiana *Giulio Cesare*), saltata in aria nel porto di Sebastopoli il 28 ottobre 1955 con un bilancio di 608 vittime: il fatto, conosciuto in Occidente almeno dal 1956, fu ufficialmente ammesso in Russia solo nel 1986. Nel 1992 il settimanale *Soveršenno sekretno* (top secret) ipotizzò che una carica esplosiva, collocata a bordo nel dicembre 1948 all'atto della consegna della *Giulio Cesare* alla Marina sovietica come riparazione di guerra, fosse stata attivata a distanza da un commando di reduci della Decima Mas capeggiati da Junio Valerio Borghese (1906-74) e da Gino Birindelli (1911-2008), futuro capo di Stato maggiore della Marina italiana e parlamentare, i quali avrebbero forzato le difese della base navale russa per fare pubblicità a un nuovo tipo di barchini d'assalto costruiti dall'industria navale italiana. (Birindelli, unico superstite del presunto commando, replicò che era una balla: e del resto a nessuna procura, né russa né italiana, venne l'idea di indagare.)

2. Forse anche grazie ai film di Romm, il culto di Ušakov sopravvisse alla disgrazia di Kuznecov. Nel 1957 gli fu eretto un monumento davanti all'Accademia marittima di Kherson: originariamente in plexiglass, sostituito nel 1970 da una copia in bronzo. Monumenti e busti sorsero un po' dovunque. Nel 1978 il suo nome fu dato al pianeta 3010, uno dei 267 asteroidi scoperti presso l'Osservatorio astrofisico della Crimea da Ljudmila Ivanovna Černykh (1935-2017).

Sempre grazie alla cinepresa di Romm, Ušakov è sopravvissuto pure alle traversie subite dalla Russia nell'ultimo quarto di secolo. Ancora Gorbačëv gli dedicò uno degli ultimi francobolli da 5 copechi emesso nel 1987 dalle poste sovietiche.

Malgrado la canonizzazione della famiglia imperiale russa sterminata dai bolscevichi nel 1917, proclamata il 19 ottobre 1981 dalla Chiesa russa in esilio e recepita ufficialmente il 15 agosto 2000 dal patriarcato di Mosca, e malgrado la rivalutazione politica dei Romanov, la nuova Russia di Putin non ha ripristinato il culto zarista di Potëmkin. Insieme alla glorificazione, nel 2001 Ušakov è stato infatti proclamato patrono della Marina russa. Ma a quel punto pure l'Areonautica volle la sua parte di santo, ottenendo non solo una nuova canonizzazione dell'eroe, avvenuta nel 2004 nella cappella della 37ª Armata aerea a Mosca; ma addirittura, il 25 settembre 2005, la concessione da parte del patriarca Alessio II del patronato dei bombardieri nucleari a lungo raggio[1].

Anche in vari paesi cattolici, come l'Italia, le Forze armate e singoli corpi militari hanno ottenuto dalla Chiesa il riconoscimento di propri santi patroni. Su richiesta dell'arcivescovo di New York, cardinale Spellman, Pio XII concesse il patronato mariano ai militari cattolici delle Forze armate americane l'8 maggio 1942 (proprio alla vigilia della vittoria di Midway contro la flotta nipponica alleata del Regno d'Italia). Patronato accordato poi, l'11 novembre 1949, anche all'Arma dei Carabinieri perdonandole, dopo le elezioni del 18 aprile e l'adesione dell'Italia al Patto Atlantico, qualche marachella anticlericale del lontano passato. Ma nel 1942, durante l'assedio di Mosca, lo stesso ex seminarista di Tbilisi prese in considerazione la proposta di far sfilare in processione l'icona miracolosa della Vergine di Tver', acclamata come protettrice dell'Armata Rossa. Del resto nel primo film di Romm c'è la scena della benedizione del vascello San Paolo, ammiraglia di Ušakov: e in Guerra e pace (1965-66) di Sergej Bondarčuk (1920-1994) c'è quella ancora più epica della processione alla vigilia della battaglia di Borodino, con Kutuzov e i veterani che si segnano al passaggio dell'icona della Vergine di Tver' accompagnata da quelle delle Madonne di Smolensk e di Vladimir.

Bondarčuk recitò anche in Le navi attaccano i bastioni, il secondo film di Romm su Ušakov, nel ruolo di Tikhon Alekseevič Prokof'ev, un giovane ufficiale che il film immagina ucciso a tradimento da un subdolo levantino dopo aver appena espugnato la fortezza di Corfù. La scena dello sbarco travolgente dei marines e dei granatieri russi, della scalata alle mura, della bandiera con la croce di Sant'Andrea piantata sul torrione, degli ufficiali francesi che rendono la spada, è davvero bella e ben trovata. Peccato che sia inventata di sana pianta, perché il grosso delle truppe erano ottomani e albanesi e perché Ušakov rimase inattivo per quattro mesi finché il 21 febbraio 1799 non arrivarono da Messina il commodoro Stuart e un ufficiale inglese del genio.

1. Reagendo al colpo di mano dell'Aeronautica, i veterani della Marina e il Consiglio marittimo del governo di San Pietroburgo vollero erigergli un monumento di fronte al Museo navale, in piazzale del Lavoro, progetto annunciato il 3 settembre 2019, durante il X incontro della Biblioteca presidenziale Boris El'cin dedicato alla conoscenza della Marina, da Tat'jana Čekalova, segretaria esecutiva del Consiglio marittimo. Il Consiglio urbanistico scelse il progetto di Vladislav Manačinskij, alto 8,3 metri, con una statua di bronzo su un piedistallo di granito grigio chiaro decorato con la rosa dei venti. Fu però subissato di critiche sia per la posizione (di fronte alla cripta di una chiesa demolita, col rischio di trovarsi poi davanti a un muro) sia per la postura delle gambe, gli stivali, il cannocchiale eccetera.

Altrettanto immaginari sono l'incontro tra Ušakov e Suvorov (entrambi vittime di Paolo I) e i ripetuti colloqui di Ušakov con Nelson in presenza della dissoluta coppia formata da Lord e Lady Hamilton e con l'occasionale intervento della regina di Napoli Maria Carolina d'Austria, isterica sorella di Maria Antonietta di Francia. Romm suggerisce allo spettatore che Ušakov fosse perseguitato dai monocoli, prima Potëmkin e poi Nelson, lui pure geloso dell'ammiraglio russo, nonché un criminale di guerra che faceva fucilare i prigionieri repubblicani (in realtà fece eseguire per impiccagione la condanna di Caracciolo emessa da un consiglio di guerra borbonico e consegnò ai tribunali borbonici gli altri prigionieri). Immaginaria è anche la spada che il colonnello Louis-Joseph Mejan, comandante francese di Sant'Elmo, avrebbe consegnato a Ušakov; nonché l'ingresso trionfale dell'ammiraglio a Roma; e l'allontanamento della squadra russa dal blocco di Malta (allora occupata dai francesi), voluto da Nelson per non sottostare all'autorità del collega russo, più anziano in grado.

La banale verità è infatti che dopo la capitolazione di Corfù (4 marzo 1799) Ušakov rimase inattivo nello Ionio, limitandosi a sbarcare a Manfredonia appena 390 dei 3 mila granatieri speditigli via Trieste da Suvorov (poi fatto dallo zar principe «Italinskij» per essere entrato a Milano e a Torino ricacciando i francesi oltre le Alpi). Furono quei 390, comandati da Henry Baillie, un irlandese al servizio russo, l'unico sostegno russo, insieme a un contingente ottomano di 400 albanesi musulmani, all'Armata della Santa Fede guidata dal cardinale Ruffo che il 14 giugno entrò a Napoli. La resa dei Castelli, confermata da Mejan dopo la revoca – imposta da Ferdinando IV e da Nelson – dei patti stipulati da Ruffo che salvaguardavano i repubblicani, fu approvata solo per mera accessione dai comandanti dei contingenti russo e turco, Baillie e Acmet.

*3. La resa di Roma fu stipulata il 29 settembre 1799 col comandante di una corvetta inglese che da Fiumicino aveva risalito il Tevere, e sul Campidoglio fu issato l'Union Jack. I romani accolsero festanti, è vero, i 450 granatieri russi entrati nella Città Santa il 3 ottobre: ma furono festeggiati non solo e non tanto perché venivano a restaurare il papa, ma perché impedivano l'ingresso dei duemila briganti capeggiati da Fra' Diavolo, che furono rimandati in Ciociaria. Esilarante, specialmente per un romano, la scena finale dell'ingresso dei russi a Roma, caricata su YouTube da russianpatriot e da Fatum1963 (*na Rym… maršu!*). Ušakov marcia alla testa dei granatieri acclamati dal popolo festante che agita fronde di rosa, scocca baci e protende mocciosi e finalmente si abbeverano in una piazza San Pietro col cupolone sfumato sullo sfondo e il colonnato... poggiato su un basamento di cartongesso e che invece di protendersi dalla basilica la fronteggia.*

Quanto all'atteggiamento di Nelson sulla partecipazione russa al blocco di Malta, la questione non stava nella supposta gelosia, ma nelle mire russe sull'arcipelago strategico. Benché ortodosso, lo zar si era infatti autonominato Gran Maestro dell'Ordine gerosolimitano e aveva dato ospitalità a San Pietroburgo ai cavalieri che non avevano accettato lo scioglimento dalla lingua francese imposto dopo

La glorificazione di san Fëdor Fëdorovič Ušakov

lo sbarco di Bonaparte e firmato dall'ultimo gran maestro von Hompesch. In ogni modo Nelson sollecitò più volte il promesso arrivo dei granatieri e delle navi russe. Le navi arrivarono a Palermo il 15 agosto: ma non erano quelle di Ušakov, bensì i resti di una divisione del Baltico (viceammiraglio Pëtr Kondrat'evič Karcov) decimata dalle tempeste mentre passava lo Skagerrak e a lungo rimasta in riparazione a Yarmouth.

Infine, i film di Romm danno per scontato che il personale della Flotta del Mar Nero fosse composto esclusivamente da russi. Questo era vero nel 1905, ma non certo nel Settecento: in realtà sia gli ufficiali sia i marinai erano un'accozzaglia di tutte le nazionalità, in cui abbondavano croati, dalmati, veneziani e albanesi, ma perfino americani come il celeberrimo John Paul Jones (1747-1792), il futuro padre dell'U.S. Navy che fu licenziato da Caterina II con accuse infamanti. In Admiral Ušakov *compare di sfuggita pure il conte austriaco Giorgio Voinovič, di origine croata ma appartenente a una delle primarie case commerciali di Trieste e comandante di varie crociere contro i corsari turchi. Non se ne parla invece nel film sul 1799, benché fu proprio quell'anno che comandò una divisione navale russo-turca all'assedio di Ancona. Secondo il diarista francese Michel-Ange-Bernard Mangourit (1752-1829) avrebbe commesso ripetute violazioni dell'umanità e del diritto di guerra, ragion per cui gli austriaci accolsero la richiesta francese di escluderlo dall'atto di resa. Fu questo sgarbo a convincere Paolo I a uscire dalla coalizione e allearsi con Napoleone. Di tutto ciò, troppo complicato, Romm non parla; Paolo I compare di sfuggita, dipinto come una macchietta isterica secondo la vulgata che lo ripudia come filotedesco*[2]*; e neppure spiega la disgrazia di Ušakov, decretata non da Paolo I ma dal figlio Alessandro dopo la pace di Tilsit (1807) che brevemente rialzò le sorti del partito eurasista e antibritannico.* Multa renascuntur quae iam cecidere.

2. V. Ilari, «Operazione Pavel Petrovič: come uccidere lo "zar pazzo"», *Limes*, «La fine della pace», n. 3/2022, pp. 147-153.

QUI NESSUNO BLUFFA

di *Daniele* POPOLIZIO

Ritratto psicologico di Vladimir Putin. Un capo di umili origini che ha perso il senso del confine fra sé e il mondo. E che intende riscattarsi recuperando alla patria russa ciò che le sarebbe stato sottratto con dolo. Che cosa possiamo imparare dal suo modo di comunicare.

QUANDO UN BAMBINO NASCE, SIN DAI primissimi giorni di vita e secondo recenti conferme sin dalla sua presenza nella pancia della mamma, «sente» e registra il mondo che lo circonda. Pian piano riesce a connotarlo di una peculiare «tonalità di colori», per dire metaforicamente che riesce progressivamente a comprenderlo in modo sensoriale più che mentale. Ed è esattamente così anche per la nostra percezione di Vladimir Putin, da quando il capo della Russia si è lanciato nell'invasione dell'Ucraina. Anche il nostro «senso del colore» subcosciente con cui percepiamo il mondo giorno per giorno inizia in effetti a variare tonalità in questo periodo: dall'epidemia ai drammi climatici. E ora una guerra nella terra di mezzo fra Europa storica e Asia, l'Ucraina. Un conflitto che coinvolge tutto il mondo. Dentro ciascuno di noi, nell'inconscio individuale, e a livello collettivo in quello sociale, si è insinuato un forte e nuovo senso di precarietà. Ma non dobbiamo avere paura, o faremo il gioco di Putin.

Proviamo qui a tratteggiare il profilo psicologico del presidente russo analizzandolo sotto tre aspetti: la comunicazione; la postura e la modalità comportamentale; l'aspetto motivazionale, la sua mente e le sue convinzioni.

Comunicazione

Putin conosce i meccanismi comunicativi avendoli appresi e sperimentati in epoca sovietica. Oggi cerca di utilizzarli nei confronti dell'opinione pubblica occidentale, tentando di fare la cosa più antica e logica del mondo: «spaventare».

L'emozione della paura l'abbiamo tutti, ma si attiva in due modi: secondo quanto ci accade realmente o secondo quanto immaginiamo che possa accadere. Questa è la sostanziale differenza fra paure reali e immaginarie. Il contraltare dei nostri sogni e desideri sono proprio i terrori e gli stati bui del nostro animo.

Come spaventa Putin l'Occidente, disponendo di una forza militare, economica e civile inferiore alla nostra? Attraverso alcuni princìpi, a cominciare dalla consapevolezza che le folle – come ci insegnò il sociologo Gustave Le Bon – sono facilmente suggestionabili. Putin sa che le masse seguono l'umoralità e perdono di vista i fatti; sa che temono gli uomini apparentemente forti e decisi e tendono a seguirli soprattutto se spietati. Ma non sa e non crede che se l'uomo ferma la paura irrazionale e illogica e usa il cervello quel meccanismo non funziona più. L'effetto apparente di ciò che fa paura si riduce, si smorza, perfino quasi scompare, pur lasciando spazio a un grado sensibile di attenzione e vigilanza. Putin usa una comunicazione diretta, enfatica, sfrontata, carica di parole d'ordine nazionalistiche. Espressioni tipiche dei dittatori, ma al tempo stesso molto di «facciata», perché quasi mai ciò che dichiara pubblicamente si rivela veritiero nei fatti.

Analizziamo ad esempio la sua gestione comunicativa dei casi più spinosi che hanno segnato la sua carriera politica. A cominciare dalle vicende di Berezovskij (magnate della tv russa considerato intoccabile) e Khodorkovskij (già quarto uomo più ricco del pianeta e primo oligarca di Russia, che lo sfidò apertamente), entrambi poi arrestati. Tutto cominciò con la convocazione degli oligarchi al Cremlino durante la quale Putin dichiarò che le regole sarebbero cambiate e gli affari sarebbero stati subordinati agli interessi della nuova Russia. In quella riunione era osservabile in Putin una condotta sfrontata, posata ma molto ferma. Il nuovo leader pensò di colpire quel mondo di potenti prendendoli di sorpresa. Impaurendoli. Deterrenza pura. Obiettivo: trasmettere un senso di forza, decisione, spietatezza, come a dire: «Chi si mette fra me e gli obiettivi della Russia che io sono, rappresento e voglio, finisce male».

Del resto, l'essenza dei dittatori sta nella forza comunicativa. E la comunicazione stessa è sempre mezzo di «coercizione» – non di persuasione – per incutere nell'interlocutore timore, soggezione, senso di inferiorità. Dopo gli oligarchi, a questo trattamento deterrente Putin sottopose celebri oppositori e dissidenti, quali Naval'nyj, Nemcov, Politkovskaja o ex agenti dell'intelligence come Litvinenko e Skripal'. Per comunicare alla Russia e al mondo che cosa accade a chi si oppone.

Lo stesso vale per la risposta alla ribellione cecena o all'attentato al teatro Dubrovka, tutti gestiti a livello comunicativo come esempi emblematici della determinazione del capo che si comunica al popolo come protettore forte e deciso, l'opposto del debole El'cin. Disposto a sacrificare sia soldati sia civili in nome della Russia, posta sempre e comunque sopra ogni cosa.

L'Occidente ha compreso qual è il fine di questa tipologia di comunicazione? Non ne sono certo. Non si tratta solo di «fidelizzare» e dominare il proprio popolo, ma soprattutto di promuovere un nuovo sentimento russo di superiorità e di rispetto per sé stessi. Putin vuole incarnare il russo tipo, in cui identificarsi. Per stimolare il desiderio di rivalsa, il senso di un recuperato onore russo. È come se Putin comunicasse al popolo: «Svegliatevi, ci stanno accerchiando, ma io vi proteggerò in ogni modo e sarò pronto a tutto per la Russia».

Il suo stile di comunicazione all'estero è molto diverso. Qui, fino al 24 febbraio, è apparso «come serviva essere». Ha illuso molti statisti occidentali esibendosi da russo moderato ma non freddo, deciso a promuovere l'integrazione della Federazione Russa nel sistema occidentale. Parallelamente andava in Cina a stringere accordi con il massimo competitore dell'America. Abbiamo di fronte un camaleonte della comunicazione, che nasconde il suo pensiero. Ma che promuove il culto dell'uomo forte – Stalin sotto questo profilo è il suo modello – e di un potere centralizzato nelle mani di un uomo solido e stabile che trasmette identità ben strutturata e orgoglio.

Postura e modalità comportamentale

Putin si muove in maniera molto meccanica, rigida, costruita. Lo slancio del braccio sinistro quando cammina, sempre con passo spedito, simboleggia il gesto di tirarsi in avanti, in contrapposizione con la parte destra del suo corpo, molto più rigida e ferma rispetto alla sinistra. Evidenza indiretta di una sua doppia direzione: inizio pacatamente e poi mi getto in avanti verso il perimetro che mi circonda. Ognuno di noi quando cammina trasmette qualcosa di specifico. L'ho potuto constatare l'anno scorso intervistando 35 persone su come percepiscano alcuni capi di Stato, fra cui Putin. Tutti lo hanno definito «un bullo, un duro». Il «doppio senso» della sua andatura rappresenta anche la doppia postura del personaggio: parte con passo mite che poi diventa slancio aggressivo, tipico dei bulli/aggressivi in generale.

Quanto al suo sguardo, evidente la tipica inespressività di formazione spionistica, scuola Kgb. Il suo volto appare freddo, costruito per non farsi capire. In particolare, il suo modo di ridere non è mai un ridere ma un sorridere. Segno di un ipercontrollo, di uno spegnimento emotivo spiccato, di un significativo congelamento e controllo emozionale. Putin non comunica mai slanci emotivi, non esprime mai empatia. Da diversi anni questa sua espressione di base s'è notevolmente accentuata (oltre agli apparenti cambiamenti estetici e fisiologici), appare ancora più distaccata. Insomma, una sfinge. Spesso negli anni le nostre emozioni più profonde scavano il nostro volto così come l'atteggiamento posturale tipico, esprimendo ciò che nel tempo proviamo e come dunque ci rapportiamo al mondo circostante. Basti pensare ai casi di persone depresse che si incurvano nelle interazioni col prossimo e rendono visibile una certa patina di tristezza latente. Ebbene il primo Putin guardava dal basso verso l'alto, il capo era spesso inclinato in giù mentre gli occhi erano volti verso l'alto, sembravano voler scovare qualcosa, con sguardo tagliente; ciò trasmette un atteggiamento doppio, guardingo e aggressivo al tempo stesso, una modalità difensiva di chi è pronto a imbrogliare l'interlocutore o a colpirlo se occorre. Per apparire sempre pronto allo scontro. Questi atteggiamenti nel loro insieme mi fanno pensare a un soggetto che ha avuto un certo complesso di inferiorità nella sua storia passata, probabilmente legato al periodo infantile-adolescenziale. Un complesso di tipo sociale e insieme fisico. Oggi invece Putin ha uno sguardo ancora più inespressivo e freddo, distaccato da tutto. Il capo è sempre dritto. Sicuramente è cambiato qualcosa in lui, nella direzione di una maggiore sicurezza di sé, di una iper-razionalità che risulta senz'altro pericolosa. Tipica dei dittatori che guardano tutto ciò che li circonda come altro da sé, qualcosa di inutile, eliminabile, irrilevante in confronto al senso del proprio sé. Oggi quando passa in mezzo agli altri Putin è un uomo certo di ciò che è e che rappresenta, sicuro di quel che sa e di cui è intimamente convinto, dei compiti da eseguire e della sua disposizione a portarli a termine. In senso clinico, un uomo paranoicamente convinto delle proprie vedute. O, per meglio dire, visioni.

Aspetto motivazionale, mente e convinzioni

Quel mondo che Putin cerca di far convergere con i suoi desideri e disegni non esiste più e non può essere ricreato per una semplice ragione: è superato, finito.

Putin è fuori dal tempo. Vive una tonalità emotiva colorata del mondo che è tutta sua. Essa non coincide col mondo reale che è lì fuori, ma trasferisce il suo mondo interno su quello esterno, pervadendolo e tentando di plasmarlo come lo sente e l'immagina. Come il bambino cui accennavo all'inizio, aggressivo e prepotente, potenziale dominatore. Il problema è che se un individuo con questi tratti caratteriali e credenze è un capo di Stato, cambia necessariamente il peso specifico dei suoi comportamenti. Il bullo va fermato anche fisicamente. Ma questi soggetti capiscono le conseguenze del proprio bullismo solo dopo averle sperimentate. Non hanno capacità di anticipazione e previsione perché sono completamente offuscati dalla predominanza dell'Ego. Non accettano autorità se non la propria.

Putin è fuori tempo perché non ha capito che la leadership individuale oggi non è più estensione dei confini esterni della propria autorità. È espansione dei confini interiori. Espressione e messa a frutto di un vero talento, che diventa una forma di leadership e permette la «conquista» delle mete desiderate e, si spera, individuate. Mete costruttive. Leader non è più colui che comanda, ma colui che coinvolge. Il dominio assoluto non funziona più e quando il bullo si accorgerà di aver solo rotto tutto senza costruire nulla constaterà la distruzione di sé stesso.

Il leader russo, come chiunque è troppo pieno di sé, sembra aver perduto sia la visione oggettiva di quanto lo circonda sia il senso del perimetro, del «confine» che delimita il senso equilibrato di sé e parallelamente di dove può arrivare la Russia. La perdita di questa capacità e funzione psicologica fa sì che egli sfuochi la visione e la comprensione di ciò che è giusto e ciò che è sbagliato, di ciò che è possibile e ciò che non lo è. Putin non vede più le altre persone e le conseguenze delle sue azioni su di loro. Vede solo sé stesso. E non vede più le cose se non come frutto di sé e delle proprie azioni.

Non è questione di personalità narcisistica reattiva, ma di un disturbo dell'identità tipica di alcune personalità di successo, potere e fama, prodotto dal senso alterato di sé stessi. La macchina della celebrità, del potere assoluto, dell'idolatria, se non moderata da valori e sistemi istituzionali coerenti porta quasi sempre a forme disfunzionali di droga dell'Io, di ipertrofismo del sé di cui l'alterazione della propria identità è causa e frutto al tempo stesso. L'Io di Putin non è più lo stesso. Il presidente russo continuerà a perseguire il proseguimento di sé – dunque della Russia con cui si identifica – nel mondo. Un mondo che lui ha dipinto e concepito dentro di sé nel tempo. Trappola senza fine che lo porterà all'autodistruzione se lui stesso, o qualcun altro, non vi porrà limite.

Ieri e domani

Dobbiamo guardare alla storia personale di Putin per capirne alcuni motivi profondi e più radicati in lui. Da bambino è terzo di tre fratelli, deceduti da piccoli. Rimane l'unico in casa, con i genitori. Di umilissime origini (nonno cuoco, madre operaia e padre sommergibilista) e di famiglia povera, nasce e cresce a San Pietroburgo con le regole della strada.

A 12 anni inizia a praticare lo judo, disciplina che a suo dire lo ha salvato dalla strada. Diventa campione di San Pietroburgo. Questa disciplina giapponese è nota per essere praticata dagli uomini di piccola statura perché permette di colmare lo svantaggio fisico grazie a leve e mosse bloccanti. Dobbiamo tenerne conto nel suo profilo psicologico perché Putin utilizza ancora quei metodi sia nella gestione dello Stato sia in politica estera. Il suo principio è, stando alle sue parole: «Non perdere tempo a parlare, spiazza gli altri e se la rissa è inevitabile colpisci per primo».

Formatosi nel Kgb, Putin diventa una spia di valore e viene mandato sotto copertura nella DDR. Qui dopo il crollo del Muro difende da solo la stazione di intelligence che presidia, affrontando senza paura la folla dei manifestanti. Minaccia di ucciderne undici tenendo per sé l'ultimo colpo di pistola. Questo episodio denota l'uomo sprezzante del pericolo e assolutamente spietato di fronte alle persone e alla morte stessa, purché al servizio di un fine, la salvezza della patria, con cui si identifica. Quel metodo e quel modo di vivere lo hanno forgiato. E ne hanno riscattato l'umile passato.

Da quando nel 2000 sale al vertice dello Stato, Putin si dedica a restaurare prestigio e rango della patria russa. Per superare il vero shock della sua vita: il crollo della Russia sovietica e l'umiliazione di fronte all'America e all'Occidente. La guerra d'Ucraina dovrebbe segnare la vittoria determinante in questo percorso decisivo per sé e per la sua patria.

Un tipo come Putin non bluffa. Mente, se serve, ma non bluffa. E soprattutto è disposto a tutto pur di lasciare il segno nella storia. Segno anche estremo, se provocato e sfidato o umiliato di fronte al mondo. È un individuo fortemente manipolatore, di mentalità ristretta e malfidata, portato al crimine. Ma non un pazzo invasato, non un visionario. Un carattere aggressivo e assetato di potere, però al tempo stesso un uomo sensibile alla considerazione del mondo esterno. Dunque attacca se inascoltato e se non riesce a ottenere ciò che vuole. Con uno scarso del limite. Del confine.

Il confine è concetto strettamente legato alla leadership. Il confine è un limite – *limes* dicevano gli antichi romani per identificare dove finiva Roma e iniziava il nulla. Spostare un confine, una linea terminale che divide «me» da «te» e «noi» da «voi», ha significati profondi. Anzitutto, quello di superare i propri limiti interiori. Per elevare la propria identità, sé stessi.

Quando Putin cerca di spostare un confine intende allargarsi per estendersi, e con la forza, non con la persuasione o il confronto. Perché chi si sente inferiore nel suo intimo vuole vincere per forza, non vuole migliorare né dimostrare di meritare la propria crescita personale, di gruppo o nazione che sia. Il bambino bullo prende la macchinetta dell'altro bambino senza permesso perché crede nel suo immaginario e nella concezione di sé che lui possa farlo «perché è sua se la vuole». Lo schema è questo «se io la voglio è giusto perché la voglio io e dunque devo averla; chi non me la dà attacca il mio io. Come osa? Non sa chi sono io».

L'identità del bullo è distorta, univoca, sola. Irrisolta. Ma il bullo non bluffa. Mai.

limes
RIVISTA ITALIANA DI GEOPOLITICA
LA CORTINA DI ACCIAIO

Parte III

la GERMANIA CORRE *alle* ARMI *e gli* ALTRI?

INTERVISTA

'I nostri interessi non sono quelli americani'

Conversazione con *Herfried MÜNKLER*, professore emerito di Filosofia politica all'Università Humboldt di Berlino, a cura di *Fernando D'ANIELLO*

LIMES Come spiega l'aggressione russa all'Ucraina?

MÜNKLER Il problema è che non è facile spiegarla. Dal punto di vista della sua sicurezza, non possiamo affermare che la Russia sia stata obbligata ad agire. Sappiamo che Mosca non ha mai gradito l'avvicinarsi della Nato ai suoi confini, ma tra fine 2021 e inizio 2022 questo tema non era più all'ordine del giorno. Si potrebbe semmai avanzare una spiegazione basata sull'uso opportunistico della forza, tenendo conto di due aspetti. Innanzitutto, la vicenda dei brogli elettorali in Bielorussia e la repressione del movimento di opposizione hanno costretto Aljaksandr Lukašenka ad abbandonare il suo funambolismo tra Unione Europea e Russia per gettarsi nelle braccia di Putin. Poi è arrivato il Kazakistan, considerato un'operazione di successo, sicché l'élite del Cremlino si è convinta che si potesse subito ripetere il colpo in Ucraina. Ecco cosa intendo per uso opportunistico della forza, da mettere forse in relazione con la paura di Putin che una democrazia passabilmente funzionante – certo non si può dire che l'Ucraina sia una democrazia consolidata, senza dubbio non lo è – al confine meridionale della Russia diventasse un punto di riferimento per potenziali dissidenti russi. Putin voleva impedirlo.

LIMES Dunque per Putin più che la Nato il vero problema era l'Unione Europea? Ovvero che l'Ucraina avesse scelto da tempo una via europea in opposizione alla Russia?

MÜNKLER Credo di sì. Ma questo è stato un drammatico errore di valutazione da parte di Putin. L'ingresso dell'Ucraina nell'Unione Europea, tenendo presente i criteri di Copenaghen e molti altri presupposti, avrebbe richiesto almeno un decennio, se non di più. Ma gli autocrati non hanno alcuna consapevolezza del fatto che ci sono processi che non vengono condotti *par ordre du mufti*, cioè imposti dall'alto, perché richiedono un percorso lento e travagliato. Da questo punto di vista è possibile che Putin abbia completamente sbagliato valutazione, perché ha pensato di poter continuare a perseguire la politica seguita sin qui: il capo del Cremlino ha un'idea e questa può essere immediatamente concretizzata.

LIMES Siamo di fronte a una nuova divisione del mondo in blocchi?

MÜNKLER Certamente sì. Da molto tempo sostengo che l'idea di un sistema basato sulle regole e sui valori s'indebolisce sempre di più e al suo posto se ne delinea uno basato su singole potenze. Gli Stati Uniti e l'Ue potrebbero formare una sorta di blocco che, però, non è così compatto perché americani ed europei hanno diverse idee del mondo. Sul fronte opposto ci sono Russia e Cina, ma anche questo è un blocco tutt'altro che monolitico. A Pechino abbiamo a che fare con un regime autoritario e tecnocratico, in gran parte orientato secondo criteri scientifici. A Mosca vige invece un sistema autoritario e autocratico. E sebbene abbia ancora la metà delle testate nucleari mondiali, la Russia è destinata a diventare – a differenza di quanto accadeva nel Novecento – il partner minore nel rapporto con Pechino. Si può citare come quinta potenza l'India, della quale già ora è possibile osservare la comoda posizione di ago della bilancia. Dehli può vantarsi di essere la più grande democrazia del mondo – tesi discutibile, visto il problematico nazionalismo indù di Modi – mentre conferma le vecchie relazioni con la Russia. E quindi si rivela indisponibile alle sanzioni e in generale a una politica contraria agli interessi di Mosca. In questo modo, l'India tenta di alzare il prezzo del proprio sostegno a uno dei due blocchi, capitalizzando la sua posizione di ago della bilancia.

LIMES Crede ci sia il rischio di una guerra tra la Nato e la Russia, forse accentuato in caso d'ingresso di Finlandia e Svezia nell'Alleanza Atlantica?

MÜNKLER Non credo che la politica di Finlandia e Svezia possa costituire la causa di una nuova guerra. Putin ha commesso un errore e sottovalutato quali conseguenze potesse determinare l'aggressione all'Ucraina. In particolare, ha sottostimato le reazioni degli Stati neutrali, che sono stati forzati a confrontarsi con il problema di come reagire nel caso in cui la Russia decidesse di attaccarli. Questi paesi sono stati costretti a chiedersi: «Che cosa facciamo?». Domanda cruciale per la Finlandia, che ha fatto parte fino al 1918 dell'impero zarista. Ecco perché, dopo l'attacco russo, c'è in questi paesi una sensibile tendenza ad avvicinarsi al nostro blocco. Ma non c'è pericolo di guerra. Certo, Mosca può raccontare quello che vuole, ad esempio che punirà la Finlandia, ma alla fine continuerà a fare quello che ha sempre fatto fino a oggi: una guerra ibrida, con campagne di disinformazione, attacchi hacker e via dicendo. La Russia, al momento, non può permettersi un secondo fronte.

LIMES Questa guerra peggiorerà le relazioni tra Washington e Berlino, o tra Washington e altri soggetti europei che sembrano perseguire scopi diversi?

MÜNKLER Sì, ci sono scopi diversi ma questo non significa che siano necessariamente contrapposti. Anzi, potrebbe perfino determinarsi una corrispondenza. Direi che ci sono quattro obiettivi sui quali discutono gli occidentali. Il primo, l'obiettivo minimo dell'Occidente, è mantenere l'Ucraina in vita come attore autonomo anche nel caso di perdita di tutto il Donbas. Poi c'è un obiettivo più alto, accarezzato dai falchi di Germania e Francia e forse anche dai loro simili italiani, ed è la ricostituzione dell'Ucraina nei confini del 23 febbraio 2022. Il terzo, ancora più ambizioso,

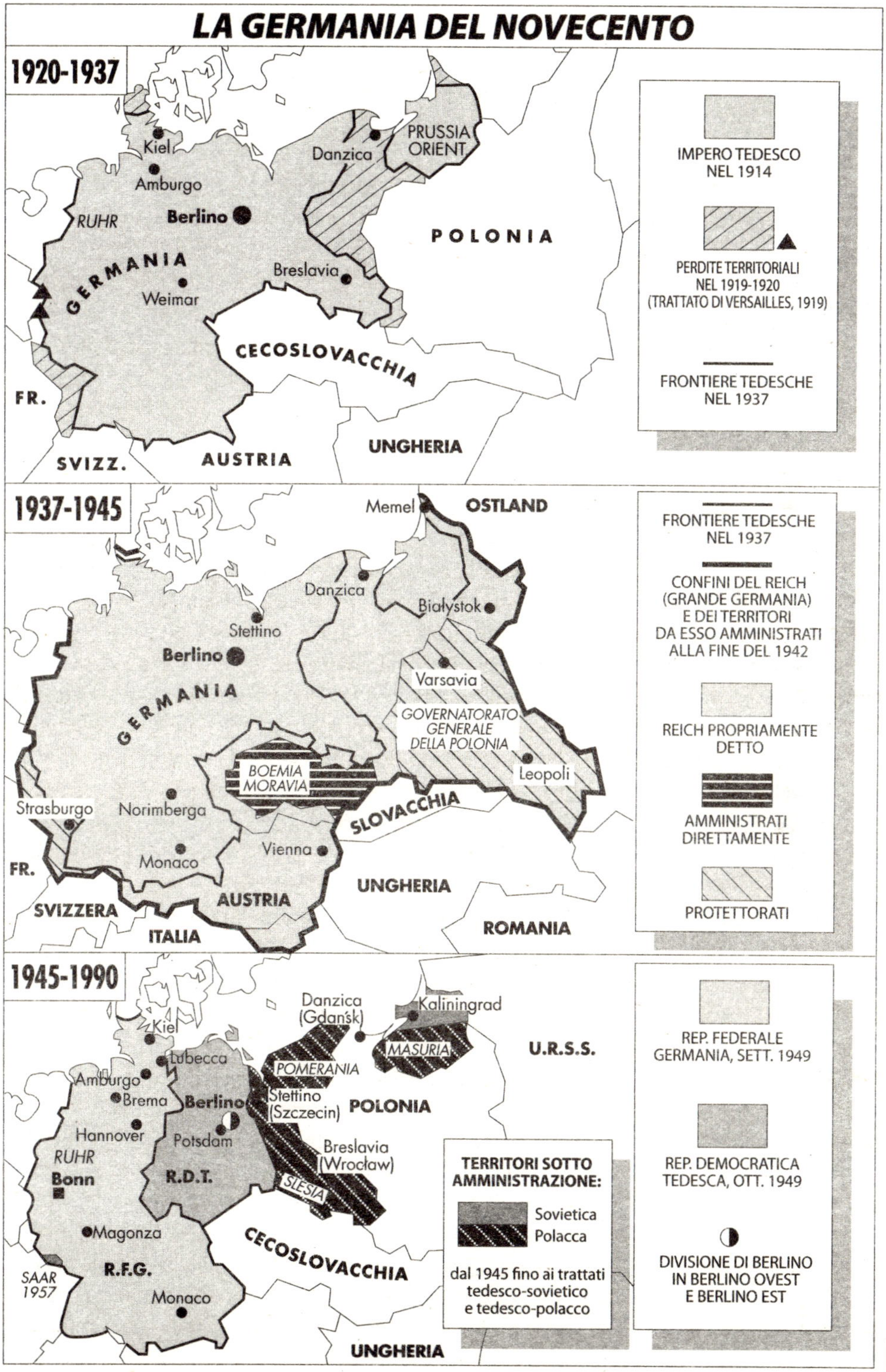
LA GERMANIA DEL NOVECENTO
1920-1937
Kiel
Amburgo
RUHR
Berlino
GERMANIA
Weimar
Danzica
PRUSSIA ORIENT.
POLONIA
Breslavia
CECOSLOVACCHIA
FR.
SVIZZ.
AUSTRIA
UNGHERIA
IMPERO TEDESCO NEL 1914
PERDITE TERRITORIALI NEL 1919-1920 (TRATTATO DI VERSAILLES, 1919)
FRONTIERE TEDESCHE NEL 1937
1937-1945
Memel
OSTLAND
Danzica
Białystok
Stettino
Berlino
GERMANIA
Varsavia
GOVERNATORATO GENERALE DELLA POLONIA
BOEMIA MORAVIA
Leopoli
Strasburgo
Norimberga
SLOVACCHIA
Vienna
Monaco
FR.
SVIZZERA
AUSTRIA
UNGHERIA
ITALIA
ROMANIA
FRONTIERE TEDESCHE NEL 1937
CONFINI DEL REICH (GRANDE GERMANIA) E DEI TERRITORI DA ESSO AMMINISTRATI ALLA FINE DEL 1942
REICH PROPRIAMENTE DETTO
AMMINISTRATI DIRETTAMENTE
PROTETTORATI
1945-1990
Kiel
Danzica (Gdańsk)
Kaliningrad
MASURIA
U.R.S.S.
Lubecca
Amburgo
Brema
POMERANIA
Berlino
Stettino (Szczecin)
POLONIA
Hannover
Potsdam
RUHR
Bonn
R.D.T.
Breslavia (Wrocław)
SLESIA
Magonza
SAAR 1957
R.F.G.
Monaco
CECOSLOVACCHIA
UNGHERIA
TERRITORI SOTTO AMMINISTRAZIONE:
Sovietica
Polacca
dal 1945 fino ai trattati tedesco-sovietico e tedesco-polacco
REP. FEDERALE GERMANIA, SETT. 1949
REP. DEMOCRATICA TEDESCA, OTT. 1949
DIVISIONE DI BERLINO IN BERLINO OVEST E BERLINO EST

discusso soprattutto nel Regno Unito, fa riferimento invece ai confini del 2013, ovvero quelli precedenti all'annessione della Crimea e alla fondazione delle repubbliche separatiste nel Donbas. Tale opzione implica che Putin debba pagare un prezzo per aver tentato di modificare lo status quo con una guerra di aggressione. Infine la soluzione americana: quella in assoluto più importante. A Washington si ritiene la Russia responsabile di aver rovinato la strategia di confronto della Cina perché ha costretto gli Stati Uniti a occuparsi nuovamente della sicurezza europea, dalla quale si erano appena sfilati. Per questo motivo, ragionano gli statunitensi, occorre fare in modo che la Russia non ci riprovi una seconda volta, costringendola a una guerra di logoramento che privi Mosca delle sue risorse materiali ma anche del suo rango e della sua reputazione. Questa può essere una tattica per spingere i russi a trattare con l'Ucraina. Da questo punto di vista può essere certamente utile che gli americani continuino a recitare la parte del poliziotto cattivo, che lancia minacce concrete. In questo modo si continua a perseguire lo scopo del ripristino dei confini del 23 febbraio scorso. I russi potrebbero prepararsi al ritiro, per loro certamente poco digeribile.

LIMES La scelta del dialogo e del commercio con la Russia tipica della Germania contemporanea, ma che affonda le sue radici nell'èra bismarckiana, è stata un errore? Il presidente federale Steinmeier ha recentemente ammesso di essersi sbagliato su Mosca.

MÜNKLER I tedeschi hanno con la Russia un legame particolare, intriso di senso di colpa per la seconda guerra mondiale e di riconoscenza per il ruolo di Gorbačëv nella riunificazione tedesca del 1990. Inoltre, occorre considerare una certa sensibilità comune, dovuta presumibilmente allo scambio culturale. È stato Johann Gottfried Herder nel XVII secolo ad avvicinare i russi a una certa idea di nazione. E, d'altra parte, i tedeschi leggono volentieri Tolstoj, Dostoevskij o Puškin e hanno un legame profondo con la musica russa. C'è una profonda simbiosi culturale, che tale resta malgrado divisioni e conflitti. Quello che Frank-Walter Steinmeier aveva in mente era una politica che non facesse affidamento in primo luogo sulle risorse militari ma sull'interdipendenza economica. È questa politica che è fallita. Si è creduto – lo si è visto ancora alla vigilia dell'attacco russo – che la potenza economica potesse bloccare la forza militare. Non era vero: Macron, Scholz e la ministra Baerbock sono andati a Mosca per avvertire Putin che una guerra di aggressione russa avrebbe inevitabilmente condotto alla fine delle relazioni economiche, all'interruzione dell'interdipendenza energetica e alla separazione dei sistemi finanziari. Eppure, tutto ciò non ha evitato il conflitto. Ecco perché può dirsi fallita l'idea di costruire la fiducia sulla base della dipendenza reciproca.

Il nome di questa fiducia era Nord Stream 1 e potenzialmente anche Nord Stream 2, poi è successo quello che sappiamo. Adesso abbiamo a che fare con la sfiducia generalizzata che si traduce nella nostra necessità di potenziare le Forze armate. Molto più costoso dell'elegante forma di scambio per cui noi otteniamo gas russo, petrolio, anche un po' di carbone e materie prime e in cambio i russi ricevono beni di consumo, Mercedes, BMW, Audi e più in generale risorse tecnologiche. Una simile intesa non esiste più. A questo credo si riferisse il presidente Steinmeier parlando di fallimento. Per molti versi è stato proprio lui l'architetto di questa politica.

LIMES Lei si aspetta una lunga guerra fredda?

MÜNKLER Quello che accade in questi giorni non è certamente destinato a essere superato nel giro di qualche mese e neanche di qualche anno. La fiducia è andata distrutta. Al suo posto sono spuntati odio e ostilità – osservabili tanto negli ucraini quanto nei russi, anche in ragione delle pesanti perdite subite – sicché emerge un certo risentimento. Tutto ciò avrà effetti considerevoli e complicherà, se addirittura non renderà impossibile, ogni tentativo di riavvicinamento.

LIMES Pochi giorni dopo l'inizio della guerra, il cancelliere federale Olaf Scholz ha annunciato al Bundestag una svolta epocale (*Zeitenwende*). In che cosa consiste e quanto profondamente cambia la geopolitica tedesca?

MÜNKLER È un cambiamento reale. Lo si vede ancor più chiaramente se invece di riferirsi esclusivamente a Scholz si guarda ad Annalena Baerbock e a Robert Habeck dei Verdi, un partito nato dal pacifismo e dal movimento contro il nucleare e che oggi nella coalizione di governo è quello che incarna con maggiore risolutezza la svolta, appoggiando l'aumento delle spese per la difesa. In estrema sintesi si può dire che lo slogan non è più «creiamo la pace con un progressivo disarmo» ma, al contrario, «abbiamo bisogno di armi moderne in grande quantità per poter garantire i presupposti della pace». Questo è davvero un cambiamento fondamentale della politica tedesca: cento miliardi di euro cambieranno molte cose. In Europa la Germania non sarà più centrale solo per forza economica e finanziaria o rigore fiscale ma anche per le proprie capacità militari. E queste ultime non sono grandezze che poi scompaiono nel nulla, ma si materializzano in truppe, carri armati e altro.

LIMES Il tempo della «potenza civile» e del pacifismo tedesco è ormai passato?

MÜNKLER Forse non è vero che queste tendenze non esistono più, ma i pacifisti attraversano una profonda crisi di senso. Fino al recente passato potevano rivolgere i loro appelli al proprio governo o agli alleati. Prendiamo ad esempio il momento culmine del dibattito sul riarmo, durante la guerra fredda, quando si diceva che gli Usa avrebbero dovuto lasciare a casa i loro Pershing. Ora, invece, si tratta di fare pressione sul Cremlino: non può funzionare con le ragioni del pacifismo proprio perché nemmeno gli argomenti economici appaiono sufficienti. Ecco perché alcuni di loro ora hanno fatto un passo disperato, scrivendo una lettera aperta per sostenere che non si possono inviare armi agli ucraini perché altrimenti si prolunga la guerra [1]. Da un punto di vista strategico, questa è ovviamente una politica piuttosto stupida, perché controproducente: se i tedeschi e gli europei smettessero di fornire armi agli ucraini, l'Ucraina dipenderebbe esclusivamente dalle forniture di armi americane. Il che determinerebbe una guerra di logoramento infinita. Al contrario, gli europei hanno una possibilità di convincere l'Ucraina ad accettare un accordo di pace solo se si dimostreranno altrettanto affidabili degli Stati Uniti, se gli

1. La lettera aperta è stata pubblicata inizialmente dalla rivista *Emma*, sottoscritta da diversi esponenti del mondo politico, accademico e culturale e ha dato vita a un dibattito infuocato.

ucraini, insomma, avranno la sensazione di poter fare davvero affidamento sull'Europa. In estrema sintesi, in quella lettera aperta si sono condensati tutti i limiti strategici del pacifismo. Si è trattato di un'espressione davvero imbarazzante del pensiero politico tedesco.

LIMES C'è anche una certa ironia della storia se pensiamo che a compiere una così profonda trasformazione strategica sono un cancelliere socialdemocratico e una ministra verde.

MÜNKLER È stato così anche durante le guerre jugoslave. Joschka Fischer[2] ha guadagnato una sua statura proprio grazie alla sua politica nei Balcani, quando ha sostituito la formula «mai più guerra» con «mai più Auschwitz». Allo stesso modo oggi Annalena Baerbock ha trovato una statura politica che non aveva mai avuto prima. Ha sostituito lo slogan della «politica estera femminista» – qualunque cosa significhi, perché non lo ha mai specificato – con una posizione abbastanza dura e inequivocabile.

LIMES Lei è contrario alla bomba atomica tedesca. Che cosa pensa dell'eventuale «europeizzazione» della *force de frappe* francese?

MÜNKLER Neanche l'europeizzazione della forza nucleare francese sarebbe particolarmente ragionevole. Perché la *force de frappe* di cui dispongono i francesi da oltre cinquant'anni non è un deterrente sufficiente contro la Russia. Allora si può immaginare che anche i tedeschi abbiano le loro armi nucleari o, se volete, anche gli italiani. E a quel punto cosa fa il Lussemburgo? A ogni Stato europeo la sua Bomba? Questa non è assolutamente una soluzione convincente. Invece occorre pensare a come alcuni paesi – non tutti i 27, sono troppi – possano definire una deterrenza europea comune. Qui si pone il problema di chi comanda, perché di certo non può funzionare una consultazione tra Macron, Scholz, Draghi e magari altri ancora. Occorre che qualcuno sia investito di questa competenza, nel senso letterale del termine. Chi comanda? Supponiamo ipoteticamente che i possibili decisori siano tre, italiani, francesi, tedeschi. Non resta che tirare i dadi per stabilire chi tra loro avrà la responsabilità di premere il pulsante nucleare. Il caso è un buon meccanismo per risolvere questioni così difficili.

LIMES Dobbiamo prepararci a un equilibrio tra i blocchi basato sul deterrente nucleare?

MÜNKLER Siamo già a questo punto. La tendenza ad aumentare le spese per la difesa in tutti i paesi europei e l'aver accettato l'obiettivo di destinare a questo scopo il 2% del pil sono cambiamenti così drammatici che siamo nuovamente entrati in un mondo in cui al posto di un costante processo di costruzione della fiducia basato sull'interdipendenza economica si è affermata la regola della sfiducia via deterrenza militare. In linea di principio, un passo indietro. Nella realtà, una vera catastrofe. Ma ricordiamoci di una sentenza di Friedrich Schiller nel *Guglielmo Tell*: «Anche l'uomo più giusto non può vivere in pace se ciò non garba al vicino malvagio».

2. Ministro degli Esteri tedesco tra il 1998 e il 2005 e dirigente dei Verdi.

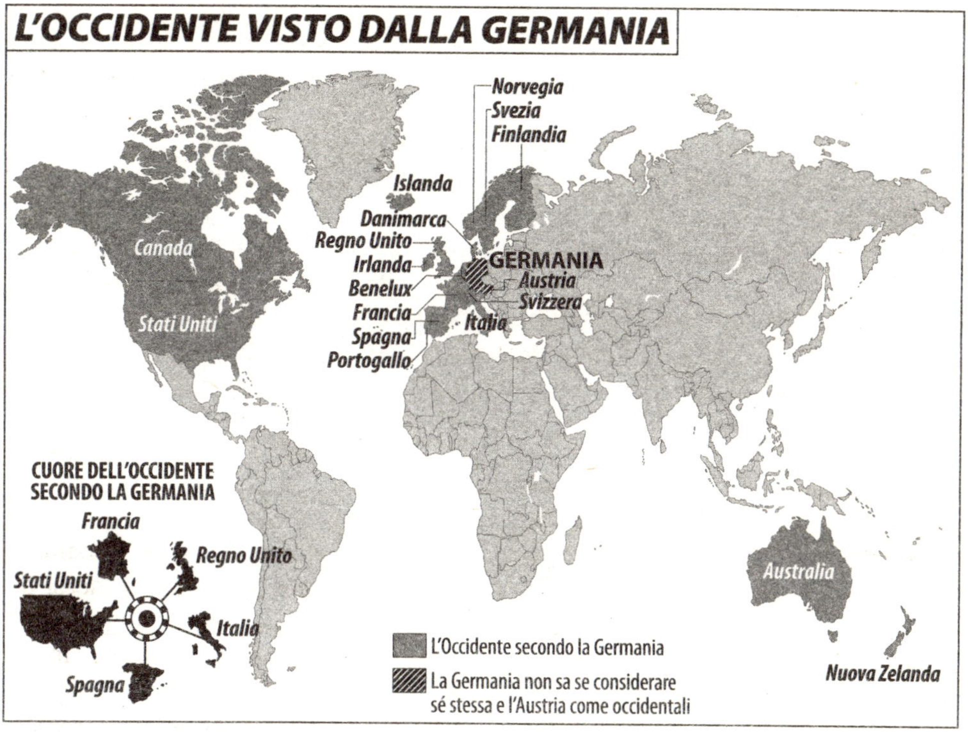

LIMES Il motto originario della Nato era «*Americans in, Russians out and Germans down*». E ora?

MÜNKLER Gli americani puntano a costringere la Russia a svelare le sue effettive capacità militari. Obiettivo conseguito. Ne viene fuori che i russi non sono in grado di comandare truppe operative su larga scala, un fatto che in parte si deve al nemico ma anche alla loro stessa incompetenza. E quanto maggiori saranno le perdite russe – materiali, finanziarie ed economiche – tanto più Mosca diventerà una «potenza regionale», come disse Obama. È il concetto americano, che implica il rischio che la guerra in Ucraina prosegua negli anni a venire. Ma questo non è nell'interesse degli europei. Noi siamo al contrario interessati alla conclusione del conflitto, in modo da cavarcela con il criterio del 2% del pil per la difesa senza precipitare nella spirale del riarmo – il 3%, poi il 4% e magari ancor di più.
Affronteremo gravi dilemmi relativi alla nostra sicurezza. I russi si stanno armando sempre di più. E stazionano altri missili Iskander nell'area di Kaliningrad. Noi europei – lasciamo stare gli inglesi, che giocano per conto loro – non abbiamo interesse a finire in una spirale di riarmo senza fine. Questo sarà il vero motivo di contrasto con gli Stati Uniti. A Washington si aspettano peraltro che gli europei dispongano di un'autonoma capacità di difesa, in modo da concentrarsi pienamente sulla disputa con la Cina.

LIMES I tedeschi e gli altri europei devono rivedere anche il loro approccio alla Cina?

MÜNKLER Saremo impegnati a lungo nello sganciamento dalla Russia. Immaginare un ulteriore processo, questa volta con Pechino, è tutt'altra cosa. Innanzitutto, i nostri scambi con la Cina non si limitano alle materie prime, siamo legati a essa in un vero mercato. Gli europei inizialmente faranno tutto il possibile per non interrompere i rapporti economici con la Cina. Eppoi i cinesi non sono militarmente aggressivi, cercano di influenzare la politica europea, di bloccare risoluzioni anticinesi e molto altro ancora. Questo scenario potrebbe ovviamente cambiare se la Cina attaccasse Taiwan, che sarebbe un caso analogo all'attacco russo all'Ucraina. Credo tuttavia che Xi Jinping preferisca evitarlo, almeno per il momento. Insomma, per i cinesi *vestigia terrent*: «Non percorreremo la stessa strada dei russi, non siamo così stupidi». Certo, gli americani spingeranno per la separazione dalla Cina, ma noi europei ci opporremo. Su questo ci sarà sempre una crisi tra Washington, Bruxelles e le singole capitali europee.

LIMES Come valuta l'evidente disintegrazione del gruppo di Visegrád, formato nel 1991 da Polonia, Ungheria, Slovacchia e Repubblica Ceca?

MÜNKLER La coalizione di Visegrád è implosa. È saltata in particolare l'alleanza tra Viktor Orbán e Jarosław Kaczyński, cioè tra Ungheria e Polonia. Questo è un fatto di grande rilevanza. Al momento l'Ungheria è isolata. Dunque è più agevole evitare che Orbán, da poco rieletto, riprenda il consueto gioco di disturbo della politica comune europea. Ma anche se il leader magiaro non volesse abbandonare questa veste, la Polonia non starebbe più al suo gioco: ecco perché oggi Orbán conta molto di meno. La Polonia ha da sempre un problema serio con la Russia. Nella misura in cui la politica tedesca sta passando dall'integrazione economica alle capacità di deterrenza e di difesa, Berlino e Varsavia si stanno inevitabilmente avvicinando. E questo per la coincidenza strutturale dei rispettivi interessi di lungo termine. Se i tedeschi spendono molto in armamenti, venendo incontro alle richieste polacche, è ragionevole attendersi che i polacchi siano più accomodanti con gli europei occidentali su alcune questioni che riguardano la loro democrazia.

LIMES Crede sia possibile fare dell'Unione Europea una potenza? Macron ha nuovamente insistito sulle riforme necessarie per costruirla nel suo recente discorso a Strasburgo.

MÜNKLER Non so se ci si possa credere. Però si è aperta un'opportunità senza precedenti. Questo significa che o avremo successo questa volta oppure non ci riusciremo mai più.

LIMES Come si fa la pace, o quantomeno come si può raggiungere un durevole cessate-il-fuoco in Ucraina?

MÜNKLER Non credo si possa fare la pace appellandosi a Putin perché decida di fermare le operazioni militari o a Zelens'kyj perché si decida a capitolare, come talvolta si sente dire. È probabile che nel tempo gli ucraini abbiano meno voglia di fungere da cuscinetto per la strategia americana contro la Russia, condizione che impone loro di pagare tutti i costi della guerra, mentre Putin non avrà interesse a proseguire la guerra fino al completo esaurimento delle risorse russe. Il leader del Cremlino potrebbe disporsi a trattative di pace sotto la minaccia americana di condurre fino in fondo una guerra di logoramento, che Mosca inevitabilmente perderà.

ADDIO ALLA RUSSIA? BERLINO RINNEGA LA SUA OSTPOLITIK

di *Alexander* RAHR

La nuova postura geopolitica della Germania in Europa si basa sulla liquidazione degli storici rapporti con Mosca. Da Kohl a Genscher e a Merkel, sotto accusa gli appeasers. *Se l'Ucraina è percepita come Israele. Nord Stream è un'incognita. Ma la rottura è recuperabile.*

NEGLI ULTIMI DECENNI BERLINO SI considerava una sorta di avvocato della Russia presso l'Occidente. A partire dal 2015 la cancelliera Angela Merkel, assieme al presidente francese, aveva assunto una funzione di mediazione sul fronte russo-ucraino. Oggi la Germania si è lanciata in un ruolo diverso, quello di paese guida dell'Unione Europea. Al partenariato tra Mosca e Berlino è subentrato il conflitto: entrambi adombrano l'ipotesi di una terza guerra mondiale. E la Germania è pronta addirittura a rischiare una seria rottura con la Cina nel caso in cui Pechino continuasse ad appoggiare Mosca.

La classe dirigente tedesca vive una svolta epocale, che porterà a un'architettura securitaria europea del tutto diversa. Trentatré anni dopo la caduta del Muro di Berlino, una nuova cortina di ferro correrà tra Russia ed Europa. Ma potrebbe accadere di peggio. Europa e Asia potrebbero non solo essere separate, ma addirittura scisse in due blocchi militari contrapposti. Questo sviluppo rappresenterebbe la definitiva catastrofe geopolitica del XXI secolo. Il governo tedesco è sotto pressione e deve valutare tutte le prospettive, tutte le possibilità di azione che si presentano. E soprattutto non perdere la testa in questo momento fatale.

Un nuovo ordine internazionale?

Dall'inizio del millennio si parla dell'avvio di una nuova epoca. In primo luogo, per il fatto che l'ordine mondiale unipolare e la supremazia dell'Occidente liberale non appaiono più così scontati e destinati all'eternità come vorrebbe la formula della «fine della storia». Secondo: a essi si contrappongono nuovi attori globali quali Cina, India, Russia e altre potenze. E l'ordine mondiale multipolare si va sviluppando in maniera drammaticamente conflittuale. La Russia ha distrutto l'architettura securitaria costruita in Europa negli anni Novanta del secolo scorso, poiché la ritiene rivolta contro di sé. Nato e Ue devono fare i conti con nuovi, concorrenziali blocchi di potere, alleanze militari, pericolose ideologie e nuove guerre.

I punti di forza della nuova architettura non sono tanto di natura militare, quanto economica. La globalizzazione assiste alla propria fine: anziché intrecciare nuove dinamiche e interdipendenze a vantaggio del commercio mondiale, ricade in una guerra globale fatta di sanzioni. Il futuro apparterrà a nuovi blocchi economici regionali che strumentalizzeranno a fini egoistici la dipendenza altrui in ambiti quali tecnologia e materie prime.

L'Occidente liberale, il grande vincitore morale e militare della guerra fredda, perde la propria egemonia globale. Lentamente si va profilando un nuovo ordine internazionale, non occidentale e non liberale.

Gli Usa rimangono la superpotenza più forte del pianeta, ma gli attacchi terroristici dell'11 settembre 2001 e la ritirata dall'Afghanistan mostrano tutti i limiti dell'egemonia americana.

L'Unione Europea non è riuscita a trasformarsi in attore autonomo e indipendente, nonostante l'allargamento a est. L'Europa rimane un gigante economico ma è un nano geopolitico, la cui sicurezza può essere garantita esclusivamente nella cornice della *Pax Americana*.

La Cina assurge a seconda superpotenza mondiale nonché principale protagonista geopolitico in Eurasia, in Medio Oriente e in Africa.

La Russia intende staccare l'Ucraina orientale da Kiev e istituirvi uno Stato cuscinetto che si contrapponga alla testa di ponte della Nato. Al tempo stesso, Mosca ha intenzione di manifestare all'Occidente con violenza le proprie ambizioni egemoniche e i propri disegni geopolitici.

Resta da vedere quale sarà in questo contesto il ruolo della Germania. Assieme alla Francia, Berlino affermerà la propria vocazione alla leadership europea argomentando a favore di una nuova architettura securitaria orientata al contenimento e alla deterrenza, nei confronti sia della Russia sia della Cina. Ma non sarà possibile realizzare tale obiettivo senza avere le spalle coperte dalla superpotenza. Nel futuro ordine internazionale multipolare gli Usa torneranno a imporre la propria supremazia sull'Ue e la sicurezza europea si baserà, come durante la guerra fredda, sul principio della coesistenza.

La Russia ha chiuso quella finestra sull'Europa aperta con fatica da Pietro il Grande trecento anni fa. Il suo futuro sta adesso in un sodalizio economico-geopolitico e di sicurezza con l'Asia, dove riscuote consenso la sua opposizione all'«arroganza occidentale». Il tassello successivo del nuovo assetto internazionale sarebbe una coalizione militare sino-russa, in grado di estendersi fino al Medio Oriente e di lì all'Africa.

La svolta epocale della Germania

Nel suo discorso di fronte al Bundestag del 27 febbraio scorso il cancelliere Olaf Scholz ha annunciato una svolta epocale nella politica tedesca verso la Russia.

Probabilmente sono stati gli Usa a fare pressione su Scholz affinché interrompesse immediatamente il rapporto particolare finora intrattenuto da Berlino con Mosca, pena la messa in discussione della leadership tedesca in Europa. Tale svolta geopolitica della Germania non dipende da una mossa opportunistica del suo esecutivo, bensì dal riconoscimento che la Russia sta attaccando l'intero sistema valoriale occidentale e il suo ordine liberale.

La Repubblica Federale deve tuttavia acquisire piena consapevolezza delle conseguenze che derivano da questo passo. La Russia potrebbe infatti considerarla quale suo nemico principale.

Chi ricorda, oggi, che la Russia di Boris El'cin voleva entrare nella Nato e avanzava la proposta di realizzare un ombrello di sicurezza comune da Vancouver a Vladivostok? E chi rammenta più l'offerta di Mosca di collaborare a una difesa antimissilistica contro l'Iran, o al progetto di spazi comuni tra Ue e Federazione Russa? Adesso, naturalmente, si fa autocritica: Berlino non ha voluto riconoscere fino in fondo le intenzioni russe? O è stata ingannata?

Altri, importanti interrogativi appaiono invece ormai superati e inutili: ad esempio, per quale motivo Nato e Ue non hanno preso in seria considerazione le proposte russe di cooperazione? Perché l'Occidente non ha posto alcuna moratoria all'allargamento dell'Alleanza Atlantica ai paesi dello spazio ex sovietico? Perché dopo la fine del conflitto Est-Ovest e l'inizio di quello Nord-Sud non si è costituita un'alleanza antiterrorismo in Medio Oriente? Oppure come mai le prime infrazioni al diritto internazionale sono arrivate da parte occidentale?

L'attenzione verso gli interessi nazionali russi – ovvero quello che Mosca aveva chiesto a partire dal discorso del 2001 di Putin al Bundestag – non sarà più all'ordine del giorno dell'agenda diplomatica e sarà sostituita dalla strategia della deterrenza.

La Germania adesso potrà mantenere la propria leadership in Europa e la propria fedeltà all'Alleanza Atlantica solo mediante quel massiccio sostegno militare all'Ucraina che gli alleati dell'Europa centro-orientale chiedono con insistenza, divenendo così parte in causa nel conflitto. Se non vuole rimanere isolata in Occidente, Berlino deve schierarsi con decisione al fianco dell'Ucraina e condannare l'aggressore russo. Il nuovo esecutivo rosso-giallo-verde esclude che Berlino continui a svolgere un ruolo di mediazione nel conflitto russo-ucraino, così come ha fatto senza successo tra il 2015 e il 2021 con gli accordi di Minsk.

La Repubblica Federale non presterà più attenzione alle sensibilità di Mosca. Il termine *Ostpolitik* (politica orientale), fulcro del tradizionale approccio distensivo dei decenni passati, è scaduto a epiteto impronunciabile. L'obiettivo di costruire assieme alla Russia uno spazio comune europeo non verrà più perseguito. Finché Putin rimane al potere la Germania non parlerà più di un'«Europa con la Russia», ma – come da anni vanno chiedendo gli Stati dell'Europa centro-orientale – soltanto di un'«Europa senza, o meglio contro la Russia». Diverse personalità politiche tedesche ribadiscono che lo scopo sia quello di distruggere il sistema di economia di guerra russo. E Mosca risponde per le rime.

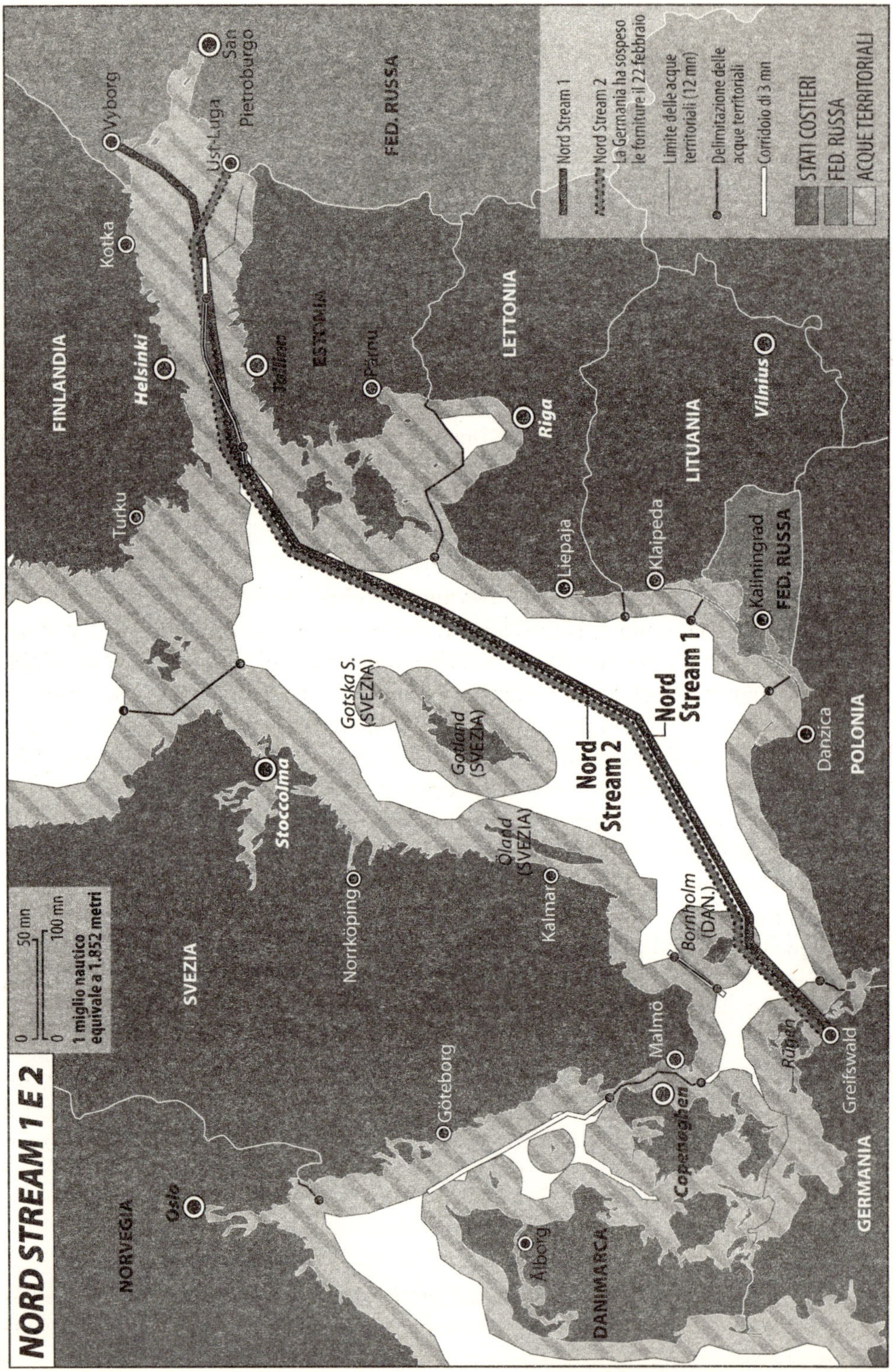
NORD STREAM 1 E 2
0 50 mn
0 100 mn
1 miglio nautico equivale a 1.852 metri
Nord Stream 1
Nord Stream 2
La Germania ha sospeso le forniture il 22 febbraio
Limite delle acque territoriali (12 mn)
Delimitazione delle acque territoriali
Corridoio di 3 mn
STATI COSTIERI
FED. RUSSA
ACQUE TERRITORIALI
NORVEGIA
Oslo
SVEZIA
Göteborg
Malmö
Norrköping
Kalmar
Stoccolma
Öland (SVEZIA)
Gotland (SVEZIA)
Gotska S. (SVEZIA)
DANIMARCA
Ålborg
Copenaghen
Bornholm (DAN.)
Rügen
Greifswald
GERMANIA
POLONIA
Danzica
Kaliningrad
FED. RUSSA
Klaipeda
Liepaja
LITUANIA
Vilnius
LETTONIA
Riga
Pärnu
Tallinn
FINLANDIA
Helsinki
Turku
Kotka
Vyborg
Ust-Luga
San Pietroburgo
FED. RUSSA
Nord Stream 2
Nord Stream 1

La svolta epocale avviata da Scholz è avvenuta in maniera fulminea, senza immediate proteste né da parte della politica, né dell'economia o della società. Cresce tuttavia tra la popolazione l'opposizione all'invio all'Ucraina di armi tedesche, opzione a cui la maggioranza dei cittadini si dichiara contraria.

Insistere sul principio *Russia First* nel dibattito sulla sicurezza europea avrebbe significato per Scholz la fine del cancellierato. La sua drastica svolta avrà, tuttavia, conseguenze. Gli alleati europei e atlantici, soprattutto i paesi dell'Europa centro-orientale, come pure gli Usa, continueranno a fare pressione su Berlino affinché abbandoni definitivamente ogni velleità di *Ostpolitik* e distensione, ovvero tagli i ponti con l'eredità di Willy Brandt. Washington, del resto, aveva sempre ritenuto un grave errore il riavvicinamento tra la Repubblica Federale e l'Unione Sovietica. E non ha neppure dimenticato l'opposizione franco-russo-tedesca alla guerra in Iraq del 2003, né tantomeno la realizzazione di Nord Stream 2 nonostante il deciso veto Usa.

In futuro la *Ostpolitik* di marca brandtiana, che appartiene al dna del Partito socialdemocratico tedesco, verrà riletta come un grave errore della politica postbellica. E con molta probabilità sarà così anche per la particolare amicizia degli ex cancellieri Helmut Kohl e Gerhard Schröder con El'cin e Putin. I cristiano-democratici della CDU dovranno invece fare i conti con l'approccio alla Russia di Angela Merkel, mentre i liberali della FDP dovranno curarsi di non scomodare più tanto come in passato la figura di Hans-Dietrich Genscher e la sua politica di distensione.

Specie dopo il ritrovamento di documenti risalenti agli anni del governo Kohl, quando il ministro degli Esteri Genscher riteneva che non fosse «nel nostro interesse» l'estensione a est dello spazio Nato: formalmente Polonia e Ungheria avevano ogni diritto di appartenere all'Alleanza Atlantica, ma allora si trattava di «non fare uso di quel diritto». Anche i paesi baltici ricordano lo scetticismo di Kohl nei confronti del loro ingresso nella Nato. Kohl era del parere che per riguardo nei confronti della Russia l'Occidente dovesse «attutire» l'impatto dell'ampliamento a est. Fu per questa ragione che nacquero istituzioni come la *trojka* franco-russo-tedesca o il Nato-Russia Founding Act del 1997.

Prima o poi tuttavia ci si tornerà a chiedere se sia stata la Germania a muoversi con troppa leggerezza nei confronti della Russia, travisando i caratteri aggressivi della sua politica, oppure se siano state proprio quelle forze che in Occidente rifiutavano qualunque tipo di collaborazione strategica con Mosca a bloccare con successo il progetto di un'Europa estesa da Lisbona a Vladivostok. In ogni caso, in futuro la Germania si identificherà esclusivamente con la drammatica eredità storica dei popoli dell'Europa centro-orientale, travolti prima dal nazismo e poi dal comunismo, anziché nell'antico gioco di equilibri con la Russia. Questa è la realtà.

Lo spirito di Rapallo

Nell'aprile 2022 in Europa si è commemorato il centenario del trattato di Rapallo. All'epoca le due nazioni uscite sconfitte dalla prima guerra mondiale, Germania e Russia, firmarono alle spalle dei vincitori occidentali un protocollo segreto in cui si impegnavano a combattere insieme l'isolamento imposto loro dal trattato di Versailles del 1919. Dopo l'ascesa al potere del nazionalsocialismo e l'attacco di Hitler all'Urss, la collaborazione economica e militare tra i due paesi si interruppe.

Storicamente, già prima della guerra in Ucraina del 2022, a molti filo-atlantici occidentali il trattato di Rapallo appariva inadeguato, in quanto suggeriva l'idea di una relazione particolare tra la potenza centro-europea tedesca e il nemico comunista a est. Soprattutto a danno della sicurezza delle neonate nazioni centro-orientali, ovvero di quello che all'epoca era il *cordon sanitaire*. La spartizione tra Hitler e Stalin dei piccoli Stati indipendenti sorti dopo Versailles fu considerata, dal punto di vista storico, una fatale conseguenza dello spirito di Rapallo.

Dagli anni della guerra fredda fino a oggi, lo «spettro di Rapallo» ha sempre rappresentato un monito contro una rinnovata, segreta collaborazione tra Mosca e Berlino. Nel 1952 Stalin propose alle potenze occidentali la riunificazione delle Germanie occidentale e orientale; a condizione però che la Germania unita non facesse parte dell'Alleanza Atlantica. L'idea di una Germania potenza centro-europea con cui costituire un asse anti-americano è tornata in auge a Mosca, seppure in maniera più discreta, all'inizio della presidenza Putin.

Non vi è alcun dubbio sul fatto che oggi la Germania sia un cardine della Nato e una nazione che, rifiutata ogni ambizione egemonica da «potenza di mezzo», si sia dedicata con impegno all'integrazione europea. Tuttavia, progetti in campo economico-energetico quali Nord Stream 1 e Nord Stream 2 con la Russia e la posizione comune tenuta contro la guerra in Iraq del 2003 hanno di nuovo fomentato nelle vittime della seconda guerra mondiale il timore di un rinnovato asse russo-tedesco.

La nuova attenzione tedesca agli umori antirussi est- e centro-europei si è mostrata con chiarezza lo scorso novembre 2021, quando l'accordo di governo della nuova «coalizione semaforo» (verde-giallo-rossa) tedesca ha escluso relazioni particolari con la Russia e ha preso in considerazione le preoccupazioni di polacchi, baltici e ucraini.

Fine della Ostpolitik

Tuttavia, gli alleati dell'Europa centro-orientale e gli Usa non dimenticheranno così in fretta il fatto che il governo tedesco abbia difeso fino all'ultimo il discusso progetto Nord Stream 2, considerandolo un'iniziativa puramente economica avviata da privati del settore energetico. Nel frattempo Berlino ha ammesso che Nord Stream 2 è stato un errore strategico e i fautori del partenariato, tra cui la governatrice del Meclemburgo-Pomerania Orientale Manuela Schwesig, rischiano adesso la fine della loro carriera politica. L'ex cancelliere Gerhard Schröder, l'architetto della cooperazione con Mosca, è stato toccato dalle sanzioni ed è divenuto una figura impresentabile per la classe dirigente del paese, in quanto non intende sganciarsi da Putin. Negli ambienti politici si fa strada l'idea che la Russia abbia realizzato i due progetti Nord Stream con l'unico obiettivo di scalzare l'Ucraina dal suo ruolo di hub gasiero. E i giganti del settore energetico che per anni avevano puntato sulla collaborazione con la Russia tacciono.

La tradizionale *Ostpolitik* tedesca subisce un colpo dopo l'altro. Gli Usa e i paesi centro-europei che da sempre si sono considerati vittime dell'aggressività russa, nonché partiti, mass media, ong e istituti di ricerca tedeschi premono affinché tutta l'intera architettura costruita negli anni della guerra fredda venga sottoposta a drastica revisione. Si cercano – e si trovano – i «colpevoli», che non hanno intuito le reali intenzioni della politica revisionistica di Mosca. La linea decennale del «cambiamento attraverso il commercio» (*Wandel durch Handel*) diventa un atto di accusa alla politica estera di tutti i passati governi tedeschi nei confronti della Russia, siano stati essi a guida CDU o socialdemocratica.

E l'SPD, per la quale la distensione e la riconciliazione con i sovietici prima e con i russi poi aveva sempre rappresentato il fulcro dell'ordine e della pace in Europa e che cinquant'anni fa si era spesa con ardore a favore del processo della Conferenza di Helsinki, deve abbandonare tutta la concezione della propria, storica *Ostpolitik*.

Dopo la disgregazione dell'Urss, si erano delineate due narrazioni concorrenziali. Una, quella statunitense, secondo cui il colosso sovietico era collassato perché strozzato dalla concorrenza sugli armamenti. Secondo tale logica, gli Usa non potevano che essere i vincitori definitivi della guerra fredda e la Russia non poteva che capitolare. L'altra narrazione, quella tedesca, raccontava un'altra storia: erano stati la politica di distensione e gli accordi di Helsinki degli anni Settanta a minare – secondo il principio del *Wandel durch Handel* – il sistema di potere totalitario sovietico, obbligando il Cremlino ad avviare processi di democratizzazione; pertanto andava alla *perestrojka* il merito di aver liberato dal comunismo Russia ed Europa orientale. Da adesso vale solo la prima delle due narrazioni.

Il presidente della Repubblica Federale Frank-Walter Steinmeier, che all'inizio del nuovo secolo in qualità di ministro degli Esteri aveva inteso far propria l'eredità della *Ostpolitik* di Willy Brandt ed Egon Bahr, corre il rischio di finire additato quale colpevole principale delle errate valutazioni sulla Russia. Agli occhi dell'Ucraina e di altri paesi centro-orientali Steinmeier si sarebbe compromesso a causa delle troppe concessioni fatte a Mosca in occasione delle conferenze di pace di Minsk. Di fronte allo strappo violento di Putin, a nessuno interessa oggi che, all'indomani della firma degli accordi, l'Ucraina abbia fatto ben poco per metterli in pratica. Nonostante Steinmeier abbia ammesso pubblicamente errori di valutazione e mancanze nel proprio approccio verso la Russia, a Kiev lo si è di fatto dichiarato persona non grata: un caso unico, nella storia recente, di sprezzo palese nei confronti di un politico tedesco di primissimo piano.

Anche altri politici della SPD che hanno prontamente manifestato solidarietà a Steinmeier, tra cui ad esempio l'ex leader del partito Sigmar Gabriel, hanno fallito nel tentativo di salvare la linea della distensione. Non esiste oggi alcun orecchio disposto ad ascoltare argomentazioni a favore di una politica di riavvicinamento alla Russia.

La politica russa di Merkel sotto esame

La prossima a prendere posizione sulle relazioni intrattenute con Mosca sarà Angela Merkel. A dire il vero, la cancelliera ha sempre adottato un approccio critico nei confronti di Putin. È stata lei, nel 2012, a porre fine in maniera unilaterale al Partenariato strategico russo-tedesco di modernizzazione a causa dell'allontanamento della Russia dalla strada della democrazia. E i suoi rapporti con Putin erano improntati a una certa freddezza. Merkel è stata inoltre la più accesa sostenitrice delle sanzioni alla Russia a seguito dell'annessione della Crimea – da lei definita un crimine – e dell'intervento russo in Ucraina orientale. Nel 2008, dopo aver posto il veto all'ingresso, viceversa caldeggiato dagli Usa, di Ucraina e Georgia nella Nato, Merkel aveva promosso il Partenariato sull'energia e sostenuto le iniziative del Dialogo di San Pietroburgo, forum di discussione delle società civili dei due paesi. Aveva inoltre ideato il protocollo di pace di Minsk (2015), che a suo parere avrebbe potuto evitare un'escalation nelle province orientali dell'Ucraina. Per questa ponderata linea di contenimento ovvero cooperazione con Mosca, che Berlino era riuscita a sviluppare per molto tempo sia all'interno delle strutture dell'Alleanza Atlantica sia nell'Ue, Merkel viene adesso accusata di avere riproposto una forma di *appeasement*.

Germania e Ucraina

Questi trascorsi vengono paragonati alla catastrofica politica di *appeasement* condotta dalle potenze occidentali nei confronti della Germania nazista nella seconda metà degli anni Trenta. I vertici dell'Unione Europea credono che oggi non esistano alternative al riarmo dell'Ucraina contro la Russia – anche a rischio di una terza guerra mondiale. La difesa dell'Ucraina è dunque diventata un nuovo imperativo geopolitico per la Germania, quasi come lo è la difesa di Israele.

L'idea, ritenuta fino a poco fa del tutto impensabile, di un terzo conflitto mondiale e di una guerra atomica potrebbe diventare amara realtà. Come un secolo fa, quando le potenze europee si gettarono in preda al «sonnambulismo» nella prima guerra mondiale, la storia si ripete.

Ciò nonostante, l'Occidente dovrà trattare con Mosca per una convivenza pacifica. Perché non esistono alternative alla ripresa della cooperazione economica. Come sempre in ogni conflitto, alla fine vi saranno dei vinti e dei vincitori. Dalla prospettiva attuale, sembra che i primi saranno soprattutto Cina e Stati Uniti. Ma come davvero questo incendio si spegnerà, oggi nessuno può dirlo.

(traduzione di Monica Lumachi)

IL RIARMO DELLA BUNDESWEHR SPLENDORI E MISERIE DI UN'ILLUSTRE FORZA ARMATA

di *Nicola* CRISTADORO

La svolta epocale annunciata da Scholz inverte il declino dell'esercito tedesco innescato dalla fine della guerra fredda. La paradigmatica vicenda dei carri armati Leopard. Il sostegno militare all'Ucraina come alternativa ad alcune sanzioni alla Russia.

1. QUELLA DEL 1985 FU UN'ESTATE MOLTO CALDA, ma per il pianeta la guerra era ancora «fredda». Mi trovavo a Monaco, in Germania, dove ebbi l'opportunità di assistere a un'importante esercitazione di unità della Decima Panzer-Division, di stanza in Baviera, ultimo baluardo sul suolo tedesco per contenere l'eventuale invasione da est. Fu uno spettacolo di gestione esemplare del tempo e dello spazio per il coordinamento di carri armati, veicoli corazzati per il trasporto della fanteria e obici dell'artiglieria semovente sull'area di una ipotetica battaglia. Le forze della Nato schierate nella Germania occidentale, alle dipendenze dell'Allied Forces Central Europe, avevano un elevatissimo grado di prontezza operativa ed erano equipaggiate con i sistemi d'arma più all'avanguardia tra quelli allora a disposizione degli eserciti europei. Ciò era dovuto al fatto che, nonostante il disarmo seguito alla sconfitta nella seconda guerra mondiale e tutte le disposizioni attuate dagli alleati in materia di «neutralizzazione» sul piano militare dell'avversario battuto, l'Occidente (gli americani) aveva intuito che queste forze avrebbero dovuto difendere il fronte centrale europeo, quello più difficile da proteggere dall'onda d'urto del Patto di Varsavia. Una volta sfondato tale settore, le armate sotto il controllo di Mosca sarebbero dilagate senza difficoltà in tutta l'Europa democratica. Almeno, questa era l'ipotesi condivisa.

Fino al crollo del Muro la Bundeswehr è stata una forza militare caratterizzata dalla poderosa componente corazzata-meccanizzata, dotata di diverse migliaia di carri armati moderni quali il Leopard I e il Leopard II. Per inciso, quei carri erano stati costruiti dalla Krauss-Maffei; come prodotto nazionale, contribuirono quindi in maniera sostanziosa all'incremento del pil tedesco di quegli anni. In particolare, il Leopard I non fu realizzato solo per l'Esercito (Heer) della Repubblica Federale, ma anche per l'esportazione. Per molto tempo ha equipaggiato anche la componente corazzata delle nostre Forze armate. La svolta sulla qualità di questo tipo di armamento, tuttavia, si ebbe con l'avvento del Leopard II. Sviluppato negli anni Settanta del secolo scorso in sostituzione del Leopard I, ancora uno dei migliori carri armati da combattimento esistenti. Nella logica della dottrina tattica tedesca del dopoguerra, il Leopard II dava priorità alla velocità e alla potenza di fuoco, con la sua altissima capacita di combinare fuoco e movimento nella manovra concepita per essere sviluppata su un teatro operativo quale quello europeo.

Quanto sopra è un esempio di come la Germania uscita con le ossa rotte da un conflitto mondiale (tra l'altro per la seconda volta in meno di mezzo secolo) sia stata in grado di risollevarsi militarmente in un lasso di tempo estremamente breve, in parte per gentile concessione, in parte grazie alle proprie capacità intrinseche. La Bundeswehr crebbe fino a diventare una delle Forze armate più grandi e meglio attrezzate al mondo. L'Esercito era composto da tre Corpi d'Armata che contavano dodici divisioni. L'Aeronautica militare (Luftwaffe) possedeva un numero significativo di aerei da combattimento tattici ed entrò a far parte della difesa aerea integrata della Nato (Natinads). La Marina militare (Bundesmarine) era equipaggiata per condurre missioni di scorta e di sostegno logistico per le navi dell'Alleanza Atlantica operative nel Mare del Nord e, soprattutto, per fronteggiare la Flotta sovietica del Baltico, se si fosse reso necessario.

Per la Bundeswehr il peggio è venuto dopo la fine della guerra fredda, quando la pace era diventata un concetto ormai consolidato e apparentemente inattaccabile, almeno sul suolo europeo. Con l'avvento del *peacekeeping* assistiamo al declino della Bundeswehr, che nel frattempo si era estesa al territorio dell'ex Repubblica Democratica Tedesca, annessa dalla Bundesrepublik il 3 ottobre 1990.

2. A partire dai primi anni Novanta, la percezione di una fattiva riduzione della minaccia e gli elevati costi implicati dalla riunificazione delle due Germanie indussero il governo tedesco a scelte drastiche: il quantitativo di navi, aerei e veicoli corazzati fu gradualmente ridotto del 25% e furono attuati tagli significativi al bilancio destinato alla Difesa, che subì un consistente ridimensionamento nel tempo.

Nel settembre 2014, il governo di Berlino arrivò ad ammettere di avere problemi cronici di equipaggiamento per la Bundeswehr, al punto di non poter garantire l'impegno difensivo stabilito dalla Nato. Tra i problemi principali vi erano l'obsolescenza di molti sistemi d'arma e l'impossibilità dell'impiego in tempi rapidi di numerosi veicoli corazzati, aerei e navi militari, a causa della negligenza nella manutenzione e delle gravi carenze di attrezzature e pezzi di ricambio. Il livello di prontezza operativa scese al di sotto del 50%. Preso atto della situazione insostenibile, nel gennaio 2016 Ursula von der Leyen, all'epoca ministro della Difesa, espresse la necessità di un ammodernamento e di una riqualificazione della Bundeswehr, impegnandosi in un programma di investimenti per un totale di 130 miliardi di euro. Davanti al comitato Difesa del Bundestag, si espresse in questi termini: «Abbiamo bisogno di finanziamenti a lungo termine e affidabili per la Bundeswehr»[1]. Un investimento programmatico che guardava al 2030.

Torniamo a prendere in considerazione il carro Leopard II, che voglio nuovamente citare a titolo esemplificativo per la sua alta valenza simbolica. Entrati in servizio per la prima volta nel 1979, i carri Leopard II sono ancora in servizio oggi e, proprio per le loro caratteristiche e per la situazione contingente, secondo qualche commentatore «sfortunatamente ce ne sono troppo pochi»[2]. La Germania occidentale, infatti, poteva contare su 2.125 Leopard II, sufficienti per equipaggiare le sue 12 divisioni. Con la fine della guerra fredda e la riduzione degli stanziamenti per la difesa, la Germania perse quasi il 90% dei suoi carri armati. La Bundeswehr si ritrovò con soli 225 Leopard II.

Durante il controverso mandato ministeriale di von der Leyen, Berlino cercò di prendere le distanze dalla precedente programmazione finanziaria che prevedeva di equipaggiare le unità dell'Esercito con solo il 70% del loro fabbisogno. In tale prospettiva, venne stabilito che il numero dei carri armati Leopard II aumentasse da 225 a 320. Il programma prevedeva anche l'acquisto di 130 veicoli corazzati Boxer, da aggiungere a quelli già in servizio, e l'aumento dei veicoli da ricognizione Fennek da 30 a 248.

Nel 2018, tuttavia, la situazione non era migliorata. Il commissario parlamentare per le Forze armate Hans-Peter Bartels individuò il problema nel crescente coinvolgimento del paese nelle missioni militari all'estero e nella cattiva gestione delle risorse disponibili. Non mancò di sottolineare che nel 2017 la Germania aveva speso per le Forze armate circa l'1,2% del suo pil, percentuale che non soddisfaceva il requisito minimo del 2% auspicato dalla Nato[3]. A sua volta, il leader parlamentare dell'Unione cristiano-sociale (CSU), Alexander Dobrindt, affermò che sarebbe stato un errore se la Germania non fosse riuscita a raggiungere l'obiettivo del 2% stabilito dalla Nato entro il 2024. In tal modo fornì una sponda efficace al primo ministro polacco Mateusz Morawiecki, il quale sostiene che i paesi che non raggiungono il *minimum* indicato dall'Alleanza minacciano l'unità dell'Alleanza stessa.

Non si era ancora nella situazione di guerra provocata dalla Russia nel febbraio di quest'anno, ma le preoccupazioni del governo tedesco erano già pressanti. Secondo quanto riportato da un documento riservato, filtrato attraverso le maglie della sicurezza nazionale, l'esercito non risultava adeguato ad assumere il ruolo di leader di una forza di difesa Nato in chiave antirussa[4]. Nel documento si dichiarava che la Bundeswehr avrebbe dovuto assumere la guida della multinazionale Very High Readiness Joint Task Force (Vjtf) della Nato all'inizio del 2019, ma che non aveva un numero sufficiente di carri armati per assolvere il compito. In parti-

1. «Materielle Ausrüstung der Bundeswehr: Ministerin leitet Trendwende ein», Bundesministerium der Verteidigung, 27/1/2016.
2. K. Mizokami, «Understanding Germany's Great Tank Problem», *The National Interest*, 26/12/2021.
3. «Germany's lack of military readiness "dramatic", says Bundeswehr commissioner», *Deutsche Welle*, 20/2/2018.
4. «German military short on tanks for NATO mission», *Deutsche Welle*, 15/2/2018.

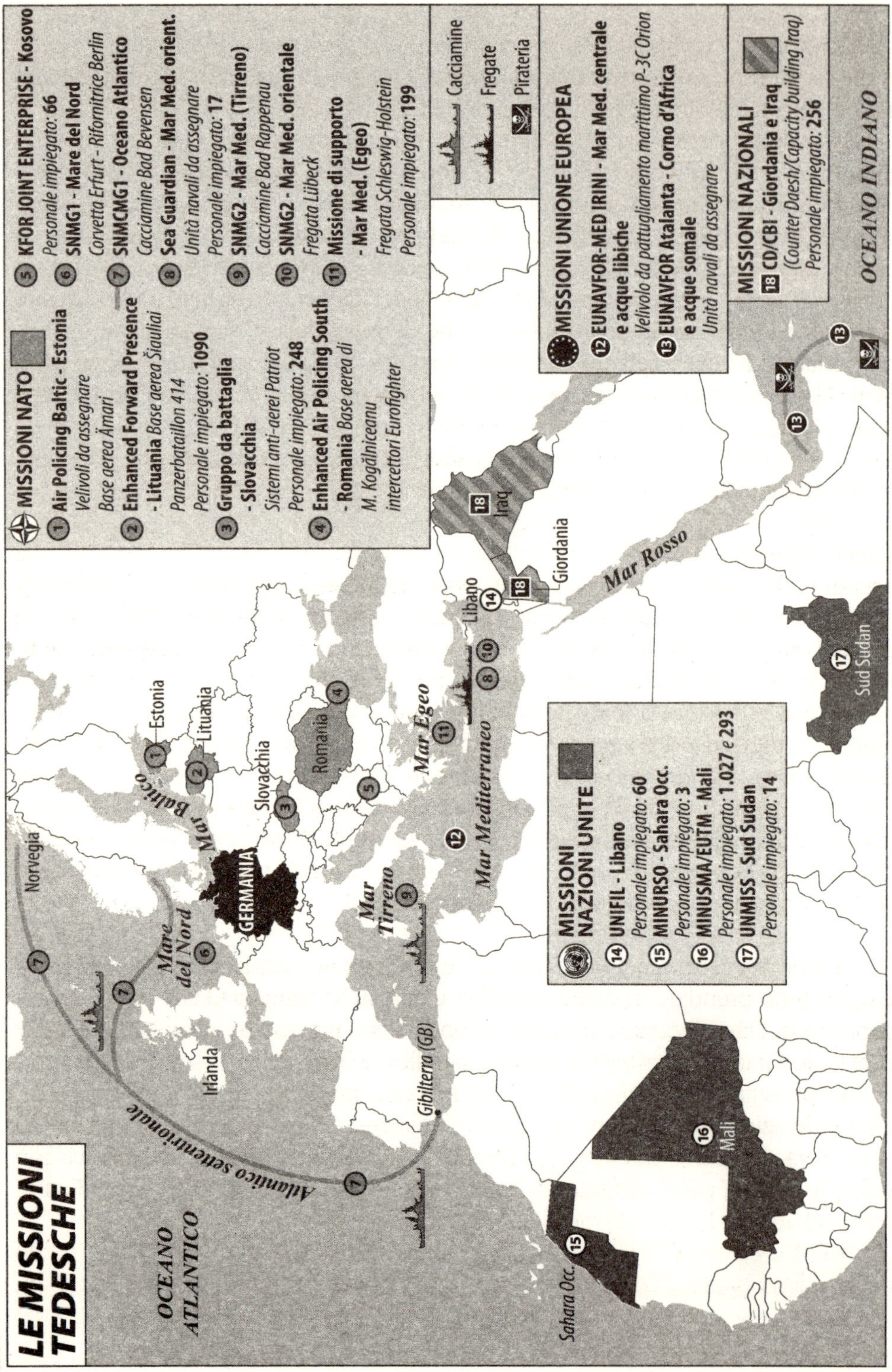
LE MISSIONI TEDESCHE
MISSIONI NATO
1 Air Policing Baltic - Estonia
Velivoli da assegnare
Base aerea Ämari
2 Enhanced Forward Presence - Lituania Base aerea Šiauliai
Panzerbataillon 414
Personale impiegato: 1090
3 Gruppo da battaglia - Slovacchia
Sistemi anti-aerei Patriot
Personale impiegato: 248
4 Enhanced Air Policing South - Romania Base aerea di M. Kogălniceanu
intercettori Eurofighter
5 KFOR JOINT ENTERPRISE - Kosovo
Personale impiegato: 66
6 SNMG1 - Mare del Nord
Corvetta Erfurt - Rifornitrice Berlin
7 SNMCMG1 - Oceano Atlantico
Cacciamine Bad Bevensen
8 Sea Guardian - Mar Med. orient.
Unità navali da assegnare
Personale impiegato: 17
9 SNMG2 - Mar Med. (Tirreno)
Cacciamine Bad Rappenau
10 SNMG2 - Mar Med. orientale
Fregata Lübeck
11 Missione di supporto - Mar Med. (Egeo)
Fregata Schleswig-Holstein
Personale impiegato: 199
Cacciamine
Fregate
Pirateria
MISSIONI UNIONE EUROPEA
12 EUNAVFOR-MED IRINI - Mar Med. centrale e acque libiche
Velivolo da pattugliamento marittimo P-3C Orion
13 EUNAVFOR Atalanta - Corno d'Africa e acque somale
Unità navali da assegnare
MISSIONI NAZIONALI
18 CD/CBI - Giordania e Iraq
(Counter Daesh/Capacity building Iraq)
Personale impiegato: 256
MISSIONI NAZIONI UNITE
14 UNIFIL - Libano
Personale impiegato: 60
15 MINURSO - Sahara Occ.
Personale impiegato: 3
16 MINUSMA/EUTM - Mali
Personale impiegato: 1.027 e 293
17 UNMISS - Sud Sudan
Personale impiegato: 14
OCEANO ATLANTICO
Atlantico settentrionale
Gibilterra (GB)
Irlanda
Mare del Nord
Norvegia
Mar Baltico
GERMANIA
Estonia
Lituania
Slovacchia
Romania
Mar Tirreno
Mar Mediterraneo
Mar Egeo
Libano
Iraq
Giordania
Mar Rosso
Sud Sudan
Mali
Sahara Occ.
OCEANO INDIANO

colare, la Nona brigata Panzer aveva solo 9 carri armati Leopard II (ancora loro!) operativi, sebbene si fosse impegnata ad averne 44 pronti per il Vjtf. Analoga situazione si presentava relativamente ai veicoli di fanteria corazzati Marder: c'erano solo 3 veicoli efficienti rispetto ai 14 garantiti per l'esigenza.

Per comprendere la gravità del problema restiamo sul nostro emblematico Leopard II e consideriamolo nella sua versione più all'avanguardia, il Leopard IIA7. Questo carro presenta una serie di aggiornamenti volta a mantenerlo in servizio fino al 2030, guarda caso il limite temporale prefissato nel 2016. Il modello IIA7 presenta un cannone da 120 mm ad anima liscia più lungo di quello della versione precedente, dispone di mirini termici di terza generazione e presenta una maggiore protezione dell'armatura composita, nonché di un sistema di alimentazione ausiliario per far funzionare l'elettronica anche a motore spento. Significative le parole di Mark Galeotti, ricercatore senior e capo del Centro per la sicurezza europea con sede a Praga, esperto in Forze armate russe e dell'ex Patto di Varsavia. Galeotti sostiene che i carri armati presentano una sfida tecnica particolare che non può essere affrontata esclusivamente sotto il profilo finanziario: «Per molto tempo la Germania ha speso molto poco e, siamo onesti, si è avvolta nel mantello della sua politica estera antimilitarista. Non si tratta solo di acquistare singoli sistemi d'armamento, ma anche di avere i pezzi di ricambio necessari, le infrastrutture tecniche, i mezzi per poterli trasportare, le stazioni di rifornimento. I carri armati, queste grandi bestie da guerra corazzate, sono sorprendentemente capricciosi, motivo per cui queste carenze non possono essere colmate rapidamente, anche se i soldi fossero disponibili[5]».

La Nato ha istituito il Vjtf, che comprende 5 mila soldati, nel 2014 per scongiurare la minaccia dell'aggressione militare russa contro i membri baltici dell'Alleanza. Dovrebbe essere pronto a combattere entro 24 ore, anche se all'atto della sua costituzione Francia e Gran Bretagna erano le uniche grandi potenze europee con delle Forze armate in grado di fornire tale tipo di risposta. A quel punto la difesa dell'Europa da un'eventuale aggressione da parte russa cominciava ad assumere un ruolo prioritario anche nell'agenda dell'Unione Europea.

3. Per spiegare le ragioni dell'ingente e repentino riarmo in atto in Germania è opportuno prendere in esame altri due elementi fondamentali che rimandano al concetto di Difesa comune europea: il fondo denominato European Peace Facility (Epf) e lo Strategic Compass, bussola strategica dell'Ue.

L'Epf, istituito nel marzo 2021, è un meccanismo di finanziamento fuori bilancio per le azioni dell'Ue con implicazioni militari e di difesa nell'ambito della politica estera e di sicurezza comune (Pesc). Dispone di un budget totale di circa 6 miliardi di euro per il periodo 2021-2027, con massimali annui da 420 milioni di euro nel 2021 a 1,132 miliardi di euro nel 2027.

L'Epf è costituito da due pilastri: uno per le operazioni militari e uno per le misure di assistenza. Trattandosi di uno strumento fuori bilancio, gli Stati membri

5. *Ibidem*.

dell'Ue versano i propri contributi direttamente ogni anno, sulla base del bilancio annuale stimato per l'Epf. Il Fondo finanzia azioni in ambito Pesc con implicazioni militari e di difesa mirate a rafforzare la capacità dell'Unione di prevenire i conflitti e rafforzare la sicurezza internazionale, sostenendo i partner dell'Ue con un'ampia gamma di missioni e operazioni militari a livello globale, bilaterale o tramite organizzazioni internazionali o regionali. Alla luce della guerra in corso, è significativo che tra le prime misure di assistenza adottate dal Consiglio dell'Unione Europea nell'ambito dell'Epf fosse contemplata la Misura di assistenza a sostegno delle Forze armate ucraine – Decisione (Pesc) 2021/2135 del Consiglio del 2 dicembre 2021.

L'istituzione di questo strumento da parte dell'Unione Europea pone interrogativi non trascurabili. Una prima obiezione è che l'Epf rappresenterebbe un'innovazione rischiosa, in quanto per la prima volta l'Unione Europea è autorizzata a fornire addestramento al combattimento e attrezzature militari, comprese quelle letali, a paesi partner, cioè non membri. Un altro spunto di riflessione riguarda la Nato e ha una dimensione più strategica, perché una delle preoccupazioni è che la spinta dell'Ue possa minare l'Alleanza sostenuta dagli Stati Uniti in un momento in cui il presidente Joe Biden sta cercando di rafforzarla.

Mentre assistiamo al ritorno della guerra in Europa, l'Unione Europea ha formalmente approvato anche lo Strategic Compass, un ambizioso piano d'azione per rafforzare la politica di sicurezza e di difesa dell'Ue entro il 2030. Come l'Epf, anche lo Strategic Compass ha l'obiettivo di rendere l'Ue un'istituzione in grado fornire sicurezza più forte e più capace. Come rimarca il Servizio europeo per l'azione esterna, «l'Ue deve poter proteggere i suoi cittadini e contribuire alla pace e alla sicurezza internazionali. Ciò è tanto più importante in un momento in cui la guerra è tornata in Europa, a seguito dell'ingiustificata e non provocata aggressione russa contro l'Ucraina, nonché di importanti cambiamenti geopolitici. Lo Strategic Compass rafforzerà l'autonomia strategica dell'Ue e la sua capacità di collaborare con i partner per salvaguardarne i valori e gli interessi»[6].

L'idea fondante è che un'Ue più forte e capace in materia di sicurezza e difesa contribuirà positivamente alla sicurezza globale e transatlantica, in un quadro di complementarità con la Nato, che rimane il fondamento della difesa collettiva per i suoi membri. L'Ue, inoltre, potrà ampliare il sostegno all'ordine globale basato sulle regole, che vede nelle Nazioni Unite l'istituzione cardine preposta a tale scopo.

Se fino a oggi l'Unione Europea ha sempre stentato a proiettare un'immagine di sé solida e coesa, la crisi del Donbas prima e, soprattutto, l'invasione dell'Ucraina del 24 febbraio hanno contribuito a ricompattare i paesi europei nella prospettiva di un'incombente esigenza di difesa comune da un aggressore determinato e imprevedibile. Si tratta di un reale ricompattamento? Guardiamo alla Bundeswehr attuale come elemento trainante di questo processo, ma per farlo non possiamo prescindere dal rapporto tra Germania e Francia, l'altro grande protagonista sul palcoscenico della sicurezza internazionale, specialmente europea.

6. «A Strategic Compass for the EU», Eeas.

Secondo quanto riportato da Trends in World Military Expenditure, nel 2021 la Germania risulta essere il terzo paese nell'Europa centrale e occidentale, dopo il Regno Unito e la Francia, in termini di spese militari. Lo scorso anno ha speso 56 miliardi di dollari per le sue Forze armate, ovvero l'1,3% del suo pil. Nel dicembre 2021, dopo la sua formazione, il nuovo governo tedesco ha annunciato l'obiettivo di investire il 3% del pil tedesco in diplomazia, sviluppo e difesa. Alla luce dell'invasione russa dell'Ucraina nel febbraio 2022, il governo ha poi dichiarato l'intenzione di aumentare ulteriormente la spesa militare nei prossimi anni [7]. Il 27 febbraio, tre giorni dopo l'invasione russa dell'Ucraina, il cancelliere Olaf Scholz ha annunciato un piano per aumentare la potenza dell'esercito tedesco, impegnando 100 miliardi di euro (112,7 miliardi di dollari) del bilancio 2022 per le Forze armate e ripetendo la promessa di raggiungere e superare il 2% della spesa per la difesa in rapporto al prodotto interno lordo, in linea con le richieste della Nato [8].

Il punto è che Scholz non è Merkel, che sotto il profilo dell'autorevolezza ha lasciato una pesante eredità al suo successore. Il nuovo cancelliere deve costruire la propria immagine e consolidare il primato della Germania in ambito europeo; l'occasione gli viene offerta proprio dal conflitto in corso, consentendogli di proporsi come «garante della sicurezza». E le «garanzie» poggerebbero proprio sulla massiccia operazione di riarmo in atto. In tale quadro, la cessione di una cospicua parte di un arsenale ritenuto ormai obsoleto all'Ucraina per sostenerne la resistenza agevolerebbe Berlino nel progetto di rinnovo e incremento dei propri armamenti. La Germania, di fatto, ha annullato la storica scelta politica di astenersi dall'inviare armi in zone di conflitto, sostenendo che l'invasione russa dell'Ucraina è una svolta epocale che ha messo in pericolo l'intero ordine del secondo dopoguerra in Europa. In particolare, il governo tedesco ha previsto di inviare in Ucraina 1.000 armi anticarro e 500 sistemi di difesa anti-aerea Stinger [9].In termini di assistenza militare europea fornita all'Ucraina, questa inversione di tendenza è estremamente significativa. Ricordiamo che gran parte delle armi e munizioni disponibili sul continente europeo sono di fabbricazione tedesca e Berlino ha il controllo legale sul loro trasferimento. Tuttavia, il cambiamento di posizione di Scholz non significa necessariamente che tutte le richieste di spedizioni di armi saranno approvate, poiché ogni caso viene deciso individualmente.

4. Il tema della difesa comune è un cavallo di battaglia anche della politica francese. Vediamo, allora, quali sono le sfumature nelle linee politiche adottate dai due paesi proprio in relazione alla guerra che profila dei rischi per tutta la comunità europea.

La difesa comune è stata propugnata da Macron nella campagna elettorale che lo ha visto recentemente rieletto alla presidenza della Repubblica come strumento

7. Aa.Vv., «Trends in World Military Expenditure», *2021*, Sipri, aprile 2022.
8. *Germany commits €100 billion to defense spending*, Deutsche Welle, 27/2/2022.
9. D.M. Herszenhorn, L. Bayer, H. Von Der Burchard, «Germany to send Ukraine weapons in historic shift on military aid», *Politico*, 26/2/2022.

per presentare una Francia «forte» in politica estera. Nella sua proposta di intervento nei confronti della Russia per dissuaderla dal proseguire nello sforzo bellico, tuttavia, non prevale la volontà di inviare armi all'Ucraina, quanto piuttosto l'inasprimento delle sanzioni. Tale scelta è dettata dal fatto che, nel semestre in corso, Parigi detiene la presidenza di turno del Consiglio dell'Unione Europea e, verosimilmente, non vuole addossarsi la responsabilità di aver contribuito al prolungarsi dei combattimenti con il carico di morte che quotidianamente comporta. La guerra della Russia all'Ucraina ha cambiato radicalmente l'agenda del presidente Macron. Mentre la risposta franco-tedesca consentì di affrontare efficacemente la crisi del 2014, una rapida iniziativa bilaterale questa volta non è stata possibile a causa dell'assenza di una chiara posizione della Germania nei confronti della Russia e dei diversi messaggi inviati dal ministero degli Esteri e dalla cancelleria di Berlino. La Francia ha così preso il comando diplomatico tra gli europei con innumerevoli telefonate a Kiev e Mosca dall'inizio di gennaio. Macron rimane, per ora, l'ultimo canale di comunicazione europeo con Putin.

Nelle intenzioni di Berlino emerge in modo più marcato l'orientamento alle forniture militari a Kiev: meglio dare armi ed essere bene armati a propria volta, se la situazione rendesse necessario difendersi, piuttosto che irritare Mosca con le sanzioni e ritrovarsi senza le forniture di gas fondamentali per l'economia tedesca. Il fatto che i massimi dirigenti di aziende come Volkswagen e Metro (il gigante del *cash and carry*) siano disposti a impegnarsi con Putin sottolinea l'importanza dei complicati legami commerciali tra Berlino e Mosca, che riguardano molto più del solo gas naturale. A titolo esemplificativo, nel 2021 l'interscambio commerciale con la Russia è stato pari a 60 miliardi di euro, nonostante le sanzioni cui Mosca è soggetta dal 2014. Storicamente la determinazione della Germania a commerciare con la Russia è in gran parte opera di Ost-Ausschuss (Comitato per l'Est), un'associazione per il commercio estero specificamente dedicata all'Europa orientale e segnatamente alla Federazione Russa. All'inizio del 2016, proprio mentre la Russia stava bombardando alcune regioni della Siria, il presidente del Comitato per l'Est allora in carica, Wolfgang Büchele, spinse per porre fine alle sanzioni contro Mosca. «Dobbiamo aiutare a far uscire la Russia dall'isolamento» [10], affermò Büchele che, tra l'altro, era anche amministratore delegato di Linde, azienda con ingenti investimenti in Russia. Il Comitato per l'Est è stato anche un forte sostenitore del Nord Stream 2, il controverso gasdotto sotto il Mar Baltico tra Russia e Germania, oggi sospeso. In effetti, il progetto rappresentava una priorità assoluta per il gruppo, al punto che quando il politico dell'opposizione russa e critico di Putin Aleksej Naval'nyj è stato avvelenato nel 2020, il presidente del Comitato per l'Est Oliver Hermes ha messo in guardia contro ulteriori sanzioni nei confronti di Mosca.

Non tutti in Germania sposano la nuova linea politica in materia di riarmo. Circa 600 personalità pubbliche tra politici, religiosi e artisti hanno firmato un ap-

10. M. Karnitschnig, N. Nöstlinger, «How Germany Inc. played Russian roulette –*and lost*», *Politico*, 13/4/2022.

pello online criticando quella che hanno definito una «corsa agli armamenti»[11] e avvertendo che la spesa porterebbe a tagli in altri settori. Durante la guerra fredda, a partire dalla fine degli anni Sessanta, la Germania occidentale perseguì la *Ostpolitik* – geopolitica distensiva verso il blocco sovietico – che cercava di normalizzare le relazioni con Mosca. Quell'orientamento è continuato fino ai giorni nostri, con la Germania che vede sé stessa come ponte tra gli alleati occidentali e Mosca, cercando di bilanciare i suoi impegni nei confronti dei partner mentre tenta di mantenere buone relazioni con la Russia. Ciò significava favorire la diplomazia, tentare di impegnarsi con la Russia su più fronti, coltivare legami economici tra i due paesi come l'iniziativa del Nord Stream 2 e riporre fiducia in questi strumenti come rampa di uscita da qualsiasi conflitto. Secondo Sophia Besh, ricercatrice presso il Centre for European Reform, la Germania era «davvero guidata dall'idea che la sicurezza europea potesse essere raggiunta solo con la Russia. (...) E nel suo discorso Scholz ha ora definito l'azione di Putin, la Russia di Putin, come una minaccia alla sicurezza europea»[12].

I legislatori del Bundestag hanno approvato la risoluzione sul «sostegno globale all'Ucraina»[13] con 586 voti a favore, 100 contrari e 7 astenuti. La mozione invita il governo «a migliorare la consegna di armi pesanti e sistemi complessi»[14] a Kiev, ad esempio attraverso una procedura di scambio di carri armati in base alla quale i paesi dell'Europa orientale appartenenti alla Nato possono inviare carri armati dell'èra sovietica in Ucraina e ricevere in una fase successiva carri armati tedeschi come sostituti. Insomma, meglio essere tutti armati fino ai denti, giacché con le proprie finanze la Germania non arma solo sé stessa ma contribuisce anche ad armare la parte potenzialmente ostile. Paradossi della geopolitica.

5. Abbiamo assistito in questi mesi a un generale riallineamento nella politica estera e di sicurezza dei paesi europei. «Ma questo alla fine include la questione della capacità dei militari di agire. Ed è qui che la Germania ha dovuto recuperare il ritardo»[15]. In generale, altri paesi europei hanno accolto favorevolmente la decisione tedesca di armarsi, soprattutto perché Francia, Polonia e Stati baltici avevano sottolineato per anni che la Germania, in quanto paese economicamente forte, stava facendo relativamente poco per la difesa e la sicurezza.

Indipendentemente dalla Nato, in cui gli Stati Uniti sono il partner dominante, in molti si chiedono se la Germania che riarma debba emanciparsi dagli americani. Dopo la caduta del Muro di Berlino la politica degli Stati Uniti nei confronti dell'Europa si è mossa prevalentemente nella direzione di evitare che il Vecchio Continente diventasse un concorrente su scala globale, in virtù della propria storia, cultura, risorse e capacità. In tale prospettiva, il principale timore di Washington è

11. «How Germany, shaken by Ukraine, plans to rebuild its military», *France 24*, 29/3/2022.
12. J. Kirby, «Germany's dramatic reversal on defense, explained», *Vox*, 5/3/2022.
13. H. von der Burchard, «Germany signals more Ukraine support, wavers on defense spendine», *Politico*, 28/4/2022.
14. *Ibidem*.
15. J.M. Magro, D. Einzel, «So reagiert das Ausland auf die deutsche Aufrüstung», *BR24*, 10/3/2022.

stato quello che si instaurasse una sorta di asse Mosca-Berlino, un patto economico con un elevato «potenziale sovversivo»[16] agli occhi degli Stati Uniti. La stessa idea era insita nell'espressione «GeRussia» del Centro studi di geopolitica della Duma negli anni Novanta del secolo scorso[17]. Per contrasto gli Usa hanno adottato una politica che di fatto ha boicottato l'integrazione di una Russia ipoteticamente democratica nell'ambito europeo, qualunque fosse la forma di alleanza, Ue o Nato. In tale contesto possiamo inquadrare la crisi tra Russia ed Europa occidentale, rispetto alla quale Cina e Stati Uniti ne conseguirebbero un duplice vantaggio: da un lato rafforzando il proprio peso politico, economico e militare in rapporto all'indebolimento dei propri rispettivi alleati; dall'altro, evitando per i prossimi decenni proprio il rischio della costituzione del suddetto asse Mosca-Berlino.

Di segno opposto è l'opinione espressa dall'analista Claudia Major, che vede la questione nel contesto comunitario: «Abbiamo costruito una struttura politica impressionante in Europa con l'Unione Europea, (...) ma non siamo in grado di difenderci. Abbiamo ancora bisogno di supporto militare americano»[18]. Forse ha ragione, almeno allo stato attuale, nonostante la divergenza di interessi in molti settori – economico, *in primis* – tra Europa e Stati Uniti. L'amministrazione statunitense, peraltro, si è espressa a favore del riarmo e dell'incremento della potenza militare della Germania, così come del Giappone. Dal punto di vista di Washington, infatti, questi due grandi alleati democratici e di successo aiuterebbero fattivamente a controbilanciare la forza militare di Russia e Cina.

Nell'ottica del riarmo attuato dalla Germania, la situazione appare alquanto delicata. Non possiamo trascurare quanto affermato dalla cancelliera Merkel in tempi non sospetti, nel discorso tenuto il 28 maggio 2017 a Monaco di Baviera, riferendosi a Donald Trump: «I tempi in cui potevamo fidarci completamente l'uno dell'altro sono passati da un pezzo. (...) Noi europei dobbiamo veramente prendere il nostro destino nelle nostre mani»[19]. Contestualmente, non mancava di sottolineare per i tedeschi la necessità di «mantenere relazioni amichevoli con gli Stati Uniti, con il Regno Unito e con gli altri vicini, Russia compresa»[20]. L'eco remoto di quelle parole oggi giunge al nostro udito flebile e dissonante. E come un tuono minaccioso risuonano, invece, le considerazioni relative alla prospettiva di un riposizionamento dei missili russi armati di testate nucleari nel cuore dell'Europa: «L'Occidente capisce ora che, nel caso di un'effettiva conquista dell'Ucraina da parte dell'esercito di Putin, per non parlare dei probabili tentativi di ottenere i paesi baltici e la Polonia, i lanciatori dei razzi nucleari russi sarebbero riposizionati molto più vicino all'Europa centrale. E pare – sentendo quel che Putin, Lavrov e i comandanti dell'esercito russo dicono – che non siano per niente impauriti dall'idea di sferzare un attacco nucleare. (...) Il leader russo è mosso da una motivazio-

16. C.M. Atudorei, «America's Plans and Geopolitics», Visions and Global Trends, 30/7/2019.
17. S. Santangelo, *Gerussia: l'orizzonte infranto della geopolitica europea*, Roma 2016, Castelvecchi, p. 192.
18. *Ibidem*.
19. «Un discorso storico: Angela Merkel ribalta il tavolo della vittoria Usa», *Ultimavoce*, 29/5/2017.
20. *Ibidem*.

ne messianica che lo priva di ogni cautela. Infatti ha proclamato il 18 ottobre 2018, parlando con i giovani del club Valdai (proprio quello intitolato in onore della Valle della Morte): "Noi moriremo, okay, ma saremo martiri e andremo in Paradiso! E gli altri creperanno e basta". Il pubblico in sala annuiva»[21].

6. All'inizio di questa analisi ho indicato la pace come un concetto, perché tale la ritengo.

La pace deve essere alimentata, mantenuta, preservata, ma non è mettendo «fiori nei cannoni» che si raggiunge questo scopo. L'indole umana non lo consente. Il mondo è pieno di Putin – o anche peggio – per cui se si vuole la pace bisogna far capire a chi, a vario titolo, è orientato al litigio che si è in grado di battersi almeno da pari a pari.

21. E. Kostiukovitch, *Nella mente di Vladimir Putin*, Milano 2022, La Nave di Teseo.

INTERVISTA

'Il riarmo tedesco dividerà gli europei'

Conversazione con *Ruslan* PUKHOV, direttore del Centre for Analysis of Strategies and Technologies (Cast) di Mosca, a cura di *Orietta* MOSCATELLI

LIMES Quanto va preso sul serio il riarmo tedesco?

PUKHOV Dobbiamo innanzitutto separare gli aspetti politici da quelli militari. Riguardo ai primi, la «rivoluzione tedesca» a cui stiamo assistendo è certamente di grande importanza ed è principalmente diretta a rafforzare la leadership della Germania all'interno dell'Unione Europea. Il dichiarato rilancio della potenza militare tedesca dovrebbe consolidare la sua autorità in un'Europa compatta e conferirle maggiore multidimensionalità. Durante la guerra fredda si attribuì alla Bundeswehr, con i suoi 500 mila uomini schierati in 12 divisioni, la seconda forza militare occidentale nel Vecchio Continente dopo quella statunitense, e al potenziale economico tedesco la capacità di fare della Repubblica Federale un paese con uno status esclusivo, paragonabile a quello di Francia e Gran Bretagna, nonostante queste disponessero di armi nucleari.

Oggi la Germania, soprattutto dopo l'uscita del Regno Unito dall'Unione Europea, può teoricamente riconquistare la posizione di «comandante in capo», tagliando fuori la Francia. Berlino può diventare inoltre il principale collegamento tra i sistemi militari dell'Ue e della Nato. Funzione che verosimilmente gli americani apprezzeranno molto perché metterà fine alle vecchie fantasie francesi, in passato nutrite anche da alcuni circoli politici tedeschi, di costruire un giorno un «esercito europeo indipendente».

Non bisogna però attribuire esagerata importanza alla possibile rinascita politico-militare tedesca. Viste le autorestrizioni a livello mentale, operativo-strategico, politico ed economico ancora esistenti in Germania, non ci si può aspettare un aumento davvero significativo del numero delle Forze armate tedesche, né una decisiva crescita delle loro capacità di combattimento. I già leggendari cento miliardi di euro annunciati dal cancelliere Scholz per il riarmo non appaiono una cifra così impressionante alla luce degli alti costi necessari all'efficienza della difesa tedesca.

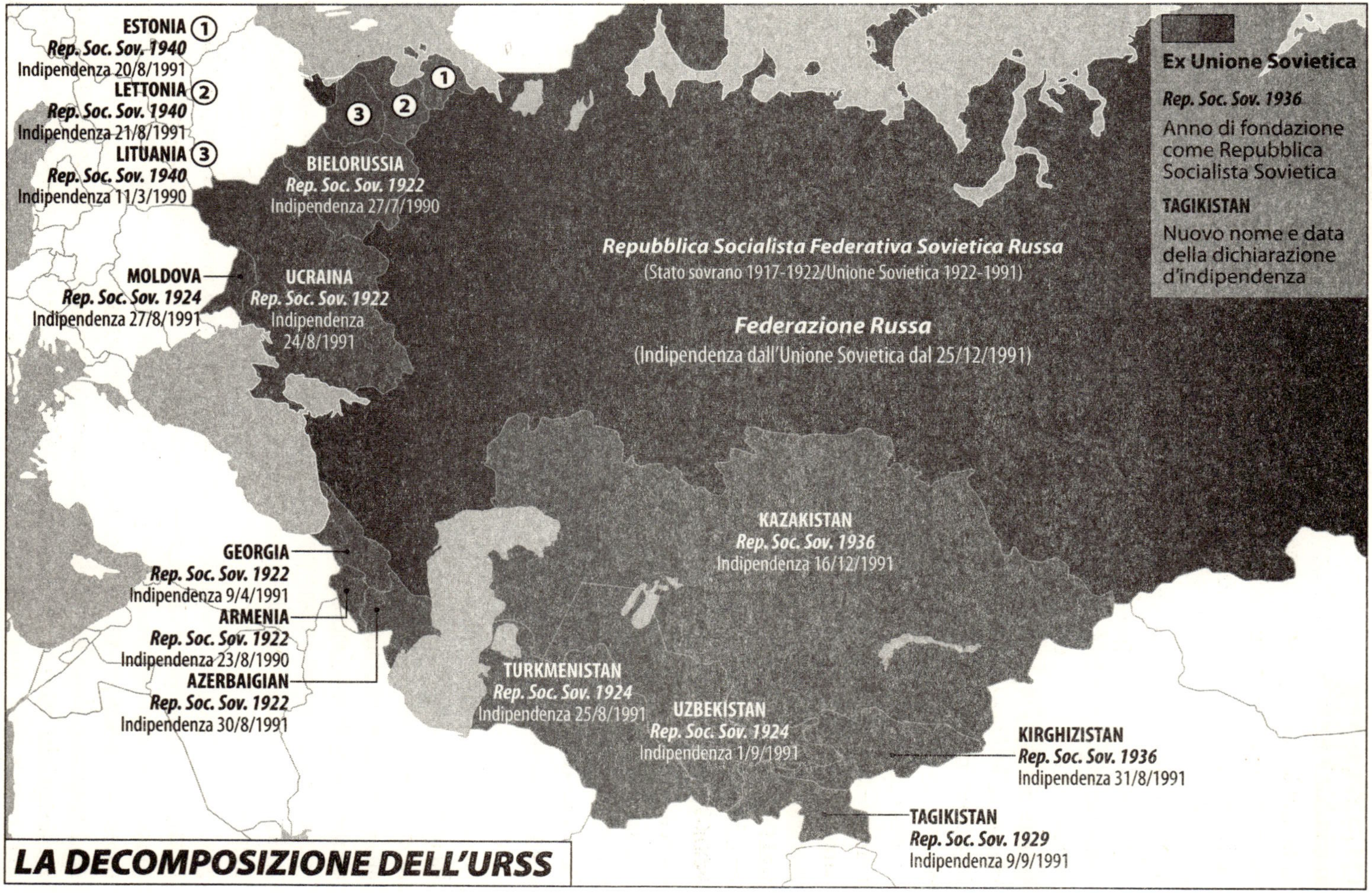
LA DECOMPOSIZIONE DELL'URSS
Ex Unione Sovietica
Rep. Soc. Sov. 1936
Anno di fondazione come Repubblica Socialista Sovietica
TAGIKISTAN
Nuovo nome e data della dichiarazione d'indipendenza
ESTONIA ①
Rep. Soc. Sov. 1940
Indipendenza 20/8/1991
LETTONIA ②
Rep. Soc. Sov. 1940
Indipendenza 21/8/1991
LITUANIA ③
Rep. Soc. Sov. 1940
Indipendenza 11/3/1990
BIELORUSSIA
Rep. Soc. Sov. 1922
Indipendenza 27/7/1990
MOLDOVA
Rep. Soc. Sov. 1924
Indipendenza 27/8/1991
UCRAINA
Rep. Soc. Sov. 1922
Indipendenza 24/8/1991
Repubblica Socialista Federativa Sovietica Russa
(Stato sovrano 1917-1922/Unione Sovietica 1922-1991)
Federazione Russa
(Indipendenza dall'Unione Sovietica dal 25/12/1991)
GEORGIA
Rep. Soc. Sov. 1922
Indipendenza 9/4/1991
ARMENIA
Rep. Soc. Sov. 1922
Indipendenza 23/8/1990
AZERBAIGIAN
Rep. Soc. Sov. 1922
Indipendenza 30/8/1991
KAZAKISTAN
Rep. Soc. Sov. 1936
Indipendenza 16/12/1991
TURKMENISTAN
Rep. Soc. Sov. 1924
Indipendenza 25/8/1991
UZBEKISTAN
Rep. Soc. Sov. 1924
Indipendenza 1/9/1991
KIRGHIZISTAN
Rep. Soc. Sov. 1936
Indipendenza 31/8/1991
TAGIKISTAN
Rep. Soc. Sov. 1929
Indipendenza 9/9/1991

La Germania dovrà spendere molti soldi solo per aumentare il livello di prontezza al combattimento dell'equipaggiamento militare già disponibile, dato che negli ultimi anni le cose non sono andate come dovevano. Somme significative dovranno essere destinate a coprire esigenze operative davvero sostanziali ed evidenti lacune nell'equipaggiamento tecnico. La Bundeswehr appare indietro in quasi tutte le categorie di velivoli senza pilota, lamenta evidenti mancanze negli armamenti a lungo raggio e di precisione, nei sistemi di difesa aerea e missilistica eccetera.
Altrettanto acuto è il problema della rapida sostituzione di alcune piattaforme aeronautiche costose e obsolete, come i Tornado o gli elicotteri da trasporto. Senza contare che il costo di armi ed equipaggiamenti di nuova generazione aumenta continuamente. In queste condizioni, non rimarrà molto per l'effettivo potenziamento delle Forze armate e l'acquisto dell'intero spettro di armamenti necessario.
Possiamo presumere che il numero delle truppe tedesche potrebbe aumentare entro il 2030 di circa una volta e mezza rispetto alle attuali 184 mila unità, arrivando a un massimo di 300 mila, probabilmente molto meno. L'Esercito avrà presumibilmente una divisione in più (da tre a quattro) e la crescita quantitativa generale sarà dello stesso ordine. Anche se il potenziale qualitativo delle Forze armate aumenterà senza dubbio in modo significativo.

LIMES Quanto tempo occorre alla Germania per rimettere in piedi Forze armate credibili?

PUKHOV Tutti gli esperti concordano che la trasformazione della Bundeswehr in un esercito pronto al combattimento richiederà molti anni. Anche mettendo in campo consistenti risorse finanziarie (come i famigerati cento miliardi di euro), la Germania sconta notevoli limiti in termini di strutture industriali, che si sommano alla necessità di ingenti spese per la riparazione, il ripristino e la manutenzione di armamenti e attrezzature esistenti.
A metà del marzo scorso, il principale rappresentante dell'industria bellica tedesca, il presidente del consiglio di amministrazione della Rheinmetall Armin Papperger, ha affermato che la sua azienda potrebbe produrre armi per un valore di 42 miliardi di euro nei prossimi anni e triplicare il numero di dipendenti. Ma questa sorta di autopromozione contrasta con altre dichiarazioni dello stesso Papperger, che ha riconosciuto come in Germania sussistano difficoltà a ottenere materiali a sufficienza, specialmente riguardo a tipi speciali di acciaio e all'elettronica di punta. Già a inizio anno, prima della guerra in Ucraina, le imprese metallurgiche tedesche si erano lamentate in particolare per la penuria di acciaio sul mercato interno. A questo bisogna aggiungere la drastica diminuzione delle importazioni di acciaio, soprattutto da Ucraina e Russia, dovuta al conflitto e alle sanzioni imposte contro Mosca.
Altro fattore che ostacola lo sviluppo della produzione militare per le Forze armate tedesche è il sistema di ordini e acquisti statali estremamente burocratico e lento. Ne è responsabile l'Ufficio federale della Bundeswehr per le attrezzature, la tecnologia dell'informazione e il supporto (BAAINBw) con sede a Coblenza. Solo l'istituto centrale del dipartimento conta 6.800 dipendenti, di cui 1.700 militari. Nei

rapporti della Corte dei conti federale, l'ente è stato per anni accusato di inefficienza, pianificazione sbagliata e corruzione. Molti programmi di acquisto tedeschi si protraggono nel tempo ed eccedono in spese. È proprio l'incapacità di organizzare la riparazione, il ripristino e la manutenzione dell'equipaggiamento militare esistente a essere tradizionalmente criticata.

LIMES La Germania è il paese europeo che ospita il maggior numero di testate atomiche americane. Gli Stati Uniti hanno sempre insistito per l'aumento della spesa militare al 2% del pil. Crede che ora i tedeschi abbiano esagerato?

PUKHOV Oggi in Germania nessun politico intende rinunciare alle armi nucleari di Washington. La guerra in Ucraina ha spaventato la società tedesca e dopo l'inizio del conflitto tutte le discussioni sulle esagerate pretese americane sono cessate. Anzi, i principali partiti politici tedeschi adesso fanno letteralmente a gara nel sostenere la decisione di portare il budget militare al 2% del pil. Gli Stati Uniti non hanno più bisogno di far pressione sulla Germania. Al contrario, possono additarla come esempio agli altri alleati europei.

LIMES Pensa che una bomba atomica tedesca sia possibile?

PUKHOV Se ne parla da qualche tempo. Sarebbe il ritorno a una idea degli anni Cinquanta, fallita dopo la decisione di de Gaulle di creare una forza nucleare francese indipendente. Il confronto su questo tema ha ricevuto nuovo slancio nel dicembre scorso, quando l'ex capo di Stato maggiore delle Forze armate francesi Jacques Lanxade ha pubblicato, insieme ad altri veterani, una «lettera ai nostri amici tedeschi». Missiva che invitava Berlino a «intensificare l'alleanza difensiva, inclusa la componente nucleare».

Ma i progetti finora teorici per la creazione di una forza nucleare europea con la partecipazione della Francia risentono della visione completamente divergente degli interessi nazionali da parte delle élite dei due paesi. I francesi preferirebbero uno scenario di effettivo monopolio nucleare, con i tedeschi a sovvenzionare Parigi perché estenda il suo ombrello alla Germania. Opzione che chiaramente non soddisfa Berlino. Fin dai tempi del cancelliere Adenauer, i tedeschi hanno puntato al rapido accesso ai meccanismi di impiego di questi armamenti, parte della costruzione di uno scudo nucleare per i paesi europei.

Queste dissonanze sono la ragione principale del fallimento delle discussioni che si ripetono da quasi settant'anni sulle armi nucleari «europee». È poco probabile che la situazione cambi e che la Germania faccia passi concreti verso armi nucleari, proprie o «europee» che siano. Ci dobbiamo invece aspettare una crescente dipendenza tedesca dal deterrente nucleare e dagli apparati militari di Washington. Come conferma la recente decisione di Berlino di acquistare i caccia statunitensi F-35A per sostituire i Tornado quali vettori di armi nucleari americane.

È evidente che, con la presunta generosa offerta di ospitare i tedeschi sotto l'ombrello nucleare francese, Parigi punti a rendere Berlino dipendente da sé. Ambizione che tenderà a crescere di pari passo col pianificato riarmo della Germania, che dal punto di vista francese può sconvolgere l'equilibrio di potenza del tandem franco-tedesco. In questo contesto, è lecito domandarsi se il desiderio della coalizione di governo a Berlino di rafforzare in modo significativo le proprie Forze armate aumenterà il peso della Germania tra i partner europei o se invece accrescerà le contraddizioni interne alle élite nazionali nella Ue e nel blocco Nato. I passi che Berlino intende compiere per rafforzarsi e per agire a beneficio dell'intero Vecchio Continente potrebbero invece incrinare il delicato equilibrio tra i partner europei e nordatlantici.

LIMES Il capo della Marina tedesca ha dovuto dimettersi per le dichiarazioni sul diritto della Russia ad avere una propria sfera di influenza. Esiste una componente filorussa nelle Forze armate tedesche?

PUKHOV Non ci sono elementi veramente filorussi nell'esercito tedesco. In tutte le componenti delle Forze armate germaniche c'è un esiguo numero di timidi e disorganizzati ufficiali di tradizione bismarckiana che professano realismo in politica estera. Il loro pensiero si abbevera anche all'esperienza della nuova *Ostpolitik* dei cancellieri Brandt, Schmidt e Schröder, oltre che a Bismarck e alla sua definizione della politica come «arte del possibile». Qualche ufficiale di stampo conservatore si rifà addirittura alla tradizione geopolitica di Haushofer, di cui nessuno osa discutere pubblicamente nella Germania di oggi. Questi ufficiali erano parte di una certa élite che auspicava, in modo poco convincente, «comprensione» verso la Russia e Putin.

La guerra in Ucraina ha determinato la scomparsa quasi completa degli elementi filorussi nel panorama politico della Germania e ha reso i realisti tedeschi muti e sordi. Solo uno dei tanti tasselli del completo disastro che si è abbattuto sulla politica estera russa in un solo giorno. Il 24 febbraio.

LIMES Con il riarmo tedesco cosa cambierà per l'industria bellica?

PUKHOV Sulla base delle lezioni del conflitto russo-ucraino probabilmente la Germania presterà particolare attenzione al rafforzamento delle forze di terra. Questo porterà alla rapida crescita di settori rilevanti dell'industria bellica tedesca e al ripristino e al consolidamento delle competenze andate perse o che minacciano di esserlo, come la produzione di carri armati. Altrettanto probabile è inoltre una crescita significativa della domanda di armamenti per le forze di terra, soprattutto di carri armati Leopard 2 nel mercato della difesa europeo e internazionale. Cosa che potrebbe consentire all'industria bellica tedesca di occupare nuovamente una posizione preminente nel mercato mondiale delle armi.

Possiamo aspettarci anche finanziamenti rapidi e ingenti ai programmi avanzati riguardanti l'aviazione tedesca, oltre che la ricerca e lo sviluppo di sistemi e tecnologie militari all'avanguardia (armi di precisione, sistemi senza pilota, robotica, intelligenza artificiale, tecnologie di Rete, guerra elettronica, ricognizione e posizionamento). L'aumento dei finanziamenti per la difesa tedesca potrebbe però creare squilibri nei programmi congiunti con altri paesi europei. Come ad esempio in quelli franco-tedeschi per la produzione di caccia Fcas e carri armati Mgs, oppure in quello europeo per la costruzione di un velivolo pesante a guida remota. Con i francesi potrebbero sorgere problemi di coordinamento anche in relazione al progetto Airbus.

Il riarmo della Germania può dunque assestare un duro colpo alle tendenze paneuropee nello sviluppo del complesso militar-industriale continentale e tedesco. Questo perché stimolerà le industrie belliche di Berlino a concentrarsi su un mercato interno sempre più vasto e a ridurre l'interesse verso progetti multinazionali congiunti. È lecito attendersi un aumento delle tendenze protezionistiche nei confronti dell'industria della difesa nazionale non solo in Germania ma anche in altri paesi europei.

(traduzione di Mauro De Bonis)

VARSAVIA PLAUDE AL RIARMO DELLA GERMANIA, PURCHÉ L'AMERICA GARANTISCA

di *Łukasz* MAŚLANKA

La Zeitenwende *annunciata da Olaf Scholz induce la Polonia a sperare nella fine della 'relazione speciale' Berlino-Mosca. Intanto i polacchi si armano per conto proprio, privilegiando i fornitori americani e meditando il* nuclear sharing.

1. SEBBENE AI POLACCHI PIACCIA SOTTOLINEARE l'importanza della propria sovranità, sanno benissimo che difendere il loro paese da un'eventuale aggressione russa è possibile solo in cooperazione con gli alleati della Nato. Da questo punto di vista, la Germania è fondamentale. Lo è nella dimensione operativa: tra tutti gli alleati confinanti con la Polonia, la Repubblica Federale è quello militarmente più forte e soprattutto con le maggiori potenzialità. Lo è ad esempio nella logistica: in Germania sono presenti forze americane cruciali per la difesa dell'Europa. L'obiettivo delle autorità di Varsavia era quindi rafforzare l'interoperabilità degli eserciti tedesco e polacco in tale quadrante, costituendo unità militari congiunte come il Corpo multinazionale nord-orientale a Stettino o rilevando l'equipaggiamento della Bundeswehr.

Polonia e Germania partecipano regolarmente alle esercitazioni Defender Europe coordinate dagli Stati Uniti, volte a difendere il fianco orientale dell'Alleanza Atlantica. Dall'annessione illegale della Crimea da parte russa nel 2014, Berlino ha anche aumentato la sua presenza militare. Specie in Lituania, dov'è responsabile di un battaglione multinazionale Nato. La Germania partecipa anche attivamente al programma Baltic Air Policing.

Malgrado la stretta collaborazione militare, tra Polonia e Germania non sono mancate incomprensioni anche gravi su questioni strategiche e di sicurezza. Varsavia ha criticato lo spensierato approccio tedesco alla politica di Vladimir Putin, evidenziato dall'estrema dipendenza di Berlino dal gas russo. Secondo la Polonia, almeno dal 2014 non si può parlare seriamente di costruire un'architettura di sicurezza comune con la Russia, eppure la Germania perseverava in tal senso ancora qualche mese fa. A Varsavia suscitava preoccupazione anche il fatto che le discussioni tra Francia e Germania sulla costruzione della difesa europea sminuissero l'importanza della Nato e distraessero dalla necessità di prepararsi a una possibile aggressione russa.

La riprova che i timori polacchi sono stati sottovalutati da Berlino e Parigi è il taglio della spesa per la «mobilità militare» da 6,5 miliardi di euro (proposta della Commissione europea) a 1,5 miliardi nelle prospettive di bilancio Ue 2021-27. La mobilità militare, detta anche Schengen militare, è cruciale per un rapido ridispiegamento degli aiuti alleati in caso di guerra sul fianco orientale. La Polonia riteneva poco sincera la Repubblica Federale anche quando giustificava con il pacifismo la sua riluttanza ad armarsi, visto che durante la guerra fredda, quando la sua sicurezza era in discussione, la Germania Ovest aveva mezzo milione di cittadini in armi. Agli occhi degli esperti polacchi il «pacifismo» tedesco era pretesto per una politica di austerità che in caso di aggressione da est spostava il rischio sugli alleati orientali. Era insomma un modo per beneficiare del «dividendo di pace» a nostre spese.

2. La decisione di governo e parlamento tedeschi (fine febbraio 2022) di riarmare, aumentando la spesa militare al 2% del prodotto interno lordo e finanziando in via straordinaria il riarmo con 100 miliardi di euro, fa ben sperare. La Polonia è particolarmente interessata alla modernizzazione delle forze aeree e corazzate tedesche. L'aumento delle dimensioni della Bundeswehr pianificato dal ministero della Difesa tedesco suggerisce che nei prossimi anni la Germania potrà schierare un numero maggiore di soldati negli Stati baltici, soprattutto in Lituania. Collocarvi un corpo di forze corazzate contribuirebbe a difendere la breccia di Suwałki, il confine polacco-lituano passibile di assalto da Kaliningrad e dalla Bielorussia. La sua occupazione da parte russa renderebbe impossibile assistere efficacemente gli Stati baltici, la cui difesa Varsavia prende molto sul serio. La Polonia spera inoltre che l'aumento della spesa militare consenta alla Germania di mettere più rapidamente tre divisioni modernizzate a disposizione della Forza di reazione rapida Nato (il cui debutto era originariamente previsto entro il 2031).

Il semplice aumento delle capacità militari tedesche non basterà a garantire la sicurezza del fianco orientale della Nato. Occorre anche che Berlino riveda la sua postura strategica verso l'Europa centro-orientale e la Russia. La Germania ha preso la decisione giusta sostenendo le ambizioni euroatlantiche della Polonia e di altri paesi della regione, la cui adesione a Nato e Ue ha stabilizzato ed enormemente beneficiato l'economia tedesca. Ma ha commesso l'errore di intrattenere rapporti pericolosi con la Russia, che da almeno tre lustri non fa mistero del suo revanscismo. Se l'Ucraina può oggi resistere all'aggressione russa è principalmente grazie al sostegno di Stati Uniti, Regno Unito e in misura minore dei suoi immediati vicini. Fosse stato per Germania e Francia, che pure affermano di voler imprimere una direzione strategica all'Ue, le truppe di Vladimir Putin formerebbero oggi un fronte unito da San Pietroburgo a Odessa minacciando Unione Europea e Nato.

Tutto questo richiede una riflessione profonda e il rifiuto delle illusioni, alimentate dalla penetrazione russa nei paesi dell'Europa occidentale. L'approccio ambiguo del cancelliere Olaf Scholz all'aiuto militare all'Ucraina e al sostegno politico a Kiev fa sorgere il sospetto che Berlino tratti l'aggressione russa come una crisi temporanea, in attesa di tornare alla sua vecchia «politica di dialogo» verso la

Russia. Un simile atteggiamento porterebbe in pochi anni a un'altra guerra, forse maggiore. Ciò può essere impedito anche da una dichiarazione inequivocabile della Germania a favore della politica di dissuasione della Russia e di contenimento della sua influenza in Europa.

A causa dei tragici ricordi della seconda guerra mondiale, parte della popolazione polacca è ancora scettica sul riarmo della Germania. Questi stati d'animo, soprattutto tra gli anziani, sono preservati anche dal ricordo della propaganda comunista che ha cercato di instillare ostilità nei confronti della Repubblica Federale per alimentare la fedeltà al Patto di Varsavia. Negli ultimi anni i fantasmi del passato sono stati risvegliati da alcuni politici polacchi e dalla destra tedesca, che ha collaborato volentieri con gli «espulsi» (i discendenti dei tedeschi che prima della guerra abitavano nei territori acquisiti dalla Polonia dopo il 1945). Fortunatamente Berlino ha più volte ribadito l'assenza di rivendicazioni territoriali e patrimoniali, calmando così le acque.

Per la Polonia il miglior rimedio alla rinascita dell'imperialismo della Germania è il forte radicamento degli eserciti tedesco e polacco nella Nato e la cooperazione con gli Stati Uniti, avversi a qualsiasi conflitto germano-polacco. Secondo Varsavia, dopo l'invasione russa dell'Ucraina la Nato dovrebbe recedere dall'atto fondatore del 1997 che pone le basi «delle relazioni reciproche, della cooperazione e della sicurezza» con la Russia. Questo trattato, concluso in condizioni politiche completamente diverse, ha imposto gravi restrizioni allo stazionamento delle truppe Nato nei paesi ammessi all'alleanza dopo il 1999. La Polonia si aspetta che la Germania sostenga ora attivamente la denuncia dell'atto e il dispiegamento di forze permanenti in funzione deterrente (Enhanced Forward Presence) e difensiva. Un tentativo tedesco o altrui di salvare questo trattato nocivo sarebbe un segnale molto negativo per Varsavia e Washington, in quanto dimostrerebbe che Berlino non è disposta a ripensare la sua politica erronea verso la Russia.

3. Nonostante l'importanza attribuita alla capacità tedesca di far fronte agli obblighi della Nato, la Polonia sta investendo nella propria difesa. Subito dopo l'occupazione della Crimea e l'inizio delle ostilità da parte della Russia nel Donbas, Varsavia ha deciso di aumentare la spesa per la difesa al 2% del pil. Questo livello è stato raggiunto per la prima volta nel 2018. Dopo il 24 febbraio il parlamento polacco ha adottato un'altra legge che dal 2023 porterà la spesa militare al 3% del pil. I reparti operativi polacchi in tempo di pace contano circa 120 mila soldati, mentre le Forze di difesa territoriale costituite nel 2017 (l'efficacia di questo tipo di unità è confermata dalla guerra in corso) annoverano circa 32 mila effettivi.

Tra gli equipaggiamenti più importanti acquistati dalla Polonia dopo l'ingresso nella Nato figurano 48 velivoli da combattimento F-16 (36 F-16C monoposto e 12 F-16D biposto) consegnati all'esercito polacco nel 2006-08 ed equipaggiati anche con i missili da crociera aria-terra Agm-158 Jassm. Altrettanto importanti gli investimenti nei sistemi di difesa anti-aerea e antimissile. Nel 2018 la Polonia ha ordinato due batterie del sistema antibalistico Pac-3 Patriot, che saranno consegnate nel 2022.

La lenta attuazione del programma, in termini di ordini e di esecuzione, solleva molte critiche in Polonia. L'obiettivo è disporre di otto batterie Patriot: una delle tre componenti del previsto sistema nazionale di difesa anti-aerea, il cui pieno dispiegamento non avverrà prima di un decennio.

Nel 2021 la Polonia ha ordinato anche 250 carri armati Abrams M1A2 nell'ultima versione Sepv3. La loro importanza è cruciale dal punto di vista delle capacità di combattimento nell'area della breccia di Suwałki. Il rafforzamento della potenza di fuoco e della deterrenza, soprattutto nel contesto del difficile vicinato con Kaliningrad, sarà garantito da 20 lanciamissili Himars ordinati nel 2019 e dagli ormai noti droni turchi Bayraktar Tb2, la cui efficacia l'esercito russo ha potuto constatare nelle ultime settimane.

L'aumentata spesa militare sta dunque finanziando il piano 2021-35 di ammodernamento delle Forze armate, che prevede la spesa di 125 miliardi di euro solo per l'acquisto di nuove armi. Gli investimenti più importanti includeranno l'acquisto di 32 velivoli F-35, che consentiranno alla Polonia di partecipare al programma di *nuclear sharing*. L'aggressione illegale e immotivata della Russia all'Ucraina ha infatti portato molti Stati di medie dimensioni a considerare un rafforzamento delle proprie capacità di deterrenza, inclusa quella nucleare. In quanto membro della Nato, la Polonia confida nella capacità di deterrenza degli Stati Uniti e non intende denunciare il trattato di non proliferazione. Tuttavia, come potenziale obiettivo dell'aggressione russa ritiene di avere lo stesso diritto del Belgio, dei Paesi Bassi, della Germania, dell'Italia e della Turchia di aumentare le proprie capacità di deterrenza, dotando la sua Areonautica di armi nucleari tattiche. La decisione di estendere il programma di condivisione nucleare alla Polonia sarebbe un segnale per la Russia, che da anni schiera armi nucleari a Kaliningrad contrariamente agli accordi con la Nato.

Altri investimenti significativi includono l'acquisto di sottomarini, incrociatori leggeri e fregate. Mentre la maggior parte dei programmi di modernizzazione delle forze aeree e terrestri è effettuata in collaborazione con l'industria americana, l'addestramento della Marina polacca, estremamente trascurata, potrebbe offrire l'opportunità di concludere contratti con produttori europei. Sono infatti in corso trattative con aziende tedesche, francesi, svedesi e con l'italiana Fincantieri, che offre i suoi pattugliatori polivalenti d'altura (Ppa).

La Polonia comprende le argomentazioni sollevate da Francia, Italia e Germania sulla necessità che l'Ue investa nelle proprie capacità belliche, ma la natura diretta della minaccia russa induce le autorità polacche ad acquistare armi dagli Stati Uniti, l'alleato più coinvolto nella difesa del fianco orientale, per garantire l'interoperabilità delle truppe polacche e statunitensi in caso di guerra. Del resto, la cooperazione con l'industria polacca degli armamenti (che ha successo in alcune nicchie, come i sistemi di difesa anti-aerea Piorun ordinati dall'esercito americano) non è una priorità per i partner dell'Europa occidentale. Negli ultimi anni si è parlato molto del cosiddetto carro armato di Weimar, progetto che Germania, Francia e Polonia intendono realizzare entro il prossimo ventennio. Tuttavia, il progetto non è stato accolto con entusiasmo da Berlino e Parigi. E neppure dall'esercito polacco, che preferisce gli Abrams. Se per i partner occidentali i progetti di «difesa europea» rilevano soprattutto per le loro ricadute industriali, per la Polonia e i suoi vicini è diverso perché la difesa è questione di sopravvivenza.

4. Varsavia non esclude però la collaborazione con i partner europei. Dal 2010 la fabbrica di elicotteri vicino a Lublino dove vengono prodotti tra gli altri gli Aw139 e gli Aw159 è di proprietà della italo-britannica AugustaWestland. Nel 2019 è stata costituita Leonardo Poland per dare attuazione ai contratti con l'esercito polacco, che attualmente ha in dotazione circa 160 elicotteri di fabbricazione italiana. L'Aeronautica polacca prevede inoltre di acquisire a breve 16 aerei da addestramento M-346 prodotti da Leonardo in Italia.

Fra le debolezze delle Forze armate polacche resta la dipendenza dall'intelligence di alleati dotati di moderni mezzi di ricognizione aerea e satellitare. Si prevede dunque l'acquisto di aerei da ricognizione, droni, satelliti e microsatelliti, nonché l'ampliamento del centro che elabora le informazioni acquisite. Da Airbus Defence and Space sono in arrivo due satelliti da ricognizione e una stazione ricevente, mentre dal 2010 la Polonia utilizza i sistemi dell'italiana Cosmo-SkyMed. Varsavia sta sviluppando anche proprie capacità con Astri, proprietà congiunta dello Stato polacco e di Airbus. La Polonia vorrebbe poi partecipare al progetto Loyal Wingman, prototipo di aeromobile a pilotaggio remoto in tecnologia *stealth* sviluppato dalla filiale australiana di Boeing.

La stretta cooperazione militare di Polonia e Germania con gli Stati Uniti garantisce la crescente interoperabilità dei loro eserciti. Varsavia ha oggi circa 250 carri armati Leopard 2A4 in fase di modernizzazione con l'ausilio della tedesca Rheinmetall. Dopo la consegna di 200 carri armati T-72 polacchi all'esercito ucraino, annunciata nell'aprile 2022, la Polonia ha presentato alla Germania una proposta per essere rifornita di un altro lotto di Leopard tedeschi. Non sarebbe una grande perdita per Berlino, in quanto questa forza corazzata è comunque destinata a fermare una possibile aggressione russa sul fianco Est della Nato e non sul territorio tedesco. Altrettanto importante è l'acquisto di velivoli F-35 deciso da entrambi i paesi, che faciliterà notevolmente la cooperazione per proteggere lo spazio aereo dell'Europa centrale.

Il problema nelle relazioni di sicurezza polacco-tedesche non è dunque tecnico. È il sospetto di Varsavia sulle reali intenzioni di Berlino di rivedere la politica verso la Russia. Quando Vladimir Putin annuncerà che i risultati ottenuti in Ucraina lo soddisfano e chiederà un cessate-il-fuoco la *Zeitenwende* (svolta epocale) dichiarata a febbraio da Scholz sarà messa alla prova. Dal punto di vista della Polonia, il cessate-il-fuoco sarà solo l'inizio di un'altra tregua necessaria al regime russo per reintegrare le perdite e prepararsi alla prossima aggressione. Ecco perché il mantenimento delle sanzioni e l'isolamento della Russia saranno cruciali. Se Berlino si affretterà a chiedere la revoca delle misure punitive nei confronti di Mosca, vorrà dire che questa guerra non le avrà insegnato niente.

LA SPAGNA CERCA UN POSTO NELL'EUROQUAD

di *Fabrizio* MARONTA

Madrid intende strutturare via trattati bilaterali con Germania, Francia e Italia il suo ruolo nel nucleo centro-occidentale dell'Unione Europea. Il rapporto speciale con Roma. Il timore del ritorno all'austerità fiscale in stile tedesco. L'Ucraina è lontana.

NON È LA GUERRA. O ALMENO, NON direttamente. Posti agli antipodi in Europa rispetto al conflitto ucraino e molto meno dipendenti di altri europei dal gas russo, gli spagnoli malgrado tutto non vedono in Mosca un pericolo imminente. Nella loro scala dei problemi la guerra è solo 18ª su una lista di 20 dominata dalle preoccupazioni economiche, sociali e occupazionali [1].

Nell'affanno con cui la Moncloa (sede madrilena del governo centrale spagnolo) persegue una più stretta associazione a Italia, Francia e Germania, pesano altri timori. Tre, in particolare: restare esclusi dal costituendo «nucleo» franco-tedesco-italiano; non farsi surclassare da Roma, eterno metro di paragone; partecipare dell'asse italo-francese volto (sempre nelle intenzioni e con la benedizione di Washington) a riequilibrare lo strapotere tedesco. L'esclusione sarebbe tanto più bruciante perché, dopo aver applicato con diligenza le austere ricette germaniche, Madrid rischia di vedersi nuovamente relegata da Covid-19 e guerra ucraina nel «Club Med». Purgatorio da cui pensava di essersi per sempre affrancata.

Piove sul bagnato

La Spagna non è l'Uganda [2], ma certo non è l'Olanda. L'epidemia di Covid-19, che ovunque ha mietuto vittime e decimato interi settori economici, nel paese iberico ha brutalmente coronato un decennio quasi perduto inaugurato dalla crisi economico-finanziaria del 2008. Da allora il processo di convergenza interna (riduzione delle diseguaglianze regionali) ed esterna (recupero sugli Stati più ricchi

1. «A los españoles les preocupa poco el conflicto Ucrania-Rusia», *El País*, 9/5/2022.
2. Così nel 2012 l'allora premier Mariano Rajoy.

d'Europa) si è arrestato. Il pil ha preso a scendere e a parte brevi parentesi ha continuato così fino al 2015, anno in cui iniziava una modesta ripresa che alle soglie del 2021 era ancora lungi dal sanare tutti i danni. Nel frattempo il tasso di disoccupazione – ufficiale: non tiene conto di inattivi e redditi sussidiati – passava dall'8% (2008) a quasi il 25% (2013), per tornare a un più modesto 16% nel 2020. Sempre il doppio di dodici anni prima.

Ancor prima del Covid-19, le finanze pubbliche spagnole scontavano dunque una doppia erosione: della base imponibile (meno lavoratori, salari mediamente più bassi) e della spesa corrente, posto che la legislazione spagnola – per gli impieghi tutelati: nemmeno la dorata èra Zapatero ha intaccato il bacino di precari, dal 2000 a oggi mai sotto il 25% dell'impiego totale – garantisce sussidi a disoccupati e redditi bassi. Così il mirabile avanzo di bilancio del 2007, pari al 2% sul pil, volgeva rapidamente in profondo rosso: -11% nel 2009, -3,5% ancora nel 2019 e quasi -7% nel 2021, mentre il debito pubblico passava dal 35% del pil nel 2007 al 120% odierno[3]. Quasi come un'Italia qualsiasi.

Nel 2014, con il Covid-19 ancora *in mente Dei*, un rapporto[4] del Real Instituto Elcano (tra i principali centri studi spagnoli) avvertiva che «la grave crisi economica non ha pregiudicato solo la vita degli spagnoli, ma anche la capacità del paese di influire sulla vita comunitaria. Dal 2008 la politica europea della Spagna è stata sulla difensiva, più reattiva che propositiva, dato che Madrid ha dovuto chiedere assistenza finanziaria per ricapitalizzare le banche e questo ha comportato, di fatto, un salvataggio del paese». Da cui l'annosa domanda: «La Spagna è parte dell'esclusivo club dei grandi paesi europei?». Peggio: «Lo è mai stata davvero?»

«Più Europa» è stato lo slogan dei governi spagnoli post-franchisti. Il paese non vi è mai venuto meno dal 1986, anno del suo ingresso nelle Comunità europee. Uno slogan da molti sentito, ma anche strumentale ad accreditarsi partner fattivo e responsabile presso i maggiori paesi europei. Obiettivo: ottenere l'ambìto status di media potenza, funzionale alle aspirazioni geopolitiche dentro e fuori dall'Europa. Queste aspirazioni poggiano su dati di fatto: dimensioni territoriali, peso demografico. Ma anche e soprattutto sul crescente rilievo economico, sulla capacità di partecipare a operazioni militari con Forze armate preparate e ben equipaggiate, sullo spettacolare progresso infrastrutturale e civile di un paese che ancora negli anni Ottanta restava per molti versi «Secondo Mondo».

Ora quei sudati traguardi sono messi in discussione da un quindicennio di arretramento socioeconomico, il cui danno collaterale ma esiziale è la retrocessione, una volta ancora, a periferia geopolitica d'Europa assillata dal senso d'inferiorità. Per scongiurare il pericolo Madrid torna a impugnare un europeismo che, oggi come in passato, è vessillo retorico e strumento pratico.

La cooperazione bilaterale sviluppata dalla Spagna con i maggiori paesi europei dal 1986 in poi è sempre stata l'architrave del suo status comunitario. Specie

3. Dati: Banco de España, Ine (Instituto Nacional de Estadística).

4. L. Mestres, «Las relaciones estratégicas entre España y sus socios europeos: el futuro de las cumbres bilaterales con Alemania, Francia, Italia y Polonia», Real Instituto Elcano, 14/3/2014.

dall'entrata in vigore del trattato di Maastricht (1993), ogni azione di Madrid al Consiglio (l'organo intergovernativo della Ue) è sempre stata preceduta da un'intensa attività diplomatica finalizzata a sondare l'appoggio dei paesi con cui lo Stato iberico intrattiene i maggiori rapporti. Europeismo retorico e bilateralismo pratico sono andati di pari passo. Il federalismo europeista di Felipe González fece molto per avvicinare la Spagna al duo franco-tedesco e fruttò, tra l'altro, l'appoggio di Berlino alla proposta spagnola di creare il Fondo di coesione, nonché la sponda francese all'incremento della cooperazione tra Ue e altri paesi del Mediterraneo, perorato da Madrid anche per rafforzarsi nella contesa con il Marocco sul Sahara Occidentale. Viceversa, l'atlantismo di José María Aznar e la sua insistenza su un'«unione di Stati nazionali» guadagnò al paese iberico le simpatie di Londra, importante contrappeso a Francia e Germania fino al Brexit.

Ma nei due esecutivi di Rodríguez Zapatero il bilateralismo perde progressivamente slancio, sacrificato all'ambiziosa agenda interna. Giunto alla Moncloa, Mariano Rajoy pone quindi la «riattivazione» delle relazioni (in particolare) con Italia, Francia e Germania in cima alle priorità di politica estera. In carica dal 2011 al 2018, il suo premierato coincide però con l'adozione del Fiscal Compact (marzo 2012) che insieme ai pesanti strascichi dell'eurocrisi deprime le ambizioni di rilancio interno e internazionale.

L'attuale premier Pedro Sánchez non nasconde la necessità di recuperare alla Spagna una rilevanza nelle dinamiche europee [5]. Alla luce di Covid-19 e guerra ucraina, che complicano ulteriormente un quadro comunitario reso già eterogeneo dall'allargamento di metà anni Duemila, detta necessità va perseguita con lo strumento bilaterale che da sempre connota l'azione di Madrid in Europa.

Los italianos, *di nuovo*

Madrid ha seguito con un misto d'interesse e apprensione la genesi del trattato del Quirinale firmato da Francia e Italia nel novembre 2021. Un trattato definito «storico» dal quotidiano *El Pais* [6], che sottolinea come le relazioni italo-francesi fossero precipitate in una spirale discendente almeno dal 2011, anno dell'iniziativa franco-inglese in Libia accelerata da Nicolas Sarkozy e di fatto imposta a un recalcitrante Silvio Berlusconi, specie dopo il coinvolgimento della Nato. La spirale si acuisce con la battaglia tra Total ed Eni per le concessioni petrolifere e con la scelta dei due paesi di sostenere parti avverse: il governo tripolino di Fāyiz al-Sarrāğ l'Italia, il generale Ḫalīfa Ḥaftar la Francia. Né la situazione migliora con i governi di Giuseppe Conte, specie il primo (2018-19) durante il quale i francesi tentano di entrare prepotentemente in Mediaset e Tim, il vicepremier Luigi Di Maio flirta con i «gilet gialli» e il ministro dell'Interno Matteo Salvini inizia un braccio di ferro con le autorità francesi sui disinibiti respingimenti dei migranti al varco di Ventimiglia.

5. «Sánchez destaca el papel de España en la negociación europea al impulsar la deuda común: "Marcamos el camino"», *Rtve*, 29/7/2020.
6. D. Verdú, «Draghi busca un hueco en el eje franco-alemán», *El País*, 22/11/2022.

Già prima della guerra ucraina, però, visti da Madrid (e non solo) gli equilibri europei erano in piena trasformazione. La caduta del premier austriaco Sebastian Kurz – leader putativo dei conservatori europei – e la fine dell'èra Merkel in Germania, con il ritorno al governo dei socialdemocratici; l'afasia politica dei Paesi Bassi, vicecampioni delle ricette ordoliberiste; il venir meno del contrappeso britannico al campione tedesco; l'arrivo di Mario Draghi a Palazzo Chigi e la messa in moto del Recovery Fund, con la temporanea ma eclatante messa in mora dell'austerità contabile. Il trattato del Quirinale, che pone le basi per un'inversione a U delle relazioni italo-francesi e un intensificarsi della cooperazione bilaterale in ambiti strategici come la difesa, la politica estera, l'immigrazione o le politiche industriali, è una campana che suona forte alla Moncloa. «Con la conclusione dell'accordo Macron crea spazio per nuovi gruppi di pressione dentro il Consiglio europeo», è la conclusione. «Nascono nuove alleanze e la Spagna rischia di restare indietro»[7].

Ecco riaffacciarsi la sindrome dell'eterno secondo. «Che l'Italia marci un passo avanti alla Spagna non è una novità. Roma è sempre stata molto attiva, collocando i suoi in posti chiave che le permettono di influenzare il processo decisionale europeo in ambito sia tecnico sia politico. La conclusione dell'accordo con la Francia va in questa direzione»[8]. Potenza dello sguardo esterno, alla faccia dell'italico disfattismo.

Nel 2020 Pablo Rupérez, al tempo rappresentante della Spagna presso l'Ue e oggi capo di gabinetto alla segreteria di Stato, scrive un ampio articolo in cui evidenzia l'insufficiente rilevanza del paese nel contesto europeo e la conseguente necessità di prendere posizioni più nette di concerto con altri governi dell'Ue. Un esempio in tal senso è oggi la postura in materia energetica, con Madrid capofila insieme a Italia, Francia e Grecia nel chiedere un calmiere europeo ai prezzi di gas e petrolio, dopo averlo già introdotto per legge nel mercato interno[9].

A rammentare la persistente debolezza di Madrid è giunto però lo smacco algerino. Sánchez vedeva nella crisi energetica l'opportunità di fare della Spagna la porta europea del gnl (gas naturale liquefatto), stante una capacità di rigassificazione che nel 2020 sfiorava il 40% dell'intera Ue, ma usata normalmente per circa un quarto. Farlo implicava però resuscitare il progetto MidCat (Midi-Catalonia): gasdotto di 1.250 chilometri che adegui l'asfittica connessione transpirenaica. Un progetto fortemente avversato dalla Francia, timorosa di penalizzare il suo nucleare – peraltro rilanciato da Macron, con l'annuncio di 14 nuovi reattori[10]. Ma Roma è stata più lesta: nel clima da «si salvi chi può» vigente dal 24 febbraio, i *transalpinos* (italiani) hanno sfruttato la rottura delle relazioni ispano-algerine per siglare con Algeri un patto che assicurerà loro 30 miliardi di m^3 all'anno di gas via tubo. Il

7. B. Ríos, «El pacto industrial franco-italiano deja fuera a España del eje del sur europeo», *El Economista*, 4/12/2021.
8. *Ibidem*.
9. R. Orihuela, «Spain, Portugal Approve Gas Cap in Bold Effort to Tame Price», *Bloomberg*, 13/5/2022.
10. A. Chrisafis, «France to build up to 14 new nuclear reactors by 2050, says Macron», *The Guardian*, 10/2/2022.

triplo dei 10 miliardi di m^3 pompati nel gasdotto Medgaz, che approda ad Almería sulla costa andalusa. Questo, teme Madrid, consentirà in prospettiva all'Italia di rifornire altri paesi europei con gas competitivo. Intanto il paese iberico incrementa le onerose importazioni di gnl statunitense, oggi il 33% del suo import di gas contro il 23% dall'Algeria. E il presidente dell'algerina Sonatrach, Toufik Hakkar, minaccia la Moncloa di aumentare unilateralmente il prezzo delle forniture [11].

L'eclissi spagnola nel Maghreb è tanto più grave in quanto «l'invasione dell'Ucraina sta riscrivendo gli equilibri geopolitici mondiali, come evidenziato dal voto all'Onu sulla condanna dell'aggressione russa che ha visto astenersi molti paesi, tra cui il Marocco» [12]. Per un paese che ambisce al protagonismo mediterraneo, essere surclassato da uno dei concorrenti più logici nei rapporti con la sponda Sud è un bel problema.

Contromisure

Ce n'è abbastanza per convincere Pedro Sánchez a perseguire una replica italo-spagnola del trattato del Quirinale, strumento bilaterale da inserire però in un triangolo Francia-Spagna-Italia e in un quadrilatero con l'aggiunta della Germania. Lo stesso modello dovrebbe legare Madrid a Parigi. Trionfo delle geometrie variabili di cui si discetta da anni e che ora sembrano emergere.

Quanto al quadrilatero: Madrid ambisce a far parte di un raggruppamento con Italia, Francia e Germania che agisca da motore primo dell'Ue. Un nucleo duro formato dai pesi massimi continentali che funga da vero centro decisionale dell'Unione nei prossimi anni: non rivoluzionandone la forma (via già esperita senza successo), ma sovvertendone la sostanza per imprimere un'accelerazione all'iter d'integrazione in ambiti cruciali quali la difesa, le politiche energetiche, le strategie industriali e idealmente (meglio: di conseguenza) il fisco. Così ripristinando una misura di uniformità, dunque di gestibilità, venuta meno con l'allargamento e improbabile da ritrovare a breve quando gli strascichi del conflitto ucraino minacciano di acuire le strutturali divergenze europee sulla Russia [13].

Questo schema, nell'ottica spagnola, non esclude la dimensione bilaterale. Anzi, l'esige. Il trattato franco-tedesco dell'Eliseo risale al 1963, quello italo-francese del Quirinale è del 2021. Se si concretizzasse anche un accordo simile tra Italia e Germania, oggi allo studio, Roma, Berlino e Parigi sarebbero unite da vincoli concreti che ne snellirebbero molto la cooperazione. Madrid non vuole e non può restarne fuori, pena un temuto ostracismo foriero di declassamento geopolitico, oltre che di sgradevoli impatti psicologici.

11. C.R. Cózar, «Sánchez fracasa en el plan de convertir a España en hub energético europeo tras la alianza entre Argelia e Italia», *El Independiente*, 12/04/2022.
12. E. Feás, F. Steinberg, «Efectos económicos y geopolíticos de la invasión de Ucrania», Real Instituto Elcano, 11/5/2022.
13. M. Tori, «Italia quiere a España dentro de un "cuadrilátero" con Francia y Alemania para relanzar la UE», *Público*, 5/12/2021.

Allo stato attuale, però, quelle di Francia, Italia e Germania non sono relazioni tra eguali. Per quanto colpita nelle strategiche relazioni con la Russia e in difficoltà nel rapporto con una Cina sempre più schierata contro la potenza (statunitense) di riferimento, Berlino resta campione incontrastato. La potenza della sua economia, la latitudine dei suoi margini fiscali, il suo peso demografico e la conseguente capacità di aggregare (o estorcere) consensi, specie a est, sono inaggirabili. Come pure le verosimili conseguenze della guerra ucraina sugli equilibri geopolitici europei, il cui baricentro è spostato a nord-est dall'accresciuta rilevanza della regione baltica come punto d'attrito con Mosca, specie dopo l'ingresso di Svezia e Finlandia nella Nato. Il che può accentuare ulteriormente il vantaggio tedesco, almeno se Berlino prende ad agire da potenza «normale» come molti chiedono (o temono).

Qui subentra, per Madrid, la dimensione triangolare del suo rapporto con Francia e Italia quale contrappeso alla Germania. Una Germania da indurre anche (soprattutto?) a rivedere le sue regole d'ingaggio nell'euro, in modo che il neokeynesismo diventi regola e non più eccezione indotta dalle emergenze (epidemia, guerra), da abbandonare appena possibile per un ritorno a politiche deflattive che sacrificano benessere e status sull'altare dell'export tedesco. Per questo già nel giugno 2021 a Barcellona, in apertura del 18° Foro di dialogo Italia-Spagna, Sánchez ha detto di voler elevare la cooperazione con Roma a «cuore della Ue», laddove il duo franco-tedesco ne è «il polmone» [14]. Metafora anatomica a forte pregnanza euristica: spetta ai paesi mediterranei, con la Francia in cruciale posizione di perno, restituire calda umanità alla spietata aritmetica renana.

L'irripetibilità dell'occasione è forse il tratto oggi più condiviso nelle visioni spagnola, italiana e francese. È certamente forte in quella del paese iberico, che lamenta il venir meno del ruolo equilibratore dei britannici rispetto alla Germania nella Ue. Ruolo che se «consentiva a Spagna e Italia di muoversi agevolmente negli interstizi del triangolo anglo-franco-tedesco, perseguendo i propri interessi», tuttavia «non ha mai spinto Roma e Madrid a fare sistema, come pure sarebbe in molti casi logico». Logico e anche vantaggioso per la Spagna, in quanto «l'Italia è un paese del G7, club al quale gli spagnoli non possono aspirare» [15].

Che la pancia del paese senta (nuovamente?) il rischio di marginalità, aggrappandosi dunque alla Ue quale moltiplicatore di potenza e opportunità, emerge bene dai sondaggi [16]. Tra Italia, Francia, Germania e Spagna, gli spagnoli restano i più euroentusiasti – o semplicemente eurorealisti – sotto vari profili: utilità dell'appartenenza all'Unione, timore di uscire dall'euro, consapevolezza dei vantaggi legati agli istituti comunitari (fondi regionali, politica agricola, garanzia dell'euro sui mercati finanziari), volontà di accrescere le competenze della Ue, ottimismo sul futuro della stessa.

14. «Pedro Sánchez llama a una alianza España-Italia para ser "el corazón" de la Unión Europea», *Expreso*, 18/6/2021.
15. J.M. ROLDÁN, «El eje del sur», *El Mundo*, 13/1/2022.
16. «Europa vista desde Alemania, España, Francia e Italia», Real Instituto Elcano, maggio 2019.

Sempre a giudicare dalle percezioni reciproche [17], l'idea che quella tra Italia e Spagna sia per certi versi una relazione in cerca d'autore non appare infondata. Se infatti il grosso degli spagnoli identifica in Germania e Francia i principali alleati del loro paese nella Ue, una netta maggioranza (quasi il 60%, contro un 26% di opinione opposta) ritiene che Spagna e Italia abbiano importanti interessi in comune. Molti più di quanti dicano altrettanto rispetto a Francia (46%) e Germania (38%).

Sull'onda della guerra in Ucraina, l'offensiva diplomatica spagnola entra dunque nel vivo. Nel gennaio scorso il ministro degli Esteri spagnolo José Manuel Albares ha formalmente trasmesso al suo omologo italiano Di Maio la richiesta di firmare un trattato d'amicizia tra i due paesi, «rilanciare» la relazione tra i due parlamenti e creare un organismo bilaterale per facilitare gli investimenti [18]. Di aprile è la notizia [19] che Roma e Madrid stanno lavorando a un trattato di cooperazione rafforzata per rinsaldare le relazioni bilaterali. Da allora i negoziati si sono nuovamente inabissati, segno che sono nel vivo.

Importante banco di prova delle futuribili geometrie europee e del ruolo spagnolo in esse potrebbe essere il piano di pace presentato il 18 maggio scorso da Di Maio al segretario generale dell'Onu Antonio Guterres. La bozza prevede un percorso in quattro tappe: cessate-il-fuoco, possibile neutralità ucraina, «piena autonomia» di Crimea e Donbas, definizione di un nuovo assetto di sicurezza europeo con il concorso russo [20]. Questo iter sarebbe idealmente sovrinteso da un gruppo internazionale di facilitazione, per la cui composizione sono giudicati papabili Francia, Germania, Italia, Turchia, Stati Uniti, Cina, Canada, Regno Unito, Polonia e Israele. Spagna in prima istanza non pervenuta. *Adelante compañeros.*

17. *Ibidem*.
18. «España pide a Italia firmar un tratado de amistad entre ambos países», *Swiss Info*, 13/1/2022.
19. «Italy working with Spain on a treaty of enhanced cooperation», *Reuters*, 22/4/2022.
20. T. Ciriaco, «La pace in 4 tappe. Sul tavolo dell'Onu arriva il piano del governo italiano», *la Repubblica*, 19/5/2022.

LE VIE DEL METAVERSO PASSANO PER ROMA E PARIGI

di *Giuseppe* DE RUVO

Il riarmo tedesco mette in questione la base dell'impero europeo dell'America: il contenimento della Germania. La visionaria invenzione di Zuckerberg può offrire a italiani e francesi l'opportunità di riscrivere l'ordine continentale. Il ruolo di EssilorLuxottica.

È sciocco introdurre il concetto di umanità pacifista in questo processo semplicemente fatale, che si svolge davvero al di là del bene e del male, per poterlo così denigrare; o invece non è affatto sciocco?[1].
Thomas Mann

1. IL RIARMO TEDESCO OBBLIGA FRANCIA E Italia a ripensare il loro ruolo in Europa. La *Zeitenwende* (svolta epocale) annunciata dal cancelliere tedesco Olaf Scholz è rivoluzione geopolitica che «rompe con gli storici riflessi incondizionati della Germania»[2]. Se Berlino saprà affiancare ai 102 miliardi destinati alle Forze armate un processo di pedagogia nazionale in grado di riportare Bundeswehr e popolazione nella storia – in particolare i più giovani, allattati con l'ambrosia economicista[3] – allora sarà la fine di Germania «potenza civile».

Una tale rivoluzione sposterà gli equilibri europei e atlantici. Fino al 24 febbraio, infatti, le due dimensioni dell'impero europeo dell'America avevano come minimo comune denominatore la necessità di tenere i tedeschi «sotto» da un punto di vista militare (Nato) e di integrarli in un sistema politico-economico (Ue) capace di mantenerli in dimensione post-storica, ubriacandoli di surplus commerciale.

Insomma: il riarmo tedesco, se accompagnato da conseguente rientro nella storia, contraddice esplicitamente le fondamenta stesse di Antieuropa[4], che nasce come Antigermania[5].

1. T. MANN, «Alcune osservazioni intorno all'umanità», in ID., *Considerazioni di un impolitico*, Milano 1997, Adelphi, p. 457.
2. J. HACKENBROICH, M. LEONARD, «The birth of a geopolitical Germany», European Council on Foreign Relations, 28/2/2022.
3. Cfr. U. FRANKE, «La questione tedesca secondo una millennial», *Limes*, «L'altro virus», n. 1/2022, pp. 109-117.
4. Cfr. «L'Europa non è europea», Editoriale di *Limes*, «Antieuropa. L'impero europeo dell'America», n. 4/2019, pp. 7-30.
5. L. CARACCIOLO, «Gli usi geopolitici della germanofobia», in G.E. RUSCONI, H. WOLLER, *Italia e Germania 1945-2000*, Bologna 2005, il Mulino, pp. 463-479.

Tuttavia, il riarmo tedesco costituisce anche occasione ghiotta per l'America, che vede in esso potenziale soluzione al dilemma strategico che l'attanaglia. Con una Germania riarmata, affiancata alla Nato baltica, gli Usa potrebbero concentrarsi sull'Indo-Pacifico. Appaltando a Berlino e a Varsavia (la più strana delle strane coppie) il compito di garantire la sicurezza dell'Europa. La geopolitica, tuttavia, non è così lineare.

Gli americani, infatti, non possono fidarsi ciecamente della Germania. Anzi: «Quando gli statunitensi pensano alla Germania, ancora la mente va alla seconda guerra mondiale» [6]. L'antinomia strategica che gli Usa si trovano davanti è la seguente: il riarmo tedesco permetterebbe di disimpegnarsi dal teatro europeo, lasciando a Nato baltica e Germania l'onere di difendere l'Europa. Tuttavia, mettere la Repubblica Federale a guardia dell'Europa potrebbe equivalere a «mettere la volpe a guardia del pollaio» [7]. I tedeschi, infatti, non si sono distinti per fedeltà all'Alleanza Atlantica e sono persino giunti a definirla «moltiplicatore di forza che legittima il potere americano» [8]. La classe dirigente statunitense, per buona parte di origine germanica [9], conosce molto bene la refrattarietà del popolo tedesco a essere mera parte di un sistema che si propone universalistico.

L'anti-americanismo serpeggiante in Germania non dipende da mere ragioni economicistiche, quanto da una disposizione del popolo tedesco che è maturata nel corso dei millenni. Già per Cesare, infatti, i germani erano impossibili da assimilare, ovvero da ridurre nell'ecumene romana. Nel medioevo, la lotta tra papato e impero (geopoliticamente intesa) testimonia il rifiuto del secondo a essere diluito nell'universalismo del primo [10]. Nel Novecento è Carl Schmitt a sistematizzare questa *Haltung* tedesca: «L'umanità non è categoria della politica», perché quest'ultima presuppone la dialettica tra amico e nemico. L'universalismo è la negazione stessa della politica, suprema neutralizzazione [11]. In una parola: Germania è storicamente refrattaria a tutto ciò che si propone di negare il suo essere *über alles in der Welt*.

Gli Stati Uniti lo sanno, ma l'occasione di giocare la Germania contro la Russia, a fianco della Nato baltica, è troppo ghiotta. Ecco allora il paradosso: Berlino (con Varsavia) sarà il perno del contenimento della Russia, ma dovrà a sua volta essere contenuta. Per farlo, gli Usa dovranno fare affidamento su Francia e Italia. Compito di Roma e Parigi sarà tessere una tela per legare a sé Berlino, rendendola strutturalmente dipendente dall'Europa «latina», per volgerla contro Mosca. Liberando così Washington, che potrà concentrarsi sull'Indo-Pacifico. Occasione per l'Ameril-

6. T.R. Bromund, «America ed Europa hanno lo stesso problema: la Germania», *Limes*, «Antieuropa. L'impero europeo dell'America», n. 4/2019, p. 50.
7. M. Rubin, «Germany is a bad ally», *The National Interest*, 19/6/2021.
8. J. Thimm, «Nato: US strategic dominance and unequal burden-sharing are two sides of the same coin», *Stiftung Wissenschaft und Politik*, 4/9/2018. Si veda anche G. Mariotto, «L'America teme che Berlino faccia da sé», *Limes*, «La fine della pace», n. 3/2022, pp. 195-205.
9. Sul tema, si veda il decisivo F. Trommler, J. McVeigh, *America and the Germans. An assessment of a three-hundred-year history*, Philadelphia 1990, University of Pennsylvania Press.
10. Cfr. M. Bloch, *La natura imperiale della Germania*, Castelvecchi 2018, Roma.
11. C. Schmitt, *Le categorie del politico*, a cura di G. Miglio, Bologna 2017, il Mulino.

ca, ma anche per noi. Incredibile ma vero: la possibilità di contenere Pechino – imperativo strategico di Washington – passa anche per Roma (e Parigi).

2. Inseriamo nell'equazione che abbiamo delineato il fattore tempo: Berlino ha bisogno di almeno dieci anni per completare il riarmo. In questo periodo, Roma e Parigi dovranno tessere la loro tela. Il contenimento dell'alleato dovrà strutturarsi su un triplice asse: geostrategico, geoeconomico e geodigitale.

Iniziamo dal lato geostrategico. Si tratta del famigerato esercito europeo, progetto francese per diluire la Bundeswehr. La vulgata «leuropeista» vorrebbe un esercito unico da Lisbona a Varsavia, come se fosse possibile armonizzare interessi italiani e ungheresi. Dato che siamo in *Zeitenwende*, è necessario realismo. L'obiettivo del cosiddetto esercito europeo non potrà essere direttamente il contenimento della Russia: quello è affare della Nato baltica, anche e soprattutto per fattori storico-antropologici. Chiamiamola pure russofobia. Missione che determina la coalizione.

Obiettivo dell'esercito europeo, invece, è diluire la Bundeswehr, giocandola come ausiliaria della Nato baltica e – contemporaneamente – inquadrandola in una «sorta di Euronucleo più o meno carolingio» [12]. Versione contemporanea di quell'impero latino disegnato da Kojève [13] – pensato proprio come Antigermania – e che oggi si presenta come Euroquad. Progetto sicuramente meno ambizioso ma più realistico di un esercito comunitario, dove il coordinamento strategico svolto a livello di Euronucleo carolingio può fornire anche materiale alle intelligence italiane e francesi (dunque a quella americana) per cogliere eventuali pulsioni egemoniche da parte di Berlino.

Da un punto di vista geoeconomico, il contenimento della Germania può essere attuato virando definitivamente la politica economica dell'Unione Europea. Le crisi alimentari ed energetiche che la guerra d'Ucraina inevitabilmente genererà, con conseguente inflazione e calo del potere d'acquisto, renderanno impossibile il ritorno immediato all'*austerity*, pena il collasso politico dell'Eurozona. Dato che i tedeschi non possono rinunciare al mercato europeo – anche per finanziare il riarmo della Bundeswehr – Francia e Italia hanno la possibilità di intervenire per rendere strutturali le politiche espansive emerse per fronteggiare l'emergenza Covid, rinegoziando *in primis* il patto di stabilità. Questa operazione non solo permetterebbe all'Italia di tornare a fare investimenti strategici, ma avrebbe anche effetto geopolitico: i falchi dell'*austerity* che scortano Berlino (Paesi Bassi e Austria) potrebbero raffreddare i loro rapporti con la Germania, rea di aver assecondato – stavolta strutturalmente e non congiunturalmente – le pulsioni delle cicale mediterranee. Elemento fondamentale nel contenimento di Berlino, nella misura in cui Paesi Bassi e Austria costituiscono dei potenziali corridoi verso Francia e Italia. Qualora la Repubbli-

12. S. Silvestri, «Dal riarmo tedesco all'Euronucleo militare», intervista a cura di L. Caracciolo e G. Cuscito, *Limes*, «La fine della pace», n. 3/2022, p. 186.
13. A. Kojève, «L'Impero Latino. Progetto di una dottrina della politica francese», in Id., *Il Silenzio della Tirannide*, a cura di A. Gnoli, Milano 2004, Adelphi, pp. 163-210.

ca Federale dovesse rientrare nella storia dal lato sbagliato, sarebbe utile chiudere tali corridoi.

Questi dossier sono aperti nelle cancellerie europee. Soprattutto a Parigi [14]. Si tratta di rinnovare Antigermania sulla base delle nuove sfide. Il vero elemento di novità consiste nella dimensione che abbiamo definito geodigitale. Dato che il riarmo tedesco ha bisogno di almeno dieci anni, bisogna fare i conti con il mondo immaginando come sarà nel 2032. Anno in cui, giura Mark Zuckerberg, dovremmo già vivere nel Metaverso.

3. Il contenuto dell'incontro tra Mario Draghi e Mark Zuckerberg, tenutosi a Milano il 5 maggio, è segreto. Indizio cruciale, però, può essere il lungo colloquio che Zuckerberg ha avuto con Leonardo Del Vecchio – patron di Luxottica – il giorno precedente. Il fondatore di Facebook vuole accelerare e portare il mondo nel Metaverso, realtà virtuale nella quale saremo ridotti ad avatar, liberi di scorrazzare in «un nuovo Paradiso, abitato soltanto dalle schiere sterminate dei bit» [15]. Tuttavia, i primi test non sono andati benissimo. Le aspettative di Zuckerberg sono altissime. Il Metaverso deve diventare *il* mondo, non un qualcosa a cui ci si connette e ci si disconnette. Il principale ostacolo tecnico verso questo obiettivo sono i visori: essendo troppo ingombranti e fastidiosi da indossare, essi non garantiscono la continuità dell'esperienza, *conditio sine qua non* dell'immersione nella realtà virtuale [16]. L'obiettivo è dunque quello di rendere tali visori simili agli occhiali che portiamo tutti i giorni, in modo da poter essere connessi al Metaverso – attraverso specifiche lenti – ventiquattro ore su ventiquattro, sette giorni alla settimana. È per questo che Zuckerberg incontra Del Vecchio. Luxottica, infatti, non è solo azienda sostanzialmente monopolista nel settore delle montature per occhiali, ma ha dato prova di sapersi reinventare per restare al passo con i tempi. Le acquisizioni di Ray-Ban, Persol e Oakley, oltre che il controllo sulla produzione di occhiali dei grandi marchi della moda, infatti, non solo hanno permesso a Luxottica di dominare «ciò che i suoi dirigenti chiamano "esperienza visuale"» [17], ma anche di fondere dimensione sanitaria e mondo della moda, trasformando «gli occhiali da dispositivo medico a mezzo di espressione individuale» [18]. Questa caratteristica è stata resa possibile dalla fusione di Luxottica con la francese Essilor, azienda dominante nella produzione di lenti. EssilorLuxottica – guidata da Del Vecchio – si configura dunque come azienda che controlla la produzione di occhiali lungo tutta la catena del valore. E si dimostra incredibilmente aperta all'innovazione e abile nell'inserirsi in diversi mercati – come quello della moda – assumendo rapidamente una posizione di rilievo. Queste caratteristiche piacciono

14. Cfr. P-E. Thomann, «La Francia alleata ma non allineata all'America», *Limes*, «Antieuropa. L'impero europeo dell'America», n. 4/2019, pp. 149-155.

15. R. Calasso, *L'innominabile attuale*, Milano 2017, Adelphi, p. 83.

16. Su questo, si veda A. Gaggioli, G. Riva, *Realtà virtuali. Gli aspetti psicologici delle tecnologie simulative e il loro impatto sull'esperienza umana*, Firenze 2019, Giunti.

17. S. Knight, «The Spectacular Power of Big Lens», *The Guardian*, 10/5/2018.

18. *Ibidem*.

molto a Mark Zuckerberg: se EssilorLuxottica è stata in grado di traghettare l'industria degli occhiali nel mondo della moda, ora il fondatore di Facebook intende convincere Del Vecchio – classe 1935 – a traghettare l'azienda italo-francese nel Metaverso. Presumibilmente, Zuckerberg e Draghi hanno parlato anche di questo. Il fondatore di Facebook, infatti, non pare intenzionato a investire direttamente in EssilorLuxottica, ma intende affiancare l'azienda italo-francese nella fase di progettazione e di produzione dei visori, per poi assicurarsene le forniture. È evidente, dunque, che qualora Del Vecchio e Zuckerberg si muovessero nella direzione sopra indicata, EssilorLuxottica diventerebbe a tutti gli effetti un asset strategico per l'Italia e per la Francia, giacché il mercato di visori intelligenti che si potrebbe generare sarebbe gigantesco, fino a coincidere, potenzialmente, con l'intera popolazione terrestre.

Sembra fantascienza, ma – fino a vent'anni fa – chi avrebbe potuto immaginare la diffusione globale degli smartphone? Se la tendenza di lungo periodo è quella della «mediatizzazione integrale del mondo della vita»[19], i visori EssilorLuxottica saranno l'impalcatura decisiva del Metaverso. Sta all'Italia (e alla Francia) ricavare da questa opportunità tecno-economica profondità geopolitica.

4. Abbiamo sottolineato che EssilorLuxottica è azienda italo-francese. Del Vecchio, nella sua carriera, ha sempre prestato particolare attenzione al valore sociale dell'azione imprenditoriale: «Non investiamo neppure un euro nella finanza, perché noi sappiamo come produrre, come inventare mercato, avendo come fine la ricchezza collettiva della comunità, altrimenti questo lavoro non avrebbe senso»[20]. Parole al miele per Mario Draghi, allievo di Federico Caffè autodefinitosi socialista liberale[21]. Del Vecchio – come Draghi, nonostante la vulgata lo voglia rappresentante di fantomatiche élite globaliste[22] – è italiano e si è sempre comportato da tale. Lo stabilimento di Agordo – accanto al quale Del Vecchio si è fatto costruire casa – non ha mai chiuso, nonostante le tentazioni di delocalizzare in Cina[23]. Nella misura in cui EssilorLuxottica diverrà un'azienda strategica per l'Italia, non è difficile pensare che si possano generare delle forme di capitalismo politico[24] all'italiana. Del resto, una forte interazione tra Stato e impresa è inevitabile nel settore tech in cui EssilorLuxottica si appresta a entrare, se non altro perché tutte le altre potenze si comportano in tale maniera[25]. Investimenti e tutela pubblica, inoltre, sarebbero anche resi possibili dall'allentamento del patto di stabilità. Ciò sarebbe non solo particolarmente coerente con la storia di Draghi e Del Vecchio, ma per-

19. A. Hepp, F. Krotz, *Mediatized Worlds. Culture and Society in a media age*, New York 2014, Macmillan.
20. Cit. in «Del Vecchio, l'imprenditore contro banche e speculatori», *Linkiesta*, 2/4/2013.
21. M. Draghi, «Wenn du deinen Mut verlierst, hast du alles verloren», intervista a cura di G. Di Lorenzo, *Die Zeit*, 15/1/2015.
22. Cfr. «Non di solo Draghi», Editoriale di *Limes*, «A che ci serve Draghi», n. 3/2021, pp. 7-38.
23. S. Knight, *op. cit.*
24. Cfr, A. Aresu, *Le potenze del capitalismo politico. Stati Uniti e Cina*, Milano 2020, La Nave di Teseo.
25. Mi permetto di rimandare, su questo, a G. De Ruvo, *Da Hegel a TikTok. Metafisica e Geopolitica del capitalismo digitale*, Lesmo 2022, Etabeta, pp. 320-378.

metterebbe anche di stringere ulteriormente i rapporti con la Francia, in vista del contenimento della Germania che appare indifferibile.

Non è un caso che il fondatore di Facebook sia volato in Italia per parlare con EssilorLuxottica in pieno riarmo tedesco. Una tale operazione è in linea con il riposizionamento che Zuckerberg sta intraprendendo in vista delle elezioni del 2024. Legato a doppio filo a Peter Thiel – che possiede ancora quote di Meta – Zuckerberg intende accreditarsi con l'ala trumpiana del Gop, temendo le preoccupazioni democratiche verso il suo monopolio e soffrendo il protagonismo di Eric Schmidt – ex amministratore delegato di Google e simpatizzante democratico – che lavora ogni giorno, da direttore del Defense Innovation Board, affinché il Metaverso non si faccia reale, preoccupato che possa fomentare le spinte poststoriche nel suo paese. Il confronto tra Zuckerberg e Schmidt non va sottovalutato, perché in esso si intravede la tempesta che scuote l'America. Schmidt è realista *old school*, i suoi piedi sono ben saldi nella storia. La Rete, secondo il fondatore di Google, serve a governare il mondo, cavalcando l'economicismo dei satelliti. Il Metaverso non è necessario. Forse è addirittura pericoloso [26]. Zuckerberg ragiona in maniera completamente differente. È un visionario che vuole abolire in un colpo solo tempo e spazio. Si muove nelle congiunture geopolitiche solo per ricavarne agibilità, al fine di realizzare il suo sogno metafisico. Il viaggio di Zuckerberg in Italia, dunque, va inserito in questo contesto. Qualora – cosa non impossibile – Trump vincesse le elezioni del 2024, il fondatore di Facebook potrebbe contare sulla germanofobia che The Donald ha più volte dimostrato, tenendo fuori Berlino dall'impalcatura per il Metaverso. Non perché il fondatore di Facebook sia interessato alle sorti geopolitiche di Antieuropa o di Antigermania, ma perché mettere le mani sui visori EssilorLuxottica sarebbe un passo fondamentale verso la realizzazione del suo obiettivo.

Se così ragiona Zuckerberg, diversamente dovranno ragionare Italia e Francia. In che modo la posizione centrale che Roma e Parigi otterrebbero nella costruzione del Metaverso potrà tradursi in fattore di contenimento della Germania? La risposta risiede nel fattore umano.

5. Immaginiamo di essere nel 2028. Zuckerberg è riuscito a portare EssilorLuxottica nel mercato dei visori. L'azienda italo-francese ha generato degli occhiali comodissimi e – grazie alla collaborazione con i grandi marchi – anche molto alla moda. Il Metaverso è realtà. Tutti vivono in una realtà aumentata, dove l'opposizione tra *online* e *offline* non esiste più. Il riarmo tedesco procede ed è a metà dell'opera, mentre la pedagogia nazionale comincia a diffondersi nelle scuole. Già. Ma quelle scuole non sono le stesse di adesso. Gli occhiali EssilorLuxottica-Meta hanno rivoluzionato il modo di stare al mondo: non si esce per andare a scuola, si resta a casa e si indossano gli occhiali per seguire la lezione.

26. Cfr., H. Kissinger, E. Schmidt, E. Huttenlocher, *The age of AI and our human future*, London 2021, Little Brown & Co.

Aggiungiamo che il Metaverso, come nelle previsioni di Schmidt, abbia definitivamente post-storicizzato le giovani generazioni americane e i cinesi abbiano sfruttato questo elemento per sbarcare a Taiwan. Gli americani, in vacanza nel Metaverso, non intervengono. L'opinione pubblica non ne vuole sapere e le elezioni del novembre 2028 sono troppo vicine. I paesi europei scoprono che gli Stati Uniti non sono pronti a morire neppure per loro. Qualche decisore tedesco, magari dell'attuale generazione Z (1995-2008), cioè l'ultima avanti Metaverso, potrebbe pensare che il vuoto americano debba essere riempito dalla Bundesrepublik. Si troverà allora a fare i conti con il proprio fattore umano, mentre Roma e Parigi – spaventate da tale attivismo tedesco – minacceranno di bloccare le esportazioni verso la Germania dei visori EssilorLuxottica per motivi di sicurezza nazionale (nozione sufficientemente vaga per essere applicata a tutto). Germania risponderà? Saranno bastati cinque anni di pedagogia nazionale per estirpare ogni traccia di post-storicismo e per trasformare i giovani tedeschi in attori con i piedi ben saldi nella storia? Non preferiranno, forse, tenersi i loro occhiali?

Questo elemento va visto nella sua concretezza: prendiamo gli Stati Uniti di oggi che, nonostante tutto, restano con più di un piede nella storia. L'opinione pubblica accetterebbe una guerra che, oltre al costo in vite umane, preveda anche la rinuncia – fino a data da destinarsi – a smartphone e tablet? Nessuno potrebbe garantirlo [27]. Dobbiamo immaginare che, con lo sviluppo del Metaverso, i visori diventeranno centrali come oggi lo sono i telefonini, i quali sono divenuti a tutti gli effetti parti integranti del nostro corpo. Sarebbero pronti i tedeschi – tra cinque-dieci anni – a rinunciare a quella che sarà una parte del loro corpo per la gloria imperiale? Impossibile una risposta certa, ovviamente. Ma in cinque anni è veramente difficile virare la traiettoria di una comunità, ridefinirne *mores* e priorità. Roma non è stata costruita in un giorno, e neanche in cinque anni. Per Berlino vale lo stesso discorso. Per il Metaverso, invece, cinque anni potrebbero bastare.

6. Lo scenario che abbiamo dipinto è evidentemente provocatorio. È un caso limite, necessario a stimolare la riflessione. Più concretamente, però, è assolutamente possibile che i visori EssilorLuxottica diventino un'interfaccia inaggirabile per vivere in società, qualora il Metaverso dovesse divenire realtà. Tenere la Germania legata a una tale produzione italo-francese potrebbe generare una dipendenza che trascenderebbe la dimensione economica, giacché subito si ribalterebbe in dipendenza esistenziale. La vita nel Metaverso dipenderà da noi, e non è fattore da poco. In un mondo sempre più mediatizzato e con un'opinione pubblica molto attenta ai temi tecnologici e alle opportunità economiche che il Metaverso può generare, la dipendenza tedesca verso i visori italo-francesi potrebbe permettere a Francia e Italia di trattare con i tedeschi, attraverso quello che abbiamo definito Euronucleo carolingio, da una posizione di forza, spingendo il riarmo tedesco ver-

27. Si veda, su questo, AA.VV., «Media Use by Tweens and Teens», *The Common Sense Census*, 2021, dove gli autori mostrano che i giovani americani passano in media più di otto ore al giorno al telefono e lo definiscono imprescindibile per le loro vite.

so est e non verso ovest. Permettendo così agli Usa di concentrarsi sull'Indo-Pacifico. Mostrandoci finalmente interlocutori credibili. L'Italia riuscirebbe in questo modo a ritagliarsi un ruolo. Diventerebbe nazione inaggirabile, trasformandosi nella porta di quel Metaverso che può cambiare radicalmente l'esistenza di miliardi di persone. Una tale dipendenza digitale potrebbe portare Washington a prestare maggiore attenzione alle richieste di Roma, in particolare nel Mar di Sicilia. Tra Tunisi e Lampedusa, infatti, passano chilometri di cavi Internet, senza i quali nessun Metaverso è possibile. Roma potrebbe far notare a Washington che questi cavi attraversano la (autoproclamata) Zee algerina – dove scorrazzano sottomarini di fattura russa – per poi giungere fino a Suez, costeggiando la Cirenaica e la Siria, dove un coraggioso sottomarino russo potrebbe interrompere la connessione di mezza Europa in pochi secondi. L'Italia, data la sua vocazione commerciale e la mancanza di materie prime, ha strutturalmente bisogno di un Mediterraneo libero e non territorializzato e gli Usa, da parte loro, devono assicurare i loro cavi: quanto più la vita umana sarà mediatizzata, tanto più essi dovranno essere sicuri, per garantire la connessione. L'Italia dovrà dunque porre all'America il tema del Mediterraneo in tutta la sua cogenza, cercando in Washington una sponda che possa arginare il processo di territorializzazione del Medioceano. Roma, finalmente, potrebbe trattare con gli Usa avendo qualcosa da mettere sul tavolo: le chiavi (gli occhiali) per il Metaverso.

Starà all'Italia sfruttare tale congiuntura favorevole. Se ci riuscirà, alle chiavi del paradiso conservate da San Pietro e raffigurate nello stemma del Vaticano affiancherà le chiavi del paradiso digitale. Sacro e profano si mischiano. *Roma caput Metaversi.*

QUI ROMA MESSAGGIO NON PERVENUTO

di *Germano* DOTTORI

Se la Germania riarmerà cambieranno gli equilibri europei, ma in Italia pochi lo hanno capito. I primi effetti si avvertiranno nell'industria degli armamenti, poi verrà il resto. Cercheremo di replicare il trattato del Quirinale. Ma alla fine conta la Nato.

1. IL RITORNO DELLA GUERRA AD ALTA INTENSITÀ in Europa ha generato ovunque una spinta importante a incrementare le spese militari, malgrado quanto sta accadendo sui campi di battaglia abbia rivelato i limiti delle capacità di cui dispone la Russia nei confronti di quelle dell'Occidente. Neppure negli ultimi due decenni Mosca è riuscita a competere efficacemente con gli Stati Uniti e l'Alleanza Atlantica. Le spese per la difesa della Federazione Russa sono sempre rimaste al di sotto dei cento di miliardi di dollari annui, a fronte di un bilancio aggregato per i paesi della Nato stabilmente non inferiore ai mille. Abbiamo immaginato che le differenze esistenti nel potere d'acquisto potessero aver in qualche modo attutito l'ampiezza del dislivello, ma quanto si è visto dal 24 febbraio in avanti ha confermato che certi numeri possiedono una logica ferrea. Lo sviluppo di sistemi d'arma complessi e la completa digitalizzazione dello strumento militare comportano investimenti immensi che impongono la strada della cooperazione internazionale anche a Stati molto più ricchi della Russia attuale.

La nostra forza economica è tale che siamo riusciti a fare persino dell'Ucraina, che è uno tra i due paesi più poveri d'Europa, una potenza militare dalle capacità significative. I soli trasferimenti garantiti a Kiev da Washington hanno già superato in valore il bilancio annuale della difesa italiana e lo stanno per doppiare. Gli ucraini, inoltre, possiedono ormai il parco di armi controcarro più ricco di tutta l'Alleanza Atlantica dopo quello del Pentagono. Ovviamente, non sappiamo ancora come e quando si concluderà il conflitto in corso, ma sembra ragionevole ipotizzare che la Russia ne uscirà comunque sensibilmente indebolita, presumibilmente con l'esercito da ricostruire e riequipaggiare: un'impresa che richiederà molti anni e appare improba anche alla luce delle pesanti sanzioni imposte contro Mosca e della perdita probabilmente definitiva dell'accesso alla componentistica ucraina, fino al 2014 essenziale per la motoristica dei mezzi corazzati e il munizionamento di precisione russo, ormai pressoché esaurito [1]. Non è quindi del tutto certo che alcune scelte fatte sull'onda delle emozioni suscitate dall'attacco all'Ucraina sopravvivranno nella loro veste attuale al ridimensionamento della minaccia rappresentata da Mosca, anche se è possibile che si presentino nel frattempo nuove sfide, magari anche a causa dell'eccessivo indebolimento o addirittura della frammentazione dell'odierna Federazione Russa.

Tutto questo è comunque, almeno al momento, ben di là da venire: l'impressione suscitata dalla paura della Russia ha indotto nell'immediato un irresistibile impulso a riarmare o fornito una giustificazione plausibile per l'aumento di spese militari ritenute comunque inadeguate per altre ragioni. È capitato anche all'Italia, il cui parlamento ha impegnato il governo a elevare progressivamente il bilancio della difesa verso il traguardo del 2% del pil concordato nell'ambito dell'Alleanza Atlantica, prevedendo altresì di portarne la componente d'investimento dal 13 al 25%.

È vero che le divisioni interne alla maggioranza hanno richiesto alcuni bizantinismi: al Senato ad esempio alcune forze politiche favorevoli all'ordine del giorno Ferrari avevano avuto un ripensamento, costringendo l'esecutivo a rimediare accettando un atto dell'opposizione del medesimo contenuto senza porlo in votazione. Ma il risultato è stato comunque ottenuto [2]. A regime, se nei prossimi anni i governi che si succederanno alla guida del paese onoreranno le indicazioni date dalle Camere, le nostre spese militari supereranno i 35 miliardi di euro annui, visto che il reddito nazionale attuale italiano vale poco meno di 1.800 miliardi, mentre la somma destinata all'acquisizione di nuovi sistemi d'arma ammonterà a più di otto miliardi all'anno. È ovvio che le capacità di cui gli Stati maggiori pensano di dotarsi non serviranno tanto a combattere un'ipotetica guerra alla Russia, anche se sono previsti investimenti nel settore strategico delle armi anti-aeree, quanto piuttosto a mettere l'Italia nella condizione di gestire l'instabilità nel Mediterraneo allargato che costituisce la sua area di maggiore interesse. Ma l'attacco putiniano all'Ucraina è servito comunque a creare il consenso politico indispensabile alla svolta.

2. Il riarmo italiano, tuttavia, impallidisce rispetto a quello che il governo tedesco ha affermato di voler realizzare. Anche a Berlino il bilancio della difesa verrà portato al 2% del pil o oltre, ma nel caso della Germania questa cifra implica il superamento dei 70 miliardi all'anno, cui occorre inoltre apparentemente aggiungere anche il fondo da 100 miliardi di euro che il cancelliere Scholz ha dichiarato di voler inserire nella Legge fondamentale (*Grundgesetz*) per garantire alla Bundeswehr un flusso importante di investimenti nei prossimi anni. In pratica, la difesa tedesca, se non ci saranno marce indietro, raggiungerà gradualmente la soglia

1. Cfr. «La ridotta disponibilità di armi guidate russe: una breve valutazione», *Rid*, maggio 2022, p. 21.
2. Mentre l'ordine del giorno Ferrari era stato votato a larga maggioranza dall'assemblea di Montecitorio, al Senato è stato necessario un atto d'indirizzo presentato da Fratelli d'Italia, accettato nelle commissioni dal governo senza essere votato. In aula, la posizione della questione di fiducia sul provvedimento associato a questi ordini del giorno aveva poi impedito di riaprire il dibattito, occultando le lacerazioni latenti.

dei 90 miliardi di spese militari annue, forse anche più. E una parte cospicua di queste risorse, attorno ai 20 miliardi all'anno, verrà destinata all'acquisizione di nuovi sistemi d'arma: aerei, droni, navi e nuovi mezzi corazzati. Si tratta di numeri impressionanti, teoricamente in grado di fare della Germania la prima potenza militare convenzionale del continente nell'arco di 5-10 anni.

Fatto ancora più rilevante, annunciando al Bundestag il 27 febbraio scorso i nuovi orientamenti del suo governo, Scholz ha avuto cura di evitare qualsiasi riferimento all'europeizzazione del riarmo tedesco, enfatizzando invece lo stretto rapporto della decisione presa con gli interessi nazionali della Germania [3].

A dispetto di tali dichiarazioni, in Italia non si sono tuttavia finora osservate reazioni degne di nota, men che meno dalla politica, che appare al momento narcotizzata dagli aspetti interni della lotta in atto tra russi e ucraini, in quanto possibile preludio della definizione di un nuovo «arco costituzionale» che elimini dalla scena ogni personalità e forza politica sospettata di simpatie attuali o pregresse nei confronti di Mosca. Con lo sguardo sempre rivolto al passato, raramente al presente e quasi mai al futuro, nessuno ha posto seriamente sul tavolo la questione del da farsi di fronte a questa novità dagli enormi risvolti potenziali.

Coloro che si sono espressi finora, prevalentemente ambienti legati ai maggiori think tank nazionali, si sono limitati a salutare con favore la decisione tedesca, vedendovi soprattutto il primo e più importante contributo alla costruzione di una vera e propria «Europa della difesa» all'altezza delle aspirazioni dei federalisti, che tanti auspicano dai tempi del fallimento del piano Pleven, anche e forse soprattutto come forma di abdicazione finale alla responsabilità nazionale di decidere come e da chi difenderci, demandandone ad altri attori l'esercizio. Pesa probabilmente pure il tradizionale attendismo italiano: ovvero, la tendenza a reagire piuttosto che anticipare pro-attivamente gli eventi. Magari nella segreta speranza che il quadro cambi nella misura sufficiente a consentirci di non occuparci del problema.

3. I tempi del riarmo tedesco saranno certamente lunghi. La ricostruzione delle componenti militari della potenza politica infatti non s'improvvisa, è il risultato della convergenza di condizioni e processi che riguardano non solo la progettazione e l'allestimento delle capacità ma altresì la configurazione degli strumenti e, a monte di tutto, l'elaborazione di una visione e di una strategia per il loro impiego. Inizialmente, i tedeschi cercheranno di acquisire sui mercati internazionali alcune categorie di armamenti che la loro industria nazionale non produce in proprio, oppure attingeranno ai sistemi fabbricati dai consorzi multinazionali di

3. Scholz così si era espresso in quella occasione davanti ai deputati tedeschi: «D'ora in poi investiremo di anno in anno più del 2% del pil nella nostra Difesa. E, onorevoli colleghe e colleghi, qui mi rivolgo a tutti i gruppi parlamentari del Bundestag tedesco: diamo a questo fondo speciale una sua base costituzionale! Aggiungo una cosa: vogliamo raggiungere tale obiettivo non solo perché abbiamo dato la nostra parola ai nostri amici e alleati di aumentare le nostre spese per la Difesa entro il 2024 al 2% del nostro pil. Lo facciamo anche per noi stessi, per la nostra propria sicurezza, ben sapendo che non tutte le minacce che si affacceranno in futuro potranno essere affrontate con i mezzi della Bundeswehr».

cui sono entrati a far parte: è stato ad esempio annunciato l'acquisto di un lotto di 35 caccia F-35A americani, circostanza di cui potrebbe beneficiare l'Italia, che a Cameri ha un impianto per l'allestimento e la manutenzione dei velivoli di quel tipo in dotazione alle Aeronautiche europee. E saranno comprati anche 15 Eurofighter Typhoon.

In altri campi, la Germania farà forse da sola per qualche tempo, come nel caso dei sottomarini a propulsione non nucleare, che costituiscono ancora una sua nicchia d'eccellenza [4]. Ma per il futuro è probabile che i tedeschi cercheranno di utilizzare la massa finanziaria messa a disposizione della loro difesa per promuovere l'aggregazione di poli produttivi europei da loro guidati, ponendo in termini nuovi le relazioni bilaterali intrattenute con la Francia e con l'Italia nel settore dei materiali d'armamento. In questo campo, i primi dossier a risentire delle nuove ambizioni di Berlino saranno verosimilmente quelli relativi al nuovo carro da battaglia europeo, che dovrebbe sostituire i Leopard II tedeschi e i Leclerc francesi [5], e al cosiddetto Fcas [6]: ovvero il caccia di sesta generazione destinato a sostituire gli Eurofighter Typhoon della Lutwaffe, i Rafale dell'Armée de l'Air e gli Ef-18 Hornet spagnoli, teoricamente concorrente del Tempest che verrà invece prodotto da Gran Bretagna, Italia e Svezia, con una partecipazione del Giappone al momento limitata, ma di cui non si esclude l'ampliamento [7].

Tutti questi progetti sono stati concepiti in un contesto economico e industriale evidentemente molto diverso, che l'incremento delle spese militari tedesche è destinato a stravolgere. Con ripercussioni che sicuramente saranno avvertite anche nel nostro paese, che per ora si è legato in via principale alla Francia tramite la firma del trattato del Quirinale, attualmente ancora all'esame del parlamento per l'autorizzazione alla ratifica ma al quale si sta già dando informalmente attuazione.

Ancorché iscritta nel quadro europeo, la cooperazione rafforzata italo-francese ha di fatto introdotto uno schema di concertazione preventiva tra Roma e Parigi che investe la sicurezza, la difesa e lo Spazio, con forti riflessi industriali. La Francia ha voluto fortemente l'intesa nel tentativo di bilanciare con l'apporto italiano lo squilibrio esistente nelle sue relazioni con la Germania, trovando orecchie sensibili nel nostro paese, egualmente desideroso di non farsi schiacciare da Berlino.

Tuttavia, l'audizione recentemente dedicata dal ministro della Difesa Lorenzo Guerini proprio al trattato del Quirinale, svoltasi presso la commissione Esteri della Camera il 3 maggio scorso, ha confermato come ampie parti del sistema politico italiano temano la subordinazione italiana ai francesi, che sarebbe secondo alcuni favorita anche dagli orientamenti dei vertici di alcune imprese di particolare importanza, come Fincantieri.

4. Si pensi agli U-212, acquistati in varie configurazioni anche da Israele e dall'Italia.
5. Vi lavorano la francese Nexter Systems e le aziende tedesche Krauss-Maffei Wegmann e Rheinmetall, quest'ultima interessata all'acquisizione dell'Oto Melara e della Wass da Leonardo, cui si oppone invece Fincantieri.
6. L'acronimo Fcas sta per Future Combat Air System. I francesi preferiscono denominarlo Sacf, da Système aérien de combat du futur. La Spagna partecipa al progetto dal 2019.
7. Nel Tempest è coinvolta per l'Italia Leonardo Spa.

Ai più timorosi fra i deputati intervenuti in quella occasione, il titolare di Palazzo Baracchini aveva però replicato rilevando come in realtà le collaborazioni italo-francesi fossero già molto estese e, soprattutto, rivelando che il governo stesse ipotizzando di esplorare la possibilità di stringere intese analoghe al trattato del Quirinale con Spagna e Germania.

In altre parole, la strategia italiana di autotutela nazionale sarebbe ancora una volta quella che passa per l'allestimento di una rete di rapporti in cui la rilevanza politica e strategica dell'apertura fatta nei confronti di un partner viene bilanciata dallo stabilimento di relazioni egualmente forti con altri in grado di equilibrarlo. Non è chiaro se i francesi gradiranno questo nostro approccio, ma potremo sempre replicare a eventuali rilievi osservando come anche Parigi abbia fatto la stessa cosa nei confronti di tedeschi e spagnoli.

A cosa tutto questo possa condurre non è ancora dato saperlo, ma si può abbastanza agevolmente intuire. Tenteremo di negoziare con gli uni e con gli altri le condizioni migliori di accesso ai raggruppamenti in via di gestazione attorno ai programmi più ambiziosi, cercando di salvaguardare nei limiti del possibile ciò che resta della nostra «sovranità tecnologica» nelle nicchie più sensibili dell'industria aerospaziale e dei materiali d'armamento, cedendola invece dove il nostro paese sia in sensibile ritardo e non abbia più la possibilità di rimanere competitivo. Dalla soluzione che verrà data al caso Oto Melara-Wass capiremo da che parte spira il vento.

La sensazione, però, è che ci barcameneremo non solo tra francesi e tedeschi, ma altresì con americani, britannici e israeliani, forse persino con i turchi, cooperando con ciascuno su progetti diversi. Tale circostanza concorrerà a enfatizzare una volta di più il carattere insostituibile che ancora riveste per noi italiani l'appartenenza all'Alleanza Atlantica, unico contenitore nel quale queste spinte divergenti potranno essere in qualche modo gestite e armonizzate nel prossimo futuro.

PERCHÉ LA FRANCIA NON VUOLE UMILIARE LA RUSSIA

di *Pierre-Emmanuel* THOMANN

Il riarmo della Germania rischia di declassare l'Esagono. Macron propone un'Europa a cerchi concentrici per evitare che la coppia franco-tedesca esploda e per non regalare Mosca alla Cina. La divergenza con le avanguardie antirusse polacco-baltiche è totale.

1. LA GUERRA IN UCRAINA CONFERMA CHE la nuova geopolitica globale è caratterizzata dalla lotta per la ripartizione delle zone d'influenza tra grandi potenze. Tre in particolare: Stati Uniti, Cina e Russia. Con l'Europa contesa fra i primi e la terza.

Dopo il rifiuto di Washington di ingaggiare un negoziato sostanziale sulla nuova architettura di sicurezza pretesa da Mosca, quest'ultima ha deciso di intervenire militarmente. I suoi obiettivi tattici sono forzare una trattativa sulla neutralizzazione dell'Ucraina, sostenere le rivendicazioni separatiste del Donbas, mettere in sicurezza il collegamento con la Crimea, trasformare il Mar d'Azov in lago russo.

Allargando lo sguardo, il conflitto innesca una nuova suddivisione delle zone d'influenza: gli Stati Uniti scorgono nell'intervento militare russo l'occasione per indebolire Mosca attraverso una guerra per procura mediante l'Ucraina; spingono inoltre per atlantizzare l'Unione Europea. Se i paesi membri dell'Ue riuscissero a far fronte comune con Kiev contro la Russia, Washington potrebbe permettersi di concentrarsi sulla Cina, dato che non può battersi su due fronti contemporaneamente. Ritrovando Mosca come nemico nello spazio euro-atlantico, gli Stati Uniti (ri)assegnano un ruolo difensivo alla Nato e rendono impossibile un avvicinamento fra Russia e paesi europei, in particolare la Germania.

Le massicce sanzioni alla Russia e le forniture di armamenti all'Ucraina fanno parlare di nuova guerra fredda, di rinascita della Nato, di risveglio strategico dell'Ue. Ma sono rappresentazioni fallaci; ignorano le tendenze geopolitiche di lungo periodo.

L'unità di facciata tra i membri dell'Ue sulla guerra d'Ucraina maschera temporaneamente la spinta alla frammentazione, che era già in movimento. Più dura e s'allarga il conflitto, più aumenta il rischio che l'Unione si suddivida in vari blocchi.

Due grandi tendenze emergono dal campo di battaglia ucraino. Da una parte, i paesi più atlantisti, specie Polonia e repubbliche baltiche, promotori di una linea aggressiva vicina agli Stati Uniti, che cercano una vittoria militare in Ucraina, una sconfitta strategica per la Russia e un suo durevole indebolimento. Dall'altra parte, i paesi più usi alla *Realpolitik*, che premono per una via d'uscita alla crisi non militare ma attraverso un compromesso con Mosca; fra questi spiccano Francia, Italia e Germania. Tuttavia, tedeschi e francesi non sono affatto in fase.

2. Nelle trattative precedenti lo scoppio della guerra, il presidente francese Emmanuel Macron e il cancelliere tedesco Olaf Scholz sono entrambi andati a Mosca a interloquire con Putin per evitare il conflitto. Ma in modo separato. Pur reticenti ad accogliere l'Ucraina nella Nato, Macron e Scholz non hanno proposto di congelare l'allargamento in accordi bilaterali o trilaterali con la Russia. Ciò dimostra che i due leader, benché con gradi diversi, non agiscono al di fuori dei limiti delle priorità atlantiste degli Stati Uniti.

In quei giorni, c'era un'opportunità di affermare un'autonomia strategica europea, di prendere una posizione formalmente diversa da quella di Washington, come avvenne nel 2003 con il conflitto in Iraq. Dalla guerra in Georgia (2008), tutti sapevano che la marcia dell'Ucraina verso la Nato sarebbe stata un *casus belli* per la Russia. Ma Washington non ha mai ritenuto di dover negoziare su questo aspetto, finendo per provocare una guerra di logoramento con Mosca.

Nell'attuale scenario, con l'Ue atlantizzata, l'anelata autonomia strategica francese è di fatto in fuorigioco. Mentre l'Europa americana, necessità tedesca per garantire le questioni geostrategiche, ne esce rafforzata. Tuttavia, la Germania risulta comunque indebolita, poiché la sua economia ha bisogno dell'energia della Russia.

La discordia fra Parigi e Berlino sulle finalità geopolitiche europee e le loro diversità sui rapporti con Stati Uniti e Russia hanno impedito ai due paesi azioni concrete, mostrando come l'Ue non sia un attore indipendente e ancora meno decisivo. Le decisioni geopolitiche spettano di fatto a Washington e Mosca.

3. Non bisogna mai dimenticare che la rivalità franco-tedesca costituisce ancora l'asse su cui poggiano gli equilibri del progetto europeo. Anche quando in apparenza si riconciliano, le posizioni dei due paesi muovono sempre da presupposti diversi, soprattutto quando si toccano le priorità geopolitiche.

Osserviamo la postura della Germania. Potenza centrale dell'Ue, è geograficamente più vicina alla Russia di quanto non lo sia la Francia e perciò, rispetto a quest'ultima, ritiene Mosca più pericolosa. È inoltre più preoccupata della sicurezza dei paesi dell'Europa centro-orientale, che formano una barriera contro i russi e dove essa cerca di preservare un ruolo di capofila geoeconomico. Una Russia più offensiva aggrava la rivalità con Berlino per il controllo dell'Europa in mezzo fra le due.

Per affrontare la crisi, il cancelliere Scholz ha annunciato cinque obiettivi per la Germania. Primo, aiutare l'Ucraina, con l'invio di armi (benché con diversi limiti imposti dalle reticenze nella coalizione governativa), lo stanziamento di fondi e il blocco di Nord Stream 2. Secondo, provare a indurre Putin a fermare le operazioni militari. Terzo, impedire al conflitto di estendersi ad altri paesi europei. Quarto, aumentare il sostegno della Bundeswehr agli alleati orientali, nello specifico in Lituania (dove la Germania dirige il contingente Nato), in Romania (polizia aerea), in Slovacchia (partecipazione alla nuova unità dell'Alleanza Atlantica), nel Baltico e nel Mediterraneo (mezzi navali).

Infine, il quinto obiettivo, potenzialmente il più importante perché può portare Berlino verso lo status di prima potenza militare europea: aumentare nettamente gli investimenti nella difesa per garantire la sicurezza nazionale. Solo nel 2022, il bilancio federale prevede un fondo speciale di 102 miliardi di euro. In più, la Germania porterà la spesa militare al 2% del pil. Questi finanziamenti non sono estemporanei, bensì inscritti nella Legge fondamentale.

Se la Germania si appresta a un significativo incremento delle spese militari non è perché d'improvviso si è convertita all'Europa della difesa alla francese, cioè a un'autonomia strategica continentale. L'evoluzione rientra semmai nelle percezioni della sua sicurezza e nei suoi interessi nazionali.

Osserviamo ora la postura della Francia. Malgrado il suo tradizionale tropismo in direzione sud, il perno di Parigi verso il fronte orientale in occasione della crisi ucraina muove da priorità geopolitiche diverse da quelle tedesche. In Francia non si ha la percezione di una minaccia russa. La classe politica è molto divisa. Una grossa fetta dell'opposizione è per un riavvicinamento a Mosca, nonostante il conflitto. Benché in occasione della guerra abbia inviato 500 soldati in Romania e aerei in Estonia e abbia effettuato pattugliamenti nei cieli polacchi, l'Esagono è meno atlantizzato rispetto alla Repubblica Federale e ancora influenzato dalla dottrina gollista.

La Francia si distingue per il suo opportunismo, per il tentativo di spingere per una militarizzazione dell'Unione Europea, all'interno della quale s'immagina capofila e intende creare una nuova gerarchia per riequilibrare a proprio vantaggio il rapporto con la Germania.

Il presidente Macron ha ripreso il dialogo con Vladimir Putin il 3 maggio e per il momento è il solo ad averlo fatto. Vuole mantenere un canale aperto con Mosca per aprire un negoziato, al contrario di altri paesi dell'Ue che desiderano tagliare del tutto i ponti con la Russia. La Francia desidera anche preservare l'idea di una nuova architettura europea di sicurezza che includa la Federazione, una volta che il conflitto sarà superato.

La prospettiva del riarmo tedesco non può che inquietare Parigi, specie se dovesse essere accompagnato da un maggiore distanziamento di Berlino dalle priorità geopolitiche francesi. L'ideale per la Francia è sempre stata una Germania militarmente più forte, ma non al punto di superarla e a condizione che essa condividesse gli interessi francesi. È sempre stata un'illusione. La guerra d'Ucraina lo ha dimostrato.

Già prima delle ostilità, Macron non era riuscito a convincere il governo tedesco a sposare l'autonomia strategica o le priorità francesi nel Mediterraneo e nel Sahel.

I progetti di cooperazione tra i paesi dell'Ue nel campo della difesa sono stati largamente influenzati dalla visione tedesca, che consiste nel mantenere una complementarità con la Nato. Il patto di coalizione dell'esecutivo Scholz nel 2021 non menzionava affatto l'obiettivo caro a Macron dell'autonomia strategica dell'Ue [1].

Con il nuovo fondo speciale per la difesa, la Germania rischia di privilegiare non solo la propria industria bellica ma pure gli armamenti americani, in ogni caso a danno dei programmi franco-tedeschi. Il fondo infatti sarà anzitutto dedicato al rafforzamento del complesso militare-industriale germanico. Grandi produttori d'armi come KMW, Rheinmetall, Hensoldt, Diehl, OHB, TKMS e Lürssen sono ben piazzati per intercettare ingenti commesse [2]. I progetti con Parigi sono già oggetto di difficili negoziati per via delle esigenze tedesche sulla proprietà intellettuale e delle restrizioni all'export.

La Germania dipende dall'ombrello nucleare nella Nato, dunque americano. La guerra d'Ucraina rafforza tale dipendenza. La decisione di comprare gli F-35 significa che Berlino vuole continuare a ospitare sul proprio territorio testate statunitensi (politica della «doppia chiave»). Parigi teme che ciò vada a detrimento dello sviluppo del caccia franco-tedesco-spagnolo (Scaf), malgrado le rassicurazioni del cancelliere Scholz. Con più mezzi americani in giro, la Francia avrà sempre più problemi di interoperabilità.

Al di là delle questioni di bilancio, le poste in gioco geopolitiche di questa evoluzione potrebbero essere notevoli. L'accento sui mezzi istituzionali, militari e industriali franco-tedeschi in materia di difesa non porterà a niente se le rispettive percezioni di sicurezza non coincideranno, se sopravvivrà una rivalità sulle priorità esterne e se le finalità del progetto europeo resteranno diverse.

Nucleare a parte, la Francia rischia di essere sorpassata dalla Germania in ambito militare convenzionale. Perderebbe così uno degli ultimi vantaggi su Berlino in seno all'Unione Europea. Non che si rischi un conflitto, ma gli interessi dei due paesi divergerebbero più di quanto già non facciano oggi, con i tedeschi preoccupati del fianco orientale (asse Baltico-Balcani) e i francesi concentrati sul fianco meridionale (asse Mediterraneo-Africa-Medio Oriente). Soprattutto, cadrebbe la dottrina della simmetria nell'asimmetria, con Parigi che si immaginava capofila degli affari militari e Berlino alla guida di quelli economici. Con una Repubblica Federale a tutto tondo al centro dell'Ue, la concorrenza con l'Esagono sarebbe conclamata.

Tuttavia, i piani di riarmo tedeschi conosceranno senza dubbio una certa inerzia politica e avrebbero effetto soltanto nel lungo periodo, se davvero venissero attuati. Berlino sa di poter diventare una fonte di preoccupazione per i suoi vicini. Ma in ogni caso lo scenario di una Germania rimilitarizzata e i suoi effetti sulla geopolitica della coppia franco-tedesca devono essere presi nuovamente in considerazione.

4. Si va allargando anche la frattura tra la coppia franco-tedesca e i paesi dell'Europa centro-orientale. A esacerbarla è la questione dell'allargamento dell'Ue a

1. «Koalitionsvertrag zwischen SPD, Bündnis 90/Die Grünen und FDP», bundesregierung.de
2. VAUBAN, «Les pièges du réarmement allemand pour la France», *La Tribune*, 28/3/2022.

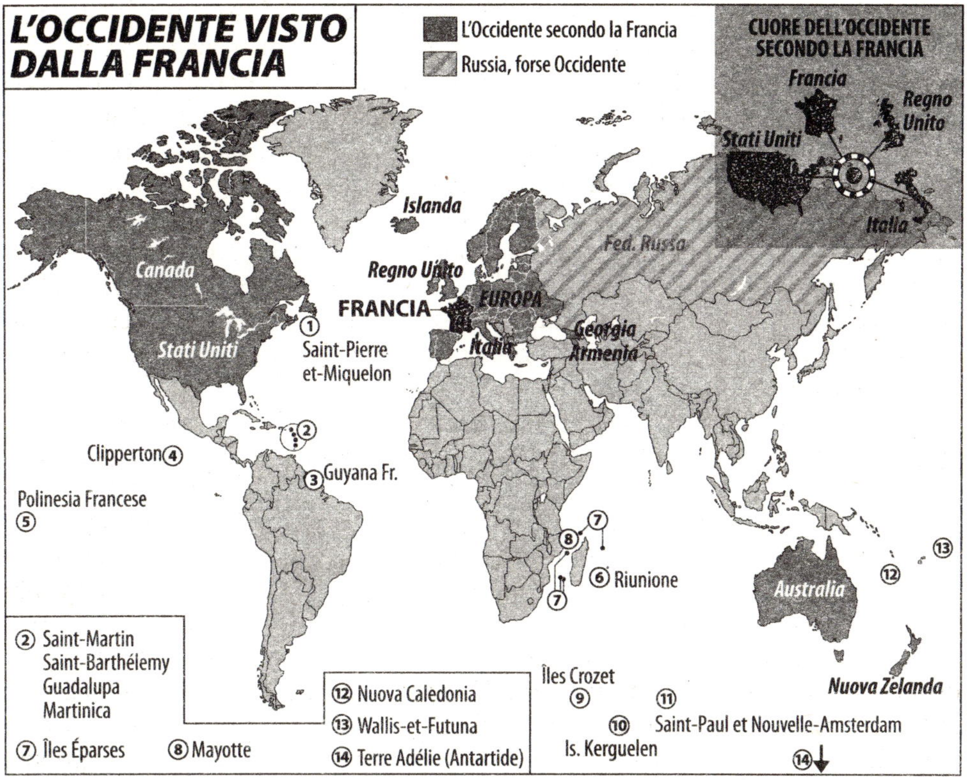

Ucraina, Georgia e Moldova. Dopo aver affermato il contrario, la Russia ha indicato che l'ingresso di Kiev non è più un problema. Ma è un regalo avvelenato per l'Unione.

Allo scoppio della guerra, la presidente della Commissione europea, la tedesca Ursula von der Leyen, ha incoraggiato l'Ucraina a candidarsi a entrare nell'Ue, con il sostegno dei membri centro-orientali. In particolare per Polonia e paesi baltici, l'allargamento è una priorità, tanto più che non pare possibile ampliare la Nato. Sembra che questi Stati aspirino a non essere più periferia, a guadagnare una posizione più centrale. Per Varsavia è anche un'occasione di rivincita: il conflitto è un'opportunità per recuperare influenza su territori che prima della seconda guerra mondiale le appartenevano.

Questi obiettivi cozzano con i propositi francesi espressi dal presidente Macron il 9 maggio [3]. Parigi suggerisce un'alternativa all'allargamento: un'Europa a cerchi concentrici (istituendo quindi una gerarchia) e una nuova architettura di sicurezza comprendente sia l'Ucraina sia una Russia «non umiliata». Finalità implicita: preservare il ruolo di capofila della coppia franco-tedesca.

3. «Discours du Président de la République à l'occasion de la Conférence sur l'avenir de l'Europe», 9/5/2022.

La Francia, sola potenza nucleare dell'Ue, vuole evitare una nuova guerra fredda perché finirebbe bloccata in un'Europa a più salda guida americana. Vorrebbe dunque porsi come potenza d'equilibrio fra Stati Unti e Russia, pilastro occidentale del continente e interlocutore inaggirabile per Mosca, pilastro orientale. Questa visione scaturisce dalla diagnosi secondo cui Washington, difendendo anzitutto *America First*, sta inesorabilmente rinculando. Basta mettere in fila il fallimento del cambio di regime in Siria (2015), il ritiro dall'Afghanistan (2021) e la fine dell'espansione della Nato segnata dall'aggressione russa all'Ucraina (2022) – Finlandia e Svezia sono estranee a questa tendenza perché non sono ex territori sovietici.

L'Europa a cerchi concentrici non è una completa invenzione macroniana. Si inscrive in una tradizione. L'ha suggerita Édouard Balladur nel 1995 ed è stata poi ripresa da Nicolas Sarkozy. Nasce come risposta alla *Kerneuropa* proposta in Germania nel 1994, per evitare un'Europa federale intestata a Berlino in cui Parigi fosse ridotta a *junior partner*, nonché una Ue allargata con i tedeschi comunque al centro di un raggruppamento puramente economico. La nozione di avanguardia, avanzata anche da Macron, è associata alle rappresentazioni strategiche francesi, che esprimono l'idea di porre l'Esagono come cerniera di alleanze a integrazione cangiante. Obiettivo: massimizzare il margine di manovra francese e reintrodurre una politica di equilibrio fra potenze per compensare lo slittamento del centro di gravità europeo verso est.

Proponendo una nuova architettura a cerchi concentrici, Macron ha di fatto chiuso la porta a un ingresso rapido dell'Ucraina nell'Ue. Il cerchio più integrato dovrebbe essere l'Eurozona con la Germania, con un altro cerchio rappresentato dal mercato unico. In quello più largo emergerebbe una comunità in cui troverebbero posto i paesi del Partenariato orientale come l'Ucraina, consentendo di sviluppare cooperazioni che non per forza portino a un'adesione. Kiev potrebbe avvicinarsi all'Ue in certi dossier senza diventarne membro a tutti gli effetti e in ogni caso senza fretta. Anche Turchia e Regno Unito potrebbero accomodarsi in quest'ultimo cerchio.

Al contrario, i paesi dell'Europa centro-orientale più agguerriti contro la Russia (dunque non l'Ungheria) vogliono una linea dura verso Mosca e far entrare rapidamente l'Ucraina nell'Unione. Rifiutano la qualifica di seconda fascia dell'Ue e si oppongono a una riforma dei trattati. Si mettono nell'ottica di una nuova guerra fredda, vogliono dare la priorità alla Nato e si allineano ai *desiderata* degli Stati Uniti in Europa. Vale la pena di ricordare che il Partenariato orientale è stato promosso da Polonia e Svezia per dotarsi di una zona cuscinetto contro la Russia e creare i presupposti per un allargamento di Ue e Nato a Ucraina, Georgia, Moldova, Armenia e Azerbaigian. Si trattava inoltre di controbilanciare il progetto di Unione per il Mediterraneo avanzata dalla Francia. La cosiddetta dottrina Sikorski è da tempo entrata in contraddizione con gli obiettivi di Parigi. La quale non ambisce a ridurre il proprio margine di manovra allineando nettamente l'Ue alle priorità geopolitiche americane.

E la Germania? Il cancelliere Scholz si è detto interessato alle proposte di Macron. Aveva già formulato idee per un'Europa a più velocità, ma la prudenza domina a Berlino, anche a causa delle divergenze fondamentali con Parigi. La Germania a modo suo vuole occidentalizzare il proprio fianco orientale, esattamente come essa stessa si è occidentalizzata. Insiste su un rapido ingresso nell'Ue dei paesi balcanici e nel lungo periodo anche degli Stati del Partenariato orientale, Ucraina compresa. La differenza con la posizione polacca è nella tempistica: Berlino vuole ampliare, ma più lentamente per non aizzare la Russia. Osservando il tempo lungo della storia, già nel XIX secolo il pangermanismo aveva messo l'Ucraina nel mirino, per non parlare dell'obiettivo di colonizzarla sotto il Terzo Reich (*Lebensraum*). Le ideologie cambiano ma i tropismi geopolitici restano.

5. La Francia ritiene che l'Unione Europea non sia adatta ad affrontare le poste in gioco future. Non ha fiducia nell'allargamento che sposta il centro di gravità geopolitico verso est e verso la Germania. E auspica un approfondimento dell'attuale Ue, ma secondo la propria visione di una coppia franco-tedesca gerarchicamente superiore agli altri membri.

La volontà di Parigi di riformare il progetto europeo assieme a Berlino collide con la postura antirussa dei polacchi, che intendono indebolire e infliggere una sconfitta strategica a Mosca, in sinergia con gli americani. La frattura fra la coppia franco-tedesca e i paesi dell'Europa centro-orientale rischia dunque di aumentare. Tredici paesi dell'Ue, fra cui Svezia, Finlandia, Danimarca, Polonia, Cechia, Romania e repubbliche baltiche, si sono opposti alle revisioni dei trattati proposte da Macron[4].

La Germania dovrà elaborare una posizione equilibrista fra interessi contraddittori, sia di fronte alla Francia sia di fronte ai vicini orientali. È uno sforzo necessario per ritrovare credibilità con i paesi dell'Est, a patto di non incancrenire la situazione con la Russia e senza nemmeno allinearsi al piano parigino. Tra la postura oltranzista polacco-baltica e quella francese, Berlino dovrà cercare una posizione intermedia, funzione di pressanti priorità nazionali. Come la Francia, intende mantenere canali aperti con il Cremlino anche in questa situazione estrema, auspicando una risoluzione negoziale del conflitto. È poco probabile che rinuncerà totalmente sia al petrolio sia al gas russi: oltre ai costi e alle difficoltà, ciò metterebbe in discussione il suo rango di potenza economica. Questo aspetto rinforzerà la discordia con polacchi e baltici.

La crescente frattura tra la Germania e gli euro-orientali, ma anche tra Berlino e Parigi, rischia di aggravarsi inesorabilmente con la guerra d'Ucraina. Dopo una fase di unità, l'Unione Europea si frammenterà in funzione delle diverse priorità nazionali, in un continente che è passato dalla fase integrazionista a una fase più prettamente geopolitica.

Quando le armi taceranno, un riavvicinamento alla Russia darebbe il vantaggio alla Francia di costruire finalmente uno spazio di stabilità continentale per promuovere un migliore equilibrio fra Stati Uniti e Cina. Si tratta inoltre di impedire che

4. F. Vignal, «Emmanuel Macron veut réviser les traités européens et se prononce pour une Europe à plusieurs vitesses», *Public Sénat*, 9/5/2022.

l'Ue resti una periferia dello spazio euro-atlantico e che la Russia sia trascinata nell'orbita della Cina. Per Parigi, la posta in gioco è evitare di restare asfissiata in un'Europa germano-americana. Ciò dovrebbe incitare l'Esagono a diversificare i propri partner in materia di difesa, in particolare con l'Italia. Per arginare il conflitto in Ucraina, è necessaria una sinergia con Roma e Berlino per preparare l'Europa del dopoguerra. Inevitabilmente, si dovrà negoziare con la Russia.

Scongiurare una nuova guerra fredda deve rimanere la bussola europea. Le conseguenze di un simile scenario sarebbero funeste per gli Stati membri dell'Ue. La minaccia nucleare sembra improbabile, ma una frattura durevole con la Russia e una conseguente rivalità di lungo periodo sarebbero molto più pericolose che durante la guerra fredda. La dinamica in corso non favorisce la cristallizzazione del fronte. Moltiplica i conflitti locali.

(traduzione di Federico Petroni)

LA AMBURGO DI SCHOLZ SPIEGATA AI PROFANI

di *Konrad* DOLIESEN

La città Stato serba rilevanza sistemica nell'economia tedesca e non solo, grazie al porto e al vasto tessuto industriale. Le fortune pre-unitarie, il grande patto con Bismarck, la reinvenzione postbellica e la rinascita dopo il 1989. Il genius loci *sarà all'altezza del disastro ucraino.*

1. CON I SUOI DUE MILIONI DI ABITANTI Amburgo non è soltanto la seconda città più grande della Germania, è anche il cuore della cosiddetta Metropolregion Hamburg che con oltre cinque milioni di abitanti costituisce l'area metropolitana più vasta del Nord Europa. In Scandinavia non ne esiste una maggiore: capitali quali Copenaghen, Oslo o Stoccolma sono meno popolose. A differenza di molti altri luoghi della Germania qui storia, tradizioni ed esperienze vissute segnano ancora la città [1].

Il suo nome ufficiale, Freie und Hansestadt Hamburg (Libera città anseatica di Amburgo), la dice lunga su come sia sempre stata e resti città e Stato indipendente. Il nome racconta anche come siano stati dei cittadini indipendenti a costruire e a gestire da soli la propria città attraverso i secoli, fino a oggi. Cosa che vale anche per Brema: le due libere città anseatiche – territori indipendenti, sottomessi soltanto all'impero – riuscirono a salvaguardare la propria indipendenza e statualità per tutto il XIX e il XX secolo, caso unico in Germania [2].

La costituzione amburghese è il prodotto di stratificazioni storiche; contiene ancora oggi norme e termini mutuati dalla propria tradizione. Il suo parlamento si chiama Bürgerschaft (assemblea cittadina), termine che rimanda al consesso medievale di tutti gli abitanti della città aventi diritto di voto. La figura che negli altri Länder tedeschi corrisponde al Ministerpräsident, il capo del governo regionale, ad Amburgo si chiama Erster Bürgermeister (primo sindaco), mentre la giunta è il Senat (senato). A Capodanno per antica tradizione ogni abitante della città può recarsi nel palazzo comunale a porgere di persona gli auguri al sindaco, come

1. A. SYWOTTEK, «Politik und Verwaltung», in A. SCHILDT, A. SYWOTTEK, *Modernisierung im Wiederaufbau. Die westdeusche Gesellschaft der 50er Jahre*, Bonn 1998, J. H. W. Dietz, p. 739.
2. J. BOLLAND, «Ein Sonderfall in der Geschichte», in P. O. VOGEL (a cura di), *Hamburg – die Stadtrepublik und ihre Bürgerverwaltung*, Hamburg 1976, Christians, pp. 11 ss.

ancora fanno migliaia di cittadini. Uno dei più antichi commi dello statuto cittadino amburghese è l'*Ordensverbot*, il divieto per chi ricopre cariche istituzionali nell'amministrazione di accettare ed esibire onorificenze o medaglie. Ancora oggi senatori, parlamentari e funzionari locali danno per scontato che il proprio ruolo implichi declinare qualsiasi riconoscimento ufficiale.

In questa città aperta al mondo esistono numerose istituzioni di lunga tradizione. La Camera di commercio di Amburgo è la più antica in Germania, fondata nel 1665 da un gruppo di mercanti amburghesi come deputazione incaricata del commercio marittimo sulla base di un'unione mercantile cittadina risalente al 1519, da cui nel 1558 era nata anche la prima borsa tedesca.

Dagli inizi del Novecento, in concomitanza con il crescente movimento sindacale e dei lavoratori, la città Stato fu (e rimane) roccaforte socialdemocratica [3].

Durante la Repubblica di Weimar (1919-33) l'SPD fu sempre in maggioranza al Senato e dopo il 1944 ha costituito quasi sempre il gruppo più numeroso al parlamento locale. Tuttora il sindaco viene eletto quasi sempre tra le fila socialdemocratiche. Nel contesto nazionale del partito, l'SPD amburghese è ritenuta l'ala più pragmatica – «di destra» secondo alcuni – per il fatto di porgere orecchio alle esigenze del mondo economico. In passato, quando non ha ottenuto la maggioranza assoluta l'SPD ha sovente stretto coalizioni con i liberali della FDP. Da circa vent'anni, tuttavia, i crescenti successi elettorali dei Verdi hanno portato a coalizioni rosso-verdi, spingendo la SPD ad ascoltare anche un elettorato più giovane e sensibile alle problematiche ambientali.

Da Amburgo provengono numerosi protagonisti della storia politica tedesca, altri hanno cominciato qui la loro carriera. Il più celebre è l'ex cancelliere socialdemocratico Helmut Schmidt (1918-2015), che in precedenza aveva ricoperto l'incarico di senatore all'Interno di Amburgo. Durante l'alluvione del febbraio 1962 fu possibile gestire la situazione e salvare vite umane grazie alla sua pronta e mirata azione di intervento e soccorso. Cosa che gli amburghesi non hanno mai dimenticato, al punto da considerarlo tuttora il concittadino più importante del XX secolo.

Ma cosa significa essere un anseatico? La parola deriva dal concetto di *Hanse*, l'alleanza stretta tra città dell'area costiera del Baltico e del Mare del Nord tra XII e XVI secolo, ma non si riferisce soltanto a questo. Dopo la fine della Lega anseatica furono poche le città che mantennero la propria indipendenza. Alla fine del XIX secolo ne rimanevano tre: Amburgo e Brema sul Mare del Nord, Lubecca sul Baltico. Dal 1937, solo Amburgo e Brema. «Anseatici» furono definiti inizialmente i membri dei ceti più abbienti di una delle ultime tre città rimaste indipendenti. L'attributo denotava quelle famiglie di commercianti di secolare tradizione caratterizzate da uno stile di vita specifico. Gli anseatici erano considerati persone aperte al mondo, affidabili, pronte al rischio, di spirito indipendente e votate al successo,

3. M. Tiedemann, *Gute Hanseaten – Sozialdemokraten. Das Hanseatische in Politik, Selbstdarstellung und Fremdwahrnehmung*, München-Hamburg 2017, Dölling u. Galitz.

della cui parola ci si poteva fidare. Tuttavia, all'epoca i pieni diritti civili erano appannaggio di chi aveva ottenuto lo status di *Grossbürger* (gran borghese). In una città in cui non esistevano principi, né aristocrazia nobiliare, costoro erano il ceto dominante. Gli specifici privilegi di tale patriziato furono aboliti nel corso del XX secolo, ma tuttora permangono antiche reti di relazioni e patrimoni.

Nella lingua quotidiana l'aggettivo «anseatico» indica oggi, secondo la studiosa Lu Seegers, «un atteggiamento caratterizzato da oggettività, pragmatismo, apertura mentale, tolleranza e liberalità»[4]. Helmut Schmidt, nato in una famiglia di insegnanti nel quartiere operaio di Barmbek, si è sempre ritenuto un anseatico ed era orgoglioso delle proprie origini amburghesi. Fu in questo spirito che egli rifiutò di accettare l'Ordine al merito della Repubblica Federale Germania. Oltre a Schmidt sono numerose le personalità anseatiche che incarnano in maniera peculiare le relative caratteristiche. Non solo note figure del passato, ma anche – nell'atteggiamento – i molti amburghesi contemporanei che pur non rimarcando le proprie radici sono spesso molto più consapevoli e orgogliosi della propria storia rispetto ad altri tedeschi.

L'SPD ha conquistato la maggioranza relativa alle elezioni del 26 settembre 2021. Dopo una fase di consultazioni il partito ha costituito un governo di coalizione con Verdi e FPD, la cosiddetta «coalizione semaforo» (dai colori rosso-giallo-verde dei tre partiti). Dall'8 dicembre 2021 in Germania è di nuovo cancelliere un socialdemocratico amburghese, Olaf Scholz, ex sindaco di Amburgo (2008-18) ed ex ministro federale delle Finanze. Sarà interessante osservare come in veste di capo del governo si rapporterà in pubblico con le proprie origini amburghesi.

2. Amburgo è la seconda città tedesca e la prima città non capitale dell'Ue per numero di abitanti. Inoltre è il più grande centro industriale della Germania, con il maggior pil pro capite tra i 16 Länder tedeschi[5]. A livello europeo, è la quarta regione per ricchezza pro capite[6]. Il motore economico della città resta il suo porto, con la logistica e il commercio. Altro pilastro di rilevanza mondiale è il settore aeronautico civile che ruota attorno ad Airbus. In questo comparto, solo Tolosa (Francia) e Seattle (Usa) sono più rilevanti. Il terzo fulcro è legato a media, nuove tecnologie e *creative industries*: organi di stampa di rilevanza nazionale e non, come *Der Spiegel* o *Die Zeit*, hanno sede ad Amburgo.

Oggi il volto moderno e ambizioso della città è rappresentato soprattutto dalla HafenCity, progetto urbanistico senza precedenti in Europa che vede una parte del vecchio porto di fine Ottocento riconvertita in area residenziale e commerciale per 12 mila abitanti e 40 mila lavoratori. Ha coronato il progetto la Elbphilharmonie (soprannominata Elphi), una delle più avveniristiche sale da concerto del mondo

4. L. Seegers, «Hanseaten und das Hanseatische in Diktatur und Demokratie», *Zeitgeschichte in Hamburg 2014*, p. 71.
5. «Bruttoinlandsprodukt (BIP) je Einwohner nach Bundesländern im Jahr 2021», de.statista.com
6. «Regionales BIP pro Kopf 2018 reichte im Jahr 2018 von 30% bis 263% des EU-Durchschnitts», ec.europa.eu, 5/3/2020.

inaugurata nel 2017 e la cui silhouette richiama il profilo delle onde. L'edificio è in breve tempo diventato il nuovo simbolo di una città dove cultura, arte e scienze sono ovunque. Amburgo ospita importanti musei, accademie, teatri, il quartiere dei compositori classici (musicisti legati alla città quali Georg Philipp Telemann, Carl Philipp Emanuel Bach, Fanny e Felix Mendelssohn, Johannes Brahms, Gustav Mahler), nonché istituzioni scientifiche nazionali e internazionali. Interventi più recenti hanno fatto di Reeperbahn e dintorni, zona a luci rosse del quartiere portuale di St. Pauli, la sede del museo dedicato a uno dei padri della scena rock tedesca, Udo Lindenberg, nonché di club e teatri come lo Schmidts Tivoli.

La più grande festa cittadina è l'*Hafengeburtstag* (compleanno del porto) che si celebra per tre giorni nel mese di maggio in ricordo del 7 maggio 1189, giorno in cui l'imperatore Federico Barbarossa avrebbe concesso franchigia doganale perpetua alle navi amburghesi che percorrevano l'Elba fino al Mare del Nord. Particolarmente interessanti per le centinaia di migliaia di turisti e locali sono le sfilate dei grandi velieri che per l'occasione giungono ad Amburgo da tutto il mondo. Tra la città e il suo porto esiste una stretta simbiosi. L'*International Herald Tribune* ha scritto che «Amburgo è un partenariato tra una città e un porto»[7]. Anche lo storico Christoph Strupp constata che il porto «ha avuto e continua ad avere un ruolo di primo piano nell'identità della città, sia per l'immagine che essa dà all'esterno sia per la percezione che Amburgo ha di sé stessa»[8]. Nel 2020 il porto ha movimentato 8,5 milioni di teu (twenty-foot equivalent unit)[9], collocandosi al terzo posto in Europa dopo Rotterdam e Anversa e al 18° nel mondo[10]. All'inizio del XX secolo, quando le principali rotte commerciali correvano ancora tra Europa e Nord America, era il terzo porto del mondo dopo Londra e New York. Da alcuni anni il principale partner commerciale del porto amburghese è la Cina, con circa 2,4 milioni di teu all'anno (28,5% della movimentazione totale). Seguono gli Stati Uniti (0,6 milioni di teu, 7% del totale) e Singapore (0,4 milioni di teu, 5% del totale), quindi Russia (prima della guerra), Svezia e Regno Unito, ciascuna con 0,3 milioni di teu[11]. Il porto movimenta circa il 40% del trasporto merci via mare tedesco, pertanto svolge un ruolo determinante nell'economia nazionale assicurando 607 mila posti di lavoro, soprattutto nella Germania settentrionale (130 mila nella sola Amburgo, pari all'11% dell'occupazione cittadina)[12].

Quello di Amburgo è un porto fluviale, aspetto che lo caratterizza anche a livello internazionale. Tutti gli altri grandi porti del mondo sono infatti sul mare o non

7. O. Driesen, *Welt im Fluss. Hamburger Hafen, die HHLA und die Globalisierung*, Hamburg 2010, Hoffmann u. Campe, p. 247.
8. C. Strupp, «Der Hamburger Hafen im Strukturwandel seit den 1950er Jahren», in B. von Notz (a cura di), *Strategien für die Zukunft des deutschen Hafenmuseums*, atti del convegno internazionale, vol. 1, Hamburg 2017, Stiftung Historische Museen Hamburg, p. 93.
9. «Containerumschlag», hafen-hamburg.de
10. «Top 20 Containerhäfen», hafen-hamburg.de
11. «Top 10 Partnerländer im seeseitigen Containerverkehr», hafen-hamburg.de
12. «Volkswirtschaftliche Bedeutung des Hamburger Hafens. Untersuchung der regional- und gesamtwirtschaftlichen Bedeutung des Hamburger Hafens», Hamburg Port Authority, Bremen/Hamburg 2021, p. 58.

distanti da esso. Ad Amburgo l'Elba dista circa 130 chilometri dalla sua foce, sul Mare del Nord. Questa è da un lato una fortuna, poiché da qui è possibile proseguire il trasporto via acqua verso l'entroterra risparmiando notevolmente sui costi. Ma tale collocazione può costituire anche un grosso problema, in quanto i limiti di volume e pescaggio delle navi lo rendono meno idoneo alle moderne, enormi navi portacontainer. Un'altra peculiarità dello scalo amburghese è quella di essere «l'unico porto d'importanza mondiale inglobato all'interno di strutture urbane e quasi completamente circondato da zone abitate»[13]. Negli ultimi decenni il conflitto tra gli interessi dei residenti e quelli del porto si è inasprito: se da un lato politica ed economia puntano a modernizzare e incentivare gli impianti portuali, molti cittadini si oppongono a tali iniziative ritenendo troppo alto il prezzo ecologico e sociale[14].

Stante l'ottima rete di collegamenti su ferro, acqua e terra in svariate direzioni del continente europeo, quello di Amburgo viene spesso definito il porto più meridionale del Nord europeo e il più occidentale dell'Europa orientale. Per i paesi scandinavi, Ungheria e Repubblica Ceca, ma anche per Austria e Svizzera, Amburgo rappresenta il più importante scalo marittimo. Un volume notevole di merci, circa la metà, corre su rotaia il che assegna ad Amburgo il primato di porto ferroviario più grande ed efficiente d'Europa.

3. Alcuni fattori minacciano però il primato del porto amburghese. In primo luogo la tendenza dei commerci mondiali a spostarsi verso il Mediterraneo a causa degli investimenti cinesi, per cui le grandi portacontainer provenienti dall'Asia scelgono di puntare sul Pireo da dove le merci proseguono poi per il Nord Europa su navi più piccole. Inoltre, la profondità del fiume Elba: le prime grandi operazioni di dragaggio ebbero luogo tra il 1818 e il 1825 e portarono a un pescaggio di 4,50 metri. Sono seguiti altri nove interventi. Quello del 2021, definito da Scholz «questione di vita o di morte» e accompagnato da proteste ambientaliste, ha aumentato il pescaggio a 13,5 metri (14,5 con l'alta marea), ma le portacontainer di ultima generazione hanno spesso un pescaggio di 16 metri. In ragione di questi problemi nell'ultimo decennio il porto ha perso terreno rispetto a Rotterdam e Anversa, più accessibili alle portacontainer di grandi dimensioni. Tra il 2009 e il 2017 questi scali sono cresciuti del 30% circa, mentre Amburgo è calato del 10%. A ciò si aggiunge anche il fatto che Rotterdam e Anversa offrono agevolazioni fiscali che consentono di ridurre le spese di trasbordo. L'epidemia di Covid-19 ha ulteriormente peggiorato la tendenza, aumentando lo svantaggio del porto amburghese. La crisi ha investito anche il ruolo di Amburgo quale porto di transito dell'area baltica, che ha visto il forte potenziamento infrastrutturale degli scali di Danzica e San Pietroburgo, sebbene ora la guerra ucraina metta seriamente in discussione il ruolo di quest'ultimo[15].

13. D. Jahn, «Der Hamburger Hafen heute – Herausforderungen und Erfolgsfaktoren», in B. von Notz, *op. cit.*, pp. 20 ss.
14. *Ibidem*.
15. *Ivi*, p. 55.

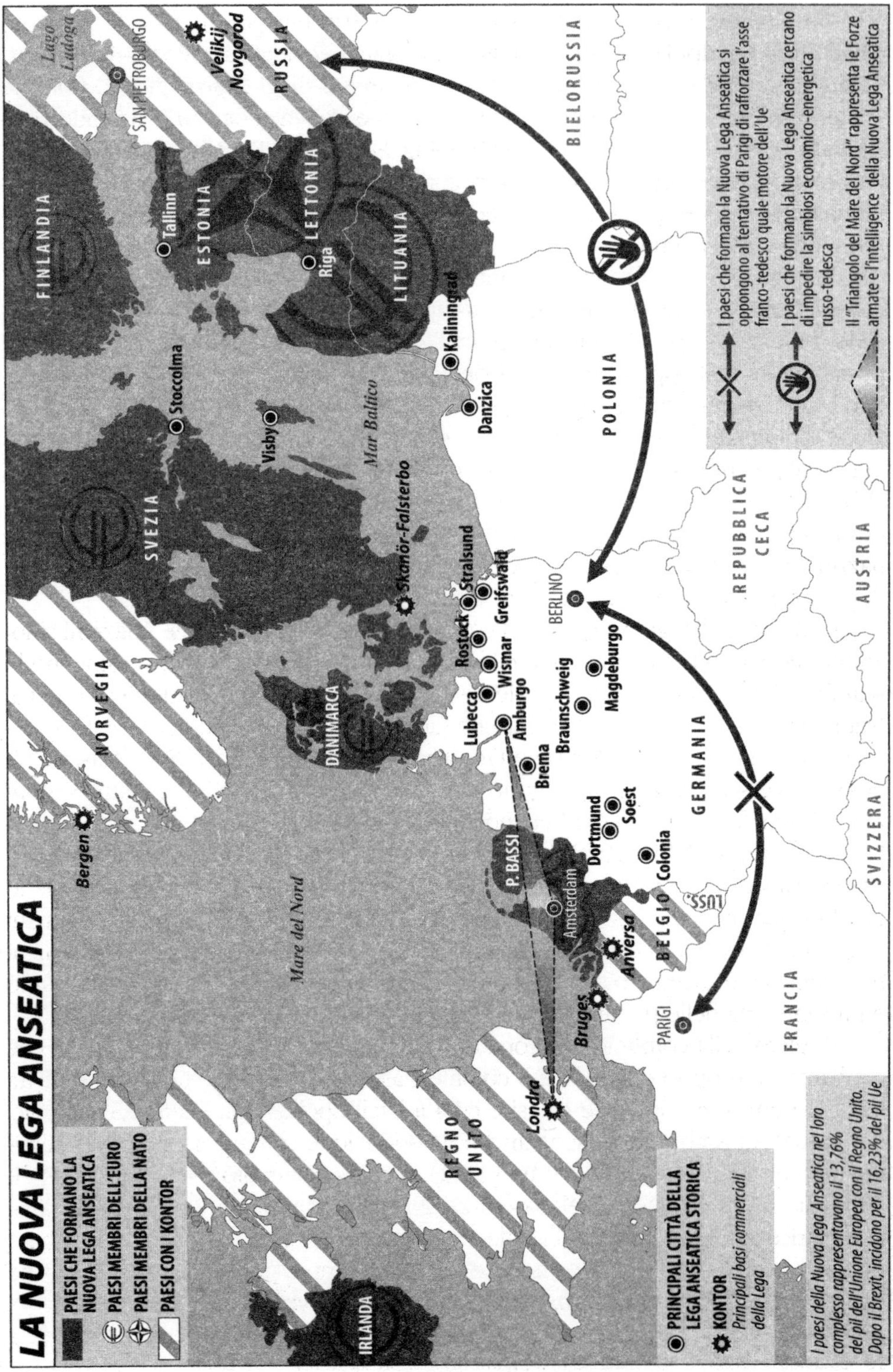
LA NUOVA LEGA ANSEATICA
PAESI CHE FORMANO LA NUOVA LEGA ANSEATICA
PAESI MEMBRI DELL'EURO
PAESI MEMBRI DELLA NATO
PAESI CON I KONTOR
PRINCIPALI CITTÀ DELLA LEGA ANSEATICA STORICA
KONTOR
Principali basi commerciali della Lega
I paesi della Nuova Lega Anseatica nel loro complesso rappresentavano il 13,76% del pil dell'Unione Europea con il Regno Unito. Dopo il Brexit, incidono per il 16,23% del pil Ue
I paesi che formano la Nuova Lega Anseatica si oppongono al tentativo di Parigi di rafforzare l'asse franco-tedesco quale motore dell'Ue
I paesi che formano la Nuova Lega Anseatica cercano di impedire la simbiosi economico-energetica russo-tedesca
Il "Triangolo del Mare del Nord" rappresenta le Forze armate e l'intelligence della Nuova Lega Anseatica
IRLANDA
REGNO UNITO
Londra
Mare del Nord
Bergen
NORVEGIA
SVEZIA
FINLANDIA
DANIMARCA
P. BASSI
Amsterdam
Bruges
Anversa
BELGIO
LUSS.
PARIGI
FRANCIA
SVIZZERA
AUSTRIA
REPUBBLICA CECA
GERMANIA
Colonia
Dortmund
Soest
Brema
Amburgo
Lubecca
Braunschweig
Magdeburgo
Wismar
Rostock
Stralsund
Greifswald
BERLINO
Skanör-Falsterbo
Mar Baltico
Visby
Stoccolma
Danzica
Kaliningrad
POLONIA
LITUANIA
LETTONIA
Riga
ESTONIA
Tallinn
BIELORUSSIA
RUSSIA
SAN PIETROBURGO
Lago Ladoga
Velikij Novgorod

Un ulteriore aspetto da considerare è la crescente dipendenza di Amburgo dalla Cina. La rapida ascesa del trasporto container negli ultimi decenni è stata determinata dall'espansione del commercio cinese. Oggi Amburgo è la porta di Pechino sul mercato europeo: nessun'altra città europea ospita tante aziende cinesi (550). Colossi come Cosco, China Shipping, Sinotrans e Bank of China hanno qui la loro principale sede europea. Non sorprende che Amburgo ospiti a cadenza biennale uno dei più importanti vertici economici sino-europei, lo Hamburg Summit – China meets Europe.

Le relazioni commerciali tra Amburgo e la Cina risalgono alla fine del XVIII secolo. Nell'Ottocento la città giunse a rappresentare il secondo partner commerciale dei cinesi dopo l'Inghilterra, prima di Francia e Usa. Nel 1842, terminata la prima guerra dell'oppio, Amburgo insediò consolati in undici città cinesi per tutelare i suoi crescenti traffici con l'impero. Nel 1866 giunse ad Amburgo una delegazione diplomatica cinese, la prima a recarsi all'estero. Da allora la città divenne uno dei principali riferimenti di Pechino. A partire dall'ultimo decennio del XIX secolo ebbe un proprio quartiere cinese, situato tra quelli di St. Pauli e Altona, in cui risiedevano soprattutto marinai e commercianti. Nel 1944 la zona fu sgomberata dai nazisti nel corso della cosiddetta *Chinesenaktion*, che portò a numerosi arresti e deportazioni in campi di lavoro o di concentramento.

Con il gemellaggio siglato nel 1986 tra Amburgo e Shanghai, le relazioni sino-amburghesi si sono ulteriormente rafforzate. Numerose associazioni sostengono lo scambio sino-tedesco, come pure le diverse reti esistenti nella comunità sinofona. Istituzioni quali la Chinesisch-Deutsche Gesellschaft, la Hamburger China-Gesellschaft, la Hamburger Sinologische Gesellschaft o la Gesellschaft für Deutsch-Chinesische Verständigung propongono iniziative tese a promuovere il dialogo culturale e scientifico e le relazioni economiche. Ogni due anni si svolge ad Amburgo la manifestazione China Time tra concerti, conferenze ed eventi che illustrano gli svariati aspetti delle relazioni sino-amburghesi. Anche i contatti culturali vantano una lunga tradizione. Come testimonia l'Institut für Asienkunde, oggi GIGA-Institut (German Institute for Global and Area Studies), per decenni la più grande istituzione scientifica di ricerca contemporanea sulla Cina in Europa. Inoltre ad Amburgo è presente una delle più antiche cattedre universitarie di sinologia in Germania.

Il fulcro della comunità sinofona di Amburgo è il suo consolato generale, che mediante un proprio dipartimento commerciale contribuisce al coordinamento tra le varie istituzioni e imprese cinesi e cura a livello politico gli interessi economici del paese. Ad Amburgo ha sede anche l'Associazione commercianti cinesi (Vereinigung der chinesischen Kaufmannschaft). Amburgo è molto interessata alla Belt and Road Initiative cinese. Nel novembre 2018, in partenza per un viaggio in Cina, la senatrice agli Affari esteri della città anseatica dichiarò: «I miei colloqui a Pechino puntano a fare di Amburgo lo snodo e il punto di arrivo più importante delle rotte commerciali tra Cina ed Europa nell'ambito delle nuove via della seta»[16].

16. «Staatsrätin Tabbara reist nach China», hamburg.de, pressearchiv, 1/11/2018.

Al centro di tale impegno vi è il potenziamento della rete ferroviaria: già oggi esistono più di duecento collegamenti settimanali con una trentina di città cinesi (due-tre settimane contro le otto via mare). Ma non è chiaro se Amburgo riuscirà a imporsi quale meta finale della Bri sulla concorrente (sempre tedesca) Duisburg, maggior porto interno del mondo.

Nel settembre 2021, con atto della giunta comunale ma senza il coinvolgimento del parlamento regionale, il gruppo terminalistico amburghese HHLA (Hamburger Hafen und Logistik AG, fortemente presente anche nel porto ucraino di Odessa) ha ceduto alla cinese Cosco il 35% del terminal di Tollerort. L'ingresso cinese nelle infrastrutture portuali rappresenta una novità assoluta per Amburgo: si suppone che in questo modo la Cina intenda garantirsi anche un più facile accesso a Trieste, dove la tedesca HHLA ha rilevato la Piattaforma logistica, terminal multifunzione [17]. La guerra ucraina mette tuttavia in discussione questa strategia, dal momento che le rotte terrestri delle nuove vie della seta rischiano di essere fortemente penalizzate dal conflitto. Ma è presto per dire in quale misura: molto dipenderà dall'evoluzione della guerra, dall'assetto territoriale finale dello Stato ucraino, dal livello complessivo di distruzione infrastrutturale e dalla celerità della ricostruzione, nonché dai futuri sviluppi dei rapporti tra Russia e Unione Europea, forse l'incognita maggiore al momento.

4. Le particolarità di Amburgo emergono con maggiore evidenza alla luce della storia cittadina e nazionale: in particolare dagli anni antecedenti la fondazione del Reich nel 1871 fino alla prima guerra mondiale, poi tra il 1945 e il 1989.

Con il congresso di Vienna del 1815, che sancì la fine dell'età napoleonica, Amburgo vide riconfermato il proprio antico statuto anseatico di libera città imperiale, ora collocata nella cornice del Deutscher Bund, la Confederazione tedesca. In tale contesto ebbe modo di confermare la propria centralità nel commercio tedesco e internazionale, espandendolo progressivamente. La città non ambiva ad alcuna forma di egemonia politica ed era mossa da interessi prettamente economici. Era il principale porto tedesco per i flussi di import-export e con Brema, soprattutto a cavallo tra XIX e XX secolo, fu il punto da cui milioni di emigranti tedeschi e dell'Europa orientale partirono per le Americhe.

Nel decennio antecedente la fondazione del Reich ad Amburgo erano stati seguiti con estrema attenzione gli sviluppi in atto negli altri Stati tedeschi, dove crescevano le spinte all'unificazione nazionale. Le ambizioni egemoniche della Prussia apparivano evidenti, specialmente dopo che questa ebbe inflitto una sconfitta militare e politica all'Austria, esclusa dalla Confederazione tedesca. Con ciò Amburgo perse la propria storica cornice di riferimento politico e da quel momento avrebbe dovuto interloquire con il cancelliere prussiano, Otto von Bismarck. A partire dal 1866 la città, che basava la propria ragion d'essere sul concetto di libero commercio, si trovò circondata da territori dell'Unione doganale tedesca dominati dalla Prussia.

17. Ch. Müssgens, «Chinas Staatsreederei kauft sich im Hamburger Hafen ein», *faz.net*, 21/9/2021.

Contro ogni previsione, tuttavia, Bismarck venne incontro a molte richieste presentate da Amburgo e dal suo sindaco [18]. Uno degli esiti dei colloqui fu l'ingresso nel 1867 di Amburgo nel Norddeutscher Bund, la Confederazione tedesca del Nord di cui accettò la costituzione. Un passo inizialmente molto criticato da buona parte del Senato amburghese, in particolare dagli esponenti della vecchia generazione che vi vedevano una gravissima perdita dell'antica sovranità.

La maggioranza dei rappresentanti politici e dei cittadini approvò tuttavia la decisione e valutò positivamente anche la fondazione, nel 1871, del nuovo Reich tedesco, che a differenza del Sacro romano impero si costituiva su base federale ma si concepiva come Stato nazionale. Da tempo il paese si era andato compattando anche mediante i collegamenti sempre più stretti tra i suoi territori, determinati dallo sviluppo della rete ferroviaria. Da un paese più grande le giovani generazioni si aspettavano maggiori e migliori occasioni di formazione e carriera, motivo per cui anche ad Amburgo salutarono con entusiasmo patriottico la guerra franco-prussiana del 1870-71. Bismarck, d'altra parte, seppe addolcire agli amburghesi la pillola dell'annessione, rispettandone gli interessi commerciali. Dopo il 1871 l'intera area urbana rimase un porto franco, ma quando nel 1878 il cancelliere scelse di abbandonare la politica liberista in favore del protezionismo, anche ad Amburgo fu imposta l'Unione doganale. Il senato cittadino e le associazioni dei commercianti si opposero strenuamente e dopo complesse trattative tra la città (rappresentata dal suo sindaco Johannes Versmann) e la cancelleria imperiale il 25 maggio 1881 venne firmato a Berlino un compromesso per cui, in cambio di un adeguato gettito fiscale, il governo centrale non avrebbe interferito con lo sviluppo commerciale della città. Mentre Amburgo entrava così nell'Unione doganale una notevole porzione del suo porto restava zona franca. Fu la stessa amministrazione imperiale ad accollarsi buona parte delle spese per la costruzione della Speicherstadt, all'epoca il più grande complesso magazziniero del mondo [19].

Pare che Bismarck non mancasse di sottolineare quanto fosse colpito dalle competenze economiche e commerciali degli imprenditori anseatici e come desiderasse perciò dirimere a ogni costo i contrasti con questi [20]. All'epoca Amburgo contava ben 279 consolati esteri, più della metà Oltreoceano, impegnati a curare gli interessi commerciali cittadini e, in linea di principio, nazionali. Un capitale enorme per il giovane Stato. Il porto franco venne inaugurato il 15 ottobre 1888. La nuova struttura e l'ingresso nell'Unione doganale si rivelarono iniziative assai felici [21], portando a un aumento della movimentazione e alla rapida espansione indu-

18. W. Jochmann, «Handelsmetropole des Deutschen Reiches», in W. Jochmann, H.-D. Loose, *Hamburg – Geschichte der Stadt und ihrer Bewohner*, vol. 2: *Vom Kaiserreich bis zur Gegenwart*, Hamburg 1986, Hoffmann und Campe, p. 16.

19. L'area adibita a porto franco, ormai da tempo inutilizzata, venne ufficialmente dismessa ben 124 anni più tardi, nella notte di Capodanno del 2013. I vecchi edifici della Speicherstadt sono stati e vengono tuttora restaurati e rifunzionalizzati nella cornice del moderno quartiere di HafenCity.

20. W. Jochmann, *op. cit.*, p. 18.

21. P. Borowsky, «Hamburg und der Freihafen», in P. Borowsky, *Schlaglichter historischer Forschung. Studien zur deutschen Geschichte im 19. und 20. Jahrhundert*, Hamburgo 2005, Hamburg University Press, p. 120.

striale dell'area amburghese. Lo sviluppo cittadino e portuale proseguì nei decenni successivi, malgrado le profonde fratture che avrebbero caratterizzato la storia della nazione.

Dopo la seconda guerra mondiale furono necessari molti anni per porre rimedio alle gravi distruzioni provocate dai bombardamenti alleati del luglio 1943. La ricostruzione delle infrastrutture portuali fu portata avanti più velocemente rispetto all'edilizia civile. Le forze d'occupazione britanniche avevano infatti urgente bisogno del porto per l'approvvigionamento delle truppe, ma quasi 3 mila relitti ingombravano la darsena e i canali dell'Elba. Agli inizi degli anni Cinquanta, tuttavia, le aree portuali erano state ristrutturate e modernizzate, fatti salvi i grandi cantieri navali destinati allo smantellamento. Questa operazione richiese più tempo. Negli anni a seguire Amburgo poté comunque tornare ai livelli d'anteguerra, se non a superarli: a fine anni Cinquanta movimentava il 70-80% delle importazioni di cacao, tè, caffè, spezie e gomma. Era inoltre il principale scalo europeo di frutta tropicale. Tra il 1957 e il 1964 vennero costruite quattro nuove darsene destinate ad accogliere petroliere di dimensioni sempre maggiori [22].

Dopo Berlino, Amburgo fu la città tedesca che subì le conseguenze più gravi dalla divisione. Distante soltanto 40 chilometri dal confine occidentale della DDR, già nel 1945 si trovò tagliata fuori da gran parte del proprio hinterland naturale in direzione est e sud-est. Fino alla seconda guerra mondiale le aree industriali di quella che era all'epoca la Germania centrale (Magdeburgo, Halle, Lipsia, Chemnitz) avevano utilizzato il porto di Amburgo per il traffico di merci e materie prime. Il fatto che una tale rete di scambio venisse ora interrotta determinò una grave crisi. Un tratto dell'Elba di circa cento chilometri era diventato linea di confine: inizialmente tra le zone d'occupazione britannica e sovietica, poi tra Nato e Patto di Varsavia. Già mille anni prima, dal IX all'XI secolo, qui correva la frontiera tra i sassoni di origine germanica e le tribù slave occidentali.

Adesso restava ad Amburgo solo l'hinterland industriale occidentale, per il quale tuttavia il suo porto si trovava in posizione meno favorevole rispetto a Brema, Rotterdam e Anversa. Molti politici amburghesi si impegnarono pertanto a rinnovare legami economico-commerciali internazionali di antica tradizione. In particolare, l'allora senatore all'Economia presenziò a molte fiere e condusse colloqui diplomatici ad alto livello anche nei paesi del blocco sovietico. Tuttavia la cosiddetta «politica dell'Elba» non registrò grandi successi, anche se con largo anticipo sulla *Ostpolitik* di Willy Brandt contribuì a creare una certa distensione nel clima della guerra fredda.

Dai primi anni Cinquanta, nell'ottica di un progressivo consolidamento dello status quo, la Germania orientale aveva interrotto molti collegamenti stradali e ferroviari nella parte settentrionale del paese. Numerose furono le manifestazioni di protesta organizzate all'epoca dai cittadini di Amburgo in solidarietà con Berlino e con i tedeschi orientali, in particolare in seguito alla costruzione del Muro (13 ago-

22. O. Driesen, *op. cit.*, pp. 119 ss.

sto 1961). Molti amburghesi erano originari delle zone nordorientali della Germania, diventate parte della DDR. Amburgo dovette fare i conti con la realtà e puntò dunque a limitare i danni. Vennero così potenziati i collegamenti lungo le altre direttrici europee, in particolare con la costruzione di nuove autostrade in direzione nord e sud nonché del canale laterale dell'Elba, anch'esso lungo la direttrice nord-sud. Dal 1963 la Vogelfluglinie, la tratta «a volo d'uccello», unì via treno e autostrada Amburgo a Copenaghen. Poi Amburgo guardò al progressivo avvicinamento della Gran Bretagna e dei paesi scandinavi alla Cee, che le consentì di riconquistare una centralità strategica [23].

5. L'11 novembre 1989 l'*Hamburger Abendblatt* apriva con il titolo: «*Wiedervereinigung in Berlin. 28 Jahre nach dem Bau der Mauer. Volksfeste an allen Grenzen*» («Riunificazione a Berlino. Ventott'anni dopo la costruzione del Muro. Festeggiamenti lungo tutta la frontiera») [24]. Già poche ore dopo l'apertura dei primi varchi di frontiera, da Berlino giungevano ad Amburgo persone provenienti dalla DDR. Due giorni più tardi erano 60 mila i tedeschi nord-orientali arrivati nella città anseatica, la maggior parte riconoscibile per le tipiche Trabis, le auto Trabant sui cui viaggiavano [25].

L'unificazione tedesca determinò «il ritorno della città alla sua centralità nel cuore dell'Europa», come dichiarò all'epoca il sindaco Henning Voscherau [26]. Ciò vale ancora oggi e non solo in relazione alla Germania unificata: mentre si riallacciavano e si ammodernavano tratti stradali e ferroviari interrotti, all'economia amburghese si riaprivano le antiche rotte commerciali anseatiche. Nessun altro Land tedesco ha tratto vantaggio quanto Amburgo dalla fine della divisione europea [27].

Anche in futuro il cuore dell'economia amburghese non potrà che essere il porto. La sua rilevanza economica non è sostituibile da nessun altro settore, neppure da quello aeronautico. Gli esperti concordano però sul fatto che Amburgo potrà difendere il proprio status di porto mondiale solo se terrà conto delle tendenze attuali e future, accettando il cambiamento [28]. Come scrive l'economista Henning Vöpel, «l'innovazione tecnologica e industriale appare inevitabile, se il porto intende conservare la propria rilevanza economica e la propria identità» [29]. Limitarsi a conservare il modello di porto per container significherebbe condannarsi al fallimento.

Al centro del processo di trasformazione sta soprattutto l'introduzione di attività industriali innovative e sostenibili, come quelle legate all'idrogeno, e la digita-

23. H.-J. Daum, *Die Auswirkungen der Zweiteilung Deutschlands auf die Bedeutung des Hamburger Hafens*, tesi di dottorato Universität Freiburg/Schweiz, Hamburg 1967, p. 115.
24. *Hamburger Abendblatt*, 11-12/11/1989.
25. *Bild-Zeitung*, 13/11/1989.
26. C. Strupp, *op. cit.*, p. 99.
27. U. Bahnsen, «Als ganz Hamburg die Deutsche Einheit feierte», *Hamburger Abendblatt*, 2/10/2015.
28. W. Michalski, «Hamburg. Symbiose von Stadt und Hafen in der zunehmend globalisierten Welt», in B. von Notz, *op. cit.*, p. 82; O. Preuss, *op. cit.*, p. 107.
29. H. Vöpel, «Die Zukunft des Hamburger Hafens. Determinanten, Trends und Optionen der Hafenentwicklung», Hamburger Weltwirtschaftsinstitut, Hamburg 2020, p. 15.

lizzazione in ambiti quali la mobilità e i sistemi automatizzati [30]. Lo sviluppo di un'economia ecosostenibile potrebbe rappresentare un grande vantaggio per Amburgo: già oggi i trasporti da e per la città, via nave fin ben nell'entroterra o in misura rilevante via treno, si caratterizzano per un basso livello di emissioni. Inoltre, la vicinanza geografica al Mare del Nord e alle sue risorse eoliche offre molte possibilità nel campo delle rinnovabili.

Per mantenere la competitività sarà fondamentale avviare in modo rapido grandi progetti infrastrutturali: la modernizzazione del canale del Mare del Nord e la partecipazione al progetto del Fehmarn Belt (il tunnel che la Danimarca intende realizzare entro il 2030 per collegare l'isola danese di Lolland all'isola tedesca di Fehmarn), con cui verrebbero dimezzati i tempi di percorrenza tra Amburgo e l'area di Copenaghen-Malmö.

Numerosi restano i rischi, tra cui l'aumento della concorrenza di Rotterdam e Anversa, ma anche dei porti del Baltico e la tendenza a trasferire le rotte commerciali marittime nell'area mediterranea [31].

Da oltre ottocento anni Amburgo è teatro di grandi sviluppi. Nonostante tutte le difficoltà e i rischi determinati dagli eventi mondiali esistono buone possibilità che la città anseatica possa progredire anche in futuro. Una collocazione geografica estremamente vantaggiosa e i fitti collegamenti con l'entroterra costituiscono delle solide premesse. Anche perché negli ultimi secoli Amburgo ha dimostrato di sapersi adattare alle mutate condizioni e trarne il meglio.

(traduzione di Monica Lumachi)

30. «Hamburg 2040. Zukunftsplan Hafen», Handelskammer Hamburg, Hamburg 2020, p. 16.
31. *Ivi*, p. 110.

AUTORI

OLEKSIJ ARESTOVYČ - Consigliere del capo dell'Ufficio del presidente ucraino Volodymyr Zelens'kyj.

EDOARDO BORIA - Geografo al dipartimento di Scienze politiche dell'Università La Sapienza di Roma, è titolare degli insegnamenti di Geografia e di Geopolitica. Consigliere scientifico di *Limes*.

THEODORE R. BROMUND - Senior Research Fellow per le Relazioni anglo-americane al Margaret Thatcher Center for Freedom, Heritage Foundation.

MAGNUS CHRISTIANSSON - Dottorando all'Università di Stoccolma, esperto di sicurezza nel Baltico.

MIŁOSZ J. CORDES - PhD in Studi culturali. Research Fellow alla Danish Foreign Policy Society e Lecturer al DIS Copenaghen.

NICOLA CRISTADORO - Analista militare.

GRETA CRISTINI - Analista geopolitica e reporter dall'Ucraina, cultrice di Geopolitica vaticana alla Link Campus University.

GIORGIO CUSCITO - Consigliere redazionale di *Limes*. Analista, studioso di geopolitica cinese. Cura per *limesonline.com* il «Bollettino imperiale» sulla Cina. Coordinatore relazioni esterne e Club alumni della Scuola di *Limes*.

FERNANDO D'ANIELLO - Dottore di ricerca in Giustizia costituzionale e diritti fondamentali all'Università di Pisa. Vive e lavora a Berlino.

LUIGI G. DE ANNA - Università di Turku.

GIUSEPPE DE GIORGI - Ammiraglio, già capo di Stato maggiore della Marina militare.

GIUSEPPE DE RUVO - Laureato in filosofia.

KONRAD DOLIESEN - Studente del master in Scienze politiche e amministrative dell'Università di Costanza.

GERMANO DOTTORI - Consigliere scientifico di *Limes*.

ROMANO FERRARI ZUMBINI - Abilitato a ordinario in Storia delle istituzioni e delle dottrine politiche e in Storia del diritto. Insegna Storia costituzionale e Storia del diritto all'Università Luiss di Roma.

GAO YUSHENG - Già ambasciatore della Repubblica Popolare Cinese in Ucraina.

NICOLA GUERRA - Università di Turku.

VIRGILIO ILARI - Storico e presidente della Società italiana di storia militare (Sism). Consigliere redazionale di *Limes*.

SERGEJ KARAGANOV - Presidente del Consiglio di difesa e politica estera russo. Preside della School of International Economics and Foreign Affairs presso la National Research University-Higher School of Economics di Mosca.

MIKHAIL KHODARËNOK - Ex colonnello russo, oggi analista militare.

ANDREJ KORTUNOV - Direttore generale del Russian International Affairs Council (Riac).

GIACOMO MARIOTTO - Laureato in filosofia, tirocinante di *Limes*.

FABRIZIO MARONTA - Redattore, consigliere scientifico e responsabile relazioni internazionali di *Limes*.

ŁUKASZ MAŚLANKA - Coordinatore del programma Triangolo di Weimar presso l'Istituto polacco degli affari internazionali (Pism). Si occupa di politica estera e interna della Francia. Ha lavorato al ministero degli Esteri polacco.

ORIETTA MOSCATELLI - Caporedattore politica internazionale dell'agenzia *askanews*. Collaboratrice di *Limes*, responsabile esercitazioni della Scuola di Limes. Autrice di *Cecenia* con Mauro De Bonis e di *Ucraina, anatomia di un terremoto* con Sergio Cantone.

HERFRIED MÜNKLER - Professore emerito di Filosofia politica all'Università Humboldt di Berlino.

ANDREA MURATORE - Analista geopolitico ed economico, collabora con *InsideOver*, *True News* e *Tag43*. Svolge attività di ricerca presso Cisint e Osservatorio globalizzazione.

MIRKO MUSSETTI - Analista di geopolitica e geostrategia. Scrive per *Limes* e *InsideOver*. Ha pubblicato *La rosa geopolitica* (2021).

FEDERICO PETRONI - Consigliere redazionale di *Limes* e coordinatore didattico della Scuola di *Limes*.

DANIELE POPOLIZIO - Presidente Gruppo Cenpis, Accademia Talento e Qualità di vita.

RUSLAN PUKHOV - Direttore del Centre for Analysis of Strategies and Technologies (Cast) di Mosca.

ALEXANDER RAHR - Research Director del Forum Germania-Russia e Senior Fellow all'Istituto di politica internazionale Welt Trends. Membro del Valdai Club e del Consiglio del business russo in Germania. Ha scritto dieci libri sulla Russia, collabora con diverse pubblicazioni internazionali.

DANIELE SANTORO - Coordinatore Turchia e mondo turco di *Limes*.

FULVIO SCAGLIONE - Già vicedirettore di *Famiglia Cristiana*, segue i temi della politica internazionale. Collaboratore di *Avvenire* e altre testate cartacee e online. Anima il canale Telegram *Lettera da Mosca*.

VLADISLAV SURKOV - Ex consigliere di Vladimir Putin.

SUZUKI KAZUTO - Docente di Politica della scienza e della tecnologia alla Graduate School of Public Policy dell'Università di Tōkyō. Senior Fellow all'Asia Pacific Initiative (Api).

PIERRE-EMMANUEL THOMANN - Dottore in geopolitica.

ERKKI TUOMIOJA - Membro del parlamento finlandese, già ministro degli Esteri del governo di Helsinki (2000-08, 2011-15).

MICHAŁ WOJTYŁO - Redattore e membro del Centro studi del Klub Jagielloński.

La storia in carte

a cura di *Edoardo* BORIA

1-3. Come si sa, la seconda guerra mondiale si concluse – fortunatamente nella direzione migliore – grazie all'intervento degli Stati Uniti a fianco delle democrazie europee. Un intervento motivato da finalità geopolitiche e geoeconomiche ma spacciato alle popolazioni europee come disinteressato e fondato sul presunto insopprimibile istinto degli Stati Uniti a difendere la libertà, lottare tutte le tirannidi e diffondere la democrazia.

Per capitalizzare al meglio questo successo, gli americani lanciarono una campagna di autopromozione in tutti i paesi europei, compresi alcuni di quelli che poi passeranno nel campo del rivale sovietico (Cecoslovacchia, Polonia). Per l'occasione venne creata una capillare rete organizzativa sul territorio europeo e anche in Italia venne istituita un'apposita Divisione informazioni della missione americana per l'Erp, acronimo che stava per European Recovery Program, il nome ufficiale del Piano Marshall.

Naturalmente il programma di aiuti rispondeva alla necessità di allontanare il pericolo che questi paesi venissero attratti dalle sirene sovietiche. La *figura 1* evidenzia questo scopo mostrandoci un'Europa divisa in due, non da una semplice cortina ma da un vero e proprio alto muro. A ovest le navi americane che generosamente sbarcano i loro prodotti. A est, per antitesi, le voraci mani del baffuto Stalin che si accaparrano le risorse espropriate ai paesi sottomessi.

Il pericolo sovietico, per la verità, era stato pienamente condiviso anche dai più innominabili dei nemici. Nella Germania nazista la pubblicistica antibolscevica era molto diffusa. Nella *figura 2* una giovane ragazza dalle sembianze ariane, metafora dell'Europa, si sveglia terrorizzata a causa dell'invasione di cimici che hanno infestato il suo letto.

Nell'Europa del secondo dopoguerra, frastornata e alla ricerca di una strada per il futuro, la comunicazione del governo americano ebbe gioco facile nel presentare gli Stati Uniti come un aiuto provvidenziale, una mano nobile e sinceramente altruista. Parallelamente, la propaganda promuoveva quegli organismi internazionali amici, come la Nato (*figura 3*), di cui si decantavano gli sforzi a favore della pace mondiale ma si nascondeva il ruolo funzionale alla strategia egemonica statunitense.

Per molto tempo il governo degli Stati Uniti raccolse gli utili di questi estesi sentimenti favorevoli sfruttandoli anche a fini di consenso interno. Il presidente Lyndon Johnson, che successe al mitico JFK, prese l'abitudine di raccontare in pubblico una storiella cambiando ogni volta qualche particolare ma lasciando invariata la sostanza (J. Shephard e C. Wren, *Quotations from Chairman LBJ*, 1968; gli autori documentano lo stesso racconto in quattro comizi diversi tra il febbraio e l'ottobre 1964): «Una delle cose più incoraggianti ed eccitanti di tutta la mia carriera politica mi capitò per le strade di Roma, quando ero vicepresidente e percorrevo in auto le vie di quella bella città. Un prete uscì di corsa dalla sua scuola, seguito da altri insegnanti e da tre o quattrocento ragazzini. Aveva visto la bandiera americana che sventolava sull'auto e vi si lanciò davanti. L'auto dovette frenare di colpo. Il prete balzò verso lo sportello e disse: "Non potevo lasciar passare la bandiera americana come se niente fosse, perché mai nella storia di tutta l'umanità un popolo ha mostrato tanta comprensione e tanta umanità. Mai i vincitori hanno trattato i vinti come gli Stati Uniti hanno trattato noi". Poi si voltò a guardare il panorama di Roma ricostruita dopo la seconda guerra mondiale e indicò i magnifici edifici che si levavano all'orizzonte e le ciminiere delle fabbriche e disse: "Ecco, abbiamo ricostruito insieme questo paese. A nome dei quattrocento alunni della mia scuola desidero ringraziare tutto il popolo degli Stati Uniti per i sacrifici che ha fatto per permettere a noi la ricostruzione. Oggi il nostro è un popolo ricco che onora, venera e ama l'America". Pertanto, sentenziò deciso Lyndon Johnson, "indipendentemente da ciò che vi capita di sentire e indipendentemente da ciò che dicono certi sputasentenze, noi siamo il popolo più amato della Terra"».

Detto da chi la vanta, la rivendicazione di «popolo più amato della Terra» è da spacconi megalomani. Non solo non valeva, evidentemente, oltrecortina, ma anche al di qua non tutti erano così benevoli. Leo Longanesi sintetizzò abilmente la sua diffidenza con una semplice immagine: «La carne in scatola americana la mangio, ma le ideologie che l'accompagnano le lascio nel piatto» (pronunciata a Napoli il 14 gennaio 1944 e riportata in *Parliamo dell'elefante*, 1947).

Fonte fig.1: *Gli aiuti Marshall*, da volantino dell'Erp intitolato «Verità sul piano Marshall», 1951.

Fonte fig.2: Arthur Johnson, *Ungeziefer: Völker Europas, wahrt eure heiligsten Güter!* (*Parassiti: popoli d'Europa, difendete i vostri sacri tesori !*) manifesto anticomunista dalla rivista satirica tedesca *Kladderadatsch*, 2/10/1934 (Cornell).

Fonte fig.3: *Come funziona il Patto Atlantico?*, da opuscolo informativo della Nato, 1950 circa.

4. L'isocrona è una modalità di rappresentazione cartografica che raccorda lo spazio con il tempo illustrando sia la posizione di un oggetto a un tempo *t* sia la nuova posizione al tempo *t+1*. In fondo, è la carta più naturale di tutte perché coglie il dinamismo della vita, che non scorre in una sola di queste dimensioni ma in entrambe. Un corpo si sposta nel tempo *e* nello spazio. Il cambiamento, ogni cambiamento, costituisce una variazione di stato che avviene nel tempo *e* nello spazio.

Nella tradizione cartografica, largo uso dell'isocrona è stato fatto in ambito militare, dove torna utile per rappresentare i movimenti delle truppe durante una campagna. Un esempio è riportato nella *figura 4*, che illustra l'avanzata nei giorni dal 9 al 14 agosto 1870 delle tre armate tedesche in procinto di stringere d'assedio la francese Metz. Erano i tempi in cui Germania e Francia si dichiaravano periodicamente guerra. Questi due protagonisti della storia se le sono date per secoli, sino a che uno dei due è rimasto senza esercito. Pace forzata. Ora che lo ricostituisce, torneranno cane e gatto?

Fonte: Pio Galli, «I fronti delle armate tedesche nella marcia dalla Saar alla Mosella», in E. Bonacini, *La guerra franco-germanica del 1870-71. Schizzi, appunti e bozzetti prospettici*, 1895.

GLI AIUTI MARSHALL

(E.R.P.)

Quanto ha avuto dall'America ogni paese dell'Europa libera sino al 31 dicembre 1950, in milioni di dollari:

AUSTRIA	485	INGHILTERRA	2.708	NORVEGIA	211
BELGIO-LUSSEMBURGO	516	IRLANDA	144	PORTOGALLO	46
DANIMARCA	232	ISLANDA	18	SVEZIA	118
FRANCIA	2.167	ITALIA	1.167	SVIZZERA	—
GERMANIA (Occidentale)	1.088	LUSSEMBURGO (incluso nel Belgio)		TRIESTE	32
GRECIA	404	OLANDA	936	TURCHIA	121

IN TOTALE PIÙ DI DIECI MILIARDI DI DOLLARI

5 *La Russia non accolse l'invito americano a collaborare con gli altri popoli d'Europa per il benessere comune e proibì anche alle Nazioni incorporate nel Blocco Sovietico di partecipare a questa grande impresa di pace, mentre i Partiti Comunisti delle Nazioni Libere d'Europa organizzavano il sabotaggio dell'opera di ricostruzione con scioperi e agitazioni. Fu così che la divisione dell'Europa in due blocchi divenne ancor più accentuata: da una parte i Paesi Liberi, che, ricevendo l'aiuto americano, si sono ripresi e lavorano per il benessere comune; dall'altra i popoli soggetti a Mosca, che lavorano per il padrone sovietico.*

Ungeziefer

Völker Europas, wahrt eure heiligsten Güter!

Mediante l'organizzazione del Patto Atlantico, insomma, la forza dell'intero mondo libero si schiera a difesa dell'Italia.

Il Patto Atlantico stringe vincoli sempre piú stretti tra il mondo occidentale e la nazione italiana; scaturito dalla necessità urgente di provvedere

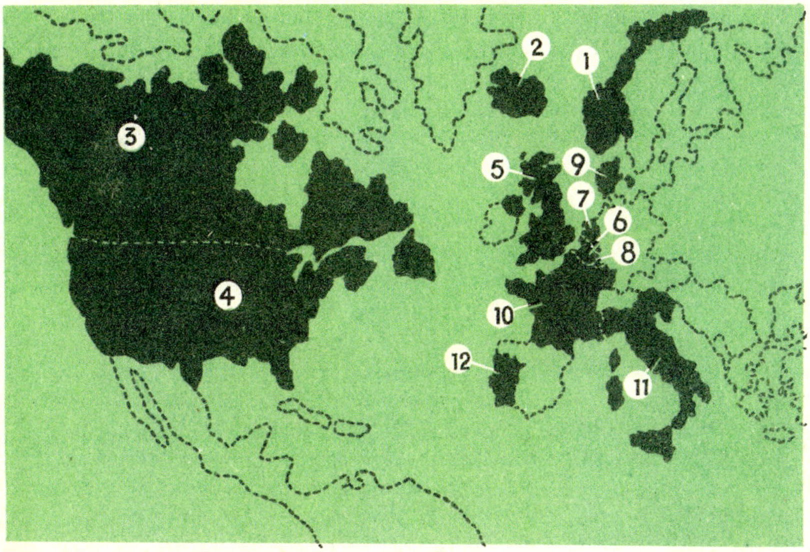

LE NAZIONI DEL PATTO ATLANTICO

1 NORVEGIA
2 ISLANDA
3 CANADÀ
4 STATI UNITI
5 GRAN BRETAGNA
6 BELGIO
7 OLANDA
8 LUSSEMBURGO
9 DANIMARCA
10 FRANCIA
11 ITALIA
12 PORTOGALLO

alla difesa dall'aggressione, esso favorisce e promuove una sempre piú cordiale collaborazione dei dodici paesi firmatari in ogni comune problema. L'Italia ha nel quadro di questa comunità una posizione di primo piano e di assoluta parità.

COME FUNZIONA IL PATTO ATLANTICO?

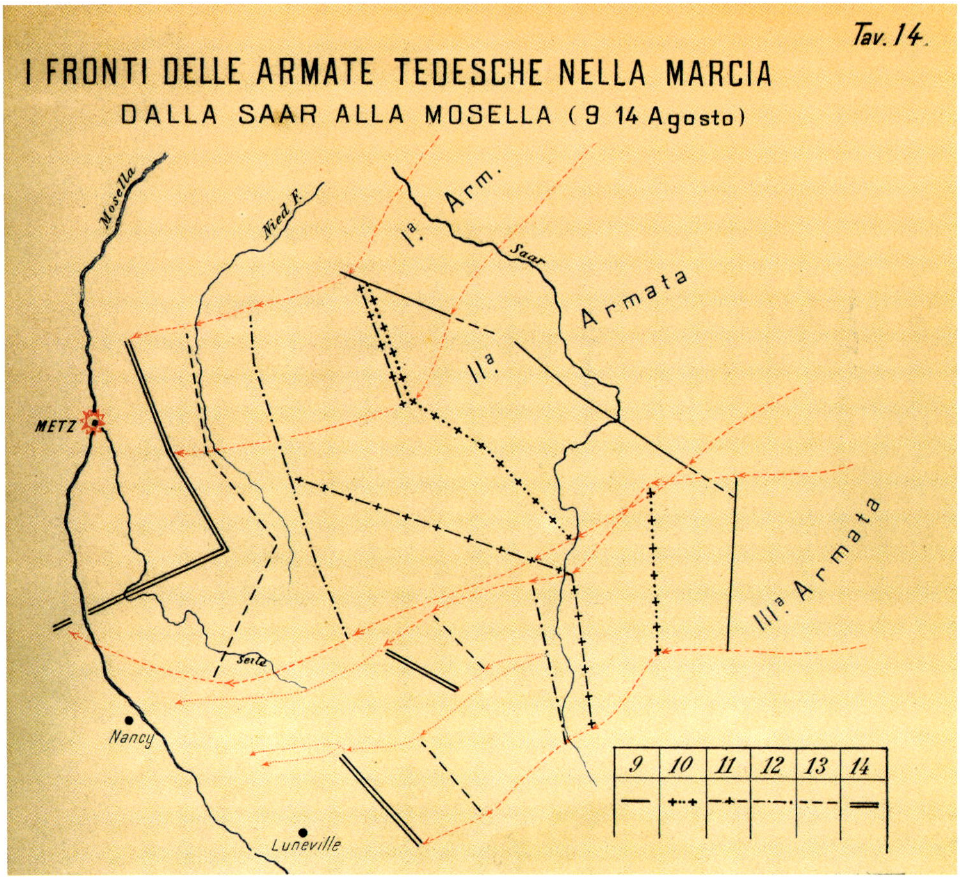
Tav. 14.
I FRONTI DELLE ARMATE TEDESCHE NELLA MARCIA
DALLA SAAR ALLA MOSELLA (9 14 Agosto)
Mosella
Nied F.
Iª. Arm.
Saar
IIª.
Armata
METZ
IIIª. Armata
Seile
Nancy
Luneville
9
10
11
12
13
14

Otto per mille
CHIESA VALDESE
UNIONE DELLE CHIESE METODISTE E VALDESI
"Miriamo a un obiettivo comune"
Ogni anno tante persone firmano per la Chiesa Valdese, ciascuna con le proprie motivazioni.
Anche tu puoi trovare un motivo per sostenere con la tua firma, centinaia di interventi per la cultura, la pace e i diritti di tutti.
designed by Web & Com | www.webecom.it | foto di Edoardo Garis
FIRMA PER
LA CHIESA VALDESE
UNIONE DELLE CHIESE METODISTE E VALDESI
L'ALTRO OTTO PER MILLE
Trovi il resoconto dettagliato dei progetti sostenuti
su www.ottopermillevaldese.org

Per capire noi stessi e il mondo in cui viviamo.

MIND DI GIUGNO:
QUAL È L'ETÀ GIUSTA PER L'INGRESSO NEL MONDO SOCIAL?

Dossier: Il disturbo ossessivo compulsivo.
Psicologia: Come cambia la nostra identità.
Salute: Lo psichiatra è on line.
Neuroscienze: La coscienza del robot.

IN EDICOLA

SCOPRI I CONTENUTI ESCLUSIVI E TUTTI GLI APPROFONDIMENTI SUL SITO
LESCIENZE.IT/MIND

MIND

fuoriformat

*Volume € 9 in più.

NEL NUOVO NUMERO: LA TERAPIA GENICA.

Finalmente la cura dei geni diventa realtà e permette di contrastare le malattie sostituendo geni difettosi nell'organismo umano. Sveliamo poi come i segnali dallo spazio potrebbero indicare la strada per il regno nascosto dell'universo. Proseguiamo con la corsa al riciclo di anidride carbonica intrapresa da molte aziende per trasformare il gas serra in prodotti utili. Terminiamo con la scelta del deposito per i rifiuti radioattivi in Italia.

Inoltre, **IL PARADOSSO DEL PRIGIONIERO***, il nuovo volume della collana **Paradossi della scienza**.

IN EDICOLA

SCOPRI I CONTENUTI ESCLUSIVI E TUTTI GLI APPROFONDIMENTI SUL SITO LESCIENZE.IT

le Scienze

PERCHÉ SENTIRE CON LA PELLE
CI FA SENTIRE BENE.
UN SERVIZIO ESCLUSIVO DOCUMENTA LE PIÙ RECENTI SCOPERTE SUL PIÙ ENIGMATICO DEI SENSI.
Vi sveliamo perché il tatto è così importante per la nostra salute e come restituirlo a chi l'ha perso. Proseguiamo con il riscaldamento globale, che mette a rischio il paradiso subacqueo delle Filippine. Chiudiamo con una buona notizia: la lince pardina, una specie in via di estinzione, sta tornando a popolare la Penisola Iberica.
Visita il sito nationalgeographic.it
NATIONAL GEOGRAPHIC
ITALIA
LA FORZA DEL TATTO
GLI STUDI LO DIMOSTRANO: IL CONTATTO FISICO È CRUCIALE PER LA NOSTRA SALUTE
IN EDICOLA
NATIONAL GEOGRAPHIC